特殊儿童生涯发展
整合性支持模式

申仁洪◎著

Integrative Support Model of
Career Development for Children with Disabilities

科学出版社
北　京

内 容 简 介

本书基于生涯发展理论，秉持"人与文化""儿童与职业"整合与同一的基本立场，对特殊儿童生涯发展的"普适性与特殊性""职业性与生命性""匹配性与生长性""连贯性与阶段性"等基本问题进行了深入探讨；并在此基础上构建了自我适应、人际关系、学业发展、职业准备、休闲生活等五大特殊儿童生涯发展的整合性内容领域，以及由法律与制度、家庭、学校、社会、现代技术等不同场域和利益相关者构成的特殊儿童生涯发展的整合性支持体系，从而达成特殊儿童个人特质、职业生涯发展和社会支持性服务的三向互动。本书主张和提倡特殊儿童生涯发展终身化，生涯发展内容的整合性，生涯发展支持系统的生态化，生涯发展环境的正常化、一体化和社区化，生涯发展社区学习化、家庭支持与赋权增能、支持性就业等观点。

本书可供从事特殊教育研究，以及在特殊儿童服务机构中从事特殊教育、特殊儿童发展和相关服务的教师、管理者和服务人员阅读。

图书在版编目（CIP）数据

特殊儿童生涯发展整合性支持模式 / 申仁洪著. —北京：科学出版社，2018.12

　ISBN 978-7-03-059754-0

　Ⅰ. ①特… Ⅱ. ①申… Ⅲ. ①儿童教育-特殊教育-研究-中国 Ⅳ. ①G76

中国版本图书馆 CIP 数据核字（2018）第 271469 号

责任编辑：朱丽娜　刘曹苑　崔文燕/责任校对：王晓茜
责任印制：徐晓晨/封面设计：润一文化

编辑部电话：010-64033934

E-mail：edu_psy@mail.sciencep.com

科学出版社 出版

北京东黄城根北街 16 号
邮政编码：100717
http://www.sciencep.com

北京中石油彩色印刷有限责任公司 印刷
科学出版社发行　各地新华书店经销

*

2018 年 12 月第 一 版　开本：720×1000　B5
2018 年 12 月第一次印刷　印张：17 1/2
字数：323 000

定价：**98.00 元**
（如有印装质量问题，我社负责调换）

目　录

进一步保障和改善残疾人民生，帮助残疾人和全国人民共建共享全面小康社会，已经成为"十三五"时期残疾人事业发展的重大课题。特殊儿童的健康发展是残疾人小康建设进程中的不可或缺的基本构成。为此，党的十七大、十八大和十九大分别提出"关心特殊教育"、"支持特殊教育"和"办好特殊教育"，使得特殊（视觉障碍、听觉障碍和智力障碍）儿童康复、教育和就业内涵发展和质量提升成为特殊教育和特殊儿童发展研究领域的基本主题，特殊儿童"生涯发展"成为与"学业水平提升"和"人格-社会性健全"并驾齐驱的三大核心特殊教育领域之一。

一、问题的提出

特殊教育始终都要将特殊儿童的个人适应、社会适应和职业适应作为努力的方向。特殊儿童生涯发展既是特殊教育的核心组成，又是特殊教育努力的目标。这既是特殊人群存在的客观现实的要求，也是落实特殊教育法制化的要求，更是落实"人本教育理想"的要求。

（一）特殊人群的客观存在

根据人类个体身心发展的正态分布特性及人类的生理疾病和感官缺陷的不可避免性，特殊儿童的存在是人类进化中一个永恒的主题，同时也是人类社会的基本特性。根据我国第二次残疾人抽样调查结果，2006 年 4 月 1 日，我国有各类残疾人（视力残疾、听力残疾、言语残疾、肢体残疾、智力残疾、精神残疾、多重残疾）8296 万人，占全国总人口的 6.34%。全国有残疾人的家庭户共 7050 万户，占全国家庭户总户数的 17.80%；其中有 2 个以上残疾人的家庭户 876 万户，占残疾人家庭户的 12.43%。有残疾人的家庭户的总人口占全国总人口的 19.98%。有残疾人的家庭户的户规模为 3.51 人。①2010 年末我国残疾人总人数 8502 万人，各类残疾人的人数分别为：视力残疾 1263 万人，听力残疾 2054 万人，言语残疾 130 万人，肢体残疾 2472 万人，智力残疾 568 万人，精神残疾 629 万人，多重残疾 1386 万人。各残疾等级人数分别为：重度残疾 2518 万人；中度和轻度残疾 5984 万人。②这意味着全国有将近 1/5 的家庭直接受到残疾的影响。

2006 年全国残疾人中，0～14 岁的残疾儿童为 387 万人，占全国残疾人总数的 4.66%；15～59 岁的残疾人口为 3493 万人，占全国残疾人总数的 42.10%；60 岁及以上的人口为 4416 万人，占全国残疾人总数的 53.24%（65 岁及以上的人口为 3755 万人，占全国残疾人总数的 45.26%）。全国城镇残疾人口中，在业的残疾人为 297 万人，不在业的残疾人为 470 万人。城镇残疾人口中，有 275 万人享受当地居民最低生活保障，占城镇残疾人口总数的 13.28%。9.75%的城镇残疾人领取过定期或不定期的救济。农村残疾人口中，有 319 万人享受到当地居民最低生活保障，占农村残疾人口总数的 5.12%。11.68%的农村残疾人领取过定期或不定期的救济。①这意味着我国大多数残疾人主要依赖于政府的救济和家庭的支持，而不是靠自我的生产与创造维持自己的生活。

如果按照国际流行的对特殊教育的定义，以学习上有"特殊需要的儿童"为教育对象的话（包括阅读障碍、书写障碍、写作障碍、计算障碍等在内的学习障碍、情绪情感障碍、言语障碍、行为困扰、品行问题、交往障碍、心理健康问题、身体病弱等），则苏联特殊儿童的比率为 5%～8%；美国学习方面有"特殊需要"的学生占总数的 8%～12%；英国"特殊教育需要"儿童的检出率为 20%；荷兰报告问题儿童的患病率为 26%；波兰特殊儿童的比率为 30%。（钱志亮，1999）

庞大的特殊人群的教育需求之满足构成了和谐教育与公平教育不可或缺的有机组成。无论是哪一个年龄阶段的残疾儿童，高质量的生活水平都是社会发展程度和个人发展程度的最终体现。而高质量的生活水平意味着自我、社会、职业三重适应的相互调适与支持。这三重适应的相互调适与支持的实现就其实质而言，就是残疾儿童的生涯发展历程的体现。对于特殊儿童而言，其生涯发展与促进不仅具有现实的学习价值，而且对于未来整个生命历程的意义丰富都具有强大的支撑作用。这样，特殊儿童生涯发展问题就不仅具有个人生活的意义，而且具有社会生活的价值。于是特殊儿童生涯发展问题不可避免地需要提上议事日程来。

---

① 中华人民共和国国家统计局. 2007. 2006 年第二次全国残疾人抽样调查主要数据公报. http://www.cdpf.org.cn/sjzx/cjrgk/200711/t20071121_387540.shtml[2018-02-15].

② 中国残疾人联合会. 2012. 2010 年末全国残疾人总数及各类、不同残疾等级人数. http://www.cdpf.org.cn/sjzx/cjrgk/201206/t20120626_387581.shtml[2016-02-15].

（二）法律法规的约束

我国已经形成了相对完备的特殊教育法律体系。《中华人民共和国宪法》第四十五条规定："国家和社会帮助安排盲、聋、哑和其他有残疾的公民的劳动、生活和教育。"根据这一规定，1986年《中华人民共和国义务教育法》第九条宣布："地方各级人民政府为盲、聋哑和弱智的儿童举办特殊教育学校（班）"，将特殊教育举办纳为政府责任。2006年9月1日颁布实施的新修订的《中华人民共和国义务教育法》分别在第六条第一款、第十九条第一款和第二款、第三十一条第三款、第五十七条第一款、第四十三条第三款规定等处分别就特殊教育的均衡发展、特殊教育学校建设、特殊教育教师待遇、随班就读教育质量、特殊教育学校运行保障等方面做出了规定。2008年4月24日第十一届全国人民代表大会常务委员会第二次会议修订的《中华人民共和国残疾人保障法》明确了要"维护残疾人的合法权益，发展残疾人事业，保障残疾人平等地充分参与社会生活，共享社会物质文化成果"，为此需要对残疾人进行恰当的康复、教育，为其提供劳动就业保障、参与文化生活保障、社会保障、无障碍环境建设，并对此分别进行了详细的规定。

《中共中央、国务院关于促进残疾人事业发展的意见》指出："促进残疾人事业发展，有利于维护残疾人合法权益，促进社会公平正义，实现全体人民共享改革发展成果；有利于调动残疾人的积极性、主动性和创造性，发挥残疾人在促进改革发展稳定中的重要作用，实现经济社会又好又快发展；有利于促进我国人权事业全面发展，体现社会主义制度的优越性，树立我国良好的国际形象。"2009年《国务院办公厅转发教育部等部门关于进一步加快特殊教育事业发展意见的通知》（国办发〔2009〕41号）要求"各地要把各级各类特殊教育纳入当地经济和社会发展整体规划，把特殊教育发展列入议事日程。各级人民政府要进一步明确和落实教育、发展改革、公安、民政、财政、人力资源社会保障、卫生、税务、残联等部门和社会团体发展特殊教育的职能和责任，在保障残疾孩子入学、孤残儿童抚育、新生儿疾病筛查与治疗、学校建设、经费投入、教师编制配备、工资待遇、校园周边环境治理、特教学校企业税收减免、残疾人口统计等方面通力合作，各司其职，齐抓共管，加快特殊教育事业发展"。"加大特殊教育宣传力度，在全社会形成关心支持特殊教育、尊重特殊教育教师和残疾人教育工作者的舆论氛围。进一步落实国家关于捐赠及免税的政策，积极鼓励个人、企业和民间组织支持特殊教育，广泛动员和鼓励社会各界捐资助学"。

2016年，《国务院关于印发"十三五"加快残疾人小康进程规划纲要的通知（国发〔2016〕47号）》提出"把加快推进残疾人小康进程作为全面建成小康社会决胜阶段的重点任务，聚焦农村、贫困地区和贫困、重度残疾人，健全残疾人权益保障制度和扶残助残服务体系，增加残疾人公共产品和公共服务供给，让改革发展成果更多、更公平、更实在地惠及广大残疾人，使残疾人收入水平明显提高、生活质量明显改善、融合发展持续推进，让广大残疾人安居乐业、衣食无忧，生活得更加殷实、更有尊严"。 "到 2020 年，残疾人权益保障制度基本健全、基本公共服务体系更加完善，残疾人事业与经济社会协调发展；残疾人社会保障和基本公共服务水平明显提高，共享全面建成小康社会的成果。农村贫困残疾人实现脱贫，力争城乡残疾人家庭人均可支配收入年均增速比社会平均水平更快一些，残疾人普遍享有基本住房、基本养老、基本医疗、基本康复，生活有保障，居家有照料，出行更便利。残疾人平等权益得到更好保障，受教育水平明显提高，就业更加充分，文化体育生活更加丰富活跃，自身素质和能力不断增强，社会参与更加广泛深入。残疾人基本公共服务基础条件明显改善，服务质量和效益不断提高，基层残疾人综合服务能力显著增强，形成理解、尊重、关心、帮助残疾人的良好社会环境。"

所有这些意味着在法律上为残疾儿童的生涯发展奠定了相应的制度要求和制度规范。其中在对残疾儿童进行教育的时候，应当根据残疾儿童的身心特性和需要，在进行思想教育、文化教育的同时，加强身心补偿和职业教育。

（三）研究的发展与演进

国外对于儿童生涯发展的关注始于 1850 年，直到 1971 年，时任美国教育总署署长马兰（Sidney P. Marland）提出生涯教育（career education）概念，并将其作为全民教育和终身学习的重要组成。在此过程中，生涯发展理论大致经历了四个阶段：强调特性与工作性质相适配的选择理论、以发展的眼光关注个体的一生规划的发展理论、重视环境相对个体的认知发展等主观因素产生影响的社会学习决策理论，以及汲取各家观点、综合地考虑个体的人生发展的整合理论。20 世纪 60 年代以来，特殊儿童生涯发展成为保证儿童发展权利和教育平等与民主化的重要体现，因而得到重视，并逐渐成为社会科学研究和社会政策研究不可或缺与独具特色的重要组成部分。传统上，对特殊儿童生涯发展的研究遵循一种"医学模式"，即以提升其社会"适应"能力为主旨，通过"社会化"形式，建立起"顺应性"发展模式。20 世纪 70 年代以后，随着人们对儿童发展权利平等和教育民主化理解的深入，以及对特殊儿童认识的提升，特殊儿童生活质量（quality of life，QOL）进入人们的研究视野，并逐渐与生涯发展研究相互支持。特殊儿童生活质量的研究和关注渐次采取了经济学取向—社会学取向—生态学取向，其研究内容分别聚焦客观综合指标—生活满意度或幸福感—人、自然与社会和谐互动的生活质量观。特殊儿童生活质量研究重心逐渐从测定和评估社会指标的研究转向通过特殊儿童生涯发展提升其生活质量。特殊儿童生涯发展成为与学业成就提升、人格-社会性发展并行的三大发展领域之一。在此基础上，特殊儿童生涯发展研究逐渐突破传统的选择理论和发展理论，开始建立"生态模式"，即基于以学校、家庭和社区的共生存在的生态化环境资源网络系统的"支持性"生涯发展模式。至此，特殊儿童生涯发展超越了纯粹的发展心理学、特殊教育和职业训练的范畴，而聚焦于"生活质量问题"，探讨如何通过各种制度性的安排与支持网络的建构，让特殊儿童更为有效地发挥功能，提升其生活质量，使其作为个人和社会成员正常地参与社会生活，进而实现社会平等和社会公平的目标。于是，基于个体差异的补偿正义、超越缺陷聚焦的潜能开发、拒斥隔离发展的融合取向、超越职业适应的整合性支持成为特殊儿童生涯发展研究的基本趋势。

我国特殊儿童属于弱势群体的范畴，在相关法律和制度上通常被界定为以视力残疾、听力残疾和智力残疾为核心的残疾儿童。传统上，其生涯发展研究具有隔离性（在相对封闭的特殊教育学校中）、阶段性（仅限于职业教育阶段）、技能性（技能训练成为唯一）、服从性与适应性（以普通儿童规范群体的生存环境与生存方式为标准与规范，忽视了特殊儿童在生理与心理发展上的"自我属性"探讨，忽略了对特殊儿童生涯发展特点与"个性化"辅导的研究），因而加重了特殊儿童及其家庭所面临的冲突与压力。20世纪90年代末以来，随着社会转型、职业变迁，以及教育理念与制度模式的更新，在科学发展观、建设和谐社会思想与最新心理学和社会学相关理论的关照下，"定向于"特殊儿童可持续发展的生涯发展研究开始强调儿童个人特质、社会生活方式、社会支持和职业生涯发展的相互调适。据此，基于生存境遇改善和生态化环境资源与辅导系统建构的，生活质量导向的，超越隔离走向融合的特殊儿童生涯发展整合性支持模式开始进入研究和实践的视野，并成为我国特殊儿童生涯发展研究的最新发展趋势。

二、基本概念

（一）生涯

1. 词源学分析

在汉语中，"生"原为活着之意，"涯"则为边界，二者合为"生涯"则是活着的边界，即"毕生经历"的意思。汉语中的"生涯"对应于英文 career，源自拉丁文 carrus，意指一种马车，在古代等级森严社会，不同的人乘坐的木制马车是不同的，于是不同的木制马车表示出这个人的职业生涯，于是 career 就演化为"职业"。career 的另一个来源是古法文 carriere，指的是赛马场，因此作为名词，career 蕴涵着疯狂竞赛的精神，后来被引申为名词"道路"，即人生发展道路与轨迹。作动词，则通常指驾驭赛马"尽全速移动或奔跑、疾行"，后来被引申为人生终身发展进程，同时也指个体一生所扮演的系列角色与职位。对生涯的词源学考察使我们获得了对于生涯的原始意义的理解，在此基础上，需要对其含义的逻辑表达进行分析，以便在此基础上关照生涯发展问题。

2. 学术性理解

通常而言，对于一个概念的定义有三种基本形式：规定性定义（the stipulative）、描述性定义（the descriptive）和纲领性定义（the programmatic）（索尔蒂斯，1993：32）。规定性定义是创制性定义，也就是作者在讨论某个问题时对某个概念的含义进行规定。从逻辑上讲，任何定义都可以充当规定性定义，这就使得规定性定义都有可能被否定。就其实质而言，任何规定性定义都可以是一种描述性定义。描述性定义就是适当地描述被界说的对象或使用该术语的方法，也就是要提供在不同语境中某个概念的不同使用方法或表达的意思，描述性定义可能使我们明白某个概念在不同语境中的特定用法，但是对任何客观事物的描述，只是试图使其符合公众的观念，毕竟不加区别、不加评价的用法不大可能真正有用，所以规定性定义可能无法使我们达到概念的真正本质。纲领性定义则通过某种形式或明或暗地表达某个概念或事物应该是怎样的，这就需要以某种立场或信仰为基础，因而必须涉及价值判断的问题。于是对于生涯概念的学术性理解多数就处在纲领性定义基础上。因为纲领性定义涉及价值判断的问题，所以学者们因其所处的时代精神不同、研究的视角不同、秉承的价值规范不同，对于生涯的理解也就不同。

美国生涯管理学家舒伯（Donald E. Super）从发展的视角认为，生涯是生活中各种事件的演进方向和历程，它统合了人一生中的各种职业和生活角色，由此表现出个人独特的自我发展形态（Super, et al., 1957）。而胡德和巴拉舍则从结构的角度认为生涯包括个体对工作世界职业的选择与发展，对非职业性或休闲活动的选择与追求，以及在社交活动中参与的满足感（Hood & Banathy, 1972）。与此相似，赫尔（Hall, 1976）认为生涯指人终其一生，伴随工作或职业的有关经验与活动。韦伯斯特（Webster）则从更为广泛意义上认为生涯指个人一生职业、社会与人际关系的总称，即个人的终身发展历程（邱美华等，1997：11）。美国国家生涯发展协会（National Career Development Association）从最广义上将生涯定义为：个人通过从事工作所创造出来的一个有目的的、延续一定时间的生活模式（Reardon，et al.，2000）。延续一段时间意味着生涯在本质上是持续一生的过程，受到个人内在或外在力量的影响，而不是作为一个事件或选择的结果而发生的事情。创造出意味着生涯是个体的愿望与可能性之间、理想和现实之间妥协或平衡的产物。有目的的意味着生涯对于个体是有意义的和有价值的，需要规划、思考、制订和执行，反映了个体价值观和信念。生活模式意味着生涯不仅仅是个体的职业或工作，而且是与所有生活角色交互作用，以及人们整合安排这些角色的方式。工作不仅意味着特定的职位，而且更多地意味着一种活动，一种为自己或他人创造价值的活动。

通过上述考察，生涯实际上是一个处于职业和生命之间的概念，一方面与个体成年之后所从事的职业或工作有关，另一方面又超越单纯的职业范畴，而与个体的生命生活状态有关。生涯是个人一生职业、休闲、社会与人际关系的总称，是一个人的终身发展历程中的个人适应、社会适应和职业适应。它强调的是个体生涯知识、技能及观念的获得与发展，并在此基础上走向生涯成熟。

3. 生涯发展

生涯咨询与辅导肇始于帕森斯（Frank Parsons）的工作。按照帕森斯的理解，生涯发展实质上就是将个体的特征与社会职业的要求进行匹配的过程。舍尔斯（Susan Sears）将生涯发展定义为"那些综合起来塑造我们生涯的经济、社会、心理、教育、生理与机遇等因素的总和"（Sears，1982）。按照这一理解，生涯发展是一个很大的概念，受到资金和财政、团队关系和社会阶层、心理健康和人格发展、教育水平和经历、生理能力与特质及各种机遇的影响。任何单一的因素都无法决定一个人的生涯发展，所有这些内在的和外在的因素结合起来影响到个体生涯道路的展开方式。因此 Anne Roe 等认为生涯发展取决于四大类 12 个因素：生涯选择=S[（Ee+bB+cC）+（fF，mM）+（lL+aA）+（pP×gG×tT×iI）]（S=性别，E=一般经济状况，B=家庭背景、种族，C=机遇，F=朋友、同伴关系，M=婚姻状况，L=一般学习和教育，A=后天习得的特殊技能，P=生理特征，G=认知或特殊天赋能力，T=人格，I=兴趣）。公式中小写字母表示校正系数。（Roe & Lunneborg，1990）

虽然生涯与职业相关联，然而职业并不是生涯的全部。与职业发展相比，生涯发展超越了职业选择、准备、就业与适应，而达致以自我了解、自我接受和自我发展为基础，逐渐形成一个整合而适当的自我概念（包括职业自我），同时将此概念转化为实际的生涯选择与生活方式，达到个人的生涯发展目标，并满足社会的需要（沈之菲，2000：10）。因此，生涯发展更多地倾向于与职业相关的一生的经验与活动，不仅包括职业选择和发展，而且包括非职业性的活动，如休闲活动、社交活动、追求与参与所获得的满足感等。因此，生涯发展是指个体与社会互动过程中，恰当扮演系列角色和履行相应职业要求的持续调适过程。这个过程受到个体内在因素和外在社会因素的综合影响。就其实质而言，生涯发展的过程就是一个了解自我和各种选择可能性的过程。由于过去的学习以多种方式影响着个体的生涯决策，因此生涯发展是一个持续的学习过程。

（二）特殊儿童与残疾儿童

本书的研究对象首先是儿童。本书中的儿童是心理学意义上的儿童，指 0～18 岁的个体或者群体。

所谓特殊儿童，是相对于处于一般意义上的儿童而言的。特殊儿童属于处境不利儿童。特殊儿童可以从统计学、生态学和文化学三重视角加以理解。所谓统计学意义上的特殊儿童，是指身心指标上明显落后于同龄儿童的一般发展水平的儿童，如智力落后儿童、视力障碍儿童、听力障碍儿童、体弱儿童、情绪与行为问题儿童等。所谓生态学意义上的特殊儿童指的是在生活与学习环境上不利于个体的健康成长与潜能最大限度的发展，如山区与落后地区儿童、流动儿童、留守儿童等。所谓文化学意义上的特殊儿童指的是受到主流文化的排斥与压力而处于相对不利境地的儿童，如女童、农村儿童、边缘山区儿童、流浪儿童、特殊儿童等。从某种意义上讲，所有统计学意义和生态学意义的特殊儿童都可以归结为文化学意义上的特殊儿童。在这些特殊儿童中，农民工子女、留守儿童、残疾儿童、失足青少年、女童等是最为突出的几类。由于时间、精力和经费的支持问题，庞大的特殊儿童不能够全部成为本书研究的对象。本书选择残疾儿童作为代表性对象，进行生涯发展研究，以便通过探讨残疾儿童的生涯发展问题与对策，管窥整个特殊儿童的生涯发展问题与对策。

根据《中华人民共和国残疾人保障法》，残疾人是指在心理、生理、人体结构上，某种组织、功能丧失或者不正常，全部或者部分丧失以正常方式从事某种活动能力的人。据此理解，特殊儿童指由于生理、心理结构和组织的不完整而导致功能丧失或不正常，从而全部或者部分丧失正常活动能力的 0～18 岁的人。特殊儿童包括视力残疾、听力残疾、言语残疾、肢体残疾、智力残疾、精神残疾、多重残疾和其他残疾的儿童。根据目前我国特殊教育现状，本书所涉及的特殊儿童主要指视力残疾、听力残疾和智力残疾三类儿童。

三、基本理念

本书以特殊儿童为例，把特殊儿童生涯发展看成是其学习和职业生命存在及其活动与优化，它不仅着眼于未来对社会职业的适应与创生，而且着眼于现实的学习生命历程和学习生活的意义建构。据此本书重点关注特殊儿童生涯发展理论探讨、特殊儿童生涯发展冲突与健残隔离、影响特殊儿童生涯发展的因素、促进特殊儿童生涯发展的社会与制度支持、促进特殊儿童生涯发展的教育对策。

（一）差异与补偿

以残疾儿童为代表的特殊儿童与一般意义上的普通儿童相比，处于相对不利的境遇之中。目前我们从物理环境、制度规范和意识观念等不同层次逐渐树立起了平等与正义的价值取向，然而特殊儿童的生涯发展并不是一味地强调所谓的绝对平等，而是在正义原则下，以平等作为追求目标，在尊重差异的基础上，给予特殊儿童必要和适当的补偿。

特殊儿童的生涯发展实质就是教育正义的基本体现。罗尔斯《正义论》中关于正义的原则："第一原则，每个人对与所有人所拥有的最广泛平等的基本自由体系相容的类似自由体系都应有一种平等的权利。第二原则，社会和经济的不平等应这样安排，使他们在与正义的储存原则一致的情况下，适合于最少受惠者的最大利益；并且，公共职位在机会的公正、平等下对所有的人开放。"（Rawls，1971：302）因此正义的精神实质，一是每个人获得最广泛的、与他人相同的自主的平等权利；二是获得均等待遇及地位、职位、利益的机会应该对所有人开放；三是如起始状况（收入和财富分配）不同，处于不利地位者的利益应用补偿的办法来保证。按照这种精神实质，"以人为本"的特殊儿童生涯发展应该立足于不同儿童之间是否在生涯发展过程中得到了相对公平的对待，以及在促进他们生涯发展的运作过程中是否对弱势群体予以必要的补偿。具体表现为如下三个方面：第一，是否有同等的学习和发展机会，其实质的表现就是特殊教育和生涯发展的普及问题，也就是每个儿童是否都有机会进入学校接触和享受到国家或地方或学校相应资源的支持。第二，是否在学习和发展过程得到相对公平资源的支持。第三，是否获得一个相对均衡的学习和发展结果。所谓相对公平的学习和发展结果并不是说每个儿童都能够达到一个绝对一致的水平，而是指经过学习在自身遗传素质所给定的范围内，他们的潜能获得最充分的发展，从而最大限度地使其获得成长、进步与成功，并最终达成自我实现。这三个方面的均衡发展实质是平等、差异和补偿的动态均衡的过程。在这一过程中，从平等的前提出发，对特殊儿童群体的补救与补偿教学是基本路径和有效保证。

（二）缺陷与潜能

当我们以残疾儿童为代表来考察特殊儿童生涯发展的时候，不可避免地面临着一个问题：按照通行的说法，特殊儿童全部或者部分丧失以正常方式从事某种活动的能力。这就意味着当我们提到特殊儿童时，首先就会在大脑中获得一个预先植入的先验性观念：特殊儿童是有缺陷的。于是在探讨特殊儿童生涯发展过程中，聚焦缺陷便成为一种流行的价值取向。缺陷的补偿与代偿成为人们关注的重心。

但是我们需要明白的是，缺陷导向的生涯发展观带有消极倾向。这种倾向可能带来消极的影响：第一，缺陷取向关注残疾、损伤和能力上的缺陷，一些人可能只根据特殊儿童不能做什么而非他们能够做什么来考虑问题。第二，缺陷取向可能会给特殊儿童带来侮辱，导致同伴的拒绝或嘲笑。第三，缺陷取向可能会通过暗示的机制对特殊儿童的自尊心产生消极的影响。第四，缺陷取向导致其他人对特殊儿童的低期望，并以缺陷为由对其区别对待，从而导致其消极的自我实现与自我预言效应的产生。第五，缺陷取向通常起到负面解释的作用（如张三之所以出现这样的问题是因为他有听力障碍）。第六，缺陷取向可能导致人们以类别来区分儿童的倾向，认为所有被归入某类缺陷的儿童都具有相同的特征，而忽视或者减少了对每个儿童特殊性的探究和正确的评价。第七，缺陷取向通常意味着问题或不足主要是由儿童本身的一些特质所决定的，因此忽视或减少了对导致能力缺陷的社会和教育因素的系统性考察，也忽视或减少了社会与教育因素对于能力缺陷应该负有的责任，缺陷为无效的社会应对和教育应对提供了一个内在的借口。总之，缺陷取向的生涯发展观会在相当的程度上造就隔离教育和低估儿童的真正价值与能力，可能会限制一个人对另外一个人的看法，改变儿童在学校和社会中的命运。

与缺陷取向的生涯发展观相反，本书极力主张潜能取向的生涯发展观。在潜能取向的生涯发展观看来，特殊儿童的缺陷只是可能的缺陷。这种可能性是否会变为现实，并不主要取决于儿童本身内在的因素，而取决于外在的社会与教育因素。每一个特殊儿童都有着自身的潜能，这种潜能使得除残疾之外，特殊儿童可做任何事情。古今中外大量事实也证明，感官残疾儿童几乎可以有效地完成所有的任务，现代心理学的最新研究成果也有效地证明了这一点。潜能取向的生涯发展观意味着要给予特殊儿童控制和选择自己生活的机会，根据他们的需要尽可能提供帮助，让他们有机会独立地生活；同样也意味着经过教育的特殊儿童必须有一定的生产能力，获得一定的收入，为家庭和社会贡献自己的价值。

（三）隔离与融合

在 20 世纪 60 年代以前，特殊儿童通常按照残疾的类型被分类安置在专门的特殊教育学校中接受教育和训练。时任美国特殊儿童协会主席道恩（Lloyd Dunn）以敏锐的眼光对于把轻度残疾或障碍儿童安置在特殊教育学校的效果提出了质疑，并认为应该将更多的特殊儿童安置在普通学校，而不是把他们隔离在主流社会之外（Dunn，1968）。道恩的工作提醒人们隔离式的特殊教育并不一定是最有效的安置与教育形式。在此基础上，德诺（Evelyn Deno）从社会经济学和人类学的视角着重探讨了学前与小学阶段的特殊儿童教育问题，强调公立学校应该为不同学生提供所需要的相应服务（Deno，1994），而特殊教育体系应该以提高公立学校特殊教育的质量为目的，是为特殊儿童发展提供服务的大本营（Deno，1970）。为了重构学校体系，德诺提出了瀑布式特殊教育安置体系。瀑布式特殊教育安置体系的提出推动了特殊教育由隔离教育向融合教育（inclusive education）的演进。1975 年美国《PL94-142 法案》（Education of All Handicapped Students Act，全体身心障碍儿童教育法），以及 1990 年对此法案修订的《残疾儿童教育法》（Individuals with Disabilities Education Act，IDEA），2004 年修订的《2004 年残疾儿童教育促进法》（Individuals with Disabilities Education Improvement Act of 2004，IDEIA）通过"少受限制环境"（Least Restrictive Environment，LRE）原则确保特殊儿童最大限度地进入主流社会和普通学校与普通课堂中学习的权利。只有当残疾的性质或严重程度使得儿童不能在配有额外辅助的普通班级所提供的设备与服务中受益，才能将儿童安置在隔离的班级与特殊学校中去学习。融合取向的发展观通过法律的形式加以确立。

在我国，随班就读作为特殊儿童融合教育取向的主要形式，从 20 世纪 80 年代开始就逐渐推行，并确立了"以一定数量的特殊教育学校为骨干、以大量特殊班和随班就读为主体的残疾少年儿童教育的格局"（何东昌，1988）。在法律上，《中华人民共和国义务教育法》第十九条规定："县级以上地方人民政府根据需要设置相应的实施特殊教育的学校（班），对视力残疾、听力语言残疾和智力残疾的适龄儿童、少年实施义务教育。特殊教育学校（班）应当具备适应残疾儿童、少年学习、康复、生活特点的场所和设施。普通学校应当接收具有接受普通教育能力的残疾适龄儿童、少年随班就读，并为其学习、康复提供帮助。"2008 年修订的《中华人民共和国残疾人保障法》第二十五条规定："普通教育机构对具有接受普通教育能力的残疾人实施教育，并为其学习提供便利和帮助。普通小学、初级中等学校，必须招收能适应其学习生活的残疾儿童、少年入学；普通高级中等学校、中等职业学校和高等学校，必须招收符合国家规定的录取要求的残疾考生入学，不得因其残疾而拒绝招收；拒绝招收的，当事人或者其亲属、监护人可以要求有关部门处理，有关部门应当责令该学校招收。普通幼儿教育机构应当接收能适应其生活的残疾幼儿。"这就为特殊儿童的融合发展观提供了法律依据。

本书认为，无论是从实践层面，还是从制度层面，特殊儿童生涯发展都需要从隔离取向的发展观转换到融合取向的发展观。从生涯发展终极目标——提升儿童的社会参与度和学习与生活质量的角度，融合取向也是必须要采纳的。隔离式的发展体系使得儿童没有机会或者很少有机会去了解社会、了解职业及其需要，因此无法提升特殊儿童对社会的理解力和参与度。

（四）适应与支持

传统上，人们对待残疾儿童的生涯发展采取的是一种医学模式。传统的医学模式把残疾儿童的特殊性看成是他们自身内部的种种缺陷和不足的自然结果，因此其生涯发展与职业能力的促进主要从他们内部的角度进行考虑。于是"适应"就成为其就业医学模式的关键词。所有的教育和就业准备都着眼于如何利用各种手段减少或者消除残疾儿童内部的缺陷或不足所导致的种种障碍，使他们能够适应社会现实和社会生活。按照这种观点，残疾儿童或其家长本身应该对他们的特殊性负责，社会、学校、国家只是在尽道义上的责任，帮助他们学习和发展。

但是，残疾儿童生涯发展走到今天，已经突破了传统的医学模式的思维架构，而走向生态化模式。人们对残疾儿童的特殊性有了全新的认识。残疾儿童的特殊性被看成是其自身与社会环境复杂互动的结果。换一句话说，残疾儿童的特殊性一方面固然有他们内部的原因，但是，这种内部的原因并不是唯一的。残疾儿童自身的特殊性可能带来不利的文化环境，而社会文化环境对他们的特殊性也应该承担相当甚至是主要的责任。因为社会物理环境、社会制度环境和社会心理意识环境都是按照所谓正常人的标准进行建构的。以这种标准下的环境去要求残疾儿童，理所当然就会使其表现这样或那样的不适应。这是造成残疾儿童特殊性的主要原因所在。社会文化环境原因与残疾儿童自身内部的问题复合叠加并交互作用，就造成了他们的种种问题与障碍。如果我们改进社会文化环境，照顾残疾儿童的需要，其境况就会大大改善，障碍程度就会减轻甚至完全消除。而残疾儿童境况的改善又会带来一个适切的环境支持。因此社会"支持"就成为残疾儿童就业的另外一个关键词。这样，残疾儿童就业就要从两个角度同时展开，一方面改善残疾儿童内部状况；另一方面则主要从社会环境入手，营造起适合残疾儿童需要的社会文化环境。

◇————————————————————————————

第一章

特殊儿童生涯发展的理论基础

特殊儿童生涯发展有着自身的规律。首先表现为儿童的生涯发展，然后才是特殊儿童生涯发展。强调儿童是因为特殊儿童与普通儿童一样，有着相同的身心发展顺序和发展阶段，每个阶段面临相同的发展任务。因此务必要以公正的态度、平常的心态对待特殊儿童的生涯发展问题。正是在这一意义上，生涯发展的一般理论同样适用于特殊儿童，或者至少可以说对思考和研究特殊儿童生涯发展问题具有参考和启示价值。但是特殊儿童毕竟有着自己独特的生活境遇，有着自己独特的学习和生活需要，于是，相对于一般生涯发展理论而言，特殊儿童生涯发展应该具有自身的特性。

第一节　一般生涯发展理论

根据儿童主体性的发挥程度，生涯发展理论大致有四大类：选择理论、发展理论、社会学习与决策理论和整合理论。正是这些理论研究，才使得人们将研究视角从传统单纯的职业教育和职业辅导演进到生涯教育和生涯辅导；也正是由于这些理论的发展，才使得生涯发展成为一个儿童发展研究和学校教育中的重要领域；还是因为这些理论的发展，才使得生涯发展教育和生涯辅导的技术范畴具有了科学依据。

一、选择理论

早期，人们通常将生涯发展看成是发生在一个时间点上的事件，即个体生活中某一时刻所发生的事情。由于时间的相对静止，空间取向成为生涯发展研究和探讨的基本出发点。空间取向要求考察生涯发展的结构问题。对于个体在某一相对固定的时间点而言，人们需要处理两大因素之间的契合程度：作为生涯发展主体而存在的人和作为生涯发展环境与客体的社会职业相关因素。于是，人与工作及其环境要求的相互匹配就是早期生涯发展研究所关注的中心问题。特质-因素理论则既关注人的特质，也关注工作职业的要求，更关注二者的匹配。而心理动力理论将重心移向对于主体的人的探讨。

（一）特质-因素理论

特质-因素理论从人格心理理论出发，关注个体的需要、兴趣、价值观和气质等因素。通过科学的测量方法测定个体的特质类型，将个人特质放在特定的情景之中，希望可以依据测量结果得出与个体相匹配的职业类型，帮助个体确定职业发展的方向。该理论以个人的个性心理特质作为描述个别差异的重要指标，强调个人的特质与职业选择的匹配。

1. 人职匹配理论

帕森斯（Parsons, 1909）在《职业选择》（*Choosing a Vocation*）中提出：在职业选择和发展的过程中有三大原则：首先，清楚地了解你自己，了解你的能力、倾向、兴趣、资料、局限及其他品质。其次，了解各种工作成功所必备的要求与条件、优缺点、薪酬、机会及发展前途。最后，了解上述这两部分事实之间的关系。因此，明智的生涯选择有三个步骤：①对自身的兴趣、技能、价值观、目标、背景和资源进行认真的自我评估；②针对学校、业余培训、就业和各种职业，考察所有可能的选择机会；③依据前两个阶段所发掘的信息，仔细推断最佳选择。帕森斯十分看重职业辅导，认为理性作用对个人的自我了解很重要。但个体可能缺乏这种理性，不能做出合适的抉择，因此对个体进行职业辅导是帮助其做出最佳选择的有效方法。为了实现最佳的职业选择，高水平的自我评价、职业和就业信息、专业的咨询等就成为人们解决生涯发展问题的核心。美国职业心理学家威廉姆斯（Williamson, 1939）发展了帕森斯职业指导理论，提出了特质-因素匹配理论。他认为，个体都具有独特的心理特质，这些特质与不同工种的要求相关联，不同的职业岗位需要具有不同特质的人；职业指导的实施以测定个体的特质为前提，通过各种心理测验可获得对个体特质的认识。同时，职业选择是直接的认知过程，对于职业选择发生困难的个体，应该先进行诊断，弄清原因之后，再对症下药。在解决个体的职业选择问题的时候，需要经过心理测验和指导咨询，可采用直接建议、说服、解释等三种方法，包括分析、整理、诊断、预测、咨询（处理）、追踪等六个步骤。

2. 职业倾向适配理论

Holland（1966）强调个人的行为是人格与环境交互作用的结果，职业选择也是人格的表现，人格形态影响人的择业及其对生活的适应。个体独特的个人导向是由遗传因素和长期的生活经验形成的，那些符合这种特定的导向的职业能够使个体产生兴趣，从而有动力去从事该项工作，使得职业生涯能够有所发展。Holland认为，人可以被区分为六种人格类型：现实型、研究型、艺术型、社会型、企业型和传统型。相应地，人所处的环境也可分为相对应的六种类型。同时，他提出了三个辅助假设来解释人和职业的特性：①一致性，指在心理上的一致程度；②区分性，指个体或职业环境的界定的清晰程度；③适配性，指不同类型的个体需要不同的生活或工作环境与之适应。在这三个交涉中，适配性是最为重要的，工作的性质与个体的特点越适合，适配性就越高，那么个体在此项工作上就越得心应手，可以说个人的人格与工作环境之间的适配和对应是职业满意度、职业稳定性与职业成就的基础。（Holland，1997）每个人都可以列入上述六种类型的不同组合，只是占主导地位的类型各不相同。人们倾向于选择那些有利于发展自己的技术和能力、充分表达自己的态度并实现其价值的职业环境。在此基础上，Holland编制出了测量人格职业类型的量表，帮助人们选择最适合自己的职业。Holland的生涯发展理论的实质是通过大规模的测量，运用一种行为表现（人格类型）预测另外一种行为（职业选择），关注更多的是职业选择的过程，而非职业状况变化的连续性。

（二）心理动力理论

Bordin等（1963）从心理表达的来源出发，提出心理动力理论。该理论认为在职业选择过程中，每个人早期经验形成的适应体系、需要等人格结构是重要的心理动力来源。该理论继承和发展了弗洛伊德的精神分析理论，将心理需求的满足和职业生涯联系起来，提出满足需要是促成个体心理发展的要素，个体在早期的经验和情感能够促进其职业的发展。Bordin（1984）进一步强调好奇、精确、权利、表达、是非价值观及抚育等自我需求方面在职业选择上的功能。心理动力理论假设，游戏是人格在工作或生涯中产生作用的基础，是一种自我表达、自我实现的表现方式，也是一种需要，会刺激个人在寻求自我满足的职业时，把工作与"游戏"糅合成一体。在生涯发展过程中，个体人格发展的历程反映了对双亲的认同。若亲子关系良好，则外在要求与"游戏"的需要满足融合在一起，工作即成为愉快的经验。同时应注意，自发性是区分工作与游戏的关键要素，游戏仅仅从活动中获得满足感。该理论还认为，强制与努力是人发展过程中的组成部分，体现在工作与游戏中。早期的发展体验与情感是个体独特的生涯发展的基础，个体特征与父母特征构成了"个体认同"。

心理动力理论包括这样一些比较合理的命题：①所有人在生活的各个方面都希望感到完美，体验极大的幸福；②强制与努力是人发展中的组成部分，他们恰当地体现在工作与游戏中；③人们寻找"自我与工作的理想契合点"的特征是"努力做出职业决策"；④生活类型或者人格表达的"发展概念"是寻求满足内在动机的职业的基础；⑤早期的发展体验与情感是个体独特生涯发展的基础；⑥ "个体认同"包括个体的独特特征，但也结合了父母的特征；⑦当自我某些方面未得到解决时，在生涯发展过程中就会产生怀疑和不满（Bordin，1990）。

二、发展理论

与选择理论将生涯发展看成是个体与职业之间的静态匹配与一次性选择过程不同，发展理论从个体的角度出发，关注个体整个生命历程中职业选择连续性的表现，提出以发展的眼光探讨自我概念的形成，将有助于个体清晰地认识自我，明确每个年龄阶段的任务和担任的角色。这些观点为个体的职业选择与生命意义的丰富提供了依据。该理论认为，一个人的自我概念受年龄和生活经历的影响，随时间的变化而变化。工作在人们生活中扮演的角色是从童年开始的，是经常与儿童相互影响的成年人对儿童的期望的反映。早期的职业发展阶段理论受人-职匹配理论的影响，把职业前的发展阶段作为研究重点。罗杰斯对人-职匹配理论强调主动干预咨询者职业选择的主张提出了质疑，认为咨询对象具有自我认识、自我成长的能力，关注人的发展潜能、自我抉择的能力，尊重和支持人的自由发展的权利是职业指导的重点，推动了职业指导从重点开发职业素质测试的技术向职业咨询的技术转变（转引自王本贤，2006）。

（一）人本主义

人本主义心理学以人的意识经验为研究对象，用一种积极、客观、开放的态度和科学的方法来探索人的内心生活体验。人本主义把人作为一个独特的具体的个体去研究，试图理解整体的个人，认为生活的目标就是一个人实现他自己信仰的某种事物。在追求自我实现的过程中，人类生活有四种基本趋向：追求个人在性、爱情、自我认识上的满足；为了适应归属和获得安全感的目的，自我控制适应过程的趋向；自我表达和创造性成就的趋向；整合或保持秩序的趋向。同时，人本主义强调个人价值和目标系统的建立及创造性过程（夏洛特·布勒等，1990：46-49）。罗杰斯和马斯洛是人本主义心理学的代表人物。前者关注自我的发展，充分肯定个体的潜能，提出以人为中心的人格发展过程。后者则从人类的动机出发，将个体的需要进行分层次的描述，提出自我实现的各种途径。这些为生涯发展中以人为中心的理论提供了理论和实践基础。

1. 罗杰斯的自我理论

罗杰斯强调自我在个人心理生活中的作用。其自我理论认为，"经验"或"现象场"是当事人在每一个时刻所具有的主观精神世界，既包括有意识的心理内容，也包括还没有被意识到的内容。符号化是区分意识到的经验和未被意识到的经验的标志，要借助词语、符号、声音、图像，以及任何可以被大脑加工的东西。个人具有在意识水平之下对刺激或者经验进行加工的潜知觉。在通常情况下，人的知觉、个人的现象场总是不断地与客观现实相互作用，是一个对自己的知觉世界进行检验、验证和校正的过程。"自我"是有组织的，其组成的每一部分都会发挥作用，是不断改变的结构（Rogers，1961）。个人的成长将经历自我的萌芽、与现实环境互动获得经验、能够有区别地对待经验以此获得有条件的价值感三个阶段。在这个过程中，积极的关注对形成有价值的条件十分重要。积极关注的需要就是需要别人对自己的肯定、看中、认可和喜爱。伴随着对他人的积极关注的需要的满足与否的经验的增长，个体又会发展出一种积极的自我关注的需要（Rogers，1957）。

2. 马斯洛的需要层次学说

马斯洛的需要层次学说将人的需要分为生理需要、安全需要、归属与爱的需要、自尊需要、认识和理解的欲望、审美的需要、自我实现的需要。需要的满足呈现一个阶梯的过程，是优势需要的更替。需要是潜在的、可塑的，当转化为动机时对行为产生现实的支配力。需要的满足对人的学习、性格的形成、健康及病态产生影响。马斯洛通过对不同的人的研究，得出：人格是自我实现者的创造性所强调的首要因素，即性格学上的品质，如勇敢、自由、自发性、清楚明了、整合性和自我接受等。这些品质使一般的创造性成为可能，这些创造性通过创造性的生活、创造性的态度和创造性的个人将自身表达出来。他认为，自我实现者具有特殊的感知能力，更富有自发性的表达能力，如儿童般的纯真性和对未知事物的好奇心，对他人的言语、要求或嘲讽较少有恐惧感。他强调自我实现者的创造性的表达和存在，而不是其解决问题和制造成果的特征（马斯洛，2007：201-210）。

（二）社会心理发展理论

新精神分析学家埃里克森（E. H. Erikson）在经典精神分析的基础上，建立了社会心理发展理论。与经典的精神分析不同，埃里克森认为：①个体人格发展是生涯发展的基础。但是人格发展并不仅仅是早期经验的结果，而是终身发展历程。②个体的人格发展的关键问题不是发展与不发展的问题，而是发展的方向问题。③发展的动力不仅仅是早期经验和内在驱动力，而是在很大程度上来源于个体的社会文化背景。埃里克森强调社会文化背景的作用，认为人格发展受文化背景的影响和制约。他把人的发展看作一个经历一系列阶段的过程，每一个阶段都有其特殊的目标、任务和冲突。在每个阶段的发展中，个体均面临一个发展危机，每个危机都涉及一个积极的选择和一个潜在的消极选择之间的冲突，个体解决每个危机的方式对个体的自我概念和社会观的形成都有着深远的影响。早期阶段中问题的不良解决所造成的损失，可能会在后期的阶段得到修整，但却往往对个体一生的发展造成间接而深远的影响。埃里克森将人的心理发展分为 8 个阶段（表 1-1）：基本信任对不信任（0～1.5 岁）、自主对羞怯和怀疑（1.5～3 岁）、主动感对内疚感（4～5 岁）、勤奋感对自卑感（6～12 岁）、同一性对角色混乱（13～19 岁）、亲密对孤独（20～39 岁）、生产性对停滞感（40～64 岁）、自我完满对悲观绝望（65 岁及以后）（Erikson，1998）。了解这 8 个阶段的特征和影响对个体的职业发展起着十分重要的作用，其中，最为主要的是青少年期和成年早期。

表 1-1　埃里克森生涯发展阶段

大致年龄	美德 virtues	关键心理事件 psychosocial crisis	重要关系 significant relationship	相关问题 existential question	事例 examples
婴儿 infancy 0～1.5 岁	希望 hope	基本信任对不信任 basic trust vs. mistrust	母亲 mother	我能够信任这个世界吗？ Can I trust the world?	抚育、遗弃 feeding, abandonment
儿童早期 early childhood 1.5～3 岁	意志 will	自主对羞怯和怀疑 autonomy vs. shame and doubt	父母 parents	我是我自己？ Is it okay to be me?	如厕训练、自我穿戴 toilet training, clothing themselves
学前 preschool age 4～5 岁	目标 purpose	主动感对内疚感 initiative vs. guilt	家庭 family	我适合做、移动和行动？ Is it okay for me to do, to move, and to act?	探索、使用工具、艺术创作 exploring, using tools or making art
学龄 school age 6～12 岁	能力 competence	勤奋感对自卑感 industry vs. inferiority	邻居、学校 neighbors, school	我能够在人和事件领域行动？ Can I make it in the world of people and things?	学校生活、运动 school, sports

大致年龄	美德 virtues	关键心理事件 psychosocial crisis	重要关系 significant relationship	相关问题 existential question	事例 examples
青少年 adolescence 13～19 岁	忠诚 fidelity	同一性对角色混乱 identity vs. role confusion	同伴、角色模式 peers，role model	我是谁？我能够成为谁？ Who am I? Who can I be?	社会关系 social relationships
成年早期 early adulthood 20～39 岁	爱 love	亲密对孤独 intimacy vs. isolation	朋友、配偶 friends，partners	我能爱？ Can I love?	浪漫关系 romantic relationships
成年 adulthood 40～64 岁	关怀 care	生产性对停滞感 generativity vs. stagnation	家人、同事 household，workmates	我能够预见我的生活？ Can I make my life count?	工作、亲子关系 work，parenthood
成熟 maturity 65～	智慧 wisdom	自我完满对悲观绝望 ego integrity vs. despair	人类、自我 mankind，my kind	我的一生还好吗？ Is it okay to have been me?	对生命的反思 reflection on life

（三）金斯伯格的生涯发展理论

金斯伯格等（Ginzberg，et al.，1951）认为：第一，生涯发展是一个连续的、长期的、发展的过程，大约每十年一个阶段，在个体的头二十年里达到最高点。职业选择不是一个单一的决策，而是经过数年的一系列的决策，该过程的每一个环节都与其前后的环节相关。第二，发展过程是不可避免的，有四种因素影响职业的选择：个人的价值、情绪因素、受教育的程度和类型，以及由环境压力产生的现实的影响，这些因素影响态度的形成，态度又决定职业的选择。第三，个体的职业行为来自儿童的早期生活并随时间不断发展，童年时期就开始孕育职业选择的萌芽，随着年龄、资历、教育等因素的变化，个体的职业选择也会表现出不同的特征。生涯发展可以分为幻想期（11 岁之前）、试验探索期（11～17 岁）、现实期（17 岁以后的青年和成年）等三个不同时期。在幻想期，儿童对世界和所能够看到与接触到的各类职业工作者充满好奇，幻想自己将来所从事的职业工作，并在游戏中扮演喜欢的角色，而不是通过自身条件、能力水平、社会需求和机遇进行现实的评估。在试验探索期，儿童身心快速成长，独立意识和价值观念开始形成，知识与能力显著增强，并初步懂得社会生产与生活的经验，于是儿童开始客观审视自身兴趣、自身条件、能力与价值观，关注职业角色的社会地位、社会意义和社会需求。此阶段可以分为兴趣阶段（11～12岁，培养职业兴趣）、能力阶段（13～14岁，以个人能力为核心评估自己的能力并在相关职业活动上加以发展）、价值观阶段（15～16岁，逐渐了解自己的价值观，兼顾个人与社会需要，以职业价值定向生涯发展）、综合阶段（17岁，对兴趣、能力和价值观进行整合考虑，判断未来生涯发展方向）。在现实期，人们即将步入社会，能够客观地把自己职业愿望同主客观条件、能力、社会需求密切联系与协调，寻找适合自己的职业生涯角色。现实期又可以分为三个阶段：试探阶段、具体化阶段和专业化阶段。同时，职业选择的过程又不仅仅局限于这三个阶段内，它可能会发生在个体的整个工作生命中，是个体在改变欲望及环境间，不断寻找最适配的工作，最终达到最佳适配的过程。

（四）舒伯的生命全程和生活空间理论

舒伯综合差异心理学、发展心理学、职业心理学及人格发展理论的优点，系统地提出了有关生涯发展的观点。他认为，职业既蕴涵在生命全程中，也蕴涵在生活空间（life space）中，包括生活角色和生活方式。他将自我概念和职业概念整合紧密联系起来，提出了发展任务的人生阶段论、生涯发展的基本命题、由适应性的各种影响因素构成的拱形门模型及人生生涯彩虹图。

1. 生涯发展的14条基本命题

1）人们在能力、人格、需要、价值观、兴趣、特征和自我概念上存在着不同。

2）具有不同特点的每一个人都能胜任一些职业。

3）每种职业要求特定的能力特征模式和个人特质，但这些要求具有一定的弹性，一个人可以适应一些不同的职业，同一职业也可以由不同的人来做。

4）尽管由于职业偏好和胜任特征的差异，以及人们的生活和工作环境不同，作为社会学习结果的自我概念会随时间和经历的改变而改变，但是在青春晚期到成人晚期这段时间内会越来越稳定，为职业选择和调整提供连续性。

5）生涯发展的过程就是一系列的生命历程：成长、探索、建立、维持、衰退等阶段之间的转换（一个大循环），或者遇到环境变化（如经济衰退、人力资源供求关系变化）或个人生活变化（如疾病、受伤）时产生一个小循环。不定期或多次的尝试性的就业包括了新生命历程的成长、探索和建立（再循环）。

6）生涯发展的本质是已经达到的职业水平，尝试性工作和稳定性工作的顺序、频率、持续时间。而这一本质是由个体父母的社会经济水平、智力、教育、技能、个人特征，以及职业成熟性及其所面临的机遇决定的。

7）在任何既定的生涯发展阶段上，能否成功处理好环境和有机体需要，取决于个体对处理这些需要的准备程度——生涯成熟度。生涯成熟度是身体、心理及社会多方面特征的集合；从心理角度讲，它既是认知又是反应，包括成功解决职业发展的早期阶段或子阶段的需要，特别是最近需要的程度。

8）生涯成熟度是一个假设结构。它的操作性定义可能和智力一样难以确定，而且它提出的历时更短，学术或应用上的前景甚至还不明朗。与一些学者的说法相反，生涯成熟度并不是单调的增长，也不是某种单一的特征。

9）整个生命周期的发展是可以给予指导的。这些指导一部分通过促进能力和兴趣的成熟来实现，一部分通过帮助进行真实的测验和完善自我发展概念来实现。

10）发展和完善职业的自我概念是个体生涯发展历程的核心。这是一个综合和调解的过程，在这个过程中，自我概念是禀赋的性向、生理组成、观察与扮演各种角色的机会，以及上级与同事对其扮演角色所给予的评价等因素交互作用的产物。

11）在个体和社会之间、自我概念和现实之间进行综合或调解，是一种角色扮演（在咨询面谈的幻想中的角色扮演，或者在班级、俱乐部、兼职工作或进入工作中真实生活活动中的角色扮演），也是从反馈中学习。

12）工作满意度和生活满意度取决于个体在多大程度上找到了实现能力、需要、价值、兴趣、人格特质和自我概念的途径。这些途径依赖于人们建立一种工作类型、工作情境和生活方式，在其中，人们可以扮演个人成长和探索过程中让自己感到称心如意的角色。

13）人们从工作中获得满意度与其完善自我概念的程度存在一定的相关性。

14）工作与职业为大多数男性和女性的人格系统提供了一个聚焦点（尽管对一些人来说这个聚焦点无足轻重甚至根本不存在）。当然诸如休闲活动、持家活动等也可能成为中心（与个体差异一样，社会传统，如性别角色的传统模式、种族和民族的偏见及机遇，对工人、学生、持家者和公民等这些角色的偏好都是重要的决定性因素）。（Super，1990）

2. 发展任务的人生阶段论

舒伯发展出诠释生涯发展的概念模式，以差异心理学、自我心理学与现象学的观点来解释职业选择的历程，并将发展心理学与自我概念联系起来。他重视"自我意识"的发展，并认为生涯发展是自我意识的发展和对职业的适应过程，也是自我价值的实现过程。在人的一生中，每个阶段都将经历成长期（growth）、探索期（exploration）、建立期（establishment）、保持期（maintenance）和衰退期（decline），在每个阶段之中有不同的任务，前一个发展任务达成与否，关系着后一个阶段的发展情况（Super, et al., 1957）（表1-2）。与职业任务相联系的自我概念有13个维度：自尊、稳定性、清晰度、抽象性、精炼、可靠性、现实性、统治性、和谐、结构、眼界、灵活性和气质（Zunker, 2002）。

表1-2　舒伯的生涯发展阶段

阶段	年龄	主要发展任务
成长阶段（认知）	0～14岁	经由与重要他人的认同结果，发展出自我观念。需要、幻想为此时期最重要的特质。随着年龄的增长，社会参与现实考验逐渐增加，兴趣能力日显重要。此时期包含三个时期： 1. 幻想期：4～10岁，以需求为主，尝试各种经验。 2. 兴趣期：11～12岁，以喜好为主，形成自我概念。 3. 能力：13～14岁，选择职业以能力为考虑因素，了解工作的意义和目的
探索阶段（导向、试探）	15～24岁	在学校、休闲活动中及各种工作经验中，进行自我检讨、角色试探及职业探索。此阶段包含三个时期： 1. 试探：15～17岁，考虑需要、兴趣、能力及机会，作暂时的决定，并在幻想、讨论、学业及工作中加以尝试。 任务：职业偏好逐渐具体化。 2. 过渡期：18～21岁，进入就业市场或专业训练，更重视现实的考虑，并企图实现自我观念；由一般性的选择转为特定的选择。 任务：职业偏好特殊化。 3. 试验并稍作承诺期：22～24岁，职业初定并试验其成为长期职业生活的可能性，若不适切，则可能再经历上述各时期以确定方向。 任务：实现职业的偏好
建立阶段（选择、安置）	25～44岁	寻找适当的职业领域，逐步建立稳固的地位；职位、工作可能变迁，但职业不会改变。此时期包含三个时期： 1. 试验、承诺稳定期：25～30岁，寻求安定，可能因生活或工作上的若干而尚未感到满意。 2. 建立期：31～44岁，致力于工作上的稳固；大部分的人处于最具创意时期，资深、表现优良，强化和改善职业地位。 任务：统整，稳固
维持阶段（专精、升迁）	45～64岁	逐渐取得相当地位，重点在于如何维持地位，较少有新意，面对新近人员的挑战。 1. 经由在职进修或继续训练以保持技能。 2. 发展退休的财源及计划
退休阶段（退休）	65岁及以上	身心状况衰退、原工作停止、发展新的角色，寻求不同方式以满足需要。 1. 视工作配合生理能力。 2. 处理资产以维持独立。 任务：减速、解脱及退休

资料来源：（张添州，1994：76）

3. 拱形门模型和人生生涯彩虹图

舒伯的拱形门模型给出了职业适应性的个性心理特征和社会特征。个性心理特征包括需要、智力、价值观、能力、兴趣、专业技能，以及与这些特质有关的自我概念的角色。社会特征包括社区、经济、学校、家庭、社会、同辈群体、劳务市场，以及与人们生活中的这些方面相关的自我概念的角色。个性特征与社会特征以个体发展的生物-地理特征为基石，这两个特征相互作用，影响生涯发展者（包括生涯发展阶段、角色自我概念、自我等）（Super，1995）。在拱形门的基础上，舒伯提出了人生生涯彩虹图，表明了生活广度和生活空间的生涯发展观（Super，1976）。个体在一生中不同阶段扮演不同角色（孩子、学生、休闲者、公民、工作者、退休者、配偶或伴侣、持家者、父母或祖父母），这些角色在人的一生中不是单独出现的，每个人在大多数时候必然同时在不同的舞台扮演不同的角色，但每一个阶段都有一个显著角色（图1-1）。这些角色交互作用，与年龄、社会期望、个人的时间和感情投入有关。每种角色的成功扮演都是环境决定因素（社会结构、历史变化、社会经济组织和条件、就业经验、学校、社区和家庭）与个人决定因素（意识、态度、兴趣、需要-价值观、一般能力和特殊能力、生物遗传）交互作用的结果（Super，1980）。

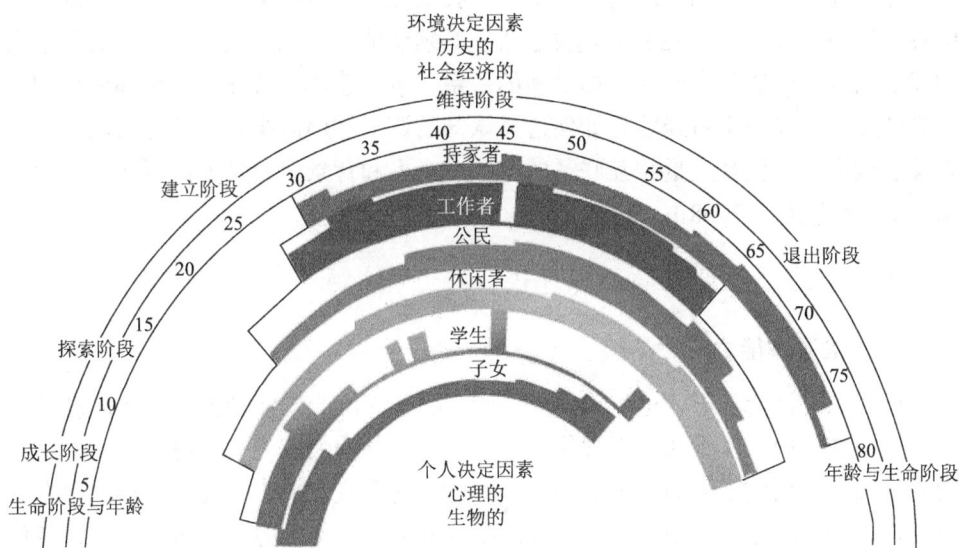

图 1-1　人生生涯彩虹图

三、社会学习与决策理论

　　传统学习理论是在以低等动物为研究对象的传统学习理论和传统行为主义的基础上发展起来的，它试图从这些动物身上发现行为规律来理解人类行为；传统行为主义把行为主体或学习主体被强化的直接经验看成是学习的必要条件，认为人性是个体化的存在，学习只能是发生于个体水平上的事件或现象，个体的行为方式、技能及其人格特征都是其学习的强化物。在班杜拉的社会认知理论的影响下，20世纪80年代开始兴起的社会学习与决策理论打破传统行为主义者认为学习只能发生在个体直接经验的基础之上的偏见，将个体、环境和其行为联系起来，提出三者是相互独立同时又相互作用从而相互决定的理论实体。因此，社会学习理论是关于人类个体在社会情景中的学习现象的一种行为理论，它研究各种社会因素如何影响和改变人的思想、情感与行动的过程，关注人的意识及其与行为之间的关系，目的是要说明和解释人的行为以及规律。它强调在职业生涯发展中起作用的自我效能、结果预期及个人目标这三个变量之间的相互影响（高山川等，2005）。针对个体在职业选择过程中的兴趣倾向、不确定性及偏好的转化，社会学习与决策理论综合心理与社会的作用，关注职业心理学中那些被人们带入其工作环境中的遗传及社会传承的特质。这些特质与环境因素相互作用形成了一些自我看法，进而影响个体与工作有关的行为。反过来，与工作有关的行为又被自然和程序化强化物及惩罚所改变。其中，自我效能理论是此类理论形成的基础（高申春，2000：1，28）。在职业选择过程，必须认清直接或间接的学习经验与个人的职业兴趣、价值观和职业选择之间的关系，承认遗传、特殊能力和环境对职业决策的影响，关心学习经验是如何通过认知的调节作用而指导职业行为的，以及兴趣、能力、价值观变量相互联系的方式及个人和背景因素是如何影响职业生涯结果的（杨晓等，2008）。

（一）班杜拉的社会学习理论

1. 人的基本能力

班杜拉的社会学习理论将人的主体因素引入人的心理活动及其行为表现的因果决定关系之中，认为认知因素作为人参与事件并使人成为其自身生活的动力因素的手段，它构成了人的一种能力。认知能力的形成取决于人在作为类的存在物与其环境世界的相互作用。班杜拉提出了人的五种基本能力：符号化能力、替代（学习）能力、预见能力、自我调节能力和自我反省能力。其中，替代（学习）能力、预见能力、自我调节能力和自我反省能力在生涯发展的过程中起到十分重要的作用。替代（学习）能力指人具有通过观察别人的行为及其结果而形成的见解经验，并在此基础上培养和塑造自己的行为方式的能力，这种学习现象就是观察学习（也称替代学习），是可以通过示范作用过程获得的。预见能力指人具有在对事物发展规律有所了解的基础上对未来进行预期判断的能力。自我调节能力指人具有根据既定目标影响并控制自己行为方式的能力。自我反省能力则指人能够对自己的经验与思维过程进行思考，以此为基础来监控自己的思维，采取行动。人的这些基本能力在职业的选择和发展中若能够得到充分的发挥，将有效促进个体一生的发展。

2. 观察学习

由示范作用引起的观察学习指一个人通过观察他人的行为及其强化结果，将这些进行内化从而习得某些新的反应，或使已经具有的某种行为反映特征得到矫正。在观察学习过程中，榜样通过观察者的观察活动产生影响，这种示范作用可以通过多种形式来实现。在不同的示范榜样中，诚例性榜样对儿童的社会化和道德发展具有特别重要的意义。它以言语描述与具体形象相结合的方式来表现某些具有典型意义的行为，反映了社会规范和要求，通过学校教育和社会媒体等多种途径对每个社会成员产生示范影响。

3. 自我效能感

社会学习理论认为，个体的人生幸福和事业成功是个体自我创造的结果。首先，个体必须认识自我。人是生物进化的产物，本身就受到生理方面的各种限制。但人可以通过与环境的互动来获得自我的实现，这一实现过程受到执行各种行为必须具备的知识和技能，坚定的信念及社会规范的影响。班杜拉认为，在清楚认识到人与环境的关系的同时，要获得个体人格的发展，还需要充分挖掘人的潜能，达成自我实现。自我实现是个体在社会生活实践中通过直接经验和替代经验与环境发生相互作用，从而获得的普遍经验。在这一过程中，个体人格的发展得益于社会的支持和指导，从而培养对对象世界的内在兴趣和与对象世界发生相互作用的知识与技能，由此将自己的人格或存在方式塑造为某一具体形式。班杜拉认为，自我是一系列与知觉、思维等有关的认知结构和认知过程。在社会学习理论中，自我强化和自我效能是两个重要的方面。自我效能感是个体应付或处理环境事件的效验或有效性。作为自我的一个方面，它是指个体以自身为对象的思维的一种形式，是个体对自己能否在一定水平上完成某一活动所具有的能力推断判断、信念或主体自我把握与感受，是个体在面临某一活动任务时的胜任感及其自信、自珍与自尊等方面的感受。

自我效能感的获得通过选择、思维、动机和心身反应四个过程来实现对个体行为及其人生的影响。当个体面临不同环境条件需要进行选择时，自我效能感起到决定性的作用。通常，个体会选择那些自认为可以加以控制的环境，而这些环境又会反过来影响他的行为和人格的发展。自我效能感正是通过这一选择过程在一定程度上控制了个体人生的轨迹和事业的成功与否。另一方面，当个体采取不同的活动方式来解决所面临的任务时，由于不同的活动包含着不同的技能和知识要求，他选择哪种活动就取决于他对可供选择的各种活动的自我效能感。自我效能感能够影响个体的思维过程，这些思维过程又对个体成就行为产生促进或阻碍的影响。当自我效能感通过思维过程发生主体作用时，动机因素必然存在其中。个体在活动过程中的努力程度，以及个体在活动中面临困难、障碍、挫折、失败时对活动的持久力和耐力也受到效能感的影响。而当面临着可能的各种厌恶性情绪体验时，自我效能感决定了个体的心身反应，心身反应又通过改变思维过程的性质而影响到个体的活动及其功能的发挥。

自我效能感的获得途径包括：实践的成败经验、替代性经验、言语的劝导及在活动过程中的生理唤醒水平。实践的成败经验即个体对自己在实际活动中所取得的成就水平的感知，是个体获得自我效能感的一种最基本、最为重要的途径。活动的成功能保证并提高主体的自我效能感，而反复的失败则削弱自我效能感。特别是当失败发生于活动的初期阶段、尚不能反映主体的努力程度及外部不利环境因素的阻碍作用时尤其如此。替代性经验则是指看到能力等人格特征或能力水平相似的别人在活动中取得了成功的观察结果，能够使观察者相信，当自己处于类似活动情景时也能获得同样的成功，从而提高观察者的自我效能感。成功的替代性经验不仅能够提高个体的自我效能感，激发其动机水平，而且为他提供了更有效的行为策略而获得成功，从而消除在接受示范影响前的失败经验对效能自我判断的消极影响。同时，自我效能感成长的环境（家庭、同辈群体、学校和社会）也值得我们注意（高申春，2000：268）。

（二）克拉姆伯兹的社会学习理论

克拉姆伯兹（Krumboltz J D）整合心理学和经济学上关于影响个人在职业选择中出现的行为的观点，认为两者共同影响个体的职业选择。其社会学习理论强调职业生涯决策中的行为和认知。他认为，个体是沿着某一或其他职业生涯路径发展的。其中，遗传天赋和特殊能力、环境和事件、学习经验、履行任务的技能这四个因素相互作用，对人的发展过程产生影响（Krumboltz，1979：19-49）。遗传因素在某种程度上会限制个人对职业或学校教育的选择，而一些特殊能力也会影响其环境中的学习经验；通过学习能够培养起兴趣和技能，对个体对未来职业的选择有十分密切的关系。同时，有三个主观的条件影响个体对职业的选择（Darrell，2000）：①坚信自己能够像该行业从业者一样成功地完成任务；②观察到该行业从业者正面的价值观；③其重要的亲友强调这个行业的优点，他们也看到了这方面的信息。当这三个条件得到满足的时候，个体将肯定自己的职业选择，有信心发展自己的职业。外部环境对教育和职业的选择同样有着很大的影响，这些因素包括：工作机会的数量和性质、训练机会的多寡和性质、职业选择训练人员和工作人员的社会政策和过程、物理环境的影响、科技、社会组织、家庭等。在学习经验这个因素上，克拉姆伯兹提出工具式学习经验和联结式学习经验的理论。他认为，凡是成功的生涯计划、生涯发展和职业或教育的表现所需的技能都可以通过连续的工具式学习经验获得。其次是联结式学习经验，这种学习经验是指：通过环境刺激使个体产生积极或消极的反应。在上述各种因素的综合作用下，个体形成特有的工作趋向技能。这一技能包括：目标设置、价值澄清和产生可能的选择。克拉姆伯兹将这一理论运用于职业生涯决策当中，解释了在面对许多有关职业生涯的问题时职业生涯选择的来源和职业咨询者能够做什么的问题。

（三）认知信息加工理论

皮特逊等从认知干预、决策策略和其他来源中汲取观点，从知识、决策技能和执行加工这三个水平出发，用认知信息加工观点来描述个人的职业发展（cognitive information processing，CIP）（Peterson，et al.，1991）。

首先，他们提出了 10 个假设：①生涯选择是认知过程和情感过程交互作用的结果；②进行生涯选择是一个问题解决过程；③解决问题的能力取决于知识和认知操作的有效性（可获得性）；④职业问题解决是一项高记忆负荷的任务，因此记忆将承担很重的任务；⑤动机对个体决策起重要的影响；⑥生涯发展包括知识结构方面的持续发展和变化；⑦生涯认同取决于自我认知；⑧生涯成熟取决于一个人解决生涯问题的能力；⑨通过信息加工技能的发展可以促进生涯咨询和教育目标的实现；⑩生涯咨询的最终目标在于提高个体作为生涯问题解决者和决策制定者的能力。

其次，该理论建立了一个职业决策的信息加工金字塔，描述了职业决策中所需要的知识和技能。该理论认为，人首先要具有两类知识：一类是关于自我的知识，即了解自己，包括价值观、兴趣和接纳功能，以帮助个体培养决策技能；另一类是职业知识，即了解选项，在获取了一定知识的基础上，个体应能够理解和掌握决策过程，形成一般信息的加工技能。生涯发展实际上是自我和职业两个方面的知识结构的发展与变化。这种自我了解和对职业的持续性了解构成系列的组织化的记忆结构（图式），其发展贯穿生命的全程。在金字塔的顶端是元认知部分，即对信息执行自我认知加工，包括自我对话、自我意识和认知监控。金字塔的中层是决定技能，即了解自己如何做出决定，承担着了解和掌握决策制订过程的任务。

在个人决策的认知信息加工过程中，个体要经历这样一个过程：问题的出现（每个人的理想与现实存在差距），思考解决问题的方法（了解这些差距，寻找缩小差距的方法），做出决策（为完成某一行动制订一个计划或策略、承担繁重任务的能力、对于完成计划的承诺和投入）。这是一个沟通、分析、综合、评价、执行的循环过程，个体的内在机制和外在因素共同帮助个体决策。这些内在机制包括自我认识、学习和工作，以及更大领域的动机、希望参与职业问题解决和决策的意愿等，这些涉及个体的反省认知能力的发挥。外在因素则包括职业发展中的家庭、社会、经济和组织因素。

（四）社会认知职业理论

Lent 等（1994）结合自我效能理论和社会学习理论和认知加工理论等多方观点，提出了社会认知职业理论（social cognitive career theory，SCCT）。在该理论中，自我效能、结果期待、个人目标是三个核心概念。个人目标是个人从事特定活动的意图，又可分为职业目标和绩效目标两种。自我效能、结果期待和个人目标之间存在复杂的相互作用，同时，SCCT除了重视这三个核心概念外，也十分重视包容已有的理论成果，如心理因素（兴趣、能力、价值观等）、社会因素（社会经济地位、性别等）、经济因素（就业、培训机会等）对于职业生涯发展的影响。

该理论重视不同文化和性别带来的差异，强调个人经历是职业发展的基础，并试图通过个人—行为—环境的复杂交互作用来动态地揭示人们是如何形成职业兴趣、做出职业选择的。该理论有4个基本假设：①个体的兴趣、自我效能感及预期结果三者之间有密切联系；②个人的成就影响他对该事件的兴趣和自我效能感；③自我效能感和对成果的期望会在很大程度上影响他对某件事情的兴趣，进而影响他的选择；④个体完成任务的能力和自我效能感使个体过去的表现影响他今天的业绩。

同时，该理论还包括一个关于兴趣、选择和成果之间相互联系的模型（高山川等，2005）。职业兴趣发展的模型是一个动态的循环系统，自我效能感和对成果的期望影响兴趣的产生；在兴趣确定下来之后，三者又共同产生作用，使个体做出参加活动的决定，并在进行活动的过程中若需要做出选择的时候产生影响，最终达到所期望的成果；这时产生的成果又反过来促成个体的自我效能感的形成，从而对未来的事物充满期望。在兴趣发展模型的基础上，选择模型考虑了个体的多样性、环境的影响及学习对个体的作用这些因素，它们共同作用于职业的选择过程。职业选择过程可分为三个阶段：①确立初步的职业选择或职业目标；②采取行动以实现目标；③获得绩效成就，形成反馈，影响个人未来的职业选择的形成。职业选择是一个双向选择的、开放的过程，会受到多种因素的影响，而且有多个选择点。职业兴趣、自我效能、结果预期都会影响职业选择目标和行动。另外，有两类环境因素也会影响职业选择过程：一类是"先前的背景因素"，如文化、性别角色社会化、榜样、技能培训机会等；另一类则是"当前的环境因素"，如在作职业决策时的工作机会，情感上、经济上的支持，环境中的歧视等。工作绩效模式指出，工作绩效取决于人们的能力、自我效能、结果预期及成果之间的交互作用。能力一方面直接地影响成果，另一方面则通过塑造自我效能和结果预期发挥间接的作用。

（五）生涯决策制定模型与 PIC 模型

近年来，根据自我效能和社会学习理论，不少学者提出了职业生涯决策制定模式，如 Gelatt 描绘的决策制定的循环性质和序列模式、Gati 的序列排除法、Perrone 等分析各种因素对青少年职业生涯决策的影响，以及职业生涯的不确定性等理论。其中，Gelatt（1989a，1989b）提出个体应该：①接受过去、现在和将来的不确定性；②积极对待不确定性。个体在进行生涯决策的过程中，可以从五个阶段表现出来（Zunker，1990）：①认识到做出一个决策的必要性，并明白决策的目标或目的；②收集数据并查看可能的行动方案；③根据数据来决定可能的行动方案与可能的结果；④关注个体的价值观和价值观体系；⑤做出一个决定，并评估这个决定可能成为最终决定还是有待审查的决定。个体需要考虑自己想要做的、能够了解的、相信的，以及将要做的。个体生涯决策涉及两种态度变量和四个因素变量。两种态度变量是对过去、现在、将来不确定性的接受程度和对待不确定性的积极程度。需要考虑的四个因素为：你想要什么？你了解什么？你相信什么？你要做什么？此决策模型与传统决策模型不同之处在于提出了四个基于创造力的原则：集中的与灵活的、意识的与警惕的、客观的与主观的、现实的与神秘的。

PIC（Prescreening，in-depth exploration，and choice；预选、深度探索与选择）模型的理论基础是方面排除理论。伽缇等认为，职业生涯决策过程的本质是找到与个体的偏好和能力最兼容的可选职业。在多数情况下，个体广泛尝试所有潜在的职业方案是不实用的。因此，他们将职业生涯决策过程划分为具有不同目标、过程和结果的三个主要阶段和九个主要步骤（Galotti & Kozberg，1996；Gati，et al.，1996）。这三个主要阶段包括：①排除阶段，通过对关于个人偏好的搜索，排除掉一些职业选择方案得到一组较少的、可操作的"可能方案"；②深度搜索方案，通过对"可能方案"的深度搜索，产生一些适合的职业；③选择阶段，在评估和对比所有适合职业的基础上，选择最适合的职业。九个主要步骤为：①通过澄清决策的目标和确定备选项的方法来界定和建构决策问题；②确定相关方面，选择关注的核心目标；③根据重要性对各个方面予以分类；④个体在最佳选择和可接受的选择之间确定自己愿意采纳的折中选择；⑤排除与偏好不相容的职业（考虑每个方面的重要性，谨慎地将选项排除到 7 个或更少）；⑥应用敏感测验改变偏好，以便降低丢失潜在的合适选项的可能性；⑦收集额外信息用来比较经过前面步骤仍然保留下来的选项；⑧在关注可能的利益和弊端基础上根据综合意愿将选项排列等级；⑨实现最偏好的选项，关注实施个体选择将采取的行动计划和旨在提高实现最期望选项机会的行动。PIC 模型是一个动态的、灵活的决策过程，个体在决策过程的所有阶段都有积极作用，同时个体也可以随时从不同阶段进入决策过程，它可以解释个体决策的动态发展和变化。因此，在特殊儿童的生涯发展过程中，不仅要重视其成长的早期阶段，而且应该时刻注意其成长过程中出现的变化，根据不同阶段出现的情况为他们的决策提供相应的帮助。

四、整合理论

早期的职业生涯发展理论多从某一方面出发，对职业选择的特征、影响因素及发展策略等共同规律进行探讨。如帕森斯的特质因素理论从个体的特征出发，强调清晰的自我认识和对工作的了解在个体的职业选择中的重要影响，但忽视了个体的特质和工作的性质不是一成不变的，对职业的价值观、职业意识等个性职业倾向考虑不够；同时较少考虑家庭、社会等因素及个体心理与社会、经济因素之间的关系。近年来，在社会经济飞速发展、科学技术推陈出新等多方面因素的影响之下，各种生涯发展理论在整合了各学科和不同研究成果的基础上，汲取既有理论的精华，同时又进行创造性的建构，形成了具有自身特色的生涯发展理论。这些理论倾向于对心理、社会、经济等因素进行综合考虑，发展地、合乎逻辑地解释人的职业选择现象的整个过程和机制。这些理论不仅关注个体的职业兴趣、职业决策风格等与职业生涯决策过程之间关系的问题，更强调对整个职业生涯决策过程的研究，即个体如何加工信息、如何做决策等开放、动态的整个过程本身。

（一）阿德勒的职业人生任务

阿德勒从个体一生中应该完成的任务这一角度出发，认为人的生涯发展由以下五个部分构成：职业——由工作提供，社会——人际和社会内部关系，爱情——亲密和家庭，信仰——与某种更高的存在或宇宙发生联系，自我——处理个体自身的问题。以他为代表的学派关注出生顺序、生活方式、早期记忆和社会兴趣等因素对职业决策的影响。针对来自不同文化群体的人，阿德勒学派提出，在职业生涯中，人必须面对三个人生目标：①友谊的社会任务——以确立人在社会组织中的地位；②爱情和性的任务；③工作的任务。对于处于不同文化群体的儿童来说，父母对他们的期望和价值观的培养就显得十分重要。父母应该通过对职业目标的了解，知道应该怎样影响子女的奋斗方向（Adler，1938）。Savickas（1989）在阿德勒学派理论的基础上，强调人与环境的匹配，指导人们不仅要通过职业来获得个人品格和满足，更重要的是理解自己的职业道路，为社会做出贡献。

　　阿德勒（2007：3）提出了两个影响个体成长的概念——自卑感与优越感。阿德勒认为，人的生命和精神活动都具有一定的目标，如果个体为自己的精神生活确定一个目标，他们就会更好地适应现实。不同程度的自卑感存在于每个人身上，对自我的发展产生不同程度的限制作用。因为没有哪个人对其目前的地位感到满意，对优越感的追求是所有人的通性。然而，并不是每个人都能超越自卑，关键在于其如何正确对待职业、社会和性，如何正确理解生活。对于那些自幼就有器官缺陷或被娇纵、被忽视的儿童，他们在以后的生活中容易走上错误的道路。这些儿童在日常生活中形成的失败感和由这种失败感而产生的悲观的人生态度将影响他们的一生。看到小伙伴们在行动中的轻松和熟练，这些儿童会感到一种压抑的自卑感。他们低估自己，要么对自己完全丧失信心，很少努力获得进步；要么不顾身体上的缺陷，绝望地追赶那些比他们更为幸运的伙伴。显然，他们没有足够的认识力来正确判断自己的处境。这时就需要成人来帮助他们正确地认识自己，为自己确定一个明确的目标。

（二）综合性人生计划

　　汉森（Hansen，1988）在舒伯的生命全程和生活空间理论的基础上，结合以个体为研究对象的特质因素理论，从整体上考察了人的生涯发展，提出了综合性人生计划模型。该计划模型有 6 条基本原则：①不仅要帮助人们认清自我世界，同时也要考虑个体发展和其生活的环境，这个环境涉及全球的、国家的、地区的及家庭的等多方面的维度；②该模型考虑了个体的职业环境、性别、多元文化等多方面的维度；③该模型包含了对社会、组织、家庭和个人经历变化的研究，也考虑了人类发展中的关系目标、成就目标和摄取目标；④该模型考虑了现存的各种家庭结构组成；⑤该模型将个体的主观目标与理性的职业抉择相联系，强调了他们在人生计划和职业发展中的共同作用；⑥该模型能够帮助人们掌握变化，了解自我决定对自身、他人及社会的影响。同时，汉森提出6个关键任务来完成职业的决策和发展：①在变化的全球环境中找到需要做的工作；②将我们的生活编织成一个有意义的整体；③联系家庭与工作；④重视多元性与包容性；⑤探索精神性和人生目的；⑥把握个人特性和组织变化。她提出，面对当今世界多变的背景，要更好地认识自我，寻求职业的发展，就必须多方位地关注世界，了解社会和人的变化。

（三）后现代理论

后现代主义思潮打破现代主义中重视自我的一致性和同一性的相关观点，将个体的自我感变成一种多元的精神状态，以发展的观点多方位探究了职业和人生规划，是建构主义认识论的一个重要部分。

1）建构主义认识论。建构主义认识论认为，从21世纪后期开始，世界正经历着多元的变化，这将导致多元的精神状态。在这种状态之下，个体形成多样的自我投资。该理论认为，这个世界随着时间而发展，面对个体的职业发展要以探究的方式广泛地关注个体的生活情景。人们在发展过程中出现的消极情绪是由个体对外部世界的扭曲认识引起的，面对这些认识，个体内部会进行一定的调整。若不能做出合理的调整，个体便会产生消极的情绪，但这种情绪是可以被控制和消除的。

2）社会建构主义。洛克斯韦尔（Rockwell，1987）关注在职业生涯的社会建构中主要的他人对个体在职业选择中的影响。这些重要的人（父母、老师、同伴、兄弟姐妹、邻居等）的支持和期望能够使个体在职业决策中做出肯定的选择。Savickas（1993）强调科学的方法是解释职业选择的主要基础，指出后现代主义在职业发展中的运用在全球化的今天出现了六项创新：①"职业咨询人员中不再有专家"，也就是说，个体为人生做出的奋斗需要得到职业咨询人员的肯定，而不是局限于获得相关的职业信息；②个人特性与工作的匹配不再重要，每个人都能够培养从事不同工作的能力；③工作只是个体生命中的一部分，人生设计才是最重要的，职业选择是其中的一个方面；④对于生活和工作的理解是个体的建构，应予以关注；⑤个体可以和其他人一起来建构人生方向的意义；⑥在职业选择中，工作职位固然应该得到重视，但个体其实更关注生命的目的和如何解决成长中的问题。心理学家维果斯基注意到，儿童的认识首先发生在社会层面，个体需要建构个人的意义。即使在已经以社会化的方式形成能够适应所在职业的知识的情况下，个体仍需要进行个人意义的建构。这是一个不断循环的过程：个体建构起来的现实（认识的个体性）通过社会建构起来的现实合理化（认识的集体性），然后又被个体以独特的方式理解——产生另一种个体建构的现实。

3）个人建构心理学。个人建构心理学通过目标回顾和组织练习册的方法让个体用来培养自我理解的各项维度，帮助其进行职业探索。该理论关注职业踌躇方面的问题，打破了以往认为职业踌躇是人格问题或缺陷的一种症状的观点，认为它只是前进过程中的一个转变。当一个人失去在世界（或工作）中的地位时，或需要去解决一个摇摆不定的疑问时，踌躇便发生了。这种不定是一种朝向意义和一个能够改变人生道路、对人生起着塑造作用的决定运动，而人生设计可以对解决个体的踌躇起重要的影响。对于家庭来说，可以使用言语和图片的方法帮助个体分析对职业生涯的准备，收集其在技能、能力、价值观和信念体系、兴趣及相关影响方面能力的信息。

4）建构主义发展理论。该理论认为职业生涯是一种意义建构的行动，这种意义建构是以三重平衡为特点的：①人际关系的平衡。指在职业选择时，个体通常要处理自身与外部的两种关系，若个体对职业选择不加质疑或盲目遵从参照体，就无法清楚自己的需要。当外在环境要求个体必须独自做出选择时，人际关系平衡的限制就被触及了。②机构平衡。指个体完全认同某一个特定的角色，局限在单一的工作环境之中而不能进行自我调整，如此会造成对自己潜能的忽视。当出现一个潜在的发展机会时，这样的人往往为保持自己目前的状态而放弃或者根本看不到机会。③个体内部的权衡。这是关于如何认识自己目前的发展，以及应怎样发展自我的思考。一个人若能够不拘泥于人际关系和机构关系的权衡，更多地关注自我，那么他对可能挑战现有职业的信息持开放的态度，能够倾听不一致甚至相反的声音。这样的个体已经发展起了与人生选择和变迁进行斡旋的灵活性，并且将他们的选择最大化，以回应自己内部的需求和外部的环境，是一种理想的状态。

（四）积极心理学

积极心理学从个体的角度出发，关注个体主观世界和能力中那些积极向上的方面，研究他们对职业发展的意义（Peterson & Gonzalez，2007：167）。其研究对象包括三个话题：①人们主观看重的经历，比如希望、乐观和快乐；②积极的个人特质，比如爱的能力、工作的能力、创造力和人际技能；③积极的群体和公民价值观，比如责任感、培养意识、礼貌和宽容。职业咨询是帮助人们建构意识和选择职业的手段，个体在职业发展的过程中需要建构六种意识：①希望，即对职业的关心，对未来的认识；②意愿，即对未来的掌控；③目的，即对职业的确信；④尽力，即职业的胜任力；⑤承诺，即对职业的选择；⑥归属感，即发展与摄取，工作单位和同事的关系。

同时，在积极心理学中有一个重要的概念，即主观幸福感。它是指个体根据自定的标准对其生活质量的整体性评价。它是个体对于自己是否幸福的一种主观感受。个体对生活质量的整体性满意程度越高，体验到的积极情感就越多、消极情感越少，则个体的主观幸福感的体验就越强。主观幸福感具有三个基本特点（李莹，2008）：①主观性，主观幸福感的评定主要依赖于评价者本人所设定的标准而不是他人或调查设定的标准；②整体性，主观幸福感是一种综合性心理指标，反映的是个体对其整体生活质量的评价和情感体验，生活质量又受到家庭、婚姻、工作、学习等多种因素的影响，具体分为生活满意度、积极情感和消极情感三个维度；③相对稳定性，在对目标人群进行追踪调查，考察个体的长期的主观幸福感时发现，主观幸福感不会随着时间的流逝和环境的改变而发生重大的变化。主观幸福感受到经济收入、社会关系、文化及人格等方面的影响。

（五）皮特逊模型

皮特逊等（Peterson & Gonzalez，2007：182-186）综合了人格心理学和职业咨询理论，通过实验提出了一个人生规划模型，并结合一些故事、主体的相互作用及工作价值观来帮助个体进行职业选择。这个模型包括9个相互联系的方面：①画一条人生的线；②探究身份；③撰写某人讣告；④幻想的一天；⑤一种生活方式；⑥回顾自己最成功的事情；⑦目的和主题；⑧我现在应该着手做什么？⑨我现在应该停止做什么？同时，他们提出了17条工作假设来帮助职业咨询人员进行工作，这些假设涉及几个方面：①个人的职业生涯是其一生最重要的事情，是整个生活经历的反映；②职业/职业生涯的意识与发展应该从高三就予以关注；③性别、文化、偏见及家庭这些外部因素应得到充分考虑；④个人特性与工作的匹配决定其对工作与社会关系的选择，以及对工作、生活的满意感；⑤培养工作技能的适应性及决策能力对职业生涯的发展十分重要；⑥人的一生有许多角色相互作用，职业生涯角色对其他角色产生重要影响；⑦个人的职业在很大程度上决定其生活方式，而生活方式是职业满意感的重要来源，它的平衡需要持续的学习和休闲来共同维持。在进行职业咨询的过程中，皮特逊使用了一个相互联系的职业过程模型。该模型呈现了"谁""是什么""为什么""何时""何地"的咨询问题过程模式，以此来了解个体的需要、需求及价值观，帮助他们决定自己的任务、追求、职业。

（六）发展系统理论

福特等（Ford & Lerner，1992）提出了发展系统理论（developmental systems theory，DST）。其出发点与传统理论的差异体现在两个方面：①更强调要解释每个人的、每一个具体的职业行为，而传统的理论则比较突出共同职业行为规律；②所采用的方法论不同，传统理论注重科学研究范式，而整合理论突出个人范式，注重描述性、质的研究方法。该理论包含了两个子理论：①个人的活动过程理论，主要思想体现在生活系统理论（living systems framework，LSF）中（Ford & Ford，1987：787）；②个人活动的动力理论，主要思想体现在动机系统理论（motivational systems theory，MST）中（Ford，1995）。

LSF 注重个人功能和发展的整体性，将对人一般特点的认识和特定个人特点的活动整合起来，认为没有对特定个人的准确认识，就不能形成有用的、关于职业发展阶段的认识。LSF 的分析是建立在环境中的个人的方方面面，不只是特定的属性或过程。LSF 将控制系统与人的行为类比，认为人的认知功能是一种有目的的、有约束的反应，控制着系统活动的功能。尽管人的行为是在特定环境下发生的，但个人的环境并不导致个人的行为模式。个人的环境会促进或限制人的可能的职业道路的发展。环境可为有些人提供有些道路和支持，而对另外一些人制造障碍。LSF 认为，对个人组成部分反应的研究只有在进行中的行为环境模式的状态下才有意义。因为人们常常处于变化中，他们想要什么，他们预见和评价进展的方式，他们在行动时的情绪，他们的生物功能发挥的条件，他们作用的环境类型等都在变化。如果忽视了这些，就不可能完全理解人的行为。

MST 的基本观点是：动机影响人们决定是否努力维持、恢复已有的状态，为新的、更高的结果而奋斗，但其作用不是直接的，它只是确认问题和机遇，但不解决这些问题；解决问题或把机遇变成现实是由技能、生物学和环境成分来完成的。动机有三个成分：个人目标、个人力量信念和情绪，这三个成分在现实生活中共同起作用。个人目标有两种主要的属性：对所希望的结果的思考，知道起作用的各种个人成分；达到期待的结果或避免不愿发生的结果。个人力量信念是指个人对自己是否有能力和机会达到某一目标或取得所需要的结果的个人评价。它由能力信念和环境信念组成，在长期的目标达成中起作用。情绪在支持和促进达成理想的结果时具有激发能量的功能，在短期目标达成上起作用。

DST 关心的是行为及行为模式的有效性。所谓有效性即有利于实现或促进朝职业方向进步。对特定的行为情节有效的行为必须有指向目标、有达到目标的动机；必须有达到理想的结果所需的技能；个人的生物学系统必须支持行为情节的动机和技能；个人必须处于一种所谓的应答性环境，该环境有利于行为情节的成功。DST 认为，个人的职业发展方向是开放的、不可预测的，而且发展的道路在一生中会有显著的变化。

职业生涯发展理论自从 20 世纪初诞生之后，从关注重点到实际指导都发生了很大的变化，这种发展大致经历了四个阶段。

第一阶段：这一阶段提出了职业指导的选择理论，并将这种理论建立在理性、科学的方法基础上，对职业指导的科学化做出了贡献。但受当时社会发展状况的制约，该理论静态地看待职业，认为人的特性和工作性质都是不变的，个体的职业选择是一次完成的。但是，人的职业选择是一个动态的过程，人的职业观念、职业能力、职业选择等方面都要经历一个漫长的发展和变化过程，不仅仅是职前的个性与职业的匹配，而应该用长远的眼光来看待人的发展。此外，在运用选择理论指导特殊儿童的生涯发展时，也应该将心理学的因素和经济、社会等方面的因素综合考虑。

第二阶段：在埃里克森的关于成长和发展的生命全程阶段理论的影响下，生涯发展理论进入了一个新阶段。此阶段用发展的观点取代了静止的观点，由注重职业早期发展或某个时间段的发展向注重个体的一生发展过渡，将人与职业的匹配放到个体职业前后的整个成长过程加以探讨，强调家庭、他人、组织、社会对个体个性的影响，以及个体与环境的互动和调整。这种变化适应了时代的变革，使生涯理论更加贴近生活实际。在 20 世纪初，社会发展较缓慢，人们从事相对稳定的职业，职业选择可能是一次完成的。但随着社会的发展，个体主动或被动地进行职业选择的机会增加，使职业选择呈现出多次性的特点。因此，我们应用长远的眼光来看待特殊儿童的发展。同时，生涯发展理论对职业观念、职业能力、职业价值观的形成和发展动力、过程、特点的深入了解，为科学地对特殊儿童进行生涯辅导奠定了基础。

第三阶段：这一阶段的理论关注那些被个体带入其工作环境中的遗传及社会传承的特质，这些特质与环境相互作用形成了自我认识，进而影响个体与工作相关的行为，这些与工作相关的行为又被自然和程序化强化物及惩罚所改变。

第四阶段：随着社会、经济全球化的深入，生涯发展理论也顺应这一趋势，强调职前与职后的整合，强调个性特征与社会、家庭、工作环境、团队与组织的整合，而且强调研究角度与方法的整合，为特殊儿童的生涯发展提供了更坚实的理论基础。

总之，生涯发展理论不论是强调个体特质的理论，还是以长远的眼光关注人的一生的理论，或者综合考虑个体发展的理论，都具有各自的理论价值，我们可以从中汲取恰当的观点为特殊儿童的生涯发展提供理论依据。

第二节 特殊儿童生涯发展

特殊儿童首先是人，然后是具有残疾的人。在文化哲学看来，人与文化存在着整合与同一的实质。"文化的实质就是人的自我生命存在及其活动，文化世界的本体就是人的自为的生命存在"（李鹏程，1994：81）。文化在人的活动中得以存在和发展，而人又在创造文化的进程中"成人"。人既是"个"的存在，也是"类"的存在。人之所以为人，主要不在于他具有人的基质，乃是由于他能够在人的自然存在和社会存在的基础上，利用自我的意识和理性进行纯粹的反思、设计与构建，永远在不断地否定、创造、建构与超越活动中，"生活在'理想'的世界，总是向着'可能性'行进"（卡西尔，1985：78）。在此过程中，人不断地把自己的精神实践化、把自己的情感知识化，不断以精神与现实之间的关系的同一性原则，校准自己的发展方向。这就是个体发展的"向文而化"的过程，是人对自身的一种超越，是人的自为存在并最终走向自由的境界。因此一般生涯发展理论及其演进为特殊儿童的生涯发展提供了宏观参考架构。特殊儿童生涯发展既适合一般生涯发展规律，同时又有自身的独特性所在。

一、普适性与特殊性

当我们讨论特殊儿童生涯发展之时，面临的第一个问题就是对于其独特性的认知，即特殊儿童生涯发展的普适性与特殊性问题。这是特殊儿童生涯发展的基石。

（一）特殊儿童作为个体的存在

特殊儿童作为自然生命存在，与正常人拥有共同的特征。"人与其他动物不同，在于当他做什么事时，他知道自己在做的是什么事，并且自己意识到，是在做这件事。"（冯友兰，2004：298）人的各种行动带来了人生的各种意义。不同的人可能做同样的事情，但是他们对这些事情的认识和自我意识不同，因此，这些事情对他们的意义也不同。每个人都有自己生命活动的范围，跟其他任何人都不完全相同。尽管人和人之间有种种差别，各种生命活动范围归结起来可以分为四等人生境，由低到高依次为自然境界、功利境界、道德境界和天地境界。在这四种人生境界中，前两种是人的自然状态，后两种是人应有的生命状态。前两个境界来自天然，后两个境界则是人自己的心灵所创造的。生涯发展的最终结果也是为了帮助人达到后两种人生境界，特别是天地境界。特殊儿童生涯发展的实质是达成其全面发展，实现残疾个人成才与社会发展的和谐统一。人都是自然生命、社会生命和精神生命的三重统一存在的整体。因此，特殊儿童的生涯发展既包括自然性存在的人的发展，也包括社会性存在的人的发展，还包括精神生命存在的人的发展。

1. 自然生命的存在

人是自然界的一部分。人的出现标志着生物组织的高级水平的产生，这种水平是生物劳动活动的结果。人作为自然生命的存在是一切生命活动的基础。不具备一定的生物学前提，超生物因素的出现是不可能的。在胚胎发育过程中，胎儿受生物学规律的支配，婴儿一出生就是一个自然生物。特殊儿童之所以有残疾或者特殊教育需要，一部分是由于遗传因素造成的，另一部分则是由环境因素造成的，有先天的也有后天的，但是无论为什么存在，以何种方式存在，特殊儿童的存在都是客观的、必然的，是不以人的意志为转移的，也可以说特殊儿童是人类存在的一种形式。许多人质疑特殊儿童的生涯发展，但事实上，即使是特殊儿童，其发展的可能性也是必然的。因为作为同样由受精卵发展而来的活的有机体，具有鲜活的生命力，只要生命存在，发展的可能性就是确定的。对于特殊儿童生涯发展，人的自然生命的存在在于回答"特殊儿童生涯发展何以存在"，以及"特殊儿童生涯发展何以可能"的问题。特殊儿童生涯发展的可能性是毋庸置疑的，他们和普通儿童一样，具有发展的生物学基础，但仅有发展的可能性还不一定获得相应或充分的发展，特殊儿童和普通儿童都只有在一定的条件下，才能将这种可能性变为现实。特殊儿童的身心发展为其生涯发展奠定了终身发展的基础，人的自然生命的存在决定着特殊儿童生涯发展本身，还决定着特殊儿童生涯发展的方向和程度。

特殊儿童在进入职业工作领域、能够过上自己养活自己的生活之前的生活都属于自然境界。"自然境界"是人生境界中一种层次最低的境界，生活在这个境界中的人是按照个人的本能或社会习俗而生活的，这样的人好像儿童或原始社会中的人，对自身的生活和行为没有了解，所做的事情对于他来说没有意义或很少有意义。由于对于自己生活的性质完全没有了解，这样的人虽然也有自己的人生，但人生对他而言，并没有任何意义和价值。

2. 社会生命的存在

人既是自然界的一部分，又是历史的产物和创造者，具有社会本质。人的这种社会本质是在实践活动的基础上产生、发挥作用和发展起来的。"人与动物的本质区别在于他的社会性。一个人若是只是人类的身体结构，那他还不是真正意义上的人。只有等他通过一定的社会学习和社会生活实践获得了适应人类社会生活的社会性，形成了人类的心理结构和行为动力系统，并且获得明确的自我概念，使自己的行为具有明确的自我引导和自我控制，他才成为真正意义上的人。"（章志光，2004：73）人有动物所没有的特殊的生物特征，这些生物特征才是人作为有思维的社会存在物进行自觉活动的必要前提。必须对人的生物基础予以珍惜，否则就不能完全正确地解决增进人的健康和个人和谐发展的问题。

只要人是生在一定的语言世界里，生在一个具有一定水平的知识和技术及具有一定生产方式和机构形式的社会中，生在一个具有法律规范的国家中，而且在这个社会和这个国家中生活，只要不能单独去发现和创造他在这个自然的、文化的、社会的和国家的环境中生活所需的一切，那么他就是一种作为社会生命的存在。每个婴儿在出生后就进入社会关系领域，并逐渐成为社会存在物。"人是一个多水平的系统。人身上的生物因素的水平，是一切生物都固有的生命水平，但是，在人身上则有很重要的特点。生物因素是人的稳固的组分，它按照特殊规律发展，并需要相应的认识方法。在人身上，没有也不可能有两个本质；人从动物界中脱离出来，获得了唯一的社会本质……人的社会本质通过意识、精神活动、生产活动、创造和利用各式各样的劳动工具和人类文化成果的能力表现出来。"（尼·彼·杜比宁，2000：6）

特殊儿童要得到充分的生涯发展，不仅要有积极向上的人生态度和坚强的意志等内在品质，还需要有·定的外部条件。特殊儿童作为社会生命的存在，离不开健康的家庭环境和良好的物质条件，需要接受特殊的教育，先进的医学措施在某些时期或在某些情况下具有辅助或再生的作用，国家的法律、政治、经济、文化条件也在大的背景下影响着特殊儿童的生涯发展。特殊儿童的生涯发展既是个人问题，也是社会问题。人类的潜能是无限的，只要有条件就会发展。大部分特殊儿童也有无穷的发展潜力，也能达到很高的发展水平。在教育过程中，对特殊儿童不断提出通过努力可达到的任务，通过引发教育提出的新任务与特殊儿童现有的心理水平的矛盾，并通过教育解决这种矛盾，进而使特殊儿童在身体和心理上得到发展，最终成为适应社会的人。

"功利境界"是高于"自然境界"的一种人生境界。这种境界的人时刻意识到自己，所做的事情都是为了自己。一个生活在"自然境界"中的人，也会有为了自己的利益的行为，但这种人的人生境界之所以是"自然境界"，就是因为他对于自己的行为和自身利益的关系并没有清楚地觉解，而"功利境界"的人对他所做的事是有觉解的。"道德境界"是一种较高的精神境界，这种境界中的人懂得世上并不是只有自己，还存在着一个社会，自己是社会的一个组成部分，他做任何事情都出于整个社会的利益。

3. 精神生命的存在

人不仅是自然存在物和社会存在物，具有自然属性和社会属性，而且"是有意识的存在物"，具有精神属性……理性、情感和意志，作为人的意识和精神的三个不同部分和方面，各自具有不同的内容和形式，担负着各自不同的使命和职责，对人的生存和发展具有各自不同的作用和意义。其中，理性给人的活动确定目标和方向，并制定出达到预定目标的具体步骤和方法；情感给人的活动提供原动力，根据主客体的不同价值关系（正或负）驱使主体以不同的精神状态（激励或抑制）去从事活动；而意志则担负着为人的活动克服困难和障碍（包括主体生理、心理方面和外部客观环境方面的困难和障碍）的任务。理性、情感、意志三者既分工负责，又彼此合作，共同维护着人的生存和发展。（王双桥，2003）在特殊儿童生涯发展这个漫长的过程中，首先，需要理性的参与，正确认识客观事物的属性和规律、主体自身的需要和能力、主客体的价值关系，从而进行有目的、有计划、有选择性和创造性的活动；其次，需要情感的参与，特殊儿童对主客体价值关系的判断决定其采取积极或消极的情感进行活动；最后，还需要意志的努力，特殊儿童会遇到很多难以想象的来自自身及外界的困难和障碍，为达到他们所能达到的最高发展，离不开意志对行动的支配和调节。

人是一种有意识的生物，因而摆脱了原始的动物状态，不再只是为了自我保持和物种保持而生活。作为有意识的动物，人的行为并不是处在无意识的目的中，也不在他不能支配的形式中进行。相反，人会对自己提出某种任务和问题，并有意识地寻找解决这些任务和问题的途径。"人之所以为人在于能够在人的自然存在和社会存在的基础上，利用自我的意识和理性进行反思、设计与构建，永远处于不断地否定、创造、建构与超越活动中。"就特殊儿童生涯发展而言，"自为存在的人虽然在许多时候也如同其他生物群落一样，通过自己的感受系统和效应系统对生存环境和周围世界做出直接反应，但在更多的时候却是借助自己所创生的符号系统嵌入到感受系统和效应系统之中，从而对生存环境和周围世界做出间接的反应"。（黄翔，2006）

人能主动认识世界，有计划地适应自然环境，制造工具和机器，建立机构组织，时刻都能自我给养和自我表现，充分表明人是一种有创造力、有丰富精神生活的生物。人不但具有创造力，还具有再造的能力，因此人在其历史发展过程中逐步积累了知识和技能，产生了认识上的进步，生活方式的转变及文化领域的分化。特殊儿童的存在对特殊儿童和普通人都有激励意义，特殊儿童的许多事例，比如保尔·柯察金、华罗庚、陆启铿的发展经历等，对于所有人来说都是很好的教育素材，只要运用得当，也是激励、提高整个民族素质的素材。精神和心理的健康，对特殊儿童走上社会，具有重要意义。"天地境界"是最高的人生境界。这种境界的人不仅认为自己是社会的一个成员，还是宇宙的一个成员，做每件事时，都意识到是为了宇宙的好处，并且自觉地这样做。具有"天地境界"的人，对于宇宙人生已有完全的了解。这种了解是对宇宙人生的最终的觉解。"天地境界"可以使人的生活获得最大的意义，使人生具有最高价值。

（二）特殊儿童作为类的存在

社会是人类相互交往的产物，是各种社会关系的总和。换言之，社会无疑是一群人组成的，人类群体生活建立在物质资料生产基础上，并产生共同的习惯、心理、民俗等。随着社会的发展，原始人慢慢发展为现代社会的人。人类心理受到社会历史的制约，不同的社会、不同的时代、不同的民族有其不同的心理特点。社会经济、政治、文化、人口、环境等的变化，都会对人一生的发展提出各种不同的新的需要。婴幼儿阶段初步接触社会并发展学习能力；儿童青少年阶段结束学校教育，为进入社会做准备；成人阶段是人一生中最长的阶段，成人作为社会的中坚力量，在成人期的不同阶段永远面临着适应瞬息万变的社会，担负着推动社会不断进步的责任。例如，个体必须承担家庭的责任，具备适应工作竞争的能力，能与他人和谐相处等。

我国特殊儿童数目巨大，特殊儿童因为心理、生理、人体结构或某些组织及功能丧失或者不正常，全部或者部分丧失以正常方式从事某种活动的能力，他们是特殊而困难的群体，同时也是社会群体中不可分割的成员。给特殊儿童更多的温暖和关爱，让他们和正常人一样感受到社会主义的优越性，是构建社会主义和谐社会不可缺少的一环，是社会文明进步的重要标志。特殊儿童要生存发展，需要比正常人付出更大的努力，需要有更加坚强的意志。特殊儿童首先是儿童，这是他们与所有儿童的共性，其次，特殊儿童又是在某一方面与其他儿童比较有特点的儿童，这是他们的特性。正是特性和共性共存，才决定了特殊儿童群体的存在。

1. 特殊儿童的特殊性

特殊儿童与正常人相比，正是在心理、生理及人体结构上存在不同程度的差异，从而给他们的生活带来许多不便，特殊儿童生涯发展比正常人生涯发展更困难，发展方向和程度常常受到他们身体因素的巨大影响和限制。对于智力有缺陷的儿童，在与智力有关的各种活动方面跟正常儿童有差异，盲童看不到或看不清周围的世界，聋童则听不到或听不清周围的声音，肢体特殊儿童则是运动或感觉器官或中枢出了问题，使得他们感知世界的渠道不通畅，普通教育无法满足特殊儿童的教育需要。

针对特殊儿童各自的特点，应采用与正常儿童不同的相应的教育方法和措施。例如，智力落后儿童因为智力发展迟滞和发展水平不够，所以应注重教授其生活各方面的知识；盲童不能像普通儿童那样自然地学会定向和行走，因此应专门教授其这些课程，在教学中利用他们的残存视力，使用有关的助视手段和能够发挥其残存视力的教学方法，如眼镜、大字课本、盲用计算机软件等；聋童不能自然地学会说话或获得他人的口语信息，因此应专门教授其如何看话、听话，在教学中注意利用他们的残存听力，使用有关的助听手段和能够发挥其残存听力的教学方法，如使用助听器材、使用读唇的方法等。

人类从出生开始就习得了适应自然和社会的技能，努力主动地适应社会。然而，特殊儿童不能像正常儿童那样自然地适应周围的环境，必须先适应一个预先创设好的特殊的发展环境，培养起他们的知识、技能，然后再使他们适应常态的社会环境。

2. 特殊儿童的一般性

特殊儿童与普通儿童同属于一个物种，即人类，具有相同的本质特征。特殊儿童与普通儿童的差异，是个体之间及某个特定个体内部的差异，这些差异性和特殊性是以相同性和一般性为基础的，没有相同，自然也就谈不上差异。

特殊儿童与正常儿童一样，都应该平等地充分参与社会生活，在政治、经济、文化、社会和家庭生活等方面享有同其他正常人一样平等的权利。由于社会上对特殊儿童的偏见和歧视现象屡见不鲜，特殊儿童属于社会的弱势群体，他们的合法权益常常受到侵犯，《中华人民共和国残疾人保障法》就是为了维护特殊儿童的合法权益而产生的。该法第三条明确规定："残疾人在政治、经济、文化、社会和家庭生活等方面享有同其他公民平等的权利。残疾人的公民权利和人格尊严受法律保护。禁止基于残疾的歧视。禁止侮辱、侵害残疾人。禁止通过大众传播媒介或者其他方式贬低损害残疾人人格。"

特殊儿童与正常儿童一样，都应该享有平等接受教育的权利。各级人民政府应当将特殊儿童教育作为国家教育事业的组成部分，统一规划，加强领导，为特殊儿童接受教育创造条件。目前，政府、社会、学校都采取了具体措施，尽量解决特殊儿童、少年就学存在的实际困难，帮助其完成义务教育。为了特殊儿童更加适应现在飞速发展的社会，在学校能够适应学校学习，将来在社会上能找到自己合适的岗位，为其职业生涯发展奠定基础，特殊儿童教育实行普及与提高相结合、以普及为重点的方针，保障义务教育，着重发展职业教育，积极开展学前教育，逐步发展高级中等以上教育。教育是每个人生涯发展中不可或缺的一部分，针对特殊儿童的身心特性和需要，特殊儿童教育更应注意在进行思想教育、文化教育的同时，加强身心补偿和职业教育，并且依据残疾类别和接受能力，选择普通教育方式或者特殊教育方式。能够适应普通中小学、职业学校和高等学校的学习生活的残疾学生可以在普通学校学习，学校不得拒绝招收符合国家规定的录取要求的残疾学生。而对于不能适应普通学校学习生活的残疾学生就可以选择一些特殊的教育机构。特殊教育的课程设置、教材、教学方法、入学和在校年龄方面可以有适度弹性。提供特殊教育的机构应当具备适合特殊儿童学习、康复、生活特点的场所和设施。

二、职业性与生命性

生涯一方面与个体成年之后所从事的职业或工作有关，同时又超越单纯的职业范畴，而与个体生命生活状态有关。特殊儿童生涯发展是个体终身发展历程中的个人适应、社会适应和职业适应。它不仅关注个人与职业的匹配，更强调个体生涯知识、技能及观念的获得与发展，并在此基础上走向生涯成熟。

（一）职业导向的生涯发展

毫无疑问，特殊儿童生涯发展首先与职业有关。西方国家的实践有效证明，残疾人的高质量就业具有无比重大的意义，可以带来一个多赢的格局。残疾人本身可以在富有意义的就业中获得薪水回报（Noble, et al., 1991）、工作满意度（Test, et al., 1993）、对有意义活动的进入（Kilsby & Beyer, 1996）、自我决定机会的增加和能力的提升（Wehmeyer, 1994）、良好自尊水平的提升（Griffin, et al., 1996），进而获得高水平的生活质量（McCaughrin, et al., 1993）；残疾人是巨大的人力资源库，雇主可以在其中聘用到优秀的员工，并因此获得政府或社会团体特殊的支持；家庭能够看到一个在工作场所履行完全能力角色责任的全新就业家庭成员；与支持一个在隔离全日项目中的残疾人相比，纳税人可以支付更少的费用；对于整个社会而言，因为对残疾人的接纳与融合、对其就业的支持和发展、对于多元文化的认同与建构，残疾人的就业对非残疾人同时也具有社会互动方面的积极意义（Beyer, et al., 1995）。因此，随着时代精神的演进，人们越来越认识到就业是残疾人的权利。

传统上，就业是残疾人作为谋生手段而存在的，属于工具论的范畴。对于那些具有明显残障特征的发展型障碍者而言，按照传统观念的操作模式，真正能够运用就业手段获得基本生活保障的人少之又少，于是在更多的时候，庇护性就业就成为终身照护和福利的代名词，仁慈的行政当局通常将之安置在主流经济生活之外的机构中对其缺陷进行补偿。在新的时代精神中，这既无法有助于残疾人真正谋生的实现，更与其平等发展权利的实现背道而驰。基于谋生的职业康复模式通常无法带来真正的生涯发展与高质量的生活。因此，联合国《残疾人权利公约》规定"缔约国确认残疾人在与其他人平等的基础上享有工作权，包括有机会在开放、具有包容性和对残疾人不构成障碍的劳动力市场和工作环境中，为谋生自由选择或接受工作的权利"。欧盟要求各成员国的全国性就业行动计划中，必须提出聘用残疾人的具体策略，并成立欧盟"地平线2020"基金（Horizon2000），引导欧盟各成员国为残疾人或其他处境不利人士提供更高水准的职业发展和社会整合。《中华人民共和国残疾人保障法》也明确提出："国家保障残疾人劳动的权利。各级人民政府应当对残疾人劳动就业统筹规划，为残疾人创造劳动就业条件……政府有关部门设立的公共就业服务机构，应当为残疾人免费提供就业服务。残疾人联合会举办的残疾人就业服务机构，应当组织开展免费的职业指导、职业介绍和职业培训，为残疾人就业和用人单位招用残疾人提供服务和帮助。"至此，就业作为一种基本的人权而存在。人们期望这些权利能够在平等的机会中得到实现。对于成年残疾人而言，就业权利是至高无上的，因为就业带来收入、改进生活方式、维护自尊。作为权利的残疾人就业意味着其就业需求在国家的主流政策中得到强化。根据联合国《残疾人权利公约》，各国政府应当采取适当的步骤，包括通过立法及其他措施达成禁止歧视、机会均等、同工同酬、就业服务、开放市场、合理便利、工作经验、康复服务、可持续发展等目标。

（二）生命导向的生涯发展

虽然生涯与职业有着内在的关联，但是职业并不等同于生涯。生涯发展超越了职业选择、准备、就业与适应，而以自我了解、自我接受和自我发展为基础，逐渐形成一个整合的自我概念（包括职业自我），再将这个概念转化为实在的生涯选择与生活方式，最终达成个体发展目标，并满足社会的需要（沈之菲，2000：10）。因此，生涯发展更多地倾向于与职业相关的一生的经验与活动，不仅包括职业选择和发展，而且包括非职业性的活动，如休闲活动、社交活动的选择与追求，以及在社交活动中参与所获得的满足感等。因此，生涯发展指个体在与社会互动之中，恰当扮演系列角色和履行相应职业要求的持续调适过程，本质上是一个了解自我和各种选择可能性的过程。由于过去经验的获得以多种方式影响着个体的生涯选择，生涯发展是一个持续的学习过程，即生涯发展是一个全程性的生命演进过程。

作为生命历程的一个奠基阶段，特殊儿童的早期经验对其生涯发展有着关键性的影响。每个人早期经验所形成的人格结构成为其职业选择的重要心理动力来源，这些经验主要是从父母那里获得的。因此，亲子关系在特殊儿童个体生涯发展和职业选择中占有十分重要的地位。父母不仅是儿童基本需要的直接满足者，还是他们与客观世界联系的"中间人"。儿童如果缺少与成人的交往，他们的环境就变成了没有"应答"的死环境。在这样的环境中，儿童的行为和情感表露得不到成人的任何反映，就会逐渐减少，甚至消失。因此，成人对儿童行为的反应（应答）具有强化的作用。长期得不到应有的及时强化，儿童的活动积极性就会减弱丧失，而且会因为自己的努力"毫无结果"而丧失"信心"，形成被动、退缩的行为模式。特殊儿童在家庭中受到父母更多的关注，父母的抚养方式和教育方式在很大程度上影响着儿童的人格发展。（陈帼眉，2007：48）

然而，在现实生活中，特殊儿童的出现使得其家庭面临众多挑战：如社会隔离（朋友及家庭成员并不了解孩子的特殊需要，因而不能有效地提供孩子所需要的支持）（Friedrich, et al., 1983）、公众消极的刻板印象（低成就水平、非正常行为的低容忍度、公众场合的负面注意）（Kazak & Wilcox, 1984）、对特殊孩子和其兄弟姐妹关照的失衡等。同时，家庭压力与常规生命周期存在着交互影响。几乎所有的研究都报告特殊儿童家庭在应对矫正孩子问题行为、解决财政压力、关照孩子未来生活等方面经历了或多或少的负面经验，但并不是所有的家庭都经历了功能失调。"非常清楚的是，持续增长的压力并不必然导致家庭负面经验增加和家庭功能失调。"（Beckman, 1991）绝大多数特殊儿童的父母都面临着两个基本问题（柯克，加拉赫，1989）：一是心态的变化与调整；二是对特殊儿童的日常照顾（无论是在精神和心理上还是在时间、物质和金钱上）所带来的沉重负担。这两个问题的存在使得家长和孩子的亲子关系时刻都处于交互作用之中。任何积极和消极的亲子关系都是家长和孩子交互作用的结果。"家长越靠近孩子的教育，对孩子发展和教育成效的影响就越大。"（Fullan, 1991: 227）

然而即便面临着强大的压力，特殊儿童家庭在儿童的发展和教育上也起着不可替代性的作用。在世界各国，家庭参与孩子发展和教育的权利不仅通过法律加以保证，在研究和实践领域中，也得到人们的格外重视。特殊儿童家庭成立家长团体，借助立法、诉讼等手段，从最初的机会平等诉求到争取完全参与、独立生活、经济自足（Turnbull, et al., 2012: 8-9），取得了卓越成效。家庭压力、家庭支持、伙伴协作等渐次成为特殊儿童家庭参与的研究主题，并最终走向聚焦家庭生活质量提升的赋权增能。（申仁洪，2016）"一体化""回归主流"等特殊教育的理念和实践的推进无一例外地是家长主动争取自己和孩子的合法权益的结果。在我国，自20世纪90年代以来，特殊儿童家长团体也开始建立，并逐渐在争取特殊需要孩子平等的受教育权利方面发挥作用。家长团体的成立及家长参与教育计划和教育政策的制定、家长教育权利意识和主动意识的觉醒，可以极大地推动生涯发展教育实质性地展开，使每个特殊儿童都能够有机会接受义务教育，并获得最适宜的教育环境和教育资源。在今天，家长参与教育决策、决定教育计划、制定教育政策已经成为世界特殊教育发展潮流，也是特殊儿童生涯发展的强大推动力。

从生涯发展的角度上考量，家庭是特殊儿童的成长基地，家庭对儿童的生理发育、身心养护、认知发展和人格成长都起着至关重要的作用。①家庭是特殊儿童的生理发育和身心养护的主要场所。现代医学和病理学研究发现，许多特殊儿童的致病原因有营养缺乏和不良一项。营养不良或营养过多可能使脑功能的发育或细胞代谢紊乱，从而影响智力发展。良好的营养可以减轻儿童的残疾症状，提高其身体素质和身体机能，增进其学习能力，为其生涯发展提供必要的生理基础。儿童心理学研究发现，儿童早期的活动水平（包括粗大动作和精细动作的锻炼）、接受的有效刺激的数量和质量在很大程度上与以后的学习有关。对特殊儿童身心养护的展开，有相当一部分的内容离不开家长的参与和配合，主要由家长进行。②家庭是特殊儿童认知发展的摇篮。很多研究都表明，特殊儿童出现的一个重要原因就是环境的剥夺导致的儿童早期经验的缺乏，如缺乏母爱、缺乏社会性接触、缺乏有益于智力发展的感官刺激等。相反，如果为孩子提供丰富而恰当的经验，那么儿童的发展状况就会大大得到改善。③家庭是特殊儿童人格养成的基地。现代心理学的研究发现家庭是个体人格制造工厂，是儿童人格社会化的主要场所。亲子关系的性质对其人格的发展有着重要的意义。同时，社会的信仰、价值观念等社会化目标都是首先通过家庭、通过父母的过滤，以高度个体化的、有选择的形式传递给儿童的。父母本身的人格特征、社会地位、教育水平、宗教信仰、性别价值标准、对人性和人生的看法与态度、教养方式，以及家庭的心理氛围等都强烈地影响着儿童人格的形成和发展。特殊儿童的特殊性会对家庭环境和心理氛围产生微妙的影响，在很多时候，如果处理不当，就会对儿童的人格造成不良的影响。相反，如果父母的心态调整得好，家庭心理氛围和家庭环境的调适得当，儿童的人格就会得到良好的发展。

三、匹配性与生长性

特殊儿童生涯发展的职业性和生命性紧密联系在一起的就是匹配还是生长的问题。

（一）匹配式的就业及其局限

早期的生涯发展研究者从不同的角度出发探讨了个体人格特质与社会职业环境的相互匹配问题。尽管这些研究存在着很大的差异，但是他们在这样几个方面却是共同的：①对于主体的人来讲，一个个体不可能适应所有的职业及其环境；②对于社会职业环境来讲，每一种职业、每个环境都有特定的要求，不可能每个个体都能适应这种职业和环境的要求；③每个个体都是唯一的，其人格特质可以被测量出来；④不同职业要求人们具备相应的特质，职业的选择应与个人的特征相匹配；⑤生涯发展的过程就是人格特质与职业要求相互匹配的过程；⑥个体特质与职业环境要求越匹配，则生产效率和生涯满意度就越高；⑦影响生涯发展的个体特质并不是一成不变的，适合个人的工作环境能够促进个人职业技巧与能力的锻炼。

在特质理论看来，生涯发展过程本质上就一个职业的选择过程。在职业选择过程中，有三项工作至关重要：第一步，了解自己，包括性向、成就、兴趣、价值观和人格；第二步，获得与工作直接相关的知识，包括职业信息的类型、职业分类、系统特质与因素要求；第三步，整合自己与工作世界的知识，包括确定职业选择和制定行动计划。特殊儿童与正常儿童一样，也遵循思维发展的一般规律，但由于其自身某些方面的缺失，可能带有明显的具体形象性和片面性，缺乏条理和目的性，概括性差等。他们的这些思维特征使得其理性思维的发展十分缓慢，影响了对自我的评价、对职业环境要求信息的收集与整理，以及做出合适的选择。这样，在特殊儿童生涯发展中，自我评价和自我决策能力的发展、对于社会的回归与主动地融入、职业技能的发展，以及生涯发展辅导就成为关键所在。事实上，只有在学校课程中重视这些方面的内容并加强学校同残疾儿童康复机构、职业康复机构的通力合作，才有助于这些任务的达成。

一个好的生涯发展导向的教育计划必须具备三个关键性特征：第一，强调功能性的技能学习，即学生必须学会他们将来在职业生涯中真正需要并能够用得上的技能。第二，学校和课堂上学习的东西必须尽可能付诸实践，在日常社会生活中得到充分应用。第三，将社会职业环境需求尽可能在社区中从早期开始训练，并日益增多。如具体的工作技能、提高工作效率的方法与策略、职业生活中的交通问题及其技能、职业场域中的人际关系处理技能与技巧、如何交流与着装、怎样融入职业和社会团体之中、守时与前后一致的良好习惯的养成等。成人可以通过各种途径和主客观测量工具，收集他们的额外个人资料，分析个体的特异性，探索其职业成功的可能性，为其制定出人生发展的详细规划。例如，积极地、有目的地组织特殊儿童的活动，给予适宜的刺激，让他们在一定的活动中去完成感知觉活动，在这种环境中获得的感受性要比单纯机械的感觉训练提高得快。由于成人的语言直接影响儿童的感知，语词的作用可以使儿童的知觉效果大大提高。因此，在特殊儿童观察一些比较复杂的事物时，成人如果能够进行启发性的提问和讲解，他们就能够更好地理解所观察的事物。

对于特殊儿童而言，与特定职业的成功匹配具有重要的意义和价值，它不仅可以为其带来直接的经济收益、获得独立自主的生活，而且可以有效促进障碍者自尊发展、社区利用和社会关系改进。让发展性障碍者进入工作领域，鼓励他们参与到劳动力市场，实现有效就业的过程中，职业康复服务扮演着关键性的角色（Glassel, et al., 2012）。20世纪70年代以前，在欧美等发达国家职业康复领域中，占主导地位的是庇护工场和成人日间照护模式之下的庇护性就业（sheltered employment）。1973年美国《康复法案》（Rehabilitation Act of 1973）通过，机构本位的庇护工场训练是职业康复的主要干预模式。庇护性就业是发展性障碍者的主要就业方式。

庇护性就业导向的职业康复模式是特殊教育隔离发展的体现。根据能力岗位匹配准则，人们致力于职业能力评估、职前就业技能培训和就业安置服务。庇护性就业要求职业康复咨询者在提供就业服务之前评估个体就业的可能性，并根据障碍者的能力水平对其进行工作安置。在评估上应用可行性决定原则，在职业教育和培训上采取"工作准备"实践模式，在安置上采取机构本位的隔离安置方式。庇护性就业希望通过发展性障碍的能力发展和工作准备，获得一技之长，在此基础上获得工作机会，这实际上将职业能力评估、职业教育培训和工作安置割裂，将工作场所和社区割裂、将就业与生活割裂。它可能促进了少数残障程度不重或障碍特征不明显者就业，但更多的却是失败。既不能为发展性障碍者提供常态化的真实工作情境，也不能有效促进已经就业的残疾人重新融入社区，还不能紧跟迅速发展的经济趋势（Andy, et al., 2015）；由于大量发展性障碍者在比较性评估和职业评价方面的糟糕表现，他们被鉴定为不可能就业而被拒绝；从事庇护性工作的残疾人即便接受了长时间的训练，也不能达到竞争性市场所需的技能标准；剩下部分残疾人在竞争性的面试中失去雇用机会；或者即便被雇用也很快因为不断发生的问题而丢失工作，而一旦失业便很难在开放的市场体系中重新就业（Michon, et al., 1998）。正是因为基于准备模式的职业匹配存在的这些自身无法克服的局限，人们希望从生长的视角探索特殊儿童的生涯发展问题。

（二）生长的可能及其超越

按照人本主义的观点，个体所有的行为都取决于自我的发展与自我的实现。

每一个个体都有积极的自我关注需要和自我实现需要。因此，儿童的生涯发展并非完全或者主要是对于社会职业环境的消极应答和消极适应，而是一个通过主动选择达成积极自我关注和自我实现的过程。人们在生涯发展过程中之所以有这样或者那样的困惑，不是因为个体本身的缺陷，乃是因为个体所处的环境阻碍了个体自我积极关注与自我实现需要的满足。如此，对于困惑与问题的根本解决之道不在于对个体内在的干预，而在于对于良好环境的塑造与优化，从而发挥个体自我的潜能。因此，不是教师或者家长或者生涯辅导者促进了儿童生涯发展，而是儿童自身在主动地寻求生涯发展。按照这样的逻辑，特殊儿童的生涯发展与生涯决策同样也应该基于儿童个体本身。对于特殊儿童生涯发展的帮助，要具体了解个体的情况，营造良好的氛围，使其基本的需要得到满足，在成功的经验中逐步发展起积极的自我关注，最终走向自我实现需要的满足。

以人为中心的理论特别强调自我的了解和实现，这些自我方面的认知通过主客观途径来获得。对于儿童来说，他们在与现实环境的接触过程中获得大量的经验，借助机体评价过程来处理这些经验。儿童对这些经验的反映是直接的、开放的。积极关注需要是伴随着自我意识的萌芽开始出现的。要满足积极关注的需要，首先要依赖一个（或一些）能够提供这种关注的他人。对于儿童，这些重要的他人首先是他们的父母。因此，父母应重视自己的言行，适时地给予孩子积极的关注。对于特殊儿童来说，这种积极关注的需要显得尤其重要。特殊儿童在生活上往往得到比正常儿童更多的帮助，但这种关注多是基本需求的满足，对其精神方面的关注比较少。当他们表现出一些看似超出能力范围的行为倾向时，成人出于安全的考虑通常采取制止的方式。这种过度保护的行为在一定程度上确实保证了他们的安全，同时也抑制了他们的发展。因此，成人应遵循因材施教、寓教于乐、重复强化等原则，让特殊儿童不断接触新的事物，形成对周围环境客观的认识。

成人总是能够很好地意识到积极关注在控制儿童行为、养成某种习惯方面的作用，于是无条件地给予积极关注。当积累了一定的经验之后，儿童会有区别地对待自我经验，即一些有条件的价值感。由于奖励与惩罚的运用有助于形成和强化儿童的行为，成人也应有意识地选择对儿童的关注，不以个人的偏好进行评价，而是以客观态度对待。在学校环境里，教师担任促进者的角色，应抱着真诚、关注和同感的态度来促进学生的发展。对于儿童来说，基本需要的满足是首要的。当其能够靠自己的能力完成一些任务时，他会越来越彻底地发展和享用自己的资源、潜力，产生成长、成熟、健康及一直自由的感觉。对于特殊儿童，应让其独立完成一些力所能及的任务，而不是一味地给予帮助。当其依靠自身的能力克服困难、完成任务时，产生的满足感有助于其日常生活能力的培养，对其今后的发展有很大的促进作用。同时，归属感也十分重要。应让特殊儿童与正常儿童一起生活学习，不过分区别对待，使其感到自己是集体的一员，有被接纳感、位置感、家园感。

在马斯洛（2013）看来，个体的发展取决于动机系统，而动机系统则依赖于个体需要的满足。对于个体需要系统而言，①个体需要不是唯一的，而是在同一时间内有多种需要，其中有一种或几种需要处于支配地位。②个体的多种需要并不是平行的，而是具有层次性。③在这些具有层次性的需要中，处于底层的需要对于个体具有更为强大的推动作用。④具有层次性的多种需要并不是同时出现的，而是具有先后的顺序，处理上层的需要是在下层需要获得相对满足之后方可出现的。⑤需要的不断满足最终逐渐导向自我实现需要的满足。⑥儿童在发展过程中出现这样或者那样的问题在于环境的不利使得不同层次需要满足的愿望受到挫折。综合这些观点，特殊儿童生涯发展之所以会出现问题，其根源在于环境对于儿童的塑造作用。如果特殊儿童从一开始就没有一个不利的后天环境，那么即使有残疾，也不会对其产生不利的影响。

因此，有效促进特殊儿童生涯发展需要：①相信特殊儿童本身具有发展的动力和发展的能力。②构筑一个良好的环境，在这个环境中，儿童是中心。③关注儿童在不同发展阶段和不同情境中主导需要的满足情况，并在满足主导需要的基础上导向高级需要的产生和满足。④意识到成功的经验对于特殊儿童生涯发展的意义。⑤善于发现特殊儿童的闪光点，并以此作为生涯发展基石。⑥促进儿童在不断的成功经验中激发成就动机。

（三）支持作为一种价值

生长性的确立使得人们试图寻找庇护性就业的替代性职业康复模式。20世纪70年代，为那些长期以来被认为不能就业的重度发展性障碍者设计的"小组就业"模式作为庇护工场的替代品开始出现。在这一模式中，残疾人在服务提供者的监护下，在一个小团队中工作。支持性就业作为一个完整概念并被联邦政府资助是从1986年开始的。

对于支持性就业而言，持续的支持服务是残疾人获得有竞争力的就业能力和就业结果的天然保障。成熟的支持性就业要求为残疾雇员在整个工作期间提供至少每月两次的特定服务。一旦残疾雇员在工作中稳定下来，就业专家则要提供至少一月两次的联系，以满足其个别化的需要。服务可以在工作场所之中发生，也可以在工作场所之外发生。怎样提供服务和提供什么样的服务由残疾雇员决定，以保证就业专家尊重其个体关注和意愿。随着支持性就业理论和实践的演进，自然支持和同伴支持已经成为两种有效的支持模式。

为了缓解支持性就业过度依赖资金支持和专业人力服务，最近人们期望并致力于探索开发支持的自然资源，美国1992年《雷哈比法案》将自然支持作为持续支持之源。"自然支持"指的是"那些在社区情境中自然获得并能用于资金和支持性服务的资源"（West, et al., 1997）。也就是说，"自然"是对所有残疾个体都相对容易取得的支持策略，而不是那些在特定情景中的人为支持源。这些创新性的支持策略主张在工作场所中接受来自职业顾问、父母、维权者、大学生志愿者或其他岗位工作人员等非传统支持者所提供的支持，同时将工作教练的角色最小化。

同伴支持就是一群人自愿结合在一起，分享面临的共同问题。在支持性就业中，来自同伴的支持主要有团队讨论、工作俱乐部或自助团队等形式。当然，同伴支持也可以来自同伴支持专家。研究表明，同伴支持专家对于处于困境中的支持性服务接受者非常重要，例如可以帮助他们鉴别作为一个概念性的工作和作为实际进行的工作之间的区别（Mowbray, et al., 1995）。同伴支持能够有效提升就业成功率和应对各种工作问题。同伴支持既能够使人在为发现就业和保持寻找工作动机的过程中感受到更少的孤独，又可以帮助人们应对工作压力。团队进行就业主题讨论时，就业成功的收获分享可以让支持性就业服务接受者感受到他们的努力是有价值的；同时在团队讨论之中所带来的反馈可以引导目标设置、团队问题解决和增进动机与目的的支持；在结构化的团队组织形式中，参与者被告知当他们在工作中表现较差就会遇到问题。他们能够在团队中相互支持，并目睹其他同伴也会接受相同的批评，这可以让批评性反馈威胁更少和更易于接受。看见其他同类人士成功实现就业可以鼓励支持性就业服务接受者；看到同伴在就业过程中的努力，即使没有成功找到工作，也可以帮助支持性就业服务接受者还有与自己类似的人努力应对各种社会问题。研究发现，通过支持性就业成功就业人士中，有非常大的比例报告他们参加并得益于支持性团队（Blitz & Mechanic, 2006），并且这种团队支持对维持就业状态也非常重要（Auerbach & Richardson, 2005）。

四、阶段性与连贯性

从发展心理学的角度而言，人的一生可分为婴儿期、幼儿期、儿童前期、儿童后期、青春期、青年期、成年期、中年期及老年期等阶段，每个阶段各有其不同的心理特征及发展任务。从学校教育来看，人的受教育历程也是有小学、初中、高中和大学等不同阶段。在各个不同的阶段，对于特殊儿童和健全人的学校教育有不同的特点和教学手段，但是从个体生涯发展的最终目标来说，却是共同的，都是满足社会发展和学生个体发展的需要，使学生成为社会合格的劳动者。

（一）特殊儿童生涯发展的阶段性

生涯发展与职业教育有关，但是特殊儿童生涯发展并不追求单纯的职业训练或者培训，而是完整地包括了与自我适应、社会适应与职业适应相关的认知、情感和技能。无论是生涯发展的课程内容还是学习经验，都无法仅仅通过职业训练获得，而应该扩大到智育与人格领域去发掘，在儿童与学习资源和学习环境的相互作用和交互作用过程中，养成终身生涯发展的基本素养。所以特殊儿童生涯发展的实现是一个动态的演进过程。这一过程通过年龄阶段特征和活动形式表现出来。

无论是艾里克森、金斯伯格还是舒伯都认为个体生涯发展具有阶段性。对18岁以前的儿童而言，大多处于生涯发展的成长与探索阶段，其主要特征是尝试和探索，但是这个阶段十分重要。儿童通过与家庭、学校、社会的接触形成自己的兴趣、能力和价值观，树立正确的自我概念，对今后的职业进行探索。这个阶段的发展为未来的职业和生活奠定了坚实基础。如果这个基础牢固，则可能带来满意的职业发展和富有意义的生命历程，反之，则可能导致职业失败和生活质量的低劣。

3岁以前，儿童处于一种完全受到周围环境影响的阶段。他们通过与周围事物的接触来探索世界。父母作为他们接触最多的人，若给予较好的抚养并形成良好的亲子关系，将使儿童对世界产生信任感，否则将产生怀疑和不安。因此对于特殊儿童而言，良好的亲子关系将有助于儿童获得信任感。遗憾的是，许多家长在怀疑或者确认具有一个残疾孩子的时候通常都是从负面角度来看待问题，而不是以积极应对的方式来处理相关问题。于是在很大程度上破坏了儿童信任感的获得，而促使儿童向负面的方向发展，怀疑和不安占据了中心位置。

3~6岁，儿童开始表现出对外界的好奇，他们的自我意识开始发展，也会通过游戏和角色扮演的方式参与家庭事务和探索家庭之外的世界。他们的这些行为若能得到成人的关注或取得成功，则可以帮助其自信心的形成，使其更愿意去尝试新事物。根据这些特征，成人就应该给予儿童适当的关怀和保护，多鼓励儿童学习新的知识和技能，帮助他们形成自信心。此年龄阶段的儿童出于自我利益和动机，开始追求一些成年人的角色，他们为能够胜任这些角色而感到愉快。因此，成人应站在监督和认可的立场上，使儿童保持对活动的热情，同时又能认识到控制那些可能产生危害的活动。针对特殊儿童表现出的渴望独立但又害怕失败和别人嘲笑的情况，成人要努力为他们创造与同伴交往的机会，鼓励其主动参与活动，主动与同伴进行有效交往，使他们在与同伴的共同游戏和活动中发展主动性。成人可以通过为特殊儿童提供不完全环境，不仅为他们留有一定的视觉空间和思维空间，又为他们的安全提供一定的保障。如果成人能够鼓励特殊儿童的好奇心和想象力，理解和尊重他们，能耐心地对待他们相对发展缓慢的心智和行为，而不是一味地保护或禁止，那么，他们就能以主动自信的方式对待所面临的一切事物，并表现出强烈的进取心。这样，不仅能使其主动性行为在被强化的基础上形成习惯，还能培养明辨是非的道德感。此外，成人要给他们尝试错误的自由，一定要以宽容的态度对待在主动探索过程中的失误和失败。

在小学教育阶段，学生的基本任务是通过进入正式的社会团体中将自己归属一定社会群体之中，并在此基础上获得读、写、算、听、说的基本技能，形成人际交往和社会行为的基本规范。所以小学阶段生涯发展的重点是扩展生活经验，提升生涯认知。具体表现为：在了解自我的基础上，试图将自己的能力、价值和兴趣与未来教育和职业生涯关联起来；获得基础的规划与计划技能，并试图将之与自己未来的目标进行衔接；掌握学习技能，学会学习，以此为基础拓展自己的学习经验，定向于终身的可持续发展；通过参与家庭计划、社区服务及描述服务他人的各行各业，了解工作与职业的神圣性，尊重劳动与劳动者，建立服务意识；由家庭逐步扩展到学校、社区、城市或农村、地区、国家，以及全球生活与职业生存方式的知识获得、经验体验。

特殊儿童进入学校之后，开始面临家庭、学校和同伴的要求和挑战，他们力求保持一种平衡，从而形成一种压力。此时，他们在不同社交范围活动的经验，以及完成任务和从事集体活动的成功经验，会助长其胜任感，困难和挫折则会导致自卑感。这些成功的经验有助于其在以后的社会中建立勤奋的特质，表现为乐于工作和有较好的适应性。因此，成年人应对特殊儿童在此阶段表现出的勤奋进行鼓励。特殊儿童在从事一些活动的时候可能比同龄的正常儿童更易获得失败的体验，此时成年人应及时对其尝试性行为进行鼓励，帮助其分析失败的原因，多让其融入集体，感受到社会的温暖。

初中阶段处于青春期阶段，其中心任务是解决强烈的自我意识与身心限制的矛盾，最终实现自我同一性的发展。所以初中生涯发展的重点也就从小学生涯的认知与幻想逐渐转向生涯发展的试探与尝试，进行生涯探索和生涯规划与计划。具体表现为：学生充分了解自己的兴趣、能力和价值观，并尽可能接触不同行业与职业领域，发掘适合自己的职业生涯领域；提升学习技能与学习策略，进行有效学习和恰当休闲，并结合自己未来发展有针对性地了解高一级学校的相关资料与信息进行选择，进行生涯与职业定向；了解生涯发展理念，扩展生涯认知，并掌握生涯规划技能；进行生涯探索，习得基本而恰当的自我展示技能；扩展社区与社会参与经验，了解个人特质、知识技能与职业的匹配性；建立良好的责任心、自主性、创造性与职业道德观念。

高中阶段处于许多重要决定的时期，个体面临着理想向现实的回归，协调自我与社会的关系。因此高中阶段生涯发展的重点是逐渐接近特定的生涯定向，即在充分了解相关信息的基础上规划特定的生涯发展目标，并制定确定的生涯发展计划，最终通过相关课程的研修与学习实行该计划。具体表现为：综合而深入地了解自己的能力倾向、价值观念、兴趣、生涯期望、职业喜好及其相互关联性；针对自己的实际和未来选择，恰当分析自己的能力与特质，并发展出相应的生涯发展计划以增强自己的能力；研修恰当的课程，进行相应的学习充实自我，以取得相应的资格或者符合未来工作与学校的资格；发展出有效利用闲暇时光的能力；对未来学习或职业生活进行总体规划；发展替代性的选择方案；进一步发展自我展示与求职面试的技能与技巧。

贯通初中和高中的整个中学阶段，个体开始思考"我是谁"的问题。角色同一性的形成与职业的选择有着十分重要的关系。埃里克森认为，前几个阶段中冲突的解决会帮助个体更自信地面对各种选择，成功地获得角色同一性。当个体面临角色获得过程中产生的冲突时，会产生获得角色同一性、同一性排斥、同一性迷乱和同一性延迟四种情况。其中，最后一种危机在个体中比较常见。特殊儿童在成长过程中，可能因为生活环境的相对狭小和单一，在初次接触社会的时候会有不适应的情况，导致其同一性的延迟。因而，成人更应注意在有限的生活环境内帮助其正确地认识自己。当特殊儿童与外界交往的过程中遇到困难时，容易产生自卑或自暴自弃的情绪。根据这一特点，成人更应重视其早期良好情感的培养，要给他们适当的宣泄情绪的机会，避免使其过度体验内疚感。同时，成人要为他们自由抒发情感提供轻松愉快的氛围，绝不能采取恐吓、威胁，也不能溺爱或过分严厉对待。这样，特殊儿童也能同正常儿童一样，不仅能逐步增强主动性，还能克服和转化内疚感、增强安全感，从而容易适应环境，能主动与周围人群建立良好的人际关系。

同时，处于这一阶段的儿童也处于生涯发展的探索期，个体开始思考今后的职业和自己所面临的任务，并把这个任务作为奋斗的目标。在这个时期，兴趣、能力、价值观起主导作用。该阶段的青少年逐渐认识到工作的需要，认识到兴趣、能力、工作报酬、价值观和时间观；他们将能力和兴趣进行整合，进一步发展其价值观，对职业的选择具体化，形成了一定的工作方式。因此，客观因素对职业的选择有着重要的影响。成人应尽量为儿童提供接受良好教育的机会，有意识地让其接触相关的职业知识，促进其发展兴趣，培养职业技能。在特殊儿童的教育方面，根据他们的兴趣，安排不同的工作实习机会，以发挥他们的潜能，最终做出正确的职业决策。

上述不同阶段的生涯发展任务与重点主要通过两种模式在基础教育课程中得到实现：一是将其整合到学习领域与学习科目之中；二是开设独立的生涯发展课程，进行生涯发展辅导。基础教育生涯发展课程设置实际上主要存在两种基本取向：第一种是以学科为中心的从学术教育发展而来的课程模式；第二种是以综合和专业实践活动为中心的课程模式。具体采用哪种模式则依赖于学生的年龄发展阶段和生涯发展的内容与经验侧面。综合西方国家生涯发展成功的经验，无论采取哪种模式，这些问题是比较重要的：①强调以学生为中心的学习；②强调学生个体隐性生涯经验的习得；③强调在学校和工作场所学生都能操作的技能；④评价以真实生活情境为取向；⑤课程与学生密切相关；⑥为学生提供灵活的选择；⑦允许学生在不同课程与技能模块之间互相转换并相互认可学分；⑧生涯发展的多样性与连贯性互补；⑨相关教师的专业知识与专业素养的发展配套保证；⑩相对于学术发展领域的生涯发展领域地位的确认。

（二）特殊儿童生涯发展的连贯性

特殊儿童生涯发展本身并不是一个终结性的教育，而是一个动态的过程，它贯穿于个体毕生发展历程，一方面适应不断变迁的社会经济、政治和文化的发展；另一方面在不断地满足个体自身的生涯与职业期望的基础上，尽可能地获得完满的幸福生活。因此，各个阶段之间应该是一个相互贯通的过程，具有连贯性。尽管每个阶段都有每个阶段的角色扮演和发展任务，但是每个阶段又都是建立在前面发展的基础上，同时又为后面的发展奠基。

作为一个不断发展、循序渐进的过程，特殊儿童生涯发展就其实质而言是在处理"人与文化""儿童与职业""个体与社会"整合与同一的基本问题。基于特殊儿童个人特质、职业生涯发展和社会资源支持的三向互动，特殊儿童生涯发展具有"可持续性""终身化""内容的整合性与结构化""过程心理化和经验化""课程设置的学术性和职业性""支持辅导的专业化""生涯发展资源学习化""支持系统的生态化""环境的正常化、一体化和社区化""评价的发展性、过程性和形成性"等特征，从而形成一个生涯发展的整合性支持模式（图1-2）。

在这一模式中，内容领域是空间属性的表现，根据特殊儿童十八岁以前的角色与发展任务，主要由自我适应、人际关系、学业水平、职业准备、休闲生活等领域构成。组织框架则是时间属性的表现，其实质是特殊儿童生涯发展的支持过程，主要由生活质量与融合发展理念、缺陷补偿与潜能开发目标、多元化内容与结构化组织、多样化技术与形成性评价、生态化支持与资源型平台构成。支持资源属于发展境域，其实质是特殊儿童生涯发展的条件和推动力量，主要由儿童特征、家庭支持、社区融合、职业结构、学校教育和政策制度构成。三者相互作用构成了一个有机整体。这就意味着：①职业/职业生涯的意识和发展是同步的，相互作用的，应将生涯规划提前到儿童时期，从小就为特殊儿童进行意识和能力的培养；②在为特殊儿童进行生涯规划时要充分考虑到那些特殊因素，同时对能力和天资进行评估；③通过对特殊儿童的生活技能和工作技能的培养，要求在职业生涯过程中努力为特殊儿童创造良好的社会环境，满足其基本需要，培养其良好的价值取向，以便其较好地融入社会生活，从事相关的工作，提高其生活满意度；④相互联系的职业观的培养十分重要。

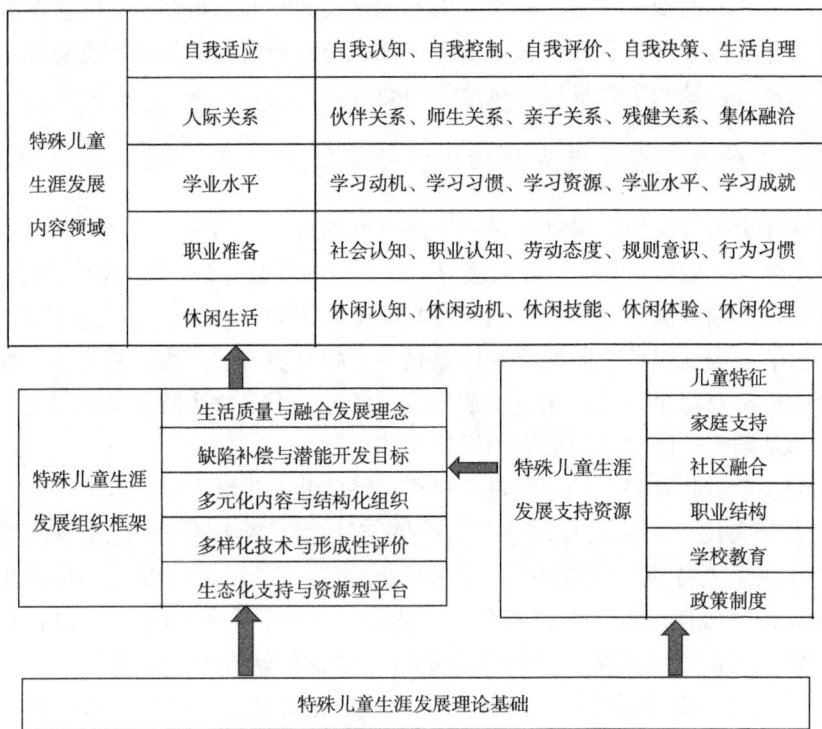

特殊儿童生涯发展内容领域	自我适应	自我认知、自我控制、自我评价、自我决策、生活自理
	人际关系	伙伴关系、师生关系、亲子关系、残健关系、集体融洽
	学业水平	学习动机、学习习惯、学习资源、学业水平、学习成就
	职业准备	社会认知、职业认知、劳动态度、规则意识、行为习惯
	休闲生活	休闲认知、休闲动机、休闲技能、休闲体验、休闲伦理

特殊儿童生涯发展组织框架	生活质量与融合发展理念	特殊儿童生涯发展支持资源	儿童特征
	缺陷补偿与潜能开发目标		家庭支持
	多元化内容与结构化组织		社区融合
	多样化技术与形成性评价		职业结构
	生态化支持与资源型平台		学校教育
			政策制度

特殊儿童生涯发展理论基础

图 1-2　特殊儿童生涯发展的整合性支持模式

（三）特殊儿童的转衔服务

特殊儿童生涯发展是一个具有连贯性的进程，但是由于障碍程度演变、年龄阶段发展、教育机构和生活场域设置体系的变化，儿童从一个阶段到另外一个阶段、从一个机构到另外一个机构、从一个场所到另外一个场所学习、工作和生活必然存在程度不同的脱节。为了解决这一问题，为特殊儿童提供的转衔服务（transition service）就成为非常重要的支持内容。个别化转衔服务计划（individualized transition services plan，ITSP）也与个别化家庭服务计划（individualized family services plan，IFSP）和个别化教育计划（individualized education program，IEP）一道称为特殊儿童教育和服务的基本依据和重要保障。

1. 转衔阶段

第一，3 岁转衔服务。主要聚焦从家庭到幼儿园（早期教育机构或康复机构）的转衔服务。一般持续 6 个月（从 2 岁半到 3 岁），不仅仅是学习和发展方面的服务，还包括支持性服务。不仅局限在孩子，也包括家庭和家长。转衔服务提供者：服务协调人、学区、家庭资源中心、早期服务提供者。第二，14 岁（义务教育行将结束），转衔服务成为正式服务内容。第三，16 岁（义务后教育）开始强调转向成人生活所必需的职业和独立生活技能，并使之成为恰当教育目标之一。在美国，如果当事人没有毕业，公共教育服务可以持续到 22 岁，这一时间非常适合审视包括"就业第一"政策的实现、为整合而选择、竞争性就业和中学后教育在内的信息，这些信息可以增强个体由学校转向工作，达成转衔结果的能力；公共教育服务是这一年龄群体首要服务资源；IEP 团队将会帮助年轻人决定在离开公共教育系统前仍然需要哪些技能。第四，18～22 岁（高中以后大学教育或进入社会），向成人过渡。18 岁意味着个体需要不同的责任和权利，如公共权力、保健决定、选民登记、教育或职业决策、法律责任等。作为一个成人，个体要能够选择谁来就相关事务做出决策（除非有一个法庭作出判断这个人没有能力做这个事）。

2. 18 岁之前的个体和家庭转衔清单

计划：与计划团队讨论转衔过程，设定决定时间；确保自己的个别化项目计划（individual program plans，IPP）以成人生活的视角反映出来；审视地方发展性障碍咨询信息手册。

法律和财政：更新财政状况和家庭资产计划；建立个人银行账户；考虑（审视）能够获得的财政资源，包括公共福利；调查特殊需要信托。

责任与独立：发展社区安全和急救技能；发展获得家外经验的机会；通过当地公园和娱乐部门寻找可行特殊奥林匹克与融合项目。

教育：通过学校了解可行的教育和转衔项目；探索选择中学后项目，如合适的社区学院和四年制大学。

生活安排：调查得到许可的住房、支持性生活服务或独立生活服务；寻找政府补贴廉租房（Section 8 of the Housing Act of 1937，42 U.S.C. 1437，简称 Section

8），如果有兴趣租赁将自己的名字添加到等待名单之中。

工作与意愿：研究意愿和社区服务活动；在 18 岁以前获得就业可能；探索青年就业机会；浏览从区域中心获得的关于就业第一政策的信息手册；了解成人日间和职业服务。

交通：评估社区移动技能，开发交通选择计划，包括公共交通和旅行训练。

3. 18 岁以后的转衔清单

计划：确保自己为人本计划和讨论而设的支持协作圈子；体验成人日间和职业服务方案；使支持转衔的成人目标和服务具体化；关注参加机会与转衔事项（Opportunity or Transition Fairs，Open Houses）。

法律和财政：为未来关注并建立长期计划；发展或审查资产计划；与就业计划一道申请补助保险收入，如果有必要，决定保险补助的代表性收款人；申请地方医疗福利；考虑健康保健相关政府项目；18 岁时，当决策权力转移到个体身上时，通过签署和授权相关文件承担责任。

责任与独立：生成健康记录笔记本；持续了解如何保证社区安全；探索社会和娱乐性社区机会；通过办理身份证、驾照等申请身份识别卡。

教育：把握职业经验机会和个别化教育计划（IEP）中功能性生活技能结果的机会；决定中学毕业证或结业证书哪一个是目标。

生活安排：完成居家生活计划，寻找被许可的居住设施或在自己拥有的设施中生活，支持性生活服务（supported living service，SLS）和独立生活服务（independent living service，ILS）可以提供相应支持；如果计划独立生活，而跟踪相关福利政策。

工作与意愿：探索支持性就业机会；根据自己的兴趣和才能寻找工作；了解小微企业和各种贷款政策。

交通：完成交通计划。

第二章

特殊儿童生涯发展的整合性内容领域

生涯发展贯穿于个体人生发展的始终，个体在发展的不同阶段扮演着不同的角色，需要完成不同的发展任务。作为处于 18 岁之前的个体，特殊儿童的生活场域主要在家庭、学校和社区，因此家庭成员（孩子）、学生和休闲者是其主要扮演的角色。如此，其生涯发展主要集中在对一生发展都具有奠基作用的自我适应、人际关系、学业水平和休闲娱乐。对于工作和职业而言，更多集中在职业启蒙和工作准备。

第一节　特殊儿童生涯发展内容确定的依据

特殊儿童生涯发展内容确定的依据就是对特殊儿童生涯发展产生制约作用的事物及其观念。它包括两个层面：一是存在性事物，即对特殊儿童生涯发展产生影响的各种客观存在的事物，是纯粹的客观存在，不受人的主观意志和能动反映的影响。比如，儿童身心发展本身，社会现实状况本身，以及教育活动和职业发展等。二是人们对于存在性事物作为影响因素的认识和观念，这些认识和观念可能是系统化了的理论，比如，职业心理学理论、职业康复理论等；也可能是生活经验和工作经验的积累，比如，许多家长对孩子升学的教育需求等。影响特殊儿童生涯发展的因素很多，也很复杂，但是确定其内容的依据则可以从三个方面加以概括：儿童特性、社会需求、职业变迁。

一、儿童特性

特殊儿童生涯内容首先源自特殊儿童本身。在特殊教育发展的历史长河中，人们对于特殊儿童的认知经历了一个漫长的演变过程（图 2-1）。人们对特殊儿童

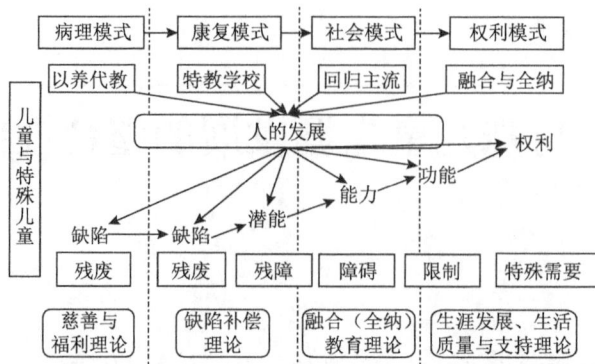

图 2-1　对特殊儿童的认知与特殊儿童生涯发展的理论和实践演进

关注的焦点也从最初的缺陷到潜能能力、功能直至今天的权利。与之紧密联系在一起的就是特殊教育理论和实践模式的变迁。其中有三个基本问题对特殊儿童生涯发展具有重要的价值：发展的权利、分类与标签和潜能开发。

（一）特殊儿童的发展权利

毫无疑问，促进特殊儿童生涯发展最有效的途径是教育。确定特殊儿童生涯发展的权利实质是确定其受教育的权利。自第二次世界大战之后，受教育作为儿童权利的体现和重要保障逐渐成为主流意见。1948 年 12 月第三届联合国大会上通过的《世界人权宣言》确立平等、自由权利的基调，明确提出了禁止歧视的原则，规定"人人有资格享有本宣言所载的一切权利和自由，不分种族、肤色、性别、语言、宗教、政治或其他见解、国籍或社会出身、财产、出生或其他身份等任何区别"。第二十六条对教育有专门论述，内容有三项：①人人都有受教育的权利，教育应当免费，至少在初级和基本阶段应如此。初级教育应属义务性质。技术和职业教育应普遍设立。高等教育应根据成绩而对一切人平等开放。②教育的目的在于充分发展人的个性并加强对人权和基本自由的尊重。教育应促进各国、各种族或各宗教集团的了解、容忍和友谊，并应促进联合国维护和平的各项活动。③父母对其子女所应受的教育的种类，有优先选择的权利。1989 年 11 月，第四十四届联合国大会通过《儿童权利公约》，确立儿童权利的四项指导原则：①无差别原则。《儿童权利公约》第二条规定："缔约国应遵守本公约所载列的权利，并确保其管辖范围内每一儿童均享受此种权利，不因儿童或其父母或法定监护人的种族、肤色、性别、语言、宗教、政治或其他见解、民族、族裔或社会出身、财产、伤残、出生或其他身份而有任何差别。"②儿童最大利益原则。公约第三条规定："关于儿童的一切行为，不论是由公私社会福利机构、法院、行政当局或立法机构执行，均应以儿童的最大利益为一种首要考虑。"③生存与发展权。公约第六条声明：每个儿童均有固有的生命权，缔约国应最大限度地确保儿童的存活与发展。④参与表达意见的权利。公约第二十三条规定："1. 缔约国确认身心有残疾的儿童应能在确保其尊严、促进其自立、有利于其积极参与社会生活的条件下享有充实而适当的生活。2. 缔约国确认残疾儿童有接受特别照顾的权利，应鼓励并确保在现有资源范围内，依据申请斟酌儿童的情况和儿童的父母或其他照料人的情况，对合格儿童及负责照料该儿童的人提供援助。3. 鉴于残疾儿童的特殊需要，考虑到儿童的父母或其他照料人的经济情况，在可能时应免费提供按照本条第 2 款给予的援助，这些援助的目的应是确保残疾儿童能有效地获得和接受教育、培训、保健服务、康复服务、就业准备和娱乐机会，其方式应有助于该儿童尽可能充分地参与社会，实现个人发展，包括其文化和精神方面的发展。4. 缔约国应本着国际合作精神，在预防保健以及残疾儿童的医疗、心理治疗和功能治疗领域促进交换适当资料，包括散播和获得有关康复教育方法和职业服务方面的资料，以其使缔约国能够在这些领域提高其能力和技术并扩大其经验。在这方面，应特别考虑到发展中国家的需要。"

保障儿童发展权利首要解决的是儿童发展机会的问题。20 世纪 70 年代以前，世界各国希望通过"隔离但平等"的原则，保障身心障碍儿童平等的发展机会。但遗憾的是根据"隔离但平等"的原则，很多特殊儿童被公立学校拒绝。1954 年布朗控告美国教育委员会案例（Brown v. Board of Education）中，最高法院裁决认为所谓"隔离但平等"违反了美国宪法第 14 条修正案规定的"平等保护"的原则，因而是违法的。在布朗案例的启发下，美国特殊儿童父母坚持基于宪法修正案第 14 条"平等保护"条款，主张拒绝残疾儿童接受公共教育就是对这些儿童宪法权利的侵犯。1971 年，宾州智力不足儿童协会（Pennsylvania Association for Retarded Children，PARC）及 13 位智能不足儿童家长控告州政府教育形成机构及各地方学区案例①、1972 年米尔斯控告哥伦比亚特区教育局案例（Mills v. Board of Education of the District of Columbia）等一系列的诉讼判例直接催生了美国的回归主流（Mainstreaming）运动，与此同时，欧洲也兴起了一体化（integration）运动。中国在 20 世纪 80 年代兴起了随班就读运动，这些运动共同带来了特殊儿童融合发展思潮，汇集成为融合教育潮流。这带来了全新的融合取向的发展权利观。

---

① Pennsylvania Association for Retarded Children（PARC）v. Commonwealth of Pennsylvania，334 F. Supp. 1257（ED Pa. 1971）. https://en.wikipedia.org/wiki/Pennsylvania_Association_for_Retarded_Children_(PARC)_v._Commonwealth_of_Pennsylvania[2017-12-15].

（二）特殊儿童的分类与标签

现代特殊儿童生涯发展支持体系在相当大的程度上是建立在对特殊儿童的分类基础上的。与分类相伴而生的就是标签。康复与教育机构是按照不同类别和儿童残障程度进行分类的；只有对相关儿童进行分类和标签（通过专业化的鉴定对某个儿童贴上某类残疾及其残障程度的标签）才有可能归并到相关法律规定的某类特殊儿童之中，得到相关的资源支持和特殊教育服务；只有那些被归并某类特殊儿童之中的孩子才可能具备特殊教育资格，得到教育行政部门和学校的相关服务。

对特殊儿童的分类和标签是一个复杂的议题，不仅涉及科学、财政、法律和教育权利的问题，而且还牵涉情感、伦理和政治议题（Luckasson & Reeve, 2001）。支持者和反对者都有自己证据确凿的理由。对于赞同者而言，分类和标签的可能益处在于：①承认学习或行为上的内涵丰富的差异，并且标签是对这些差异做出负责任的回应的第一步，也是必需的一步；②贴标签可能导致保护性的反应，即同样的反常行为发生在残疾儿童和没有残疾的儿童身上，有残疾的儿童的反常行为更容易被接受；③方便了专业人员之间的交流，也方便了对研究结果进行分类和评价；④研究的资助和资源以及其他交互通常都是建立在对特殊儿童的明确分类之上的；⑤标签使得特定残疾类别的拥护团体能够推进相应的计划并鞭策立法进行；⑥有助于政策制定者和公众更清楚地认识特殊儿童的特殊需要。但是，分类与标签同时也存在着可能的弊端：①标签通常关注残疾、损伤和能力上的缺陷，一些人可能只根据残疾人不能做什么而不是他能够或可以学习什么来考虑问题；②可能带给儿童侮辱，导致同伴的拒绝；③可能对儿童的自尊心产生消极影响；④可能导致其他人对儿童的低期望值，并以标签为基础对他们进行区别对待，这可能导致自我实现的预言效应；⑤描述儿童能力缺陷的标签通常扮演着解释概念的角色，如某人之所以有这样的举止行为是因为他有听力残疾；⑥即使是对那些被归入基于特定特征而划分的某一类的人，也存在着这样一种倾向：认为所有被归入某类儿童的其他特征也相同，因此减少了对于每个儿童特殊性的探究和正确的评价；⑦标签意味着学习问题主要是由儿童本身的一些问题所致，因此减少了对于导致能力缺陷的教育因素的系统性考察，也减轻了教育因素对于能力缺陷应负的责任。标签为无效的教育提供了一个内在的借口，如某人没有学会阅读是因为具有学习障碍，而这种结果是非常具有破坏性的；⑧不成比例的少数民族和来自不同文化背景群体的儿童被安排在特殊教育计划中，并因此被贴上了残疾的标签；⑨特殊教育标签有一定的持久性，一旦被贴上了，儿童就很难摆脱并获得一个新的身份；⑩特殊儿童分类需要大量的资金及专业人员和学生本人的时间，而这些时间如果用在制定计划和提供教学方面将会更有价值；⑪基于分类和标签的

保护性反应可能导致儿童获得习得性无助和发展独立性机会的减少。（Heward，2006）

分类和标签好还是不好？应该还是不应该？争论的双方都有充分的理由和确凿的证据。但是实际上，对于这个问题的回答不可能只有一种思路和视角，也不可能只有一个非此即彼的答案。针对分类和标签的正面影响和负面作用的争论，美国政府于1970年资助了一个为期两年的研究计划，动用心理学者、教育学者、律师共93名专业人员和31个家长团体，共同研究分类和标签问题，结果并没有提供到底接受还是应该拒绝标签的答案，而是提出了一些对策尽可能避免标签的负面影响，包括：改进特殊儿童的分类系统，对心理测量的使用作适当的限制，对特殊儿童早年的鉴定方法进行适当的改进，使用个案记录须有适当的保护措施，鉴定与安置特殊儿童须遵守法定的程序（方俊明，2005：18-19）。研究团队的建议在很大程度上给出了一个答案：人们在思考特殊教育问题的时候，一定不要走入一个二元思维的陷阱之中。就标签而言，如果仅仅是为了分类和单纯的安置，那么负面的影响将会超越正面的作用。相反，如果标签是为了提供恰当的教育对策和教育计划，为了促进儿童潜能的开发与能力和社会技能的发展，那么是可以通过一系列的保障措施限制标签的负面影响的。无歧视性评估和课程本位评量弥补了单纯心理测量和医学鉴定的不足。

（三）特殊儿童的潜能发展

在机构化时代，人们主要将特殊儿童安置在隔离式的特殊教育学校或机构之中，有一个非常重要的理由：特殊儿童在普通公立学校之中无法获益，并且会对其他学生的学习和教师的教学带来负面的影响。人们对待特殊儿童经历了遗忘和隐藏、筛选和隔离、鉴别和帮助、包容和支持等阶段。在筛选和隔离阶段，特殊儿童进入学校系统之中，但其主要目的并不在于提供恰当的个别化的教学，而是对特殊儿童提供特殊教育照料。然而长期以来，特殊儿童在机构化阶段经受着两类歧视与排斥：第一，特殊儿童被完全排斥在学校教育系统之外，或者学校承认他们的存在，但是许多时候并没有为他们提供有效而恰当的教育；第二，错误分类与标签，可能将那些因为来自不同文化背景、不同语言族群，本身并没有残疾和障碍的儿童，认定为具有残疾和障碍，或者将这类障碍错误地认定为另外一种障碍，从而将其安排在隔离的机构之中。（Turnbull, et al., 2010：8）

1968年美国特殊儿童协会主席道恩（Dunn，1968）以敏锐的眼光质疑将特殊儿童安置在特殊教育机构中接受教育的效果，并开展了相关研究，对特殊儿童的机构化安置和标签化问题提出了尖锐的批判。通过研究，道恩发现，没有研究证明学生在特殊班级中学习比在普通班级中学习的效果好，特殊班级带给学生更多的是负面的标签影响，特殊班级的学生多数为处境不利的少数族群孩子，此现象容易引发政治隔离的联想。同时道恩认为标签不应该成为隔离式安置的标志，而只能用于描述儿童教育特点，讨论语言或认知发展、感觉训练、人格发展和职业培训等方面的问题。特殊教育工作者应该成为特殊教育的资源和普通教育工作者的特殊教育顾问，更多的轻度特殊儿童应该被安置在普通教育学校中学习，而不是被排斥在主流社会之外。

在一个非特殊机构的正常化场所，特殊儿童具有潜能开发并获得发展可能吗？一个十分重要的观点被越来越多的人所接受：残疾和障碍的儿童必须享有与正常发展的儿童同样丰富的早期教育经验。"将残疾低龄儿童与正常的经验分离，会造成距离、误解和拒绝……同时，将这些孩子与现实世界隔离还意味着重新入学。如果不将这些孩子从正常的环境中抽离，就可以有效避免重新入学的问题。"（Haring & McCormick，1990）障碍儿童如果仅仅和其他有障碍的儿童一起游戏、一起学习、一起互动，他们将无法获得正常的社会技能。为了促进残疾障碍儿童的健康发展，在设计项目时，必须把与正常发展儿童的游戏与互动作为必不可少的内容。经验证明，对于那些具有各种障碍的儿童或者存在发展风险的儿童来讲，对于下列经验的获得具有特殊的意义，就像打开了一扇通往未来的大门：学会移动，从一个地方独立运动到另外一个地方，去探险和试验；更加熟练地抓、握、放和操作更复杂的事物；不断学会如上厕所、穿衣、吃饭等自我照料的技能；获得母语，并通过各种方式运用母语让他人来帮助自己得到需要和想要的；发展思考能力、形成观点、学会解决问题、作出判断和影响他人；学会在与别人交谈和打交道时对越来越复杂的词语和手势做出反应；发现与他人相处、与人互动的方式。一个高质量的融合性教育项目是可以帮助所有孩子获得上述这些基本技能的。（Allen & Schwartz，2001：8）

（四）对特殊儿童的新认识

以"平等·参与·共享"为核心的新特殊儿童观，运用现代社会的文明、进步、科学的观念来认识特殊儿童和残疾儿童问题，对我国特殊儿童事业的持续健康发展有着积极的促进作用。它的主要内容包括（丁启文，2001）：①特殊儿童与健全人一样，具有与生俱来的公民权利，包括生存的权利、发展的权利、康复的权利、受教育的权利、劳动的权利、娱乐的权利、爱与被爱的权利、得到各种社会补偿的权利，并尽自己应尽的义务。②通过现代社会提供的各种补偿手段，各类特殊儿童能够以适合自己的方式接受教育，掌握知识与技能，认知世界。③特殊儿童在现代社会提供的各种条件下，不再是社会的负担而是参与社会物质与精神财富的创造，推动社会前进的一个力量。④残疾不是造成特殊儿童问题的根本原因，主要是为特殊儿童提供的条件不够，因而使残疾成为一个问题。为特殊儿童提供各种补偿条件，使特殊儿童无障碍地接受教育、参加生产劳动、参与社会生活，在事实上享有公民权利，是政府与社会的责任，是社会文明、进步的标志，是我国人权普遍化原则的体现。⑤残疾是人体的一种遗憾，所以要加强残疾预防，但残疾并不构成人性的差异、奋斗精神的差异。相反，由于残疾的磨炼，特殊儿童往往具有更加坚强的意志和更加宽容的胸怀，更加渴望社会祥和、稳定、繁荣。⑥特殊儿童推动了人类文明、社会进步，要善待特殊儿童，建立残、健融合的关系，做到人人平等、人人参与、人人共享，是我国社会发展的方向。⑦实现"平等·参与·共享"的局面，是政府、社会与特殊儿童双向的责任，缺一不可。特殊儿童要发扬自尊、自信、自强、自立的精神，在社会实践中创造、发展自己，实现人生价值。

对特殊儿童这些新的认识是时代精神和先进文化的一个组成部分，对特殊儿童生涯发展具有积极的促进作用。其重要性主要表现在：将人们对特殊儿童的认识提高到一个新的水平；阐明了特殊儿童事业与社会环境的关系，有助于特殊儿童与健全人建立新型人际关系；有助于特殊儿童平等、充分地参与社会生活的各个方面；有助于特殊儿童工作者增强为特殊儿童服务的意识，更好地为特殊儿童服务。

二、社会需求

特殊儿童生涯发展本质上是随着年龄的增长，特殊儿童在家庭和社会生活中扮演不同的角色、承担对应的责任并享受相应权利的过程。这个过程的实质是为了达成个体发展与社会需求之间的平衡。

（一）社会认知：从缺陷到限制

早期，人们从特殊儿童内部视角来看待特殊需要，关注的焦点是特殊儿童的缺陷。基于这种缺陷的关注，人们得出了一个基本的结论：无论是盲童、聋童还是智力落后的儿童都存在这样或者那样的缺陷，当人们谈论特殊儿童缺陷时，有一个潜在的对应前提：正常。在统计学上，多数人在某种指标上的平均水平构成了所谓正常的标准。远离这个标准则为异常，低于这个标准则可能就意味着缺陷。许多时候，缺陷并不是一个中性概念，而带有强烈的负面价值取向。因为听不到或听不清，看不见或看不清，智能低下等，所以就一定会带来各种相关的功能性的缺失：语言问题、智能问题、人格问题、人际交往问题、动作问题、行为问题等。而这些外在的表现更强化了人们对于特殊儿童负向特殊性的定势心理。一个恶性的循环产生了：内在的生理机理或遗传机理导致了缺陷，缺陷导致了功能性的缺失，功能性的缺失导致了低能或不足的定势印象，低能或不足的定势印象强化了特殊儿童的负向社会地位，而这种负向社会地位根源在于儿童本身或者其父母。于是社会的责任和多数人强加的标准被抛在一边，有意或无意地逃脱了自己的责任。

随着时代精神的演进，人们发现将儿童特殊性完全归因于个体内在的遗传素质和生理机理是不公平的，因为建立在多数人平均水平上的正常标准本身就是一种不公平。事实证实这种多数人导向的标准导致儿童问题的出现。聋人之所以有语言问题，那是因为我们这个社会的交流沟通路径与工具是以听人口头和书面语言为基础，假设人们按照以聋人的手语为基础进行交流和沟通，则聋人的缺陷和障碍就会消解，而多数情况下听力健全的人会表现出障碍。盲童之所以有空间定向的问题，那是因为我们这个世界建筑、道路、城市空间布局是以视力健全的人的视觉形象为基础的，无障碍环境建设呈现短板，如果所有的建筑、道路和空间位移的无障碍都达到盲人的要求，则盲人空间定向与行走障碍就会消解。按照这样的逻辑，特殊儿童的缺陷不是儿童本身的缺陷，而是社会的缺陷。因此人们逐渐用障碍来替代缺陷。障碍意味着与个体生理和心理上的特殊性相伴而生的障碍可能来自儿童本身的机能缺陷，但更多的却是来自社会标准的偏见，来自社会标准对于特殊儿童的种种限制。于是，限制这一概念就代替了缺陷。限制认为只要给予恰当的支持，特殊儿童就可以做任何事情；限制意味着为残障服务是社会的责任，对于特殊儿童的帮助也需要从改进环境和整个支持系统入手。

以限制的观点来看，智力障碍儿童现实功能的限制须以同龄伙伴所在的典型社区环境和文化为背景加以考虑；对其所进行的智能和社会适应能力评估应考虑语言和文化差异，以及沟通、感知、动机、行为等因素的不同；如此，人们发现对于智力障碍儿童而言，与限制同时并存的还有他们的力量，而这种力量就是教育和生涯发展支持的起点和基点；即便对于限制的描述也是为了发展其需要的支持内容，因为一段时间持续而适当的个别化支持，通常会改善智力障碍者的生活功能，移动其功能限制的边界。

对于视力障碍儿童，尤其是对于盲童而言，他们所面临的主要问题是由于看不见或者看不清，需要重新建构一种与社会和世界交流互动的模型，而其面临与正常儿童完全不同的世界，经历的广泛性和多样性受到限制，影响早期概念的形成和社会互动与社会技能发展；自由行走与定向能力限制极大地压缩了体验世界的机会，影响早期运动的发展和对世界的探索，进而影响儿童的认知基础和社会性的发展，影响儿童自尊心和自信心的建立；与环境互动的限制使得其对环境的了解和控制能力受到影响，不能及时接受环境的信息和运用这些信息，同时也不能准确地了解自己行动对他人和周围事务所产生的影响，进而导致了探索世界和环境以及与他人互动的低动机水平，以及焦虑的产生。如果不为他们提供相应而恰当的支持，消解种种限制，则其生涯发展速度和水平就会十分有限，甚至呈现出一种异常的发展模式；相反，如果提供良好观念、制度和物质空间的无障碍环境，则这些限制就会被消解，其生涯发展就会呈现出良好的状态。更近一步，盲童所面临的不仅仅是限制，他们还有很强大的力量，如正是由于他们与社会的互动模式和长期锻炼，其听觉和触觉功能异常发达，以耳代目和以手代目的学习、生活和工作模式为其带来了一个异常丰富多彩的与听人迥异的世界。

对于听觉障碍儿童，尤其是聋童而言，按照传统的观点，其最大的问题就是听力系统受损所带来的语言问题，这些语言问题直接导致了亲子互动、同伴互动、师生互动和社会线索受到限制，从而使交流通道出现障碍，社会和人际互动受阻，人格与社会性发展受到限制；因为声音输入与反馈系统障碍，语言和言语形成发生障碍，认知与智力发展受到限制。但是与此同时，由于听力的受损所导致的以目代耳，他们也有自己独特的以手语为中介的交流沟通模式。事实上，以听人语言为中心的听觉障碍儿童生涯发展常常导致其学业的失败。反之，当我们承认聋人手语是一种语言、是聋人的第一语言，那么聋童的生涯发展就会发生出人意料的变化。学校和社区需要为聋生提供恰当的目标，使之能够学习作为母语存在的手语和聋人文化，使之有机会在与成年聋人互动过程中实现社会化，这就有必要将学生身份认同、差异意识、自我尊重的成长和发展作为其教育方案的独立部分让学生学习。（申仁洪，2014a）

（二）时代精神：改革创新

对特殊儿童的认识是在变化和发展的，主要归结为感性认识、生物医学模式和生物-社会-心理模式三个阶段（刘全礼，2003：64-68）。20世纪前，受科学水平的限制，我国对特殊儿童的认识仅仅是感性层面的。在我国的古文献中有丰富的有关特殊儿童的记载，人们对特殊儿童现象的描述多于对现象的研究，不能科学地对残障进行有关界定，也不能全面、正确地解释残疾的原因。20世纪初到20世纪70年代，在经历了对残障初步的观察与探索之后，人们对残疾的认识进入了较科学的阶段。在这个阶段，随着城市的兴起，工商业的兴盛，货币经济的普及和科学文化的进步，漫长的封建制度开始动摇乃至瓦解，自我的自觉是在这种背景下展开的。人类究竟是什么？自己又是什么？这些疑问促使一些先驱者从人的身体因素去寻找残疾的原因。在这期间，人们只注重将明显的器官或组织损伤的儿童纳入残疾障碍儿童序列，而没有明显的器官损伤但今天被认为有残疾的儿童则未被纳入残疾系列，如学习障碍儿童在 20 世纪中叶之前并没有作为一类独立的特殊儿童加以对待；在特殊儿童的界定上比较注重器质性损伤，一些功能方面有问题的儿童也没有被纳入特殊儿童行列；在病因学知识上重视了生物学因素的致残影响，忽视了社会和心理因素的作用；在对策上也没有从社会、心理角度寻找方法和策略。从 20 世纪 70 年代开始，人们对特殊儿童的理解与界定更为科学与客观了，轻微的感官损伤儿童纳入了特殊儿童的序列，密切关注与残疾有关的社会、心理因素，对特殊儿童的本质认识更为科学，倾向于用综合的方法进行教育和干预。

在我国改革开放和经济社会发展实践中孕育而成的时代精神，是顺应时代潮流的最新精神气质、精神风貌和社会风尚的综合体现。时代精神是民族精神的最新表现形式，是民族精神的时代性体现。时代精神反映了当代中国社会进步的发展方向，引领时代进步的潮流，是为社会成员所普遍认同和接受的思想观念、道德规范、行为准则和价值取向。以改革创新为核心的时代精神在特殊儿童事业方面具有以下影响。

1. 特殊儿童事业的理论创新

要使特殊儿童的事业不能停顿，首先理论上不能停顿。当今世界的变化日新月异，我国改革开放和现代化建设事业的伟大实践在不断推向前进，也迫切需要将特殊儿童研究推向理论创新。同其他事业一样，特殊儿童事业既需要大胆探索、不断实践，也需要正确理论的指导。理论创新必须坚持以马克思主义为指导，坚持解放思想、实事求是、与时俱进，坚持以实践来检验一切。尊重特殊儿童的公民权利和人格尊严，保护特殊儿童不受侵害，对这个特殊而困难的群体给予特别辅助，通过发展特殊儿童事业使他们的权利得到更好的实现，使其以平等的地位和均等的机会参与社会生活和国家建设，共享社会物质文化的成果。这些论述为特殊儿童事业提供了理论基础，是我们解决特殊儿童问题的行动指南。

2. 有关特殊儿童的制度创新

制度建设具有根本性、全局性、长期性和稳定性，制度创新是其他一切创新的重要保障。我国特殊儿童事业的法制建设需进一步加强，使特殊儿童的权益保障得到持续改善。从社会发展来看，特殊儿童为社会进步做出了牺牲，也促成了国家相关社会保障制度的出台。人们不仅应从道义和社会责任方面关心特殊儿童，更要理解、尊重并且承认特殊儿童的社会价值和社会能力。特殊儿童需要平等的机会、必要的社会帮扶来实现他们的社会价值，促进他们的生涯发展。

3. 科技创新

科技创新能力是国家竞争力的核心。"坚持自主创新、提升自主创新能力，是我国应对未来挑战的重大选择，是统领我国未来科技发展的战略主线，是实现建设创新型国家目标的根本途径。"[①]利用科技创新不断研制开发各类特殊儿童急需的质优价廉的实用型辅助器具，能够帮助特殊儿童更好地康复和适应社会。

4. 文化创新

当今世界，文化与经济和政治相互交融，在综合国力竞争中的地位与作用越来越突出。大力推进文化创新是繁荣发展社会主义先进文化，满足包括特殊儿童在内的大众的精神文化需要，促进人的全面发展，增强我国的文化实力和综合国力的必然要求。丰富和活跃特殊儿童文化、体育生活，发展特殊儿童特殊艺术和竞技体育，展现特殊儿童的才华，是激励特殊儿童自强不息的重要形式，可以充实特殊儿童的精神世界，增强他们的精神力量，促进其生涯发展得以顺利进行，并积极投身于社会主义现代化建设。

5. 人才需求

理论创新、制度创新、科技创新和文化创新都要以培养创新型人才为基础。大多数特殊儿童具有强烈的自尊心，不想成为社会的包袱，更愿意成为一个对社会有帮助、能自食其力的人。因此，需要继续完善特殊儿童特殊教育体系，以社会普遍职业教育机构为主，充分发挥具有特殊教育手段的特殊儿童职业教育机构的作用，普遍开展适应劳动力市场需要的特殊儿童职业教育与培训，加强特殊教育师资人才队伍建设，进一步扩大特殊儿童的就业规模，进一步提高特殊儿童的就业水平。

（三）社会基础

1. 经济发展

在物质和意识的关系上，物质是第一性的，意识是第二性的，物质决定意识。经济是基础，决定上层建筑。经济支持是特殊儿童生涯发展中最根本的物质保证。生产力又是经济这一社会形态中最主要、最活跃的因素，是经济发展的决定性因素。一个社会的生产力发展水平制约着一个社会的人的发展水平，离开了生产力发展去谈人的发展，人的完善只能是一种空想。生产力的各种变化直接影响到特

---

① 胡锦涛在庆祝天宫一号与神舟八号交会对接任务圆满成功大会上的讲话. http://politics.people.com.cn/ GB/101380/16632374.html.

殊儿童生涯发展的状况。特殊儿童生涯发展是我国一项重要的社会事务，以生产力发展为基础，又会促进生产力的发展。

首先，生产力发展为特殊儿童生涯发展奠定基础。人自身发展不仅仅是一种生物学上的过程，还包括了人在社会、教育影响下所实现的自身的生产与发展。生产力的发展是社会发展的最终决定力量，是社会赖以发展的客观的物质基础。特殊儿童生涯发展要以生产力的发展为其提供物质的前提和基础。辩证唯物主义告诉我们，物质生产活动是人类社会赖以生存和发展的最基本的社会活动，是其他一切社会活动的基础。社会物质生产的发展既为特殊儿童生涯发展提供了条件，又对其生涯发展不断提出新的要求，成为推动特殊儿童生涯发展的根本性的社会动力。科学的进步、技术的更新、劳动者素质的提高极大地促使特殊儿童生涯得到发展。显然，在生产力水平极其低下的原始社会，不可能为特殊儿童生涯发展提供上述条件，而只有在近代和现代生产力水平下，才有能力使特殊儿童生涯发展得到更多的关注和提升。特殊儿童生涯发展会随着经济发展水平的高低而受到影响。改革开放以来，我国经济的快速发展为特殊儿童生涯发展奠定了基础。我国高度重视特殊儿童事业。1988年以来，我国特殊儿童事业取得了显著的成就：特殊儿童康复和预防、教育、就业、扶贫开发和文化体育生活等得到了极大的发展。在承认生产力是特殊儿童生涯发展的物质前提和基础的同时，也不能不看到特殊儿童的发展也影响和作用于生产力的发展。特殊儿童生涯发展固然要受到物的发展的制约，但是特殊儿童同其他普通人一样，是社会和生产的主体，人不发展，生产力也同样不能发展。

其次，生产力发展为特殊儿童生涯发展提供保障。众所周知，特殊儿童是弱势群体，其本身的特殊性成为制约其自身发展的一大障碍。而特殊儿童又是社会的一个重要组成部分，从某种意义上讲，特殊儿童生涯发展状况成为衡量一个国家文明程度的一个显著标志，也是和谐社会的内在要求。生产力发展是包括特殊儿童在内的社会公众共同努力的结果，必定由所有公众平等分享生产力发展的结果。特殊儿童由于其自身的原因和社会长期扭曲的认识，长时间处于主流意识之外，成为社会的弱势群体。当然，这与长期以来我国社会生产力水平低下有关。生产力水平低下，经济发展滞后，使得我国没有足够的财力专门来关注特殊儿童的生涯发展。而改革开放以来特别是1988年以来，伴随着我国生产力和经济的快速健康发展，我国特殊儿童成为社会和国家共同关注的人群。

最后，生产力发展对特殊儿童生涯发展提出新的要求。特殊儿童的弱势特征使得特殊儿童单纯依靠自身或者特殊儿童团体独立地实现特殊儿童生涯的发展是不现实的。因此，特殊儿童生涯发展事实上应该包括两个方面：一方面是作为公平正义代表的政府必定担负特定的责任；另一方面，特殊儿童自身的社会认同、社会归属感以及个人素质等必定得到显著的提升。经济的迅速发展不仅为特殊儿童生涯发展奠定了基础，提供了保障，同时提出了新的要求：一方面，作为特殊儿童生涯发展的重要的主导者的政府在建立特殊儿童生涯发展的法律和政策、保障特殊儿童平等权利方面应发挥重要作用；另一方面，作为特殊儿童生涯发展主体的特殊儿童，应该主动成为生产力发展的重要推动者，按照社会主义市场经济发展的客观要求，积极提升自身的素质，积极参与到经济发展中来。

如果没有足够的经济条件，特殊教育就会遇到很多难以解决的问题，特殊儿童的生涯发展也会遭遇许多障碍。政府已加大了对特殊教育的经济支持力度，企业、慈善机构及关心特殊儿童发展的爱心群体等都为特殊儿童教育、生活等方面提供了一定的经济支持。有了充足的经济支持，学校才能招募到优秀的师资队伍，贫困家庭的特殊儿童才有机会到学校接受正规的教育，才能保证学校有良好的特殊教育教学环境。经济的发展不仅能够提供物质支持，还能促进人们观念的转变，这种转变是辩证唯物主义物质决定意识的具体表现之一。经济关系是人与人之间的最根本的关系，物质极大的丰富自然会引起人与人之间关系的改变，人们的意识或观念也自然会跟着改变。

2. 文化需求

文化这一概念，可以从广义和狭义两个层次来理解。广义的文化是指人们在社会实践过程中所创造的各种事物的总和，即物质财富和精神财富的总和；狭义的文化则侧重于精神层面，指社会的意识形态，以及与社会意识形态相适应的制度和组织结构。这里所讲的文化主要是从狭义角度来理解的文化。

文化从不同的水平上对人产生重要的影响。在不同的文化中，人们的语言、民俗、民风等都各不相同，行为方式也各不相同，思维方式、价值观念等也都不同。对于不同的国家来说，文化具有多样性，由于历史传统、地域环境、经济发展水平等都存在着一定的差异，因此不同国家的文化也存在着一定的区别。这使得在不同国家中，文化的社会整合和社会导向作用在内容上也各不相同。同时，对于整个社会而言，文化又具有共同性，具有重要的社会整合和社会导向作用，它影响着人们的思维方式和行为方式，而且这种影响具有相对持久性，在短时期内不会发生改变。

文化能够影响人们的思维方式和行为方式，具有潜移默化和深远持久的影响，因此它会对特殊儿童生涯发展产生重要的影响。"文化是特殊儿童的重要的催生剂，文化的作用往往是通过影响儿童的生物遗传和社会遗传来作用于特殊儿童的。"（刘全礼，2003：100-101）文化促进特殊儿童的发展是通过社会化和教育来实现的。文化作为教育的主要内容，不是与生俱来的，而是后天习得的，同时时尚的东西积淀下来成为优秀的文化，经过积淀和变迁，文化就在不断地发展变化。任何人都存在于一定的文化或文化氛围中，都是这种氛围教育的产物，其语言习惯、行为方式等都体现出所生存的文化氛围。文化一旦作为教育内容，就具有了示范功能，对文化模仿成功的结果就是促进了特殊儿童的生涯发展。人记住了有关文化的要素，这些文化要素通过不断积累，有时就自动化或半自动化地体现出来。新生的婴儿在文化方面是空白的，经过慢慢接触到文化世界，才填充了这片空白，这就促进了人的发展。文化对特殊儿童的促进作用是循序渐进的，渗透式进行的，在特殊儿童成长的某一个点上不容易被人察觉，但是进入某个阶段后就会发现其已经具有某种文化特征了。社会的主流文化，如法律、政治、经济等，如果形成了有利于特殊儿童教育发展的氛围，那么特殊儿童生涯也将获得大的发展。即使主流文化一时没有形成发展特殊儿童教育的氛围，但是亚文化如果有利于发展特殊儿童教育，也会影响到主流文化，最终有利于特殊儿童生涯发展。

随着电视、互联网的普及，大众传媒带来的影响也日益显著，特殊儿童不出门也能迅速了解外面的世界。在高度信息化的时代，网络作为一种特殊的大众传播媒体，以其特有的方式与丰富的内容展示出一个全新的虚拟世界。借助快捷的网络，特殊儿童拥有了交流互助的平台，同时也能及时掌握外界资讯。特殊儿童有属于他们自己的特殊儿童交友网，通过网络结交到与自己同病相怜或志同道合的朋友，进而互相鼓励，互相支持。传媒也可以让更多的人民群众了解特殊儿童，树立正确的社会意识，关心、帮助、保护特殊儿童的合法权益。行动不便的特殊儿童可以通过大众传媒了解很多自己感兴趣的信息，丰富他们的娱乐生活和精神世界，开阔视野，不至于每天都生活在闷闷不乐之中，只看到自己的不幸而忽略了许多美好的事物，甚至放弃自己的人生。

大众传媒影响特殊儿童的生涯意识主要是通过拷贝世界实现的。所谓拷贝世界就是由电视、网络、书、报、杂志、广播、电影、光盘等大众传播媒体构成的精神世界。拷贝世界不同于直接感知到的现实世界，它向人们展示的是一个精神世界，向人们提供消息、知识、思想、见解、娱乐、广告等，对人的心理与行为产生着独特的影响。拷贝世界不同于现实的感性世界，因为它不是媒体对现实世界的简单复制，而是发布信息的集团或个人依据自身的信念、态度和价值观对现实世界进行改造加工的结果，是精神产品。同时，拷贝世界提供给人们的不是现实世界那种实实在在的事件本身，而是符号、语言和图像。虽然从现实的感性世界和拷贝世界都能获得各种信息，但是拷贝世界通过大众传播媒体向人们传播的信息，从性质上看，既有有助于个性全面发展的，也有（如淫秽的书刊和录像等）毒害人们的心灵的。（黄希庭，2007：97-98）大众传媒给特殊儿童心理方面带来诸多影响。大众传媒既可以提供支持特殊儿童固有立场和观点的相关信息，进而增强这种固有观念，又传播了一些新观念，使其同特殊儿童已有的旧观念联系起来，以便特殊儿童选择是否改变原有立场接受新观念。特殊儿童的新旧观念在大众传媒的帮助下不断更迭，并且能够让特殊儿童时刻审视自己的观念以及行为的正确性，有利于他们的生涯发展朝着更好的方向推进。

三、职业变迁

事物的稳定性是相对的，事物的变动性则是绝对的，事物总是处在变动的过程之中。社会也同样存在着状态与过程、静与动两个方面。残疾人是一个特殊的就业群体，社会职业的变迁对他们有着不同寻常的意义，在一定程度上制约或影响着他们的就业本身，进而影响到特殊儿童的生涯发展。

职业与经济、社会发展水平密切相关。一方面，社会职业的变迁是经济和社会发展的必然结果；另一方面，经济和社会发展进一步加快社会职业的变迁。职业与经济、社会发展的相互影响对于残疾人的生涯发展既是机遇又是挑战。中山大学管理学院谢康（2011）教授认为，职业更替的快慢与社会发展的速度息息相关，职业更替变快折射出社会飞速的变迁。社会生活的变迁使人们对需求的层面自然有了更高的要求，这些要求使更为细化的专业服务应运而生，从而迅速催生了新兴职业的产生，加速了社会分工的细化。社会变迁同样赋予了传统职业新的时代要求，也促进了人们就业能力的进步。随着经济社会发展进程的加快，特别是随着科学技术进步的加快，一些传统职业将面临萎缩，但同时一些新的就业机会将会出现。这就对从业人员提出了更高的要求。

作为社会成员，残疾人也不可能脱离社会职业变迁的影响。就业是民生之本，就业权是人的一项最基本的人权。我国高度重视和保障残疾人的基本就业权。通过建立完善政策法规、强化培训与服务、积极开发新的就业岗位等多种措施，推进残疾人就业工作，促进残疾人就业权利的实现。《中国民政事业发展报告（2007—2008）》显示，在8296万多残疾人中，全国城镇以各种形式安排463万残疾人就业，农村残疾人通过参加种植业、养殖业或家庭手工业等多种形式的生产劳动，实现1803万人就业。残疾人通过劳动就业增加了收入，改善了生活。

重视残疾人就业问题，既帮助残疾人解决了温饱问题，促进其生涯发展，又可以使社会人力资源得到充分利用。受国情国力、人口规模、特殊教育普及程度等的约束，我国目前残疾人的整体素质和文化构成有诸多局限性，是短时间内很难改变的现状。残疾人就业除了具有一般性特质外，还有其特殊性，一方面是作为弱势群体就业需要政策性扶持，另一方面是不同类型不同等级的残疾人就业还有其独有特质。相当一部分已经就业的残疾人虽然身带不同残疾，影响了某些方面的功能，但其基本劳动能力没有受到多大影响，智力水平也很正常，甚至由于功能补偿原理，某些方面的能力还会较普通健全人更强。同时，随着社会职业的变迁，社会分工展示为具体岗位时，绝大多数经济社会活动并不需要从业者拥有全部的劳动功能，只需要与职位匹配的部分功能就能胜任该职位。另外，为了使残疾人能量力而为地干些事情，社会也有意识地专门将一些适合残疾人从事的职位保留给残疾人，例如一些城市特别提供的残疾人售报亭、流水线装配工等。

社会职业变迁给当前残疾人带来的影响主要有：①残疾人可以从事的职位有上升趋势。早期残疾人从事的职业主要是清洁工、门卫、库管等低技术含量的工作，社会职业变迁使得而今从事管理和财务人员、技工文员、高级技工技师等技术性职业的残疾人数量在明显增多。一定技术含量的职位可以更好地满足残疾人自我实现的需要，有利于提升残疾人的自我评价水平并增强其自我意识。②残疾人职前培训任务加重。由于岗位技术要求的提高，近年来很少还有单一要求的职业，早期残疾人只需要一个技能合格证就能上岗，而现在需要学几个职业资格证才能适应岗位要求。与此同时，企业对残疾人的文化素质要求也在不断提高，例如学历设限，这对于整体文化构成相对较低的残疾人群体有失公平，增加了就业难度。③残疾人可从事的传统职业有下降趋势。由于现代经济社会飞速发展，科学技术突飞猛进，机械化程度提高，追求高效益的管理方法，促使劳动力成本的减少，大量传统手工操作岗位逐渐消退。在岗位结构上，大量简单劳动的岗位日趋减少，而既往就业中很多残疾人在这样的岗位上，残疾人的就业压力加大。但是科学技术的发展也使适合残疾人就业的岗位有所拓展，过去简单的体力劳动岗位转化成了计算机平台操控的岗位，减少了经济社会活动对人类肢体功能的倚重，增加了智能的运用。而这种岗位的变迁与非智力障碍的残疾人的就业特点相吻合。

第二节　特殊儿童生涯发展的内容体系

人在终身生涯发展之中，通常会扮演各种各样的角色，承担与角色相适应的责任，享受不同角色所带来的成长和快乐。这些角色可能包括：子女、学生、休闲者、公民、工作者、配偶、持家者、父母、退休者等。但是对于处于18岁以下的儿童而言，在实现生活中通常扮演着家庭成员、学生、休闲者三种基本角色。但这并不意味着其他角色的扮演就与儿童无关。事实是18岁以前对于其他角色扮演是否成功具有重要的奠基作用。因为 18 岁以前所发展起来的核心素养是所有角色责任履行和成长的关键。正是在这个意义上，特殊儿童的生涯发展具有双重任务：既要有效扮演现实中的基本角色，同时又要为其他终身生涯发展角色成功扮演奠基。上述现实角色的扮演和对未来发展的奠基是在四个基本的场所完成的：家庭、社区、学校和（虚拟的或真实的）工作场所。

为了恰当扮演相应的角色和承担相应的责任，特殊儿童生涯的发展通常要完成三大使命：自我适应、社会适应和职业适应。社会适应一般通过人际关系表现出来。特殊儿童生涯发展在相当大程度上最终需要瞄准职业和就业，但 18 岁以前的职业适应主要不是职业就业，而是职业准备。在 18 岁以前，特殊儿童除了扮演子女角色外，学生和休闲者是两个非常重要的角色，与此联系在一起的就是学习和休闲。于是学业发展和休闲生活也是其生涯发展的重要内容。

一、自我适应

自我适应与社会适应、职业适应共同构成了特殊教育的三大目标，同时也是特殊儿童发展的三大内容。1890 年，詹姆斯第一次在心理学领域提出自我的概念，后来人本主义、认知、精神分析等心理学派也对自我进行了探索。个体的自我适应与人的自我意识有密切关系，自我意识作为个体意识的一个方面，体现为个体的自我认知、自我体验和自我调控，是个体对自己及周围事物的关系诸方面认识的多层次心理系统，是人格结构中的核心部分。良好的自我适应表现个体自我察觉的敏锐性、自我评价的恰当性和情感体验的积极性。自我适应能力是特殊儿童发展水平和对其进行功能评估的重要指标。原因在于：①能为特殊儿童提供重要的诊断信息；②能够观察特殊儿童在不同阶段的发展历程；③能够帮助特殊儿童制定教育、职业目标，评估干预项目的有效性，从而发挥个体优势。对特殊儿童适应行为进行评估显得十分重要。如自闭症儿童缺乏社会性情感互动的能力，他们无法开始或维持一段符合其发展水平的社会关系，社交障碍是核心缺陷之一，严重影响个体自我适应能力的发展（陈莲俊，2011）。

由于特殊儿童具有特殊性，其障碍类型及个体差异很大，但特殊儿童自我概念与自我适应的研究却相对较少。卡特尔等（Carter, et al. 1998）的研究结果表明：相对于其他类型的特殊儿童，自闭症儿童呈现出独特的自我适应行为发展特征。马特森等（Matson & Neal, 2009）提出：适应能力缺陷是区分自闭症儿童和其他广泛性发育障碍儿童的重要指标，主要是因为自闭症儿童在社会性和沟通方面存在严重障碍，严重影响到自闭症儿童的自我适应能力。克瑞杰尔（Kraijer,

2000）发现：智力缺损的自闭症儿童比其他特殊儿童表现出更多的非适应行为。林怡杏（2007）关于高中职残疾学生的研究发现：特殊学生的自我概念与其在学校的适应能力显著相关；詹文宏（2005）发现高中职学习障碍学生的自我概念与其在学校的适应能力也有正相关的关系，存在显著差异。虽然境外学者已经对特殊儿童的自我适应进行了较多的研究，但是自我适应具有文化特征，在不同的文化背景下对个体的适应行为提出的要求也不一致。

（一）自我认知

自我认知是个体对自己身体、情绪、学业和社会性等方面的客观认识与把握，包括四个结构：身体自我、学业自我、社会自我和情绪自我（Shavelson, et al., 1976）。良好的自我认知影响自尊，进而影响自我适应的状况。青少年对自己身体的满意程度体现了青少年的自我认知水平，这会影响他们的自尊，进而影响他们的心理，而心理健康水平是自我适应状况好坏的反映。语言能力低下是自闭症儿童自我认知功能中的主要障碍之一。已有研究表明，自闭症儿童的语言发展在语言发生之后的每一步都很缓慢，甚至约有 50%的自闭症儿童永远不能获得功能性语言。上述研究都证明了自我认知会通过自尊或自我评价对自我适应产生作用（Bryson, 1996）。

自我认知是人类与外界保持良好适应的一个重要基础，是个体对自己外部形象、心理活动等的认识；对于学龄期的特殊儿童来说，学业、生活上的表现是自我认知的一部分。当个体对学业、生活产生自信感时，他将会对今后的社会适应活动充满信心，亦是自我身份认同的一种表现。但当个体产生自卑感时，他将会对学习、生活等方面产生适应不良的情况。适应不良一方面会影响个体学习和生活能力的获得，另一方面也影响了个体自我认知的形成和发展。在特殊儿童群体中，自我认知水平存在个体差异，这导致了个体的基本行为模式和生活态度不同，也进一步影响了个体自我适应的能力。

对于特殊儿童而言，自我认知能力的发展是建立在客观了解自身特殊学习需求基础上的。任何一个特殊儿童的特殊学习需求都意味着潜能与限制，尤其是其限制性给特殊儿童的自我认知带来巨大的影响，因此特殊儿童自我认知发展有着自身的独特性。在这个过程中，心理弹性起着重要的作用。目前，人们对心理弹性存在多维度的理解：①心理弹性是一种现象，个体在安全感丢失时仍能产生较好的适应或顺利的发展；②心理弹性是一种能力，个体在承受高水平破坏性变化的同时，能表现出较少的不良行为，并灵活地适应外界环境变化（Masten, 2001）；③心理弹性是一个过程，个体面对生活的逆境、创伤、悲剧或威胁时，能够表现出良好的适应（Luthar，et al.，2000）。心理弹性发挥作用应具备的基本要素包括：个体保护性因素、良好的适应能力、成功应对压力或逆境的经验（曾守锤等，2003）。心理弹性是影响自我适应能力的首要因素，与自我适应表现出内在的一致性，个体之间心理弹性的差别也合理解释了存在适应结果不同的现象（徐礼平等，2013）。对于学龄期的特殊儿童来说，教育方式是影响心理弹性水平的主要因素之一，这一阶段不仅是特殊儿童自我认知发展的重要阶段，更是增强心理弹性的重要阶段。由于个体的心理弹性水平不同，其所表现出来的自我适应能力也就不同。当心理弹性发挥积极作用时，有的特殊儿童能表现出良好的适应行为，避免适应不良的情况发生；反之心理弹性较低的特殊儿童自我适应能力较差，会表现出适应不良的现象。

（二）自我评价

自我评价是"个体总体上对自己的评价，以及以评价为基础的自我体验和自我接纳程度"（江光荣等，2006），包括两个三级结构：自尊和一般自我效能。研究者认为，自尊和一般自我效能是不可区分的两个概念，两者具有很高的相关性；其中前者是对总体的自我价值的评定，后者是对自我相关的各种能力的评定。但是从理论上来讲，自尊与一般自我效能是有区别的。加吉等（Judge，et al.，2002）提出的自我评价理论认为：自尊、一般自我效能同属于自我评价结构之下。张宜彬（2008）提出假设：自我评价在对自我适应产生影响的过程中起到部分中介作用，自我认知对自我适应产生直接影响，自我评价对自我适应产生间接影响。国内学者对亲子关系与自尊的研究显示：亲子关系与自尊水平呈正相关关系。良好的亲子关系、对子女的正面评价和指导，会使子女形成较高的自尊水平和积极的自我评价。自我认知对自我评价有影响和预测作用，自我认知越积极，自我评价水平越高，自我适应状况越好。现有的研究基础不容易找到直接探讨自我认知、自我评价与自我适应三者之间关系的研究。

在个体的职业生涯发展过程中，自我效能感对人性潜能的开发有着决定性的作用。个体的幸福和事业成功虽然受环境的影响，但更重要的是个体的自我突破。在特殊儿童的成长过程中，他们做某些事情遭遇失败时，往往会比正常儿童更有挫败感。他们相对更看重结果，往往把失败的原因简单地归结于自身的缺陷，连他们身边的成人也往往会把失败单一地归结于这些特殊性。根据社会学习理论，事情的成败是由环境、个体及行为共同决定的，成人应该认识到这一点，帮助特殊儿童正确地归因，使他们明白事物的成败是由多种因素相互作用决定的。获得成功固然重要，但失败的人并不代表比那些成功的人差，重要的是超越自我，能够在自身的基础上取得进步，这就是一种成功。因此，指定基于特殊儿童身心条件的个体发展计划显得十分重要。当他们取得进步时，成人应及时适当地给予鼓励，激发他们的兴趣，帮助其树立自信心。

Collins（1982）通过经验研究认为，个体自我效能感与其实际行为表现之间存在一定的关系：高效能感的个体在实际行动中表现得更为投入和积极主动，思维也更活跃，他们能够很快地发现和放弃错误的问题解决策略，同时搜寻新的解决方案。因此，自我效能感是对自我能力的确认与肯定。克朗伯兹和他的同事进一步提出，个人信念与期望（自我效能感）是生涯发展的重要组成部分（Mitchell & Krumboltz，1996）。哈克特与贝茨则运用社会学习与决策理论中的自我效能概念来研究职业发展问题。他们用自我效能概念来解释青少年在职业选择中的性别差异问题，发现女性青少年在非传统女性职业领域中所占比例不足，主要是由于她们的职业自我效能感不高的缘故（转引自：郭本禹，姜飞月，2003）。与传统的职业心理学理论不同的是，职业自我效能理论扩大了职业心理学的研究范围，它既研究职业选择内容，如对数学、科学领域的自我效能与相关职业选择的研究，同时也研究职业选择过程，如对职业自我效能与职业兴趣、学业成就和坚持性、职业决策和职业犹豫的研究等。因此，职业自我效能理论是一种概括性和综合性更强的理论。

在培养自我效能感方面，替代性经验对特殊儿童的影响是很大的。班杜拉认为，自我效能感的形成更容易受到替代性经验的影响，原因之一就是个体对自己能力不肯定。由于特殊儿童自身的经历有限，大多数事物对他们来说既新奇又陌生。虽然他们具有初生牛犊不怕虎的精神，但同时也缺乏对这些活动进行自我参与能力评估的参照标准。因此，榜样的影响对儿童来说是十分明显的。他们可能因为自身的缺陷不敢涉足那些自己不熟悉的领域，更谈不上对自身能力的判断了。因此，成人应该为他们提供良好的榜样，通过讲述一些优秀残疾儿童的故事等方式让其树立信心。同时，由于在不同的活动领域，能力评估的判定标准的性质是不同的，应根据特殊儿童的自身特点来划定标准。在实际生活中，有不少特殊儿童虽然有这样那样的缺陷，但在某一方面通常具有出色的能力，此时扬长避短对他们获得自我效能感是很有必要的。

（三）自我控制

自我控制是个体随着自我意识的发展而具有的一种能力，这种能力是个体有意识的、指向自我的，通过一系列外在的行为得以展现，自我控制过程涉及主观意志努力、抑制内心冲突及制定并执行计划的过程，其目的是使行为符合某种标准或为了寻求更长远的目标（朱玲玲等，2011）。Kopp（1982）认为，自我控制是个体自主调节行为，使其与个人价值和社会期望相匹配的能力。它能引发或制止特定的行为，主要包括五个方面：抑制冲动行为、抵制诱惑、延缓满足、制定和完成行为计划、采取适应于社会情景的行为方式。

唐氏综合征儿童由于生理、心理的缺陷，在认知、情感、意志等方面的发展水平都比正常儿童低，因此他们的自我控制能力的发展水平也比较低。Kopp 等（1983）研究发现，在要求儿童禁止做某些行为时，唐氏综合征儿童比普通儿童的表现要差。智力残疾者面临的中心问题也是无力进行自我控制，多数学者也承认自我控制与智力残疾有很重要的关系（WhiteMan，1990）。对儿童自我控制发展影响因素的研究发现：神经系统的发育水平直接影响儿童的自我控制水平；儿童的自我控制与父母的控制模式、家庭内部的心理环境及儿童的某些个性特征等多种因素有关；随着年龄的增长，社会模仿、物质诱因等皆对儿童的自我控制存在影响。

虽然国内外的研究者对自我控制作了大量的研究并取得了丰硕的研究成果，但是多局限在儿童自我控制的发展研究及学生学习自控，并没有将自我控制的研究成果广泛运用到特殊儿童自我适应和融合教育等领域。

（四）生活自理

目前学者对生活自理能力内容的界定有不同的观点，有广义和狭义之分，会因个人身心障碍程度及需要不同而不同，也可能会随着不同的人生阶段而不同。但台湾教育主管部门颁发的课程纲要对生活教育领域内容及生活中心生涯教育（life-centered career education，LCCE）课程内容的规定，都以饮食、穿着、个人卫生、沟通、安全为要项，以基本的自我照顾技能、与家人的沟通及安全问题等生活中必备的基本技能为核心。生活自理是个体独立生存的基础，但特殊儿童自身存在的不同类型、不同程度的身心障碍影响他们的生活自理能力，最终导致他们无法完全独立生活。

张文京（2002）认为生活自理基本以重度障碍者的自我照顾项目为主。台湾双溪启智文教基金会编著的《双溪个别化教育课程》将生活自理能力分为饮食、穿着、如厕、身体清洁。生活自理技能除了自我照顾技能外，还包括外出旅游辨别方向、搭乘交通工具及打电话、寄信、处理轻微外伤、认识社区内的公（私）立服务机构等项目。

特殊教育的最终目的是要帮助障碍者成功地适应社会，使之能够独立自主地生活。教育有助于个体技能的习得。研究者在对特殊儿童进行运动康复训练及与其家庭接触、交流的过程中，发现单纯的教育或是康复无法满足特殊儿童生活之需求，必须将教育和康复整合在一起对特殊儿童进行干预。教学者要根据特殊儿童本身的能力、障碍程度及生活环境需求选择最实用、最迫切的生活自理技能进行教学。

学者（Volkmar, et al., 1987; Loveland & Kelley, 1988; Rodrigue, et al., 1991）通过文兰适应行为量表对自闭症儿童进行测量发现：自闭症儿童日常生活自理的适应行为能力较低，低功能自闭症儿童的适应行为比他们实际年龄要低，且明显落后于唐氏综合征儿童。自闭症儿童在动作技能和日常生活技能方面的得分最高，沟通能力其次，社会化能力得分最低（Kraijer, 2000; Sparrow, et al., 2005）。自闭症儿童在社会领域的自我适应能力表现出显著的缺陷（Matson, et al., 2009）。虽然特殊儿童的日常生活、学习方面的技能随着年龄增长呈显著发展的趋势，只有个人取向中的主动性没有随着年龄的发展而发展，但其生活自理能力依然低于同年龄水平的正常儿童。

（五）自我决定

自我决定是促进个体参与目标设定、自我管理、自主行为技能习得、知识获取和信念养成等活动的能力与品质。个体具有一种认识自己优势、劣势，以及相信自己是一位有能力和有用个体的信念，这对自我决定非常重要。当个体依照这些技能和态度行事时，个体将具有更强的能力去掌控他们的生活并担负起成功成人的角色（Field, et al., 1998）。简而言之，自我决定是指个体在自我的了解和评价的基础上而独立做决定并愿意为自己的决定负责的能力。

自我决定行为有四个基本特征：①个体行为的自主性，即独立自主（autonomy）。独立自主是指个体不受外部影响或干预，根据自己的偏好、兴趣和能力去独立行动。②自我约束的行为，即自我管理（self-regulation）。自我管理是一个复杂的反应系统，个体如果需要修改他们的计划，它促使个体检查他们的环境和他们应对环境的反应储备，以决定如何行动、执行、评估行动结果达成期望的程度（WhiteMan, 1990）。③个体发起和主导事件，即心理增能（psychological empowerment）。心理增能是态度（内部控制）和能力（自我效能）的结合体，它促使个体相信他们有能力去实现期望的结果（Zimmerman, 1990）。心理增能是个人对自己能力的一种正向肯定，理智上与情感上均认为自己才是掌控自己命运主人的一种心态。若不具备心理增能，即使个体有自我决定的知识、技能和实现机会，也不能保证个体能有自我决定行为。④个体以自我认识的方式行事，即自我认识（self-realization）。个体通过与环境的互动来认识并获得关于自我的知识（优势、劣势等），自我认识受到重要他人的评价、强化和对于自身行为的归因的影响。有自我决定能力的人能根据自己对其本身精确的认识来产生行为（Wehmeyer，1996：17-36）。一个自我决定的人必然表现为这些倾向（心理增能和自我实现）和能力（行为自主和自我约束）；反之，一个经常进行自我决定行动的人，就是可以被看成是自我决定的。自我决定的人是在自己生活中促使事情发生的人，他们在自己期望、偏好、选择和兴趣的基础上自主地行动，而不是在某些情况下被别人或环境强迫去行动。自我决定的人是有意识的和有目的地行动，以实现他们生活中的目标。"做选择、维护自我、自我管理、自我知识、抉择、自我倡导、自我效能、自我约束、自主、独立"是自我决定的人的显著特征（Nirje，1972：176-200）。

自我决定是一个复杂多元的概念，具有很强的抽象性，因此不同的学者对自我决定的内涵结构进行了不同的界定。Wehmeyer 等（1998：313-354）根据因素分析的结果把自我决定划分为 10 项技能：①做选择；②做决定；③问题解决；④独立生活（承担风险和安全技能）；⑤目标设定与达成；⑥自我观察、评估和强化；⑦自我指导、自我理解、自我倡导、领导；⑧积极的自我效能和结果预期；⑨内部控制；⑩自我意识。美国自我决定技术辅助中心（Self-determination Technical Assistance Centers，2015）把自我决定划分为（表 2-1）：做选择、问题解决、做决定、目标设定和实现、自我倡导、自我管理、自我意识或自我的知识、自我效能（胜任感）等 8 项技能。林宏炽等（2003）采用描述性分析诠释与扎根理论将智能障碍青年的自我决定分为 7 个维度：①家庭支持；②自我管理；③独立自主；④表达意见；⑤心理调适；⑥自我概念；⑦社区参与社交关系。邱惠姿等（2000）在整合国内外研究的基础上，提出身心障碍者自我决定的 4 大领域：①独立行为；②自我管理；③自我调节；④自我观察。自我决定教育指导一般包括以下 7 项技能：①自我倡导；②确定目标和实现；③自我意识；④问题解决；⑤决策；⑥自我服务评估和强化；⑦参与个别化教育计划。

表 2-1　自我决定的核心领域及操作性定义

核心领域	操作性定义
做选择	做选择是指从两个或更多的喜好中选出一个。教授作选择的技能：教学生去确定自己的兴趣和爱好，并在这些兴趣和爱好的基础上做出一个恰当的选择
问题解决	问题解决是一种解决方法，不是立即知道或可实现的任务、活动或状态。教授问题解决技能：教学生去识别、定义一个问题并找出可能的答案
做决定	做决定是一个选择或得出结论的过程，即从一组可能的解决方案中选出最好的一个。教授做决定的技能：教学生去使用问题解决的技能

续表

核心领域	操作性定义
目标设定和实现	目标导向的行为是指促进个体实现一个明确的喜好的结果的行动。教授目标确定和实现的技能：教学生去定义和表达一个目标，确定与目标相关的目前的状态，设计行动计划，评估实现目标的进程
自我倡导	自我倡导是指为自己的利益倡导，而领导技能是领导、引导或指导的人需要的。教授自我倡导和领导技能：教授学生与他们相关的基本权利和责任（知识），如何使用自我倡导技能，以及如何成为一个有用的团体成员（在个体或系统的水平）
自我管理	自我管理是指促进个体去检查他们的环境和反应存储，以及调整他们的策略（如果有必要）的人类的反应系统，包括自我观察、自我评估、自我强化。教授自我管理技能包括教学生去解决问题或使用自我管理策略（例如，愤怒控制）
自我意识或自我的知识	自我意识或自我的知识是一个关于自己优点和缺点的全面的、合理的和准确的知识。教授自我的知识：教学生去认识人们一般的心理和生理需要，识别人们个体的差异，以及知道一个人的行动如何影响别人
自我效能（胜任感）	自我效能是指个体对自己在某一情境下能成功进行特定行为的能力的信念。自我效能通常不是被直接教授，它可能通过重复应用以上列举的技能的成功经验提升

二、人际关系

人际关系是人与人之间在思想、感情、行为方面所表现的吸引、排斥、拒绝、合作、竞争、领导、服从等互动关系，广义上包含文化制度模式与社会关系。人际关系在本质上属于一种社会关系，表达的是人和人之间的心理关系。良好的、融洽的人际关系是影响随班就读班级融合性心理氛围的重要因素甚至是关键性因素。有研究表明，社区感和社会接纳、对学生差异的欣赏、关注课程的需求、有效的教学和管理，以及教职员工的支持与合作是学生成功融合的必要特性（Webber，1997：27-55）。

作为一个社会人，特殊儿童的人际关系发展是其生涯发展中至关重要的领域，也是影响其当下与未来生活质量的核心要素。儿童的家庭生活与家庭角色扮演、社区参与与融入、职业生涯发展都依赖于良好的人际互动，良好的、融洽的人际关系是影响儿童成长发展的重要因素甚至是关键性因素。尽管特殊儿童作为社会的弱势群体存在，但人际关系对普通儿童的发展影响同样作用于特殊儿童。尤其随着我国以特殊学校为骨干，以大量的辅读班和随班就读为主体的特殊教育格局的形成，人际关系对特殊儿童心理发展、情绪情感、自我认知、知识获得、沟通互动、社会适应等方面有非常重要的影响。具体而言，主要表现在成长过程中与父母共同生活形成的亲子关系，特殊儿童和同龄儿童交往中形成的同伴关系，在学校和日常中与教师互动形成的师生关系，社会交往中与普通人沟通交往形成的残健关系及特殊儿童在融入社会过程中的集体融洽。

（一）亲子关系

亲子关系是指家庭中父母与子女互动所构成的人际关系，它蕴涵着亲子之间的心理情感交流和互动沟通方式，亲子关系的发展受到多种因素的影响，包括社会文化背景因素、儿童特征因素和父母特征因素。良好的亲子关系对特殊儿童的生存和发展极其重要（张英琴等，2010）。绝大多数特殊孩子的父母都面临着两个基本问题：一是心态的改变与调整；二是对特殊儿童的日常照顾（无论是在精神和心理上还是在时间和金钱上）。这意味着特殊儿童自出生那一刻开始，亲子关系就呈现出自己的特征。

任何积极和消极的亲子关系都是家长和孩子交互作用的结果。从教育和儿童发展的角度考量，家庭是特殊儿童最初的成长环境，积极的亲子关系对儿童的生理发育、认知发展和人格成长都起着至关重要的作用（申仁洪，2006）。首先，身体的发展是各项发展的基础，父母对特殊儿童无论是在精神和心理上的照顾还是在时间和金钱上的花费都是儿童成长发展的有益补充。其次，良好的亲子关系有助于特殊儿童的认知发展，很多研究都表明，特殊儿童出现的一个重要原因就是由于环境的剥夺导致儿童早期经验的缺乏，如缺乏母爱、缺乏社会性接触、缺乏有益于智力发展的感官刺激等。相反，如果为孩子提供丰富而恰当的经验，那么儿童的发展状况就会得到明显改善。再次，亲子关系有助于特殊儿童的人格养成。父母的人格特点、社会地位、受教育程度、宗教信仰、性别价值标准、人性观与人生观、父母对子女教养方式、家庭环境氛围等都深刻地影响着儿童个性形成与发展。相反，不良的亲子关系对特殊儿童会造成不良的影响，如父亲的惩罚与严厉或者过度保护、母亲的过度干涉与保护可能造成轻度智力障碍学生的过敏倾向（江琴娣，2004）。

大多数特殊儿童的父母在接受自己的孩子是残疾儿童这一不幸的事实时，在心理上经历了震惊期、拒绝期、绝望期、内疚期和接受期等五个不同时期。但在现实生活中，为数不少的父母还是没有清醒地认识到自己孩子有障碍这一客观事实，没有放弃对自己孩子的期望。他们认为自己的孩子只是在接受能力上比别的孩子稍有缓慢，认为自己的孩子在接受一定的教育后是可以改观的，甚至能与正常儿童一较高下，因而就会忽视孩子已有的障碍缺陷，对自己孩子的要求过高，为了让孩子达到设定的要求，父母在教养方式上会采用拒绝与否认的情绪，采用惩罚与严厉教育等方式；或者是父母难以接受孩子残障的事实，对孩子有厌恶之情，也会产生拒绝与否认、惩罚与严厉的教养方式。另外，父母即使在接受期中仍然会出现悲伤、压抑和自责的心理反应，因此就会产生过分干涉自己孩子的行为，竭力保护孩子不受侵犯，并力争得到平等的教育资源。

在特殊儿童的家庭中，早期亲子关系呈现出这样两个特点：第一，父母承受的心理压力大小与幼儿残疾特征、父母自身特征、家庭所掌握的应对资源等因素相关，特殊儿童父母的确需要经历更多的压力与挑战；第二，儿童的缺陷使得父母与儿童的沟通面临更多障碍，这对亲子行为带来一定影响，婴幼儿在语言、智力、动作等方面发育的迟滞会影响父母对儿童需求的敏感度和反应度，影响亲子互动与沟通。

（二）同伴关系

根据我国近些年来特殊儿童同伴关系特点的研究，同伴关系是相同或相近的儿童之间的一种共同活动并相互协作的关系，或指同龄人间或心理发展水平相当的个体间在交往过程中建立和发展起来的一种人际关系（贺荟中等，2012）。在儿童的发展过程中，同伴之间的交往是儿童最需要的且无法被成人所替代的，因为同伴是同龄人或心理发展水平相同的个体存在，彼此之间有共同的沟通话题，共同的兴趣爱好，"是社会上平等的、共同操作时在行为的复杂程度上处于同一水平的个体"（张晓峰，2009）。

同伴关系在儿童的发展和社会适应中起着重要的作用。良好的同伴关系有利于儿童正确社会价值观的形成、社会技能的发展、自我概念和人格的健康发展等，而同伴关系不良则可能导致儿童学校适应的困难，甚至可能对其成年后的社会适应带来消极影响。国内的研究指出，同伴关系对儿童青少年的发展起着重要的作用，它不仅影响儿童的学校适应、儿童后期的社会适应，还对青少年的心理健康有重要的影响。研究表明同伴关系对青少年的社会化、学习成绩、认知能力、情绪情感，以及个性发展、学校适应等都有影响（张明平，2014）。

特殊儿童因为其受先天素质和自身心理发展机制的制约，社交能力欠缺、沟通能力弱。由于在人际交往方面存在先天性的损害，他们不能像普通儿童那样有着强烈的交往意识与动机，以致难以与同伴交往。同伴交往是相互的，而缺乏互动性的交往是难以持续的。与一般儿童相比，特殊儿童因为交往技能的缺失存在着更多的攻击行为，不能很好地处理同伴关系，社交地位较低，又由于他们的同伴关系比较差，反过来又可能增加他们对同伴群体的敌视和攻击行为，长此以往，恶性循环，特殊儿童很可能走上反社会甚至违法犯罪的道路，危害社会。因此，①有效且和谐的同伴关系可以增强特殊儿童的自信心，激发他们积极行为的发生率，尤其是在学业及自我认知方面；②积极的同伴关系可以促使特殊儿童更好地融入学校、社区及社会；③同伴接纳有助于特殊儿童形成积极良好的心态，同时可以扩大他们的交往范围；④良好的友谊质量同样可以促进特殊儿童的自我发展。

特殊儿童的身心发展在不同阶段有不同的特征，致使他们的同伴关系也在各阶段有不同的特征，且特殊儿童因缺陷的差异，也表现为不同的阶段特征。

俞国良等（2000）对4～6年级学习困难儿童的研究表明：学习困难儿童定向较低、孤独感较强、友谊质量较差。刘扬（2004）对听障小学生同伴交往的研究认为，虽然听障儿童的社会交往技能水平比普通儿童低，但他们在聋校中表现出的交往技能并不明显低于普通儿童，听障儿童由于听力残疾使得与普通人交往过程中出现被动、不完整和不准确的情况，但聋校中听障儿童之间可以通过手语进行大量的交往和沟通互动，社会交往技能已在彼此的互动过程中得到提高。李环（2009）采用包括生活、学习、游戏和活动四个维度的自编《聋生同伴关系问卷》，调查聋校五年级至高中二年级的听障学生，发现听障学生同伴关系的总体发展水平随年龄增长呈现先增长后降低的趋势。

在智力障碍儿童同伴交往方面，谭雪莲（2009）使用观察法分析学前阶段智力障碍儿童的同伴交往特点，指出智力障碍儿童向同伴发起交往的方式以身体语言为主，但身体语言常常被旁人误解；与同伴的交往过程简单，难以形成互动。罗帅（2009）则采用张元编制修订的《4～6岁幼儿同伴交往能力量表》，调查8～16岁中度智力障碍儿童同伴交往能力的发展状况，研究发现：智力障碍儿童的同伴交往能力总分在13岁以前基本随年龄增长而呈现上升趋势，13岁智力障碍儿童的同伴交往能力已经达到一个较高的水平，13～16岁智力障碍儿童同伴交往能力随年龄增长而呈现下降趋势；8～16岁中度智力障碍儿童在同伴交往能力各维度上，均不存在性别上的显著差异；8～16岁中度智力障碍儿童只有在同伴交往能力中的语言和非语言能力维度上，低年龄组与中、高年龄组之间均存在显著差异。

（三）师生关系

师生关系是指教师和学生在共同的教育教学过程中，通过相互影响和作用而形成和建立起来的一种特殊人际关系。在现实的教育过程中，师生关系并不是某种单一的人际关系形式，而是由教学关系、心理关系、个人关系和伦理关系这几种不同层级的关系组成的关系体系。师生关系是特殊儿童在学校学习期间所形成的关键人际关系，也是学生在学校环境中获得成长和发展的重要保证。特殊儿童的师生关系有着自身的特殊性：①教师的多重角色。知识的传授者、行为的塑造者、班级的管理者、学习的支持者、健康的辅导者、潜能的开发者、缺陷的补偿者、家长的代言人、学校的代表者、规范制订的组织者、纪律的维护者等角色复合于一体。②明确的目的性。特殊儿童的学校学习是有意识、有组织的特殊儿童教育安置形式和教育教学模式，这就决定了其师生关系与日常生活的一般人际关系显著不同之处在于，这种关系有着明确的目的性。③目标的共通性与差异性。师生之间有着共同的目标，教师的工作是为了学生的成长和发展，学生的学习也是为了在随班就读环境中自身得到成长和发展；同时二者之间的目标又存在着一定的差异。④文化互动的代际特征。由于师生角色的差异和年龄的差异，二者之间的互动关系在很大程度上具有代际文化沟通与互动的特征，这就意味着二者之间可能存在双向互动的"互喻文化"特征。⑤互动模式的多样性。学生具有多元的学习需求和多样的发展模式，因此教师可能会在同一时间内面对不同认知和人格特征的儿童，要取得有效的师生沟通和交流就必须采取多样的互动模式。

师生关系的形成和发展，经历着认知活动过程、情感活动过程和交往活动过程；师生关系一经建立，即成为一个重要的、动态的教学变量，时刻对教学活动的进程与效果，包括教与学的积极性、教学信息的传输、课堂教学的气氛、教学管理、学生个性、社会化的发展产生影响。正因为如此，教师应当利用师生关系达成教学目的，同时也应当学会有意识地设计和建构师生关系（李瑾瑜，1996）。对特殊儿童而言，老师与学生之间民主平等、互相理解、彼此信任、和睦相处的师生关系显得尤为必要。师生关系的形成和发展与学生的学业及学校生活密切相关，融洽的师生关系使个体充满快乐与感激，而这种精神力量可转化为个体学习的动力；与此相反，不融洽的师生关系强化了学生的边缘化，也使学生由讨厌老师累及学业，对学校生活的快乐感到缺失（李果等，2009）。我国特殊儿童的安置以特殊学校为骨干，以大量的辅读班和随班就读为主体。因此，特殊儿童主要面对的师生关系为在特殊学校中和特殊教育教师的关系及在普通学校中与普校教师的关系。

在特殊学校中，良好的师生关系有利于了解特殊儿童的基本情况，促进特殊教育工作的顺利开展。掌握特殊儿童的基本情况是特殊儿童预防、诊断和评估、教育训练工作开展的前提条件，因此，师生之间的良性交往可以帮助特殊教育教师了解特殊儿童的身心发展状况。再者，良好的师生关系有利于特殊儿童身心的健康发展，使其尽快融入社会。特殊教育教师是特殊儿童成长和发展过程中的重要影响人物，他们与特殊儿童朝夕相处，在特殊儿童的教育训练和康复治疗中发挥了重要作用。因此，特殊教育教师是特殊儿童心目中最具权威的人物，他们与特殊儿童交往，能使特殊儿童获得安全感、信任感，促进特殊儿童身心健康发展。特殊儿童在教师的指导下，能够学习到一些交往的技巧和原则，有利于发展特殊儿童的社会性，为其融入社会打下良好的基础。

在特殊儿童随班就读的普通学校中，良好的师生关系有助于教师了解特殊儿童的身心发展，在教学过程中能做到差异教学，照顾到儿童的认知发展水平；有助于教师积极主动地了解特殊儿童的特征，积极地接纳特殊儿童；有助于教师向普通班的学生传递包容的接纳观，促进特殊儿童的班级融合、学校融合。

师生关系从建立开始就是一个重要的、动态的教学变量因素，并无时无刻不对教学活动的进程与效果产生影响，包括教与学的积极性、教学信息的传递、讲堂教学的气氛、教学管理、学生个性和社会化的发展。不论是特殊教育教师还是随班就读教师在与特殊儿童交往时要有同理心，在与特殊儿童的交往中，特殊儿童更需要得到教师的同感，而不是同情和怜悯。因此，特殊教育教师应从特殊儿童的角度出发，真正地"蹲下来"体味特殊儿童的心理需求和感受。所以，特殊教育教师在与特殊儿童交往时，应该遵守以下原则。

第一，真诚、尊重与接纳。这是对特殊教育教师交往态度的要求。首先，教师要用真诚唤起特殊儿童的信任感。其次，特殊教育教师要用尊重与接纳的态度促进特殊儿童的个性发展，只有树立对特殊儿童尊重与接纳的意识，才会发生有效能的交往，才会帮助特殊儿童形成良好的心理品质。

第二，风趣、委婉与沉默。风趣的语言能体现出特殊教育教师的智慧、教养，是特殊教育教师道德上优越的表现；能拉近与特殊儿童的距离；放松特殊儿童的紧张情绪，有利于交往的顺利进行。在与特殊儿童的交往中，风趣、委婉的语言还可以寓教育、批评于幽默之中，具有易为人所接受的感化作用。沉默对特殊儿童来讲是一种有效的批评方式，当特殊儿童不配合特殊教育教师的工作或出现一些不良行为时，在反复劝说仍不能有效制止的情况下，沉默是最好的解决方式，沉默能表示出特殊教育教师的自信心和力量感，并能引起特殊儿童的有意注意，引导正确注意的方向。另外，特殊教育教师还要有批评和表扬特殊儿童的技巧。在批评特殊儿童时，要找到合适的切入话题，伺机说明批评的理由（任海滨等，2014）。

第三，微笑、抚触与保持距离。笑容可以缩短特殊教育教师与特殊儿童之间的心理距离，容易被特殊儿童接受，使特殊儿童产生信任感，为深入沟通与交往创造温馨和谐的氛围。一些特殊儿童，如孤独症儿童、脑瘫儿童，通过抚触可以帮他们减少压力，缓解紧张情绪。通过抚触，特殊儿童在精细动作（包括口部运动）机能上的表现明显提高，四肢肌肉张力过低的情况大为缓解。所以，特殊教育教师在与特殊儿童交往时要适当运用抚触策略，促进其康复和发展。特殊教育教师在与特殊儿童交往时应注重伦理诉求，这不仅是特殊教育教师胜任工作的前提条件，也是提升个人职业幸福感的重要保证。特殊教育教师在与特殊儿童交往中遵守伦理原则，构建公正、人性、合理的特殊教育伦理学体系，有利于自身的职业发展，更有利于特殊儿童的成长。

良好师生关系的塑造依赖于教师的素质修养和教育教学观念。我们在前面讨论的所有班级管理策略在某种意义上都是在塑造良好的师生关系。此外，良好师生关系的塑造可以从以下方面进行考虑：加强教师自身修养；明确教师在特定教学活动和师生交往活动中的角色与任务；尊重学生的独立人格；接纳学生个性化的学习需求；公正地对待所有学生；真诚关心学生的全面发展；承担足够的责任和道德义务；采用恰当的语言行为；克制自己的负面情绪；保持自信，给学生以信任；保护学生隐私；言传身教，做学生的楷模。

（四）残健关系

社会交往是儿童社会性发展的基础，随着"回归主流""一体化""全纳教育"等理念的发展，特殊儿童的生活和学习范围打破了隔离的模式，趋于融合。在融合的背景下，特殊儿童的同伴交往范围不仅包括在特殊学校中与同样有特殊需要教育学生的交往，还有在普通学校和正常儿童的交往，而且特殊儿童在融入社会的过程中也要和社会中形形色色的人交往和接触。这种特殊群体和正常群体之间的互动交往关系即残健关系。残健关系的和谐发展对特殊儿童的社会性发展尤为重要，且残健关系的融洽程度反映了社会的包容程度和文明程度。

特殊儿童的残健关系主要体现在普通儿童对特殊儿童的接纳、普通学校教师对特殊儿童的接纳及特殊儿童的社会融合等方面。对特殊儿童来说，来自于普通儿童的接纳、友谊和来自于教师的支持至关重要，接纳与友谊能够增加特殊儿童与普通儿童社会交往的机会，满足特殊儿童的需要，帮助他们提高自尊，促进情感发展。而我们知道，特殊儿童进入普通班级后，就要和正常儿童产生互动，班级正常儿童对随班就读的特殊儿童接纳态度如何将直接关系到特殊儿童的学校适应状况，关系到其社会能力的培养及人格的发展状况，甚至关系到其成年以后的社会适应（吴支奎，2003）。融洽的残健关系不仅在于能让特殊儿童在有意义的自然情景中发展社交能力、获得归属感，还能让普通儿童认识与了解特殊儿童，促使普通儿童尊重与接纳人类的差异性与多样性（刘颂等，2013）。

国内对残健关系阶段特征的研究大多围绕特殊儿童在随班就读环境中与普通儿童的关系，且主要就小学阶段的随班就读进行研究。在普通小学学生对随班就读学生接纳态度中，年级因素对接纳态度影响不大，仅在"行为倾向"方面呈现低年级学生的态度积极于高年级学生的趋向。而这可能有两方面的原因：其一，按照皮亚杰道德认知发展的理论观点，儿童道德认知发展是由"他律道德阶段"向"自律道德阶段"的过渡。低年级学生的道德发展水平处于他律阶段，易受外部权威的影响，愿意听老师、家长尤其是班主任的话，在附属内驱力的推动下，往往能在态度的外在成分上，即在"行为倾向"上能接纳智力落后学生。而高年级学生的道德认知发展过渡到"自律阶段"，这一阶段儿童道德判断的特点是能认识到社会规则是不固定的契约，可以被怀疑和改变，对权威的遵从既非必要也不总是正确，儿童在判断他人行为时开始考虑到自己的情感和观点。其二，心理学研究表明，低年级的小学生自我控制能力较低，他们往往也会出现一些类似于社会不良行为的行为，如干扰别人、打闹、破坏等，而这些与智力障碍学生的行为有着很大的共性，因此，低年级小学生意识不到自己与智力障碍学生这些行为上的差异，从而在"行为倾向"上呈积极趋向。高年级学生的自我控制能力增强，其行为愈来愈符合社会行为规范，而智力障碍学生的自我控制能力依然停滞不前，这种差距就造成高年级学生在"行为倾向"上的消极反应。

学校中的残健关系具有以下一些特点：①归属与合群。特殊儿童的成长经历和同伴交往经验受到生活空间与活动空间的限制，与同龄儿童接触和交往的机会相对较少。因此，进入普通班级之后，特殊儿童的交往空间迅速扩大，其归属和交往的需求强烈。同时，普通儿童对于特殊儿童的认知和了解较少，也有着相对强烈的交往欲望。②互补性。随班就读班级由于特殊儿童的进入，班级个体的差异性和多样性比较明显，同伴和同伴群体之间都有自身的优势与不足，彼此之间可以获得相互学习的机会，取长补短，充分发展自我。③冲突性。个体差异不仅意味着相互之间的互补，而且意味着需求的不一致性。由于在同一时间里，无论是有形的教育资源，还是无形的教育资源都存在着相对的不足，尤其是当随班就读班级规模比较大的时候，这些反差极大的学习需求在同一时间内得到充分满足的可能性并不是很大。再加上部分特殊儿童对于交往规则的理解存在着困难，有些儿童存在着这样或者那样的行为问题（如攻击和自闭），以及沟通与交流方式的隔离（如聋童），这些可能导致同伴之间发生冲突。

同伴之间的差异性是残健关系调整的重要资源。普通学生作为同伴可以扮演增进理解与融合的协助者和促进者、社会交往与社会互动的发动者、交往技能的示范者和提示者、行为表现的控制与反馈者、同伴互动机会的提供者。特殊孩子作为同伴同样也是不可或缺的，他们可以成为对于多样性和差异性的理解机会的提供者、平等友谊的发展者、积极参与的示范者、服务学习的展现者。所以所有同伴之间都可以成为相互模仿和学习、相互承认与尊重、相互支持与协助的对象。在这个过程中，如果仅仅增加同伴之间的交往时间，而没有教师恰当的介入和引导，或许可以拉近彼此之间的空间距离，他们之间的社会互动却可能并不会增加。因此在许多时候，大多数学生或许不需要接受系统的引导就能形成和维持友谊，但是对于特殊需要孩子，特别是中重度的特殊儿童，却需要系统的支持介入才可能形成和发展友谊。对于重度特殊儿童而言，只有教师实施明确的介入，安排结构化的活动来促进特殊孩子与普通孩子的同伴互动，同伴的人际互动关系才可能发生（Altman & Kanagawa，1994）。这就意味着要在融合的学习环境中建立良好的班级同伴关系，充分把握每一个儿童都是优质教育资源和班级人际关系资源的机会。其中，教师的专业引导、同伴之间的相互认知和理解、结构化的班级社会活动是重要的策略。

当然，残健关系的重心和关键点在于促进特殊儿童友谊的形成。在这个过程中，对于普通学生的引导就显得非常重要。①要让普通学生认知和理解特殊儿童，包括认知和理解特殊儿童的身心特性、特殊的沟通方式、需要和所使用的辅助设施设备、特殊的行为方式，特别是特殊儿童的优势与特殊学习需求。②引导普通学生认知、理解和使用与特殊儿童进行同伴交往、发展友谊的技能。比如与聋生之间的特殊沟通要求和特殊沟通方式；与自闭症同伴之间的交流事项要求；与各类特殊儿童之间的游戏方式调整；避免对特殊儿童造成负面影响和伤害的注意事项与基本规则；吸引特殊儿童进入自己的朋友圈并发展同他们的友谊的方式；学习与活动中的分享与互助方法；通过相互提示、相互模仿、相互示范、相互监控共同促进对于班级活动的参与，发展其社会行为。③引导普通学生发展协助特殊儿童的有效策略，包括与特殊儿童建立友谊的有效策略（朋友圈、特殊朋友、同侪伙伴、同伴网络），与特殊儿童形成学习上的伙伴（同伴示范、同伴分享、配对阅读、配对活动），协助特殊儿童的学业发展，促进其社会行为的发展和对班级活动的参与（同伴监控、同伴教学、合作学习、同伴调解、同伴发动、创造性问题解决、同伴增强、同伴面对、同伴评价、全班性同伴协助的自我管理、团队行为后效等策略）（钮文英，2008：260-272）。

受特殊儿童自身能力的限制，以及普通儿童对特殊儿童的特点缺乏认识，加之学校及社会为特殊儿童创造的接触时间、空间及交往机会等方面的不足，这些都在一定程度上影响了残健关系的建立。为促进特殊儿童的社会性融合，建议学校和家长在如下几方面进行调整（叶小红，2015）。

首先，增加特殊儿童与普通儿童接触的机会。①要保证共处的时间，家长要尽可能延长孩子在校时间，特别保证饭后和下午的自由游戏时间特殊儿童能与普通儿童相处、共同游戏。②要扩大交往面。教师既要鼓励能力相近的儿童通过长时间的相处与特殊儿童建立起友谊和默契感，也要鼓励、激发更多普通儿童主动与特殊儿童交往，而非通过硬性指派任务的方式进行交往。③教师要根据特殊儿童的特点，在正常的教学活动环节中增加有助于提高特殊儿童与其他学生一起活动的互动性和合作性的游戏。

其次，营造和谐、友爱的群体氛围。对特殊儿童的偏见和歧视往往源于不了解，因此教师应通过创设各种活动来帮助普通儿童和家长认识特殊儿童的行为特点和强项。另外，教师也可以在教室中设立特殊儿童的个人展示区，将其作品、成长经历等与大家共同分享，而非刻意淡化、隐蔽该儿童的"特殊性"。教师要经常肯定特殊儿童的优势项目和积极的行为表现，提升其在同伴心目中的形象。此外，教师要组织主题家长会，统一家长的观念，形成良好的融合教育氛围。

最后，提高教师的融合教育意识和能力。由于缺乏特殊教育的系统培训，普通教师对融合教育的意义缺乏认同，也缺乏必要的实施融合教育的方法与手段，面对特殊儿童往往不知所措。因此，①教师要树立正确的融合教育理念。②教师要创造情境，向普通儿童提供接纳和支持特殊儿童的榜样示范，使班级形成全纳、共生的生态环境。③教师要了解特殊儿童的特点，使用科学的教育方法进行教育。总之，在融合教育的环境下，特殊儿童要与普通儿童建立积极的残健关系，需要教师、家长等各方面力量的共同配合。

（五）集体融洽

融合在本质上是对差异的感知、承认、尊重、接纳和支持，并在此基础上满足每一个学生的归属需要，形成归属感。融合意味着班上每一个人都归属于其中（Sapon-Shevin，1999：4）。如果学生感到自己受到忽视或被排斥在团体之外，就会陷入混乱与困惑、焦虑与无助。要让学生产生归属感，就必须让每一个学生都参与班级中的所有活动，使其感知到，也使班上的同学感知到他是班上不可或缺的一分子。即便他们有某种生理上的缺陷或者认知上的障碍，无法独立参与活动，也能在别人协助或提示下部分参与。合作学习也是增进融合感的重要方法，能够让学生为着共同的目标而努力，在学习或活动中相互依赖，以至于最后相互欣赏。

特殊儿童的成长及其社会化与集体的融洽有着重要的密切联系。融合教育的一个重要目的就是要使特殊儿童能够回归社会，适应社会生活，主动、积极、独立地参与社会生活。集体融洽是特殊儿童融入社会的关键环节，也是特殊儿童在学校教育中顺利就读的重要因素。大量的调查事实证明，生活在融洽的集体环境中的学生注重学业成就，乐于助人，心情愉快。由此可见，一个人只有在融洽的集体中才能获得支持性的信息，确定自我具有价值，维持良好的健康状态（李强等，2004）。集体融洽包含着以下的基本内涵。

1）正相互依赖。正相互依赖也叫积极的相互依赖，就是在共同体成员之间所存在的同舟共济的氛围，而这个氛围是通过共同分担目标、担当各自角色、分享信息和材料来承担共同结果而形成的。个体责任需要清楚地表明，尽管共同体成员在学习过程中相互支持、相互帮助，但每个学习者仍然要肩负起各自的责任以达到真正的学习目的，个体责任通过传统的测验或小论文的方式来实现，同时同伴评价和个人评价有助于教师定夺完成任务的情况和各成员在共同体活动中的表现。处于学习共同体中的学生共有一种认识，即认识到对某个成员有益的事对共同体也有益，反之亦然。从而学习共同体中的每个成员都有着高度的内聚力、认同感、一个或若干个共同的学习目标，这是正目标相互依赖；其他成员受到奖励时，每个成员的奖励都受到影响，这是正奖励相互依赖；在完成某一项任务时，成员角色互补与关联，每个角色都要明确全组的责任，并且角色要互换，这是正角色相互依赖；每个成员只占有某项任务的一部分信息、资料或工具，所以要想获得成功，资料必须共享，这是正信息相互依赖；共享共同的身份，因此拥有共同的规则与行为规范，这是正身份相互依赖。

2）合作技巧。合作技巧是集体融洽形成的关键，对未来事业的成功也至关重要，因此教师必须教授相关的合作技巧，使学生认识到合作技巧的重要性和必要性，以及该技巧是什么，怎样合适地加以利用。合作技巧可以单独教授，也可以和学科内容结合教授，并鼓励学生坚持使用，以达成共同体的互动。它要求学习者对问题进行解释、澄清各自的观点、讨论相关的概念和思想，并且帮助彼此建立知识之间的联系。交际的技能意味着所有成员必须养成主动聆听、准确阐述、巧妙提问及提出建设性反馈意见的能力。

3）活动与经验。从儿童的经验到成人经验的机制实际上只有以儿童的经验为中心，从儿童的经验出发才能建构起来。经验就是活动，经验从活动中来。儿童与课程是统一的，其统一的基点就是儿童的社会活动。儿童在学习过程中以其带有社会性活动性质的作业（work）整合着课程与教材，整合着过程与结果。

4）异质团队。许多研究者都相信在与一般人不同的文化、种族、经济和生理条件下成长起来的儿童很难拥有同样的学习成效。集体融洽就是要拆除导致学习不平等的障碍，通过对学校结构、资源和课程的改变，对弱势群体实施补偿。同质性团队无助于这一目标的实现。融合的基本理念并不是简单地将特殊儿童放回普通班级和典型社区之中，而是力图创建一个分担所有集体成员责任的新系统，它是一个集普通教育、特殊教育、医疗和补偿为一体的教育环境（Lily，1998）。因此，根据异质性混合编组原则构建学习共同体成为合作活动学习展开的基础。教师按照不同情况，如成就、智力、民族、性别将学生分组。按成就混合编组是为了提倡同伴互教、互学与互助，并改善伙伴关系。混合种族编组和混合性别编组是为消除障碍、建立友谊，丰富多视角的独特见解，提升学生思维。

5）个人责任感。在小组学习活动中，经常听到反对学生分组活动的声音，因为有些组员最终全部包办了全部工作和学习任务，也有些组员，特别是那些来自不利背景中的儿童会回避工作，所以鼓励每个成员参与活动是合作活动学习的一个重要问题，让每个成员感到他们对小组成功的责任是有效的办法，也是合作活动学习的有机构成。这意味着共同体成员可以从相互之间获得关于他们学习进程中成功合作的程度的反馈，以及共同体成员相互之间的反馈意见，并就彼此之间的互动情况进行自我评价，其中一种有效的方法就是向共同体每个成员提出两个问题：我对共同体任务的完成做了多少贡献？下一次如何才能做得更好？

6）教师（指导者）角色。教师（指导者）在集体融洽中并非可有可无，学习主题的确定、学生的分组、合作技巧的传授，以及学生分组活动的巡视与指导等都是必不可少的。教师（指导者）需要将对学生现实学习生活和未来成人生活中有价值的信息与学习内容，按照学生学习和成长的心理逻辑重新结构化，安排在学生能够看到实际收益的框架之中，即让学生知道"为什么"进行合作与活动是融合教师的责任。同时，教师需要在合作与活动中通过引起学生的认知矛盾、允许学生冒险、促进他们通过自己思考与和他人互动来形成知识技能、通过学习过程支持学生、利用自我导向活动建立自尊和发现自己的潜能、帮助学生通过使用练习所获得的行为与技能建立自信。

一个融洽的集体心理氛围，促进学生认知发展、人格养成、潜能开发，预防行为与心理问题的产生，矫正不良行为习惯。为实现这个目标，需要遵循一些基本的原则。①全体性。以全体成员为对象，面向全体成员，为全体成员服务，为全体成员的发展提供良好的心理支持，培养他们良好的心理素质，开发其潜能，提升和谐发展能力。为此需要为所有成员提供参与的机会，每一个成员都能够得到关注，成为集体的有机构成，成为集体的主人。②参与性。融洽的集体的出发点是每一位成员的发展，为了保证成员主体地位的实现并最终达成一个融合性的集体心理氛围建设的目标，保证成员对于集体活动与学习服务的主动参与就显得十分重要。于是机会的提供、服务的赋权、责任的承担、特殊的支持、互动的机制等都是集体心理管理的有效策略。③发展性。以发展的眼光来看待集体心理管理，则所有集体活动的设计都必须立足于促进成员全面发展，需要面向成员未来的发展空间和可能的发展侧面，而不仅仅是当前状态。同时对于集体来讲，所有活动都应该着眼于良好集体氛围的形成，而不仅仅是纠正不良的行为。④活动性。集体心理管理需要通过活动来实现，只有活动才保证成员主体性、参与性和发展性的实现。因此集体活动的设计就是必须认真加以考虑的内容。集体活动应该针对整体情况和特殊个体的个别情况综合考虑活动的性质、内容、形式、规则、评价等。活动的设计和组织需要符合成员认知和心理发展的现状与可能的空间，需要关照整体心理环境的塑造，需要保证每一位成员的参与机会、参与意愿、参与能力、获得成功的可能等。

三、学业发展

学生是特殊儿童生涯发展在相当长的时间内扮演的主要角色。学习和学业无疑应该是特殊儿童生涯发展的核心内容。苏霍姆林斯基说："人不可能没有任何天赋和才能以至于没有任何可能在生活中表现自己。"（转引自：李小英，2002）我们一直追求的教育公平应该是面对全体儿童的，无论特殊与否，都应一视同仁。特殊儿童虽然在某些方面有缺陷，但这些缺陷是可以通过不断学习、训练来弥补的。所以，加强对特殊儿童学习与学业问题的关注是十分必要的。与特殊儿童学习与学业密切相关的基本要素有学习动机、学习习惯、学习资源、学业水平、学习成就。其中，对于特殊儿童生涯的基础性和重要性来看，学习动机和学习习惯提供了最为重要的动力机制。学习资源则提供了至为重要的支持保障。关于学习资源我们将之放在特殊儿童生涯发展整合性支持体系中讨论，这里主要关注学习动机和学习习惯。

（一）学习动机

动机是一个与态度、抱负、兴趣和努力相关的很广泛的概念。在学习理论的演进历程中，驱力理论、条件反射理论、认知一致性理论、人本主义理论、成就动机理论、归因理论、社会认知理论、目标理论、控制感、自我概念等都对学习动机有着广泛的研究，并形成了许多有价值的结论。这些研究和结论显示出动机的形成是一个相当复杂的过程。学习动机分为内部动机和外部动机，许多研究表明内部动机比外部动机更能驱动学习的产生，然而过强的竞争或在很长时间使用外部奖励都会逐渐损害内部动机。

1. 动机性学习模型

对于动机的激发，可以表现在任务前、任务中和任务后。表 2-2 显示出激发学习动机可能的着力点与方向。其中，目标和自我效能感却是内部动机形成过程的关键所在（Marzano，1998）。改变一个人在目的、效能感、自我归因等方面的信念就能极大地改变一个人想做什么以及一个人在目前的具体工作中表现出来的动机水平。

表 2-2　动机性学习模型

任务前	任务中	任务后
目标	教学变量	归因
期待 自我效能感 结果	教师 反馈 材料 设备	目标 期待
情感	情境变量 同辈 环境	情感

任务前	任务中	任务后
价值观	个人变量	价值观
需要	知识建构	需要
	技能获得	
	自我调节	
	活动选择	
社会支持	努力	社会支持
	坚持性	

2. 成就动机模型

成就动机是教学目标实现与学生效能感形成的重要保障。早期的成就动机理论强调个体的认知和信念对行为的影响，阿特金森等从"期待-价值（诱因效价）理论"探讨了追求成功的倾向和避免失败的倾向及其对成就行为的影响，从而使对动机的研究由内部需要和环境因素转到个体的主观世界（Atkinson，1957；Atkinson & Raunor，1978）。这样，期待和活动价值成为成就动机的重要变量。后来的一些研究在继续强调这些主观作用的同时，又加入了其他一些重要的认知变量，如目标、能力知觉和情境因素，认为个体随着对现实环境的知觉的变化，动机也发生变化。在图 2-2（Eccles，1983：75-146）中，中间部分显示的是个体的内部特性，而左侧与右侧的则属于外部世界。在所有这些学习动机的变量中，期待和具体任务自我概念是环境因素和成就的中介变量。

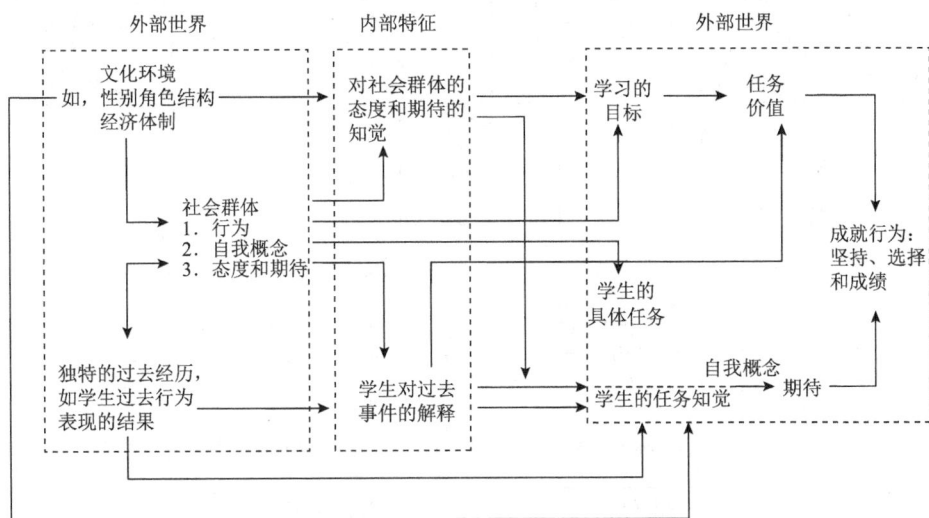

图 2-2 成就动机模型

3. 掌握动机模型

　　自我效能感是支撑内部学习动机的关键因素。Harter（1981）试图在一个发展性框架中建立一个掌握动机模型（图 2-3），在这个模型中，学习的成功与失败、社会因素、奖励、掌握目标的内化、形成自我奖励的过程、胜任感、控制感等都对动机的效能动机产生重要的影响。该模型的左边展示了有关效能感的形成历程，效能感可引起掌握的意图。成功产生内心的愉悦，而胜任感和控制感又增加了效能感。该模型的下半部强调了社会动因的作用，对儿童掌握意图进行积极的强化是发展和维持动机所必需的，强化逐渐被内化为自我奖励系统。这显示那些在日常教学和日常生活中提供学习机会和学习活动的教育情境中的学习者，其内部的学习动机较高。模型的左边部分展示的是积极的结果，当社会环境与学习者需要相符合时就产生积极的结果。模型的右边部分展示的是消极的结果或外部定向的个体发展，掌握意图失败，加上没有来自环境的反馈，使学习者的胜任感降低，形成外部控制感，并产生焦虑，如果学习者不断地依赖他人建立学习目标，对行动进行奖励，效能感就会降低。

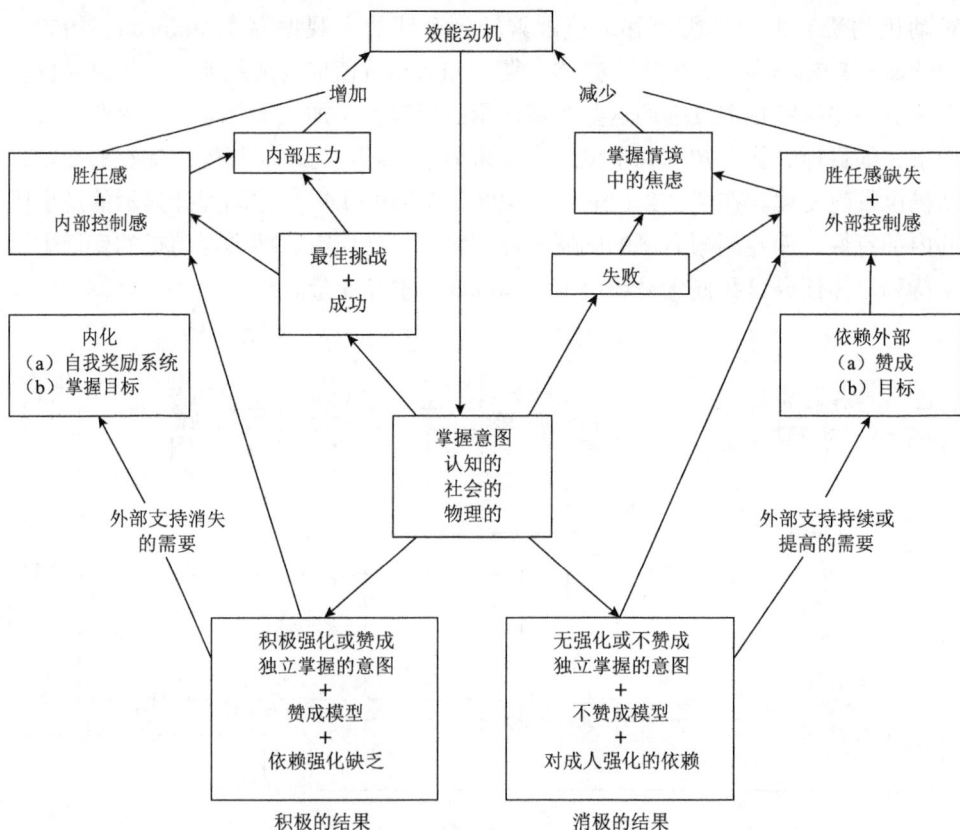

图 2-3　掌握动机模型

上述的成就动机模型和掌握动机模型显示，学习动机实际上是在人际过程产生的，而这种人际过程则是由学习情境中的社会交往相互依赖结构决定的。某个学习情境中发生的人际互动的积极、消极或中性作用性质，可以引发学习者之间不同的互动模型。学习动机可以被看成是学习者承诺对达成他们认为是有意义的和有价值的学习目标作出努力的标志，反映的是学习者严肃对待由课程、教师和同伴提出的学习任务的程度并努力从中获益。它包括诸多因素，诸如取得成绩时的自豪感和满足感、善于计划自己的行动、全神贯注地完成学习任务、对教学信息进行加工、对自己的学习意图和参与过程的元认知意识、对反馈的清晰感知、追求新知识及将知识条理化和系统化、减少对失败的恐惧及焦虑等。正是在这一意义上，我们说学习动机是随班就读效能的核心教学变量之一。

4. 社会交往动机模型

学习者之间存在着三种类型的目标相互依赖：合作、竞争和单干。合作性社会交往情境表现为每个人的目标经协调统一后产生一种积极的依赖关系，只有当他人获得各自的目标时，自己的目标才能获得，因此大家追求的是为彼此都带来好处的结果。竞争性社会交往情境表现为每个人获得目标都同他人的利益想抵触，只有当他人目标不能实现时，自己的目标才能实现，因而大家追求的是能给自己带来好处但会与他人相竞争的结果。单干性社会交往情境表现为彼此之间的目标毫不相干，因而大家追求的只是能给自己带来好处而对他人不闻不问的结果。学者通过研究发现，某一情境产生了积极的还是消极的相互依赖性，将会导致不同的交互作用模型，引起不同的机体系统，带来不同的学习成绩，并决定对未来成就的期望（图 2-4）（Johnson & Johnson，1985：249-276）。其中，合作性社会交往情境与竞争性社会交往情境和单干性社会交往情境相比，更加倾向于能带来更强的内部动机、更高的成功期望、更大的成就诱因、更强的认知好奇心和持续的动机、更多的学习承诺及更好的任务坚持性。

因此在激发学习者的学习动机过程中，成就的获得、胜任感和效能感的形成及合作意图的展现是一些关键的环节。为了实现上述目标，发展学习者好奇心、把握适宜的教学难度、促使学习者深度卷入学习任务是非常重要的方法。

5. 激励学习动机的策略

根据前面对于学习动机几种模型的讨论，以下的一些基本策略可能有效地激励学生的学习动机。

第一，通过学习情境和问题情境的设计，激发学生的内在学习动机。如给学生提供一个全新的课堂教学情境，利用逸闻趣事让学生对问题给出个性化的答案，

合作性社会交往情境	竞争性社会交往情境	单干性社会交往情境
积极相互依赖关系	消极相互依赖关系	无相互依赖关系
促进型交互作用	对立型交互作用	无交互作用
动机体系： （1）内部动机 （2）对成功的高期望 （3）追求共同利益的诱因 （4）较高认知好奇心和持续兴趣 （5）学习的高承诺、较强的坚持性	动机体系： （1）外部动机 （2）对成功的低期望 （3）追求不同利益的诱因 （4）较低认知好奇心和持续兴趣 （5）学习的低承诺、较弱的坚持性	动机体系： （1）外部动机 （2）对成功的低期望 （3）追求自我利益的诱因 （4）较低认知好奇心和持续兴趣 （5）学习的低承诺、较弱的坚持性
成绩	成绩	成绩
进一步成功/失败的期望	进一步成功/失败的期望	进一步成功/失败的期望

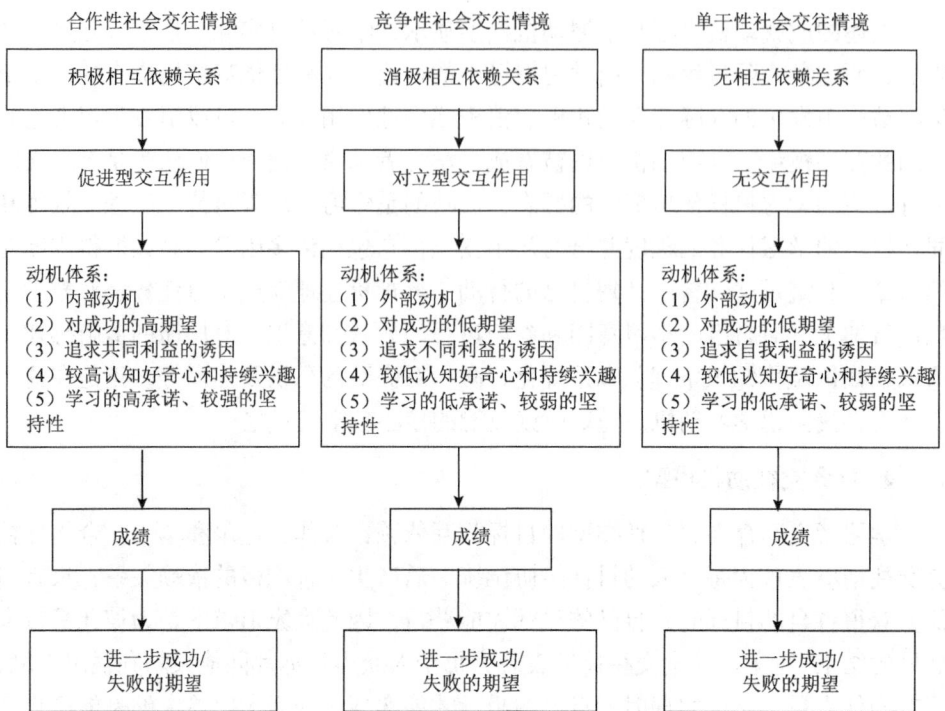

图 2-4　社会交往相互依赖与成就动机模型

提供对学生具有一定挑战性的问题，提供某个主题（或话题）的相互冲突的信息，提供新奇的例子，利用案例研究报告或案例教学等。需要明确的是，并不是所有学生都可以运用这些策略去激发内部学习动机。只有那些对自我相当有信心的学生，或者对某一学习内容具有强烈兴趣的学生，这些激发内部学习动机的策略才可能取得显著的成效。因此激发内部学习动机具有对象性和特定的任务情境性。

第二，利用奖励或逃避惩罚的手段，激发学生的外在学习动机。在充分了解学生的需要和兴趣爱好的基础上，利用奖励或逃避惩罚的手段，激发低年级学生和有特殊教育需要的学生的学习动机可能是十分有效的。在特定的情境中，一颗棒棒糖、一罐饮料、一个学生喜爱的小玩具，对于年龄比较小的学生或者具有智力障碍的学生所发挥的作用和象征性意义远远大于口若悬河的说理。当然教师在分发奖品时的支持性或友好的态度也具有不可忽略的作用。更需要说明的是，有洞察力的教师不仅能够掌握在什么时候使用什么样的奖励，而且非常清楚为什么这些奖励能够对学生起作用，在什么时候及为什么这些外部动机能够使特定学生变得更自信、更独立、更有可能转化为基于内在的学习动机。

第三，营造接纳而融洽的氛围，使学生产生归属感。学生对于班集体的归属感在很大程度上影响着学习动机的形成。特殊儿童或者学业成绩不良的学生在班级或课堂教学之中通常存在着孤独感和不安全感。如果在班级活动或课堂教学中能够让他们产生强烈的归属感，则由此而产生的动机远比其他的知识所带来的动机要高。接纳而融洽的学校和班级氛围将极大地吸引学生，并使之获得成就、愿意奉献。老师恰当的表扬、赞许和认可，有利于学生精心准备、细心呈现学习材料，有利于帮助特定学生设定有意义的、现实的、学生可以达成的学习目标。老师给学生提供系列的学习或活动机会使其潜能得到充分发挥，协助学生开展团队合作并在安全的氛围中展开活动。对于能力、责任、人格和友善等方面各不相同的学生，老师应时刻保持公平对待和接纳的态度。所有这些措施都会得到学生的接受、承认和支持，也会使学生愿意融入集体之中。

第四，确立恰当的任务，使学生获得成功的机会。获得学习动机的最有效的方法是使学生确认自己有能力履行相应的学习任务。对于学习感到力不从心，不能满意完成学习任务的学生是不愿意将学习进行到底的。因此，帮助学生自己确定恰当的学习目标，使之在此过程中承担更多的责任；将学习任务建立在学生现有能力水平之上；创造一种安全的课堂学习或课外活动环境，学生在其中即便是错误或不正确的学习反应也可以被接受；在课堂学习或课外活动中有意识地培养学生的自尊；在教学中力求达到完美以激发学生较高的成就动机；在个体学习或小组合作学习中降低竞争水平使低能力的学生也可以获得成功等，所有这些策略都可能有效地提升学生的成就动机水平。

第五，激发学习动机的基本方法。综前所述，以下这些基本的方法可能在激发随班就读学生学习动机方面具有比较好的效果：用口头和书面的支持，如发自内心的口头赞扬和书面评论；提供富有挑战但可能获得的多元化的学习机会；尽可能使教学活动需要与学生兴趣结合起来；针对特定学生的特定学习任务和学习情境选择有效的强化手段；提供或协助学生设计明确而可测量的学习目标；充分利用新的刺激或新的问题情境作为进入课堂教学或学习活动的跳板；设计合适的模仿与游戏活动；利用学生熟悉的材料或情境帮助学生进入到学习之中。

第六，避免可能降低学习动机的情况。由于各种原因，教师或明或暗、有意无意的一些行为可能会降低学生的学习动机。如老师的过度要求；有意或者无意的低期望值；用课堂上或活动中没有讲述的材料来测试学生；学生的要求或帮助没有得到及时的回应；超出学生能力的任务、目标或学习步伐；忽略学生兴趣的课堂教学或活动而使学生被动参与其中；强烈的或被老师公开宣布与提及的失败；教师本身被动地参与教学活动；使用负面（比如批评或讽刺）的激励方法。这些情况是在随班就读教学过程中无论如何都要力求避免的。

（二）学习习惯

良好的学习习惯不仅是学生学习适应性的重要表现，而且是其终身学习品质的不可或缺的重要组成部分。不管我们承认或者不承认，理会或者不理会，基础教育阶段始终都会形成若干基本的、固定的、自动化的学习行为方式，这些学习行为方式是儿童今后学习的基础和条件，问题只在于，并不是所有的学习行为方式都会有利于儿童有效学习。倘若未受到正确引导，儿童在学校学习的初始阶段就存在着这样的可能性：养成一些与社会标准和社会要求不一致甚至是背道而驰的不良的学习习惯，从而会阻碍有效学习的进行。这实际暗含着这样一种事实：不良学习习惯与良好学习习惯存在着一种零和游戏。叶圣陶说中小学的根本任务就是培养学生的习惯。因此，培养学生良好的学习习惯既是特殊儿童生涯发展的目标之一，又为生涯发展整体目标的达成提供了基本支持。

1. 对学习习惯的基本理解

根据人们对习惯的约定俗成的看法，习惯乃是后天习得比较稳定的行为方式。这实际上就暗示了习惯本来就有学习之意。当我们将学习与习惯联系在一起，组成学习习惯这个概念的时候，实际上可以有两种最基本的理解方式。

一是从学习理论上将学习的过程理解为习惯的形成过程，既学习习惯说（habit theory of learning）。学习习惯说是行为主义者华生提出的一种学习理论。"他认为学习的过程就是习惯形成的过程。人的各种行为不外是肢体的习惯、言语的习惯与脏腑的习惯。'人格乃是我们所有的各种习惯系统的最后产物。'他认为复杂的习惯是由一些简单的条件反应构成的。这些条件反应是在学习过程中，通过条件化作用，将散乱的非习得性（无条件）反应加以组织而形成的。由于习惯的形成是适应刺激与反应之间的联系过程，所以华生的该理论也可称作'刺激-反应说'。在习惯形成规律，即学习规律方面，华生主张有频因律和近因律，不同意桑代克的效果律。"（朱智贤，1989：815）

二是将学习习惯理解为学习的习惯（habit of learning），即学生所形成的关于学习的自动化的行为方式。也就是学生在一定社会活动中（通常是学习活动中）所形成的一贯的稳定的学习行为方式。在这个意义上的学习习惯的养成原因，有社会的历史因素，也有个人的主观因素，是两者交互作用的结果。

显然，我们在这里所要讨论的学习习惯更多的是在第二种意义上进行的，而不是在第一种意义上进行的。也就是说，本书所指的学习习惯，是儿童在学习过程中养成的稳定的学习行为方式。这种学习行为方式可以有个人学习习惯和社会学习习惯之分。前者如在儒家文化影响下的自动化的社会学习方式和在希腊文化影响下的自动化的社会学习方式是有区别的。前者更多的是对圣人之言和经典之意的体悟与通融，后者则更加自觉地运用逻辑的推理工具寻找事物的合法性与合理性。所以社会学习习惯更多地受制于不同文化的思维模式和风俗习惯。个人学习习惯则是在个体成长过程中，特别是早期的学习经历中所形成的带有自身特质的学习行为方式。个体学习习惯实际是由其所处的社会文化历史因素和个体生活背景、生活经验、主观因素共同决定的。本书关注的恰恰是这种个体的学习习惯。

2. 学习习惯的特点

通过前面对习惯和学习习惯的探讨，可以发现，学习习惯具有以下特点：

1）生成性。学习习惯并不天生的，而是在后天经验的作用之下逐渐形成的。后天的养成离不开反复的练习。但是养成作为行为方式的学习习惯的练习与学习本身的练习是不一样的。作为学习中的练习，为了到达灵活掌握知识、形成技能所进行的练习，要求多种方式的变换，以增强学习内容的迁移性。可是，学习习惯形成的练习则更多地依靠简单的重复，这种简单重复经常是在固定的情境和固定时间，而不需要多种形式的变换练习。有些习惯甚至只要经过一次就巩固下来了。

2）固定化。正是因为学习习惯是在某种情境中经过简单地重复某种行为方式形成的，所以学习习惯具有固定化的特征。一旦在同样或者相似的情境中，这种固定的学习行为方式被改变或者被中断，就会使学习者在心理上产生不愉快的情感体验。

3）自动化。从心理机制上说，学习习惯是经过长期的强化和积累，最终建立起来的一种关于学习行为的自动化和定型的条件反射系统。所以自动化是学习习惯的非常重要的特征。学习习惯的自动化其实就是一种特殊学习行为方式的熟练，但是又与熟练有所不同，这种不同就体现在主体的参与意识上。熟练是通过有意识地反复练习形成的，比如小学生四则运算的技能与技巧。而学习习惯并不一定都是有意识地练习的结果。许多习惯是无意识地多次重复的结果，而有些习惯并没有经过任何练习，只要经过一次就巩固下来了。比如上学迟到，不按时起床，作业不工整等。

4）情感依赖。学习习惯形成后而不将其进行下去，往往会使学习者感到不安。也就是说学习习惯一经形成，通常会促使学生在相同或者相似的情境中做出特定的学习行为方式。倘若不如此，就会产生负面的情绪和情感体验。也许这和学习习惯形成的生理机制有关。就生理机制来说，学习都是大脑皮层暂时联系系统的形成，即动力定型的形成。

3. 学习习惯的空间构成

良好的学习习惯是与人的成长规律和学习规律相适应的最佳行为模式，能使人付出更少，收获更多。不良的习惯则相反，往往与学习规律相违背。因此，培养或训练受教育者良好的学习习惯，是实现学习效果最优化的可靠途径。衡量学习习惯是否良好的标准是：学习者的动作的敏捷性、精确性和协调性是否提高？学习者的体力消耗和脑力消耗是否在减少？在学习中，学习者的智力活动是否活跃？是否具有主动性？是否有创造性思维？等等。这些问题及其他相关问题既是学生身体、认知和人格发展在相应年龄阶段的综合表现，又具体表现为各个科目和领域里的学习习惯。对于中小学生的成长和学习而言，它几乎涉及儿童的各个方面。但大致而言存在着两个基本的方面：一是对学习活动的监控习惯，二是领域或科目学习习惯。

（1）学习活动的监控习惯

第一，学习的计划性习惯。学习的计划性习惯是指学生自觉制订切实可行的完成读、写、算、做等任务的学习计划。学生进入学校之后，面临着一个重要挑战：以前零散的随机活动被有计划、有组织的学习活动所替代。于是学习活动的多样性、复杂性与学习时间的相对有限性之间构成了一对必然的矛盾。这就需要学生能对自己的学习养成良好的规划习惯。学习的计划并不能仅仅停留在大脑之中，而是要通过一种物化的形式表现出来。这种物化的学习计划性在相当大程度上可以通过作息时间的合理安排来实现。通过作息时间表发展学习习惯，高效率地进行时间管理，制定详细的可操作性的计划是一种有效的方法。对作息时间的合理安排包括两个方面的重要内容：不同时间活动任务及其相互关系；儿童对于合理计划与合理作息时间的制定与安排。

第二，学习的坚持性习惯。学习的坚持性习惯指学生能够长期按照已经制订的学习计划，坚持高质量地完成学习任务的品质。由于教育的特性，学生的学习任务和学习目标通常要超越儿童现有水平之上，所以学习也就成为一种具有挑战性的活动。现代教育注重学生的主动、探究学习。在这个学习过程中，学生会面临大量的具有挑战性的学习问题和学习情境。具有挑战性的学习活动可能获得成功，也有可能面临失败。学生只有具有克服困难、挫折的坚韧意志，才可能完成学习活动，争取学习成功。

第三，学习的独立性习惯。学习的独立性习惯指学生在按照学习计划坚持不懈完成学习任务的过程中，独立思考与独立解决问题而杜绝抄袭别人的习惯。当代教育并不仅仅要求学生获得现成的知识，更为重要的是要形成应对复杂问题的能力品质和适应良好的人格特质。这就意味着当代教育需要培养学生独立思考和独立解决问题的习惯。独立思考与解决问题的习惯通常与好奇心、求知欲、创新思维联系在一起。独立思考通常包括独立地发现和分析问题，独立地提出解决问题的思路和方法。学习中善于独立思考，不迷信权威（包括教材），不期望现成的答案，遇事总要问个为什么。总能运用自己的头脑去观察、去思考，创造性地去认识事物，探索解决问题的途径。

除上面的学习活动监控习惯之外，还有许多，例如，自己对自己负责；安排在前面的事先做；指向成功的学习定向；不断向自己的学习成就挑战等。

（2）领域或科目学习习惯

第一，向老师和他人学习。向老师和他人学习包括适应老师的做法，模仿别人学习，倾听他人和敢说敢问，走在老师的前面等。学习应该是一个主动探索的过程，绝不能跟在老师后面，老师讲到哪里，自己学到哪里，而应该努力走在老师的前面。不论哪门课程，新教材一发下来，就要立即从头到尾翻看一遍，力求通过自学，把基本内容弄懂弄通。这样做的好处：①可以培养自学精神和自学能力；②可以保持学习主动权，避免在身心不佳的时候，硬行强迫学习；③课堂上心中有数，可以集中精力听讲难点和重点；④课堂听讲时能引起思想共鸣，促进大脑兴奋，极大地提高课堂学习效率，做到当堂内容当堂消化。

此外，老师不讲的内容，学生也要主动学习。同时，一个学生同时面对各学科教师，每个老师也是各具特点，所以学生也要适应老师，现在适应了老师，长大了就能更好地适应社会和环境，不会稍不如意就抱怨。对于不同层次的老师，学生用不同的方式去适应，眼睛向内，注重提高自我，与老师共同进步。

学习无处不在，模仿老师、同学、朋友或家长、亲戚等的学习好习惯和好技巧，倾听他们的经验或教诲，说出自己的想法、做法，从而获得评价和建议，将受益无穷。注意倾听，不打断别人说话，在倾听、理解别人言语的过程中去思考、分析、判断，或消化吸收，或提出建议，或展开想象等，这是学会求知的重要方面。爱提问题的人是爱学习、主动学习的人。孩子生活经验少，对周围事物有强烈的好奇心，好奇、好问是他们的天性。他们也正是在解决许许多多的"是什么""为什么"的问题中逐渐成长、成熟、成材的。

第二，向书本学习。学生的基本任务是"读书"，向书本学习的习惯包括阅读习惯、做笔记与标记习惯及写作习惯等。阅读是当代教育的一种基本活动，阅读的成功通常会决定其他学习活动高成就水平的取得。爱读书是每个学习成功者都具备的好习惯。做笔记，首先要侧重基本的大小标题，基本定义、原理等，力求准确，并随时将自己遇到的问题、自己的感想记录下来，或指摘错误，或补充论证；其次，笔记的版面要力求做到简明扼要、形象生动、一目了然；最后，除了读书笔记以外，在看书学习的时候，还要注意养成标记批注的习惯。有了自己的感想和学习收获，勤于动笔写文章，日积月累将有效促进学习。

第三，向自己学习。学生本身就是丰富的学习资源，向自己学习的习惯包括随时随地地学习、从错误教训中学习、即学即用，以及专注当前，大事做不了、小事赶快做等习惯。首先，学习并不是生活以外的一项特殊事业，而是生活本身的一项内容。一个善于学习的人，一定要注意将学习生活化、本能化，做到随时随地，到处学习。其次，"吃一堑，长一智"，当别人犯错误的时候，你就要注意他犯的是什么错，为什么会错，怎样才能避免犯这种错误。自己犯了错，要注意总结经验教训。如整理错题集是很多学生公认的好习惯。再次，学了以后，马上就要用到实际的工作或生活中。对于在报刊上看到的学习经验文章，或在课堂上听老师讲过的一些先进经验，或与周围同学讨论过的某种学习方法，要善于将这些经验和方法用于自己的学习之中。最后，大的目标够不到，赶快制订小的目标。难题做不了，挑选适合你的容易做的题去做。在学习的时候，一定要将全部精力集中于当前正在学习的内容，不要左顾右盼。

第四，认真完成作业。学习本义包含"练习与巩固"，良好的作业习惯包括：态度认真、及时检查验算、书写工整、独立完成、自觉检查、富有创见等。在写作业的过程，审题是必不可少的环节，通过审题训练，可以养成学生认真严谨的习惯，引导学生灵活地选择正确合理的计算方法，提高做题的质量与速度。作题时，学生首先应读懂题目要求，正确理解题意。这就需要教师在平时注意培养学生读题、理解题的能力，明确题目中究竟要我们做什么、怎么做，然后再动手。

4. 学习习惯的生成

（1）学习习惯的形成机制

在心理学上，学生良好学习习惯的形成其实也是学习的结果，是条件反射建立、巩固并臻于熟练化甚至自动化的结果。通常以习惯化（habituation）的形式表现出来。所谓习惯化，指的是生物有机体对于生命无关的重复性刺激的反应逐渐消退的现象。习惯化被认为是一种最简单的学习过程，它的特点是：当重复刺激时，反应逐渐减弱，甚至停止反应；当刺激至不产生反应时，终止刺激若干时间（如几分钟）后，再给予刺激，反应自然恢复；重复刺激的频率越高，反应的消退就越快；重复刺激的次数越多，反应的自然恢复就越慢；强烈的刺激不易发生习惯化；习惯化有泛化现象，即第一种刺激产生习惯化以后，对另一种与第一种刺激性质相类似的刺激也可以表现习惯化；当停止对刺激的反应时，继续给予刺激，其刺激的效果有累加作用。（朱智贤，1989：728）

在心理学的研究历史上，最初的学习习惯只限于动作模式和身体反应，后也指知觉、认知和情感模式。20 世纪 50 年代以前，人们对学习习惯的研究以 S-R （stimulus-response，刺激-反应）联结学说占优势。按照联结主义者，如桑代克、华生、柯里斯和赫尔等的观点，学习习惯形成的规律实际是学习行为习惯加强或减弱的定律。随着认知心理学的兴起，这种看法逐渐过时。

按照认知心理学的理解，学习习惯形成遵循以下模式（图 2-5）（申仁洪，2007a）。

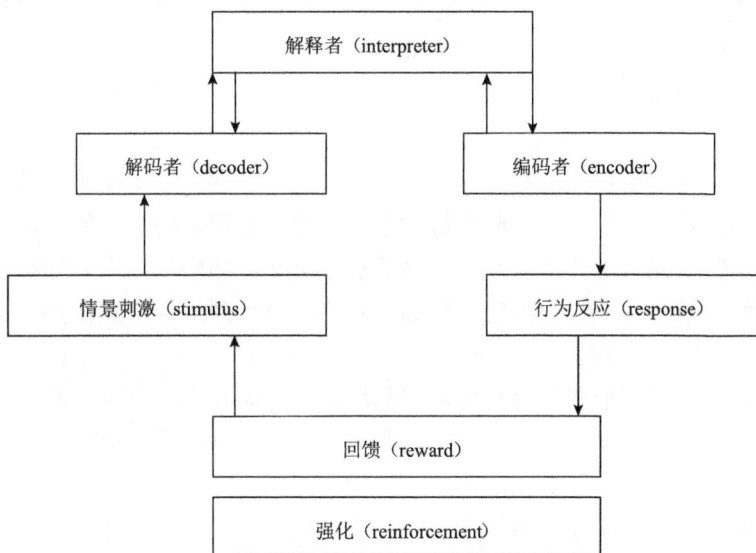

```
                    解释者（interpreter）
                    ↑            ↑↓
        解码者（decoder）              编码者（encoder）
            ↑                              ↓
    情景刺激（stimulus）              行为反应（response）
            ↑                              ↓
                    回馈（reward）
                    强化（reinforcement）
```

图 2-5　学习习惯形成模式

按照这样一种模式，学生的学习习惯形成包含着以下的基本环节：情景刺激的呈现；情景刺激被有机体感知；对刺激的解释；对刺激的尝试性反应；对尝试性反应后果的感知；对反应后果的重新解释并做出进一步反应；发展稳定的"刺激-反应"联结模式，即固化为习惯。

学习习惯形成的标准一般有三条：一是动作的速度，指经过多次反复练习，组成学习习惯的一系列动作的敏捷性日益提高；二是动作的质量，指动作的精确性和协调性应该不断提高；三是学习者本身的体力消耗和脑力消耗要不断维持相对平衡。如果学生某种学习活动达到上面三条标准，说明他某种学习活动的习惯已经养成。

根据前面的理解，学生学习习惯的形成是一个长期复杂的过程，这一过程的心理发展规律主要表现在四个方面：

第一，学习习惯的形成过程是由外部支配到内部控制的过程。小学低年级学生的学习习惯是在教师和家长的要求下或模仿他人的情况下形成的。例如，小学低年级学生上课注意听讲、积极思考问题及认真完成作业等学习习惯的形成，主要靠外力作用，很少出于内部自觉。到了小学高年级和中学，学生随着学习认识的提高，把老师和家长的要求转化为自己的内部动力，使学习习惯形成更趋于自觉性，表现在任何情况下，都能自觉地努力学习。

第二，学习习惯的形成过程是由简单到复杂的过程。孩子在小学低年级的学习习惯是具体的、简单易行的。例如，上课铃响立即进教室准备好上课的文具用品，安静地坐在自己的位置上等。这些都是小学低年级容易做到的。但到了小学高年级和中学，随着学习认识水平的提高，知识的不断增长，那些抽象的比较复杂难做的学习习惯、应用系统学习方法的习惯等良好学习习惯在学习活动中将日益得到巩固。

第三，学习习惯形成过程是由不稳定到稳定的过程。孩子在小学低年级，由于年幼无知、缺乏自制力，一些良好的学习习惯是不稳定的。例如，语文课能认真听讲，但数学课听讲却不认真。而到了小学高年级和中学，在老师和家长的教育下，良好的学习习惯日益稳定，例如，对各学科出现的疑难问题都能独立思考等等。

第四，学习习惯形成过程是好习惯和坏习惯不断斗争的过程。不是好习惯代替坏习惯，就是坏习惯代替好习惯。教师和家长应根据孩子的年龄、个性特征，培养其良好的学习习惯，抑制和消除不良学习习惯。克服坏习惯首先要使孩子认识到坏习惯的危害，树立克服坏习惯的信心和决心。其次是锻炼孩子与坏习惯斗争的意志力。意志在良好学习习惯形成中起着重要作用，孩子缺乏毅力，不能持之以恒，良好的学习习惯就难以形成。习惯具有稳定的一面，但不是固定不变的，只要运用适当的方法，锲而不舍，不良的学习习惯终会被克服。

（2）学生良好学习习惯的养成

实践证明，良好的学习习惯不仅能促进孩子的学习，而且会使他们终身受益。要使孩子养成良好的学习习惯并不是轻而易举的，我们家长和教师应在掌握学习习惯形成的过程与心理规律的基础上，作耐心细致的工作。

影响学习习惯形成强度的因素有五个：第一，回馈（奖励）的频率。第二，S-R 关系的状态（防止干扰与泛化）。假设 X 为某种特定的反应，A 为某种特定的刺激，则 X 只对 A 反应而不对其他刺激反应，且只用 X 而不用其他反应与 A 联结，则 X 与 A 的联结就会得到强化。第三，回馈（奖励）的数量。第四，反应与回馈（奖励）之间的时间延迟。反应与回馈（奖励）之间的时间间隔可以称作"反应间距"（response time span）。研究发现，反应间距存在着个别差异：立即回馈的材料倾向于被所有人关注；而延迟的回馈材料则更多地被受过高水平教育的人所关注和阅读。第五，做出反应所需要的努力程度。一些人做出反应比其他人需要更多的能量与努力。人们在实际的运作过程中遵循最少努力的行事原则。例如，人们一般不愿意释放比刚好能完成目标所需能量更多的能量。这就使得容易的反应比困难的反应更能够巩固下来。即选择的可能性=对回馈（报酬）的期望/预期的努力。

通常，学生良好学习习惯的形成可以从以下几个方面进行考虑：

第一，必须向孩子讲明养成良好习惯对学习的重要性，指出要养成这些良好学习习惯，必须克服哪些毛病，让孩子心中有数，做起来能联系自己的实际落到实处。

第二，要根据孩子的实际情况，逐步提出要求。良好的学习习惯既不能一朝一夕养成，也不能在短时间内一下子统统形成。要区分主次、难易，从孩子的实际出发，逐步提出具体的切实可行的要求，有计划地逐步扩展。要激发兴趣，兴趣是最好的导师，只有对学习有兴趣，才可能有学习的自觉性。学前儿童和小学低年级学生由于缺乏自我克制力，自觉的学习习惯还没有形成，兴趣对他们就显得更重要。

第三，要指导具体的学习方法。为了使孩子养成良好的学习习惯，必须加以指导。例如，为了培养孩子阅读现代文的好习惯，把比较科学的读书步骤编成"看、查、划、读、摘、想、记"的七字诀，要孩子熟记并照着去做，然后及时督促、检查，这样便会逐渐使孩子形成良好的读书习惯。同时还可以有效地利用模仿、暗示、感染的心理机制来培养孩子的好习惯。模仿分有意模仿和无意模仿，特别是无意模仿对孩子的影响更大。比如，有的父母说话很文雅，孩子说话的声音自然就会很轻柔，这些都是无意模仿的结果。暗示也是很重要的一种方法，父母可以多给孩子讲点习惯培养方面的故事，孩子听了以后就会形成一种暗示。感染主要指情绪上的感染，如果父母情绪很好，孩子也会情绪饱满地对待学习；如果父母愁眉苦脸，无精打采，孩子对待学习也会比较消极。因此，家庭和学校良好的生活气氛、学习气氛对孩子学习习惯的培养起到的作用也是潜移默化的。

第四，通过规范的制约让儿童形成良好的学习习惯。在学校里，孩子之所以能够逐渐养成一些良好的学习习惯，原因就在于：学校里有较严格的行为规范、良好的激励机制。可惜有些孩子在校的好习惯到了家里似乎就全"忘"了，其原因，除了孩子的习惯具有不稳定的特点外，主要还在于家长没有制定严格的规范。即使有相关规定，但由于父母与孩子所固有的亲和性，以及一些父母对孩子的溺爱、娇宠，使规定难以执行。成年人有更强的自我约束力，但事实证明，许多习惯的形成光靠人们内心自律的力量是不够的，还必须有严格的他律。要制定处罚的标准并付诸实施，如果破坏规则而又不受处罚，人们就可能随心所欲。当一触犯规范就受到处罚，人类趋利避害的本能就促使自己循规蹈矩。心理学家詹姆士说得好，"每一回破例，就像让你辛辛苦苦绕起来的一团线掉下地一样，一回滑手所放松的，比好多回才能缠绕上去的还多"，所以"训练的连续不断是使神经系行动万无一失的重要法子"（詹姆士，1963：22-23）。

第五，多次反复实践与外部强化相结合。良好学习习惯的形成是一个渐进的过程，必须有一定的时间做保证。这就需要老师在课堂上加强指导，并进行及时检查和督促。经过课内若干时间的练习，孩子良好的学习习惯初步形成了，再逐渐由课内向课外发展，良好的学习习惯就会巩固下来。表扬与批评、肯定与否定、集体舆论的褒贬、奖励与处罚，等等，都是外部强化的手段。而意志控制、自我反省、下定决心等是自我内部强化的手段。内部强化固然重要，但内部强化是在外部强化的影响下逐渐形成的。对于年幼的孩子，因缺乏自我控制力，外在强化起根本作用。所以适当的外部强化对良好学习习惯的形成具有重要意义。

四、职业准备

生涯发展是指个体与社会互动过程中，恰当扮演系列角色和履行相应职业要求的持续调试过程，是一个持续的学习过程，生涯发展更多倾向于与职业相关的一生经验和活动。为了让人获得一个完满的生涯发展，需要对人进行生涯教育。就业状态和职业发展是残疾人生涯发展的核心内容之一，也是有效承担其他角色责任、体验其他角色快乐、获得自尊与受人尊重、提升生涯发展质量的关键性的变量。职业不仅给予他们物质上的保证，更给予他们精神上的满足。保障智力障碍人士平等参与就业的权利，才能实现真正的社会公平。从哲学的观点看，如果一个人的教育中没有纳入职业信息和工作世界信息，那么这个教育和这个人都是不完整的。职业教育不但决定了未来的就业情况，而且还带动了个体其他能力的发展，特别是儿童早期的职业启蒙教育，可以使儿童明确教育的重要性，更努力地学习各科知识，对职业品质和职业习惯的培养将使儿童形成更完善的人格。因此，"就业第一"和"全体就业"成为世界残疾人权力的基本内涵之一。对于特殊儿童而言，主要是为未来就业和职业发展进行启蒙和准备。

个体的生涯发展是一个不断发展、循序渐进的过程，人在每个年龄阶段有不同的角色和任务。职业成熟度和自我概念的形成和实现对生涯发展非常重要。职业成熟度是指能够完成各发展阶段对应的任务的能力，而自我概念则是通过对工作的观察、工作中的承认和认同，以及个人的尝试实践而发展起来的（吴志功等，2006）。在这一阶段，父母与儿童之间的交流及他们对职业计划结果的解释，对儿童的职业角色选择有一定的影响。特殊儿童在此阶段，首要的任务就是形成正确的自我概念。在10岁以前，成人可以利用他们好奇心强、爱幻想的心理，让他们尽可能多地与从事不同职业的人接触，使其对这些职业有一定的认识，产生兴趣。随着年龄的增长，特殊儿童也能够逐渐认识到职业的重要性，并发展独立完成工作的能力。一个人可以适合不同的职业，同一种职业可以由不同的人来做。这为特殊儿童从事各种职业提供了可能性，打破了特殊儿童只能在福利单位或某几类特定的行业工作的传统观念。特殊儿童若能够得到科学的帮助和引导，他们是有可能同时担任多种角色，从事和普通人一样的职业的。他们不仅是父母的儿女，同时也能够进入学校成为学生，成人之后也可以担当家庭重任。当然，这一切也取决于其残疾程度的轻重。因此对于特殊儿童而言，在考虑年龄阶段特征的基础上，依据障碍程度、职业和生活经验范围，帮助他们提高自我意识和职业意识，进行职业探索和职业选择，提高对既定职业的适应将是可能的着力点。

（一）职业启蒙

关于职业启蒙教育的概念，现在还没有统一的界定。黄晟扬等（2014）指出职业启蒙教育起源于美国，指的是发现及有意识地引导儿童职业倾向的教育活动。薄晓丽（2012）指出儿童职业启蒙教育强调对儿童的非职业定向的启蒙教育，旨在激发儿童对职业的好奇心和兴趣，为儿童提供初步的职业认识，培养正确的劳动观念和完整的人格品质。万玉凤（2013）指出对儿童实施的职业教育是启蒙教育而非职业定向教育。儿童职业教育作为职业启蒙和导向性质的教育，它没有确定的职业定向，只是在普通教育阶段为今后接受专业技术教育打下必要的基础。杜启明（2013）指出小学职业启蒙教育是包含帮助小学生进行职业了解、自我认知和个性培养的一种多元教育。叶亚玲（2006）指出小学阶段的职业规划教育是启蒙教育，是小学生了解自己、认识社会、理解职业的开端，为小学生终身职业规划奠定基础。

概括起来，科学的早期职业启蒙教育主要包括以下 7 个方面的内容：①使孩子发自内心地感受到劳动是光荣的，是有爱心的。②要让孩子从小就树立起对每一种职业都敬重的心理。③帮助孩子识别职业的名称、主要行为及相关特征。④让孩子学会与人相处的能力，如团结合作、学会妥协。⑤让孩子逐步学会感受别人的情绪和控制自己的情绪。⑥孩子潜能的发现和拓展。⑦创新意识的培养。其核心是对儿童实施的职业启蒙教育主要帮助儿童了解什么是职业及职业的特点，启发儿童对劳动世界的好奇心，帮助儿童增强对职业的了解，培养他们正确的劳动观念和态度，以及初步的职业意识和自我意识，让儿童知道每个人都有自己的个性、兴趣、特长，这些因素影响着他在职业上的选择和发挥。同时，应让儿童了解自己的个性特点、兴趣特长，增强自信。

我国职业教育主要被看成是在职业学校进行的专业技术教育，非专业定向的职业教育，大多在大学阶段的职业指导课程中进行，只有北京、上海等少数教育发达地区在义务教育阶段开展了职业启蒙教育。当前我国职业启蒙教育的研究实践呈现出以下特点：①我国职业启蒙教育开展的时间晚，开展的地区少，各方面均还很不完善。当前我国研究者主要是借鉴国外职业启蒙教育的实践成果，缺乏本土化的研究。②由研究可知职业启蒙教育是一种引导性的非专业定向教育，是普适性的基础职业教育，其目的是帮助儿童形成初步的自我意识和职业意识，提升儿童的综合素质，为儿童的未来职业发展和生活完满打下基础。③职业启蒙教育大都在基础教育阶段开展，尤其在小学阶段就应当开始。教育应根据不同年龄、年级阶段儿童的身心发展特征，采用分层教育，由低到高，由简到繁。④职业启蒙教育在教育方法上要采用开放式的教育，多设置灵活的实践活动课程，以游戏活动、情景模拟、参观访问、动手操作等多种方式来进行，还要加强学校与家庭和社会的协作。⑤目前还没有对特殊儿童的职业启蒙教育进行专门研究的，这是一项缺失，需要在日后研究中得到补充。

在世界范围内，2001年，联合国教育、科学及文化组织（简称联合国教科文组织）发布的《关于技术与职业教育的建议》明确提出，初步了解技术和职业生活应是普通教育不可或缺的组成部分，这标志着世界开始重视职业启蒙。在此之前国外许多发达国家，如美国、英国、瑞士、日本、澳大利亚等，职业生涯规划教育已经很完善了，政府出台了一系列法规政策来保障职业生涯规划教育的进行，如美国的《生计教育法案》《从学校到就业法案》，日本的《学习纲要指导》，澳大利亚的《职业发展纲要》，瑞士的《联邦职业教育和培训法》等，并设置专门的机构来管理，如美国的国家职业信息协调委员会，瑞士的联邦职业教育与技术办公室（孙宏艳，2013）。国外职业生涯规划教育从幼儿时期开始持续到职业结束。综合当前的研究成果可以发现：①一些发达国家十分重视人的生涯发展，在幼儿时期就开始进行职业教育，将职业教育作为贯穿终生的生涯发展教育的重要部分；②国外在幼儿和基础教育阶段的职业教育作为一种非定向的启发性的教育，重点在于使学生对工作和各种职业有初步的了解，并对职业产生兴趣，能够结合自身状况和职业要求考虑自己感兴趣的职业，为未来的发展提供一个方向；③除了对低年级的正常儿童开展职业教育，美国等国家还重视对基础教育阶段的特殊儿童进行职业教育，为特殊儿童未来的学业和就业作准备。

（二）一般职业准备内容

1. 心理发展

这包括学生获得知识并运用于实际中解决问题，体验积极的情感状态。学习在很大程度上也要通过学生探究性学习活动发现、掌握和创新知识。这些知识包括陈述性知识、程序性知识和境脉性知识。学习者对知识的学习包括记忆、理解和应用三种水平。记忆水平指再认或回忆知识，识别、辨认事实或证据，举出例子，描述对象的基本特征等。理解水平的知识包括把握内在逻辑联系，与已有的知识建立实质性的联系，进行解释、推理、区分、扩展、提供证据、收集整理信息等。应用水平的知识包括在新的情境中使用抽象的概念、原则进行总结、推广，建立不同情境的合理联系等。在前面三种知识水平上，扩充整合知识的能力也应成为远程多媒体教学的重要评估内容，这包括：能把不同的学科知识联系起来；应用已有的知识获得新的知识，发展新的技能，并加深对已有知识的理解；能运用多学科的知识和技能解决问题，完成任务等。此外，学会学习也是重要的内容。学会学习意味着在教育教学的时候，不仅要从学生的兴趣和需要出发，而且从学生发展的角度，更应该通过学生的探究活动激发、培养、扩大学生观察生活、发现问题、探究问题的兴趣，并在亲自参与和探究活动中获得积极的情感体验、承担学习责任并努力使自己优秀、运用各种学习策略来提高自己的学习水平和学习效果、对自己的学习过程和学习结果进行反思。

2. 做事

这实际是对动手能力和探究能力的评估和反馈。在探究和解决问题方面的评价内容主要有：

1）探究的精神和探究的意识，包括善于和敢于有根据地质疑、批判、反思，不迷信权威，持有尊重科学、认真实践、努力钻研的态度等。

2）观察事实、发现问题，形成问题意识，这包括针对特定情境中的事物仔细观察并提出问题，运用所学知识主动地从日常生活中发现自然、社会、自我等领域中有价值的问题。

3）探究问题的能力，包括能够有效利用资料室、图书馆、博物馆、动植物园、网络资源等各种学习资源，收集资料信息，并妥善处理的能力。

4）制定活动方案的能力，有效安排活动的时间、地点、活动过程、基本方法、人员、条件等；初步了解、运用观察、调查、实验、自然和社会考察等研究方法，并模仿着进行研究性活动。

5）通过研究，在教师的指导下，个人或小组合作能够有效地交流研究成果、心得体会，这包括研究报告和小论文的初步尝试。除此之外，做事，特别是创造性做事，要依赖于学生的思考和推理方面的发展。所以思考和推理，特别是与做事紧密联系在一起的思考和推理也就成为一个重要的评价内容。这包括：能对已有的信息进行组织和归类；支持或论证某一环境或听众的推断和结论；对解决问题的策略或方法加以有效地评价、改造和利用；通过考虑各种环境中的不确定性因素，产生富有创造性的思想等。

3. 做人

这是对有关学习者社会化方面的评价，内容主要有沟通与交流、合作与分享、社会与个人的责任心和使命感，以及恰当的自我评价和自我激励。沟通与交流包括：能清楚地有目的地与听众进行交流，并理解对方的思想观点与想法；能综合地运用各种交流和沟通的方式达到交流的目的；能认识、分析和评价各种交流方式等。分享与合作包括：在各种环境中，能与他人一起确立目标并实现目标；能把自己当成集体中的一员，评价和管理自己的行为；能解决由于观念、信仰不同而造成的分歧和冲突等。个人与社会责任包括：在道德和伦理上对个人的行为负责，具有诚实、公正的品格；尊重他人、尊重自己，理解并欣赏人们的分歧与独立；表现出对全球和环境问题的理解和责任感；行为表现符合一个有责任感的公民的标准等。

（三）智力障碍儿童职业教育案例

通过对智力障碍人士职业教育的研究现状和职业启蒙教育的研究现状进行分析和归纳，可以得出：①国内智力障碍职业教育的研究对象多为青年、中年的职业教育，对低龄智力障碍儿童的职业教育研究较少；②国外的智力障碍职业教育提出了要在儿童学业生涯之初就施行初步的职业教育，除了对低年级的正常儿童开展职业教育，美国等国家还重视对低年级的特殊儿童进行职业教育；③职业启蒙教育在基础教育阶段开展，大多在小学阶段就开始；④职业启蒙教育是一种非定向的启发性的教育，倡导采用开放式的教育模式，设置灵活的实践活动课程，还要加强学校与家庭和社会的协作。

目前我国智力障碍人士主要是在特殊教育学校（如培智学校）、招收智力障碍学生的普通职业学校、社区残疾人中心接受职业教育，有能力的智力障碍学生还可以进入大学接受高等职业教育。接受的层次有基础教育高年级阶段的职业教育、基础教育后的职业学校教育、支持性就业模式下的职前准备教育、在岗培训教育、职后指导教育等。我国有多所学校针对智力障碍职业教育开展了专门研究，比较有代表性的有天津市河西区长青初级职业学校、北京宣武培智中心学校、上海市长宁区初级职业技术学校、杭州杨绫子学校等。目前我国对智力障碍人士职业教育的研究成果以专著、期刊论文、学位论文等形式呈现，涉及众多方面，其中关于智力障碍人士职业教育课程设置和职业教育模式的研究最多。

关于智力障碍人士职业教育的课程设置，研究者和各个学校在研究和实践中提出了自己的看法，个别学校还开发了自己的校本课程。其中关于课程模式的研究较多。西南大学张明平（2012）指出我国残疾人职业教育的课程根据职业教育模式的不同分为准备式课程模式和支持式课程模式，根据职业教育阶段的不同分为劳动技术课程、普通职业教育课程及专门的职业教育课程。许家成（1998）介绍了三类残疾人（盲、聋、智力障碍）职业教育的准备式教育课程模式和支持式教育课程模式。天津"三类残疾儿童的劳动技术教育与职业教育问题研究"课题组介绍了天津市河西区长青初级职业学校智力落后学生职业教育的课程设置，提出开设普通职业教育课程的主张，所谓普通职业教育，不是针对某一特定职业，是帮助中小学生了解劳动世界、进行职业选择和陶冶职业素养的职业教育，在义务教育高年级阶段（七至九年级）及中等职业教育阶段实行（赵树铎，2000）。北京宣武培智中心学校开展九年义务教育后的大龄智力障碍人士职业教育康复，特别强调了综合实践活动课程（赵小红等，2006）。上海市长宁区初级职业技术学校开展了大龄智力障碍学生初职教育支持式课程的研究（赵小红，2009）。杭州杨绫子学校除了让智力障碍学生掌握专业知识、文化知识、基本技能和职业道德外还要求面点、园艺等专业的学生考取相关的职业资格证书（刘全礼，1999）。除上述几所学校之外，其他学校也根据自己的特点和现实情况针对智力障碍学生职业教育设置了课程。

在智力障碍人士职业教育模式方面，当前我国的基本观点是认为残疾人士职业教育包括智力障碍人士职业教育存在着准备式课程模式和支持式课程模式两种。刘全礼曾提出了五种特殊青少年职业教育模式，即庇护性训练模式、工作学习方案模式、职业训练中心模式、在职训练模式及合作训练模式。各个地区学校在理论研究和实践探索的前提下，提出有自己学校特色的智力障碍学生职业教育模式。如深圳元平特殊教育学校基于多元智能发展理论，构建了"职业教育、就业培训、就业安置一体化"的智力障碍学生多元化职业教育"立交桥"模式（张德生，2012）。厦门市特殊教育学校提出了"宽口径培养，小模块变化，大菜单选择"的职业教育模式。北京宣武培智中心学校总结了"宽基础，活模块，多层次，多能力"的职业教育模式。

除了智力障碍人士职业教育的课程设置问题和教育模式问题外，当前研究还涉及智力障碍人士职业教育的其他方面。关于智力障碍学生职业教育的教学特点，袁曦（1997）指出智力障碍职业教育具有注意与职业有关的非特定工作技能的培养，最大可能的个别化教育，充分发挥家庭的教育作用等特点。关于智力障碍学生职业教育的培养总目标国家没有统一的规定，《特殊教育课程与教学》一书中指出应与其他职业教育目标相一致，即培养德智体美劳全面发展，为社会现代化服务的初级技术职工（朴永馨，2002：339-340）。北京、杭州等地的一些学校在宏观的职业教育目标的基础上提出适用于本校学生个体的教育目标。关于智力障碍学生职业教育专业，赵小红（2009）指出根据学生和当地的实际情况，因地制宜地设置专业，总的来说烹饪、编织、缝纫、农牧渔业等都是常设的专业。关于智力障碍学生职业教育的内容，陆桂芝（1997）认为智力残疾学生职业教育的内容应包括职业能力的调查、职业训练和就业指导三方面。

综上所述，国内智力障碍人士职业教育研究呈现以下特点：

1）研究对象多为义务教育阶段后期的智力障碍青少年，入职后的智力障碍中青年，对低龄智力障碍儿童的职业教育研究较少。

2）研究除了关注智力障碍人士的专业职业教育、职后指导教育、职业转衔教育，还提出开展非定向的普通职业教育的主张，但仍以前者为主。

3）智力障碍职业教育具有个别化、多样化的特征，倡导设置个别化的教育目标和个别化的教育内容，开设多种课程，采用多种教育模式，以实践活动为主的多种教育方式来进行。

（四）智力障碍儿童职业素养目标检核表

为了制定合理的职业教育目标，提高智力障碍儿童职业教育质量，正式教学开始之前要对智力障碍儿童的职业素养目标进行测评，具体内容如表 2-3 所示。

表 2-3　智力障碍儿童职业素养目标检核表

学生姓名		性别		出生日期	
评量人		评量日期		评量得分	
		领域和项目			评量得分
1. 职业认知		1.1 一般性的职业认知			
		1.1.1 能辨别"职业"一词所指的对象（如，警察、医生等名称）			
		1.1.2 能辨别"工作"一词所指的对象（如，抓坏人、治病等具体行为）			
		1.1.3 知道世界上有各种各样的职业			
		1.1.4 知道人们从事的职业是不同的			
		1.1.5 了解工作对个人的意义			
		1.1.6 了解工作对国家的意义			
		1.1.7 了解现在的学习与未来工作之间的关系			

学生姓名			性别		出生日期	
评量人			评量日期		评量得分	
		领域和项目				评量得分

	领域和项目	评量得分
1. 职业认知	1.2 具体的职业认知	
	1.2.1 了解父母所从事的职业	
	1.2.2 了解周围环境（家庭、学校、社区）中的人们所从事的职业	
	1.2.3 能够列举 10 个以上常见的职业	
	1.2.4 能够区辨 10 个以上常见职业的服装	
	1.2.5 能够区辨 10 个以上常见职业常用的工具	
	1.2.6 能够区辨 10 个以上常见职业的工作场所	
	1.2.7 能够区辨 10 个以上常见职业所做的工作	
	1.2.8 能够区辨 10 个以上常见职业提供的产品或服务	
	1.2.9 了解常见 10 个以上职业对技能和态度的要求	
	1.2.10 能够由某一事物或情境联想到相关职业	
2. 职业意识	2.1 与职业有关的自我意识	
	2.1.1 知道自己的名字	
	2.1.2 知道自己的年龄	
	2.1.3 知道自己的性别	
	2.1.4 描述自己的兴趣	
	2.1.5 描述自己所具备的技能	
	2.1.6 具有自己感兴趣的职业	
	2.1.7 在职业教学活动中能够以自己的意愿进行活动（如选择自己喜欢的职业去扮演，选择自己喜欢的活动工具）	
	2.1.8 在老师指派的劳动任务中选择自己喜欢的任务	
	2.2 职业观念	
	2.2.1 对对从事职业的人有赞赏或崇敬的感情	
	2.2.2 能认识到劳动的艰辛	
	2.2.3 认识到各种职业都是平等的	
	2.2.4 具有学习体验各种职业的意愿	
	2.2.5 具有从事工作的意愿	

续表

学生姓名		性别		出生日期	
评量人		评量日期		评量得分	

	领域和项目	评量得分
2. 职业意识	2.2.6 具有正确的职业动机	
	2.3 职业态度	
	2.3.1 在日常生活中能够主动承担劳动	
	2.3.2 能够服从任务的指派	
	2.3.3 遵守作息时间（准时参与劳动或活动，不迟到早退）	
	2.3.4 遵守活动或劳动中的各种规定	
	2.3.5 无人监督下仍可进行任务	
	2.3.6 认真专心完成任务，保证品质	
	2.3.7 具有责任感（坚持完成任务，遇到困难不轻易放弃）	
	2.4 职业习惯	
	2.4.1 具有守时的习惯（按时完成任务）	
	2.4.2 具有独立完成任务的习惯	
	2.4.3 具有与同伴合作的习惯	
	2.4.4 具有适当使用基本礼仪的习惯，如"请""谢谢""对不起"	
	2.4.5 具有收拾的习惯（工作告一段落，会收拾场地和工具）	
3. 职业规划	3.1 职业规划内容	
	3.1.1 知道每个人长大都要去工作	
	3.1.2 知道要为工作做哪些准备	
	3.1.3 预想自己未来从事哪种职业	
	3.1.4 知道如何选择职业	
	3.1.5 可以根据自己的情况选择职业	
	3.1.6 说出实现自己职业理想需要做出那些准备	
	3.1.7 知道实现自己职业理想需要经历的过程	
	3.2 制定职业规划	
	3.2.1 知道制定职业规划的必要性	
	3.2.2 知道如何制定职业规划	
	3.2.3 制定一份简单的职业规划	

注：评量标准：0—不具有此项能力；1—具有些微能力，需大量协助；2—具有较多能力，需少量协助；3—达到需要的能力，不需协助

五、休闲生活

休闲于人生发展是一个重要的课题，在学术发展中也长期得到人们的关注。亚里士多德在《政治学》中提出"休闲才是一切事物环绕的中心"（That leisure is the center-point about which everything revolves）（Pieper，1999）。斯宾塞则将"为满足生活趣味的休闲活动"作为所谓的"完美生活"的五类活动之一（洪文卿，2002）。

（一）休闲的含义

"休"在《康熙字典》和《辞海》中被解释为"吉庆、欢乐"的意思。"人倚木而休"也；《诗·商颂·长发》中释"休"为吉庆、美善、福禄，"何天之休"也。"闲"通常引申为范围，多指道德、法度。《论语·子张》有云："大德不逾闲。"此外，"闲"有限制、约束之意。《易·家人》有云："闲有家。""闲"通"娴"，具有娴静、思想的纯洁与安宁的意思。在这一意义上，休闲不同于"闲暇""空闲""消闲"，它既表达了人类生存过程中劳作与休憩的辩证关系，又喻示着物质生命活动之外的精神生命活动，人倚木而休，使精神的休整和身体的颐养活动得以充分地进行，使人与自然浑然一体，赋予生命以真、善、美，具有了价值意义。休闲对应于英文单词 leisure。leisure 源于希腊语中"休闲"（skole），与知识学习相对应，意为允许（to be permitted）自由（to be free）发展（自由教育），使人从中受益，提升生活品质（Kelly，1987）。在拉丁语中，otium（休闲、闲逸）的反意为 neg-otium（字面意为事务、商业、劳动）（罗歇·苏，1996：18）。可见英文中 leisure 休息的成分很少，消遣的成分也不大，主要是指"必要劳动之余的自我发展"。这表明了"休闲"实为一种存在的状态，具有独特的文化精神底蕴。

休闲的内涵丰富，很难以一种一元化的思维方式给出一个统一的定义。其本身的属性是可以从时间、活动、心理、制度等方面进行多种解释（Samdahl，1988）。从时间维度上，休闲是"用于娱乐和休息的余暇时间"，是"发展智力，在精神上掌握自由的时间"、"非劳动时间"和"不被生产劳动所吸收的时间"，包括"个人受教育的时间、发展智力的时间、履行社会职能的时间、进行社交活动的时间、自由运用体力和智力的时间"（马克思等，1975：287）。从量上可以用自由时间的多寡来衡量，从质上可以用娱乐身心，甚至达到个人发展及社会成就的状态来衡量（Sheridan & Springfield，1987）。从活动维度看，休闲指自由、不被占据的时间内，一个人可随其所好，任意地休闲、娱乐、游戏或从事其他有益身心的活动（张春兴，1983）。从心理维度看，休闲是一种个人主观的感受、体验或心态,是指人的心智状态,当事人自愿自发的参与行为,是一种关于闲暇时光生活的愿景和态度,并期待从中能获得心灵内在的满足(Tinsley & Tinsley, 1981)。从制度维度看,休闲具有与工作和劳动对应的性质,一方面,休闲的本质是人类在生存过程中,从劳动的疲劳、倦怠、压迫感中解放出来,补充能源以进行的再生产手段;另一方面,在越来越享受化的现代社会中,休闲成为生活的目的,而劳动则是把休闲生活变成现实的手段(孙海植等, 2005: 3-8, 92-94, 83, 121-122)。因此,休闲实质上具有多重属性,各属性应整合,使休闲的内涵更立体,从时间维度上规定休闲时间的量,从活动维度规定休闲的内容,而心理维度规定休闲的存在状态,制度维度给定了休闲的支持空间。对于特殊儿童而言,休闲是除去生存或生活所必须从事的活动外的自由时间,主体自由从事符合个体需求、个体社会化规则的,能体会到愉快、放松、自我发展的内在或外在活动。其中的个体社会化规则的活动主要体现在与社会适应相关的特殊休闲,如与生活自理相关的家务、自我清洁等。

(二)休闲活动的意义

在个体生涯发展历程中,从时间的构成来看,始终存在两大类时间:工作时间和闲暇时间。随着人类社会的演进,一个普遍的规律是工作时间的减少和闲暇时间的增加,休闲活动占据着越来越重要的地位。从人的存在方式上看,自然、社会和精神始终是任何一个个体的三重存在。人的自然存在意味着必须遵循大脑、神经系统和身体机能的活动规律,张弛有度成为个体持续发展的必要条件;人的社会存在意味着社会交往和社会关系活动成为必须,职场之外的休闲活动是个体获得生命意义的重要形式和路径;人的精神存在意味着个体对形而下生活的超越、对精神生活的满足、对生命意义的升华。从人类文化发展的演进历程来看,在某种意义上,休闲及其实现方式奠定了人类文明的基础,对人文艺术的追求、对宇宙世界的探索、对宗教的笃信、对自我存在的把握无不与休闲密切相关。

从个体发展而言,休闲的一般意义是指两个方面:一是消除体力的疲劳;二是获得精神上的慰藉。将休闲上升到文化范畴则是指人的闲情所致,为不断满足人的多方面需要而处于文化创造、文化欣赏、文化建构的一种生存状态或生命状态。它通过人类群体共有的行为、思维、感情,创造文化氛围,传递文化信息,构筑文化意境,从而达到个体身心和意志的全面、完整的发展。休闲发端于物质文明,物质文明又为人类提供了闲暇、伴生了闲情逸致。休闲反映时代的风貌,是整个社会发展与变更的缩影。透过休闲,可以了解其他文化形式,当然也能了解整个人世沧桑的变化。休闲总是与一定历史时期的政治、经济、文化、道德、伦理水平紧密相连，并相互作用。

休闲的个体生涯发展功能融入生活的各个方面，成为生活的调节剂，是促进自我成长的有效途径。不同学者从不同角度对休闲的功能做了总结，有的从功能在身心方面的渗透角度着手，分为生理、心理、社会等功能（林清山，1985）；有的从功能在人发展过程中的不同地位着手，分为净化、放松、补偿、类化等功能（郑照顺，2000）。虽然各学者归纳角度不同，但功能的内容是相似的，由于人与环境的密切联系，研究者从人与环境的角度进行概括：在促进个人成长方面，促进身体康复，改善协调能力，转移不良生活习性，增加生活满意度，培养积极态度，促进自我认识、自我实现，增加社交经验，扩展人际关系等；在促进家庭发展方面，增进家人和睦，家庭和谐；在促进与社会关系方面，可满足社会需求，提升国民素养等。从休闲的功能可以看出休闲可以出现在人们生活的各个领域，有助于个体生活领域里各种能力的发展，它的不可或缺使我们可以借休闲促进个体的协调发展，即从教育的角度，利用休闲可以支持其他各教育领域的发展。

（三）休闲教育及其功能

20 世纪 70 年代，美国国家游憩与公园协会（National Recreation and Park Association，NRPA）在"休闲教育加强计划"中认为休闲教育是使个人体会休闲，达到个人满足与丰富，熟悉休闲机会，了解休闲对社会的影响，发展休闲素养及促进自我实现。Kelly（1987）认为休闲教育是透过教育来学习及准备能够表现休闲及在休闲中表现，并学习到有关的自由及自我决心。Bullock 和 Mahon（1997）以个人为中心提出休闲教育是个别化和脉络化的教育过程，个体发展对自我和休闲的认识，界定和学习参与自由选择活动所需的技能，创造令其满意的生活。

美国休闲教育学者 Mundy 和 Odum（1979）认为，休闲教育的基本观念有：休闲教育是提升个人生活品质的整体活动；是促进个人确立和理清休闲价值、态度和目的的过程；是增进个人在休闲过程中自决、自足能力的方法；帮助个人决定休闲在生活中的地位；增进个人对自我的认识；建立个人需求、价值、技能与休闲的关系并体验休闲；建立个人品位和休闲满足；是协助个人评量休闲行为与个人生涯长、短目标关系的过程；激发个人潜能以提升休闲生活品质；是终身、持续的过程，从学前教育到退休阶段；是学习多元规范和肩负社会服务角色和任务的过程。休闲教育乃是教导、协助人们认识休闲的意义并善用休闲时间，从事有意义的休闲活动及体验休闲心境，培养自我决定和行动的能力。休闲教育是个体终身的、持续的发展过程，在此过程中每个人均可获得丰富的休闲咨询和自由选择多样化休闲活动的机会，进而去评估自我的休闲需求，训练休闲技能，增进休闲认知，改变休闲态度，积累休闲能力，最后达到自我了解、自我肯定、自我实现的目标。

上述对休闲教育的理解之所以不同乃是因为视角的不同所致。有的在功用方面着重个人角度；有的从社会和个人相结合的角度。有的从时间的角度，强调其过程性、终身性。有的从课程的角度，阐明其在休闲认知、态度、能力方面的目标。从内涵亦可以看出休闲教育是有效促进休闲素养提升的重要途径，使个体通过休闲教育，丰富休闲的知能、情意，最终整合于休闲的行为，使个体休闲能力提升，实现自我，发展自我，融于社会。休闲教育具终身性，人的不同发展阶段其休闲的内容形式等是有差异性的，且注重个人在休闲过程中的休闲素养的发展。研究者从课程和功用方面把休闲教育界定为通过评量儿童在休闲上的个体需求，通过直接教学和适宜的休闲活动，旨在提升其休闲认知、态度、技能的教育，使其个人休闲的自主性与社会文化和谐共进，最终指向其休闲、生活品质的提高。而休闲教育的内容主要体现在休闲认知、自我认知、休闲技能、人际互动、自我决定、休闲伦理各方面。

（四）身心障碍者的休闲活动和休闲教育

随着社会的进步，休闲不再是少数人的专利，休闲对于残疾人有重要作用，使休闲教育成为休闲活动有效展开的重要中介，使残疾人在休闲生活中更自信、更具发展潜力。1993 年世界休闲与娱乐协会（World Leisure and Recreation Association，WLRA）旗下的休闲教育组在以色列的大会中通过《国际休闲教育宪章》（International Charter for Leisure Education），向全世界政府、非政府机构与教育机构宣示了"休闲教育"与"休闲中的教育"的重要意义。在美国《PL94-142法案》下，休闲则被视为个别化教育法案中的相关服务。对于身心障碍者而言，满足身心障碍者能力及需求的休闲活动可增进休闲娱乐的参与度，促进良好适应行为，扩展社交圈，发展有意义的休闲生活及休闲活动，学习表达情绪，接纳自我与他人，练习处理恐惧与挫折，培养合群与团结等社会适应能力，学习独立自主，促进社会融合（Fallen & Umansky, 1985；Schleien & Ray, 1988；Falvey & Coots, 1989）。以上功用表明休闲有助于身心障碍者动作、语言、沟通、社会情绪、认知等各方面的发展，应大力发展身心障碍者的休闲。

休闲教育在功用上有利于身心障碍者，这是因为：①增加休闲技巧与增加其他各种课程技巧的程度有关；②增加游戏技巧与减少负向的和不适当的过度行为有关；③有结构地使用休闲时间与成功地生活在社区环境有关；④拥有喜爱的休闲娱乐活动目录与生活品质和发展并维持家庭、朋友关系有关（Schleien, et al.,

1995）。休闲教育能帮助身心障碍者调节身心，促进身体协调，发展同伴关系，增进自我概念，有助于发展和练习学科性及发展性技能。从以上休闲教育的功用可以看出休闲教育对休闲素养提升的功用及进而对自我各方面发展的积极影响，休闲教育是身心障碍者提升休闲能力的重要途径（McDonnell, et al., 1996）。

身心障碍者的休闲研究从研究对象而言，多集中于智力障碍者；在研究内容上，主要集中于休闲的动机、休闲的阻碍因素、休闲的活动参与情况、休闲期望、休闲满意、休闲知觉；研究方法主要是问卷调查。研究表明，在休闲活动的类型上，身心障碍者在休闲活动的选择上应具适宜性。从个体自身因素出发，以生理、学习特征、社会行为三方面考量身心障碍者的休闲活动的选择。在生理上，身心障碍者存在功能缺失、发展滞后于一般人等问题；在学习特征上，存在注意力缺陷、知觉缺陷等问题；在社会行为上，存在沟通困难、固执、情绪问题。而为身心障碍者选择休闲活动的原则经综合，有安全、尊重自我兴趣、尊重家庭兴趣、适龄、社交互动、类化、易达性、经济实惠、独立、适性、正常化；休闲参与中静态活动居多；在休闲阻碍上，存在于个体内（指个体内在心理状态或态度、身体障碍影响其休闲喜好或参与）、人际间（指个体没有适当或足够的休闲参与伙伴而影响其休闲喜好与参与）、结构性（指影响个体休闲喜好或参与的外在因素，如休闲资源、设备、时间、金钱、环境等）；身心障碍者的休闲知觉、满意有待提升；休闲动机、期望可以成为其追求休闲品质的动力。从休闲活动选择的考虑因素及原则，可以看出休闲是以个人为中心，且休闲活动的选择，需考虑休闲资源的可获性，体现生态学中人与环境的关系。因此，本书认为确定个人身心障碍因素是选择休闲活动的重要指标，在此基础上结合以上的休闲活动选择的原则，在可获资源的前提下，设计儿童休闲活动，以促进其缺陷补偿和潜能发展。在休闲内容的考量上，应深入了解儿童的休闲动机、满意度、知觉各个方面。

（五）特殊儿童休闲活动内容

特殊儿童休闲活动的内容构成涉及休闲觉知、自我觉知、休闲伦理、自我决定、社会互动、休闲技能等方面；在休闲教育成效上，各研究都表明休闲教育对生活有重要影响，特别体现在提升受试自我决定、改善与同伴关系、休闲技能等方面。而国内在特殊儿童休闲教育实践研究方面，以台湾的研究为主，但其在休闲教育的发展上仍有待加强，现在多以对特殊儿童休闲的现状（休闲参与、休闲动机、休闲阻碍、休闲满意等）进行调查，其实践研究以国外的休闲教育模式为基础，结合学校情况或依据台湾的课程标准发展探索适合的休闲教育方案，国内在特殊儿童的休闲教育系统性发展上更少，其实施途径主要是融入各学科教学里，但缺乏学科的整合，其大多指向具体休闲活动，注重休闲技能。因此本书可以在分析整理各休闲教育模式的基础上，弥补家庭和社区休闲教育的不足，在更自然、自由的环境里，在深入了解个体休闲现状的基础上，发展家庭、社区系统休闲教育，以提升个体休闲能力的泛化，即一种生态化发展模式。特殊儿童休闲活动的具体内容如表2-4所示。

表2-4　特殊儿童休闲活动内容

一级指标	二级指标	三级指标
1. 休闲认知	1.1 休闲知识	1.1.1 理解休闲含义
		1.1.2 掌握休闲种类
		1.1.3 掌握休闲计划的要素
		1.1.4 理解休闲活动的重要性
	1.2 休闲态度	1.2.1 积极准备休闲生活（用品、途径、地点选择等）
		1.2.2 反思休闲活动
		1.2.3 生成休闲的自愿性、自主性、发展性
	1.3 休闲参与	1.3.1 理解休闲参与的重要性
		1.3.2 掌握休闲参与形式
		1.3.3 主动参与多种形式的休闲活动
2. 自我认知	2.1 休闲兴趣领域	2.1.1 视觉刺激为主的休闲活动
		2.1.2 听觉刺激为主的休闲活动
		2.1.3 以智力活动为主的休闲活动
		2.1.4.以运动为主的休闲活动
		2.1.5 以人际交往为主的休闲活动
		2.1.6 个人独享的休闲活动
		2.1.7 与家人同享的休闲活动
		2.1.8 与社区同伴共享的休闲活动
	2.2 休闲知能	2.2.1 依场地选择休闲活动
		2.2.2 与人合作分享进行休闲活动
		2.2.3 认知所选择的休闲的风险性
		2.2.4 清楚所选休闲所需的程序和所需
	2.3 休闲期望	2.3.1 知道自己期望的休闲活动
		2.3.2 明确自己期望的休闲活动的原因
	2.4 休闲经验	2.4.1 体验高品质的休闲经验
		2.4.2 总结高品质休闲经验的要素

一级指标	二级指标	三级指标
2. 自我认知	2.5 改善休闲内容	2.5.1 评估自己某项休闲的不足之处
		2.5.2 调整已有的休闲活动
3. 自我决定	3.1 认识、收集并应用与休闲有关的资源	3.1.1 清楚自己休闲所需要的资源
		3.1.2 了解各种休闲资源
		3.1.3 通过电视收集休闲资源
		3.1.4 通过收音机收集休闲资源
		3.1.5 通过人际交往收集休闲资源
		3.1.6 通过报刊收集休闲资源
		3.1.7 通过网络收集休闲资源
		3.1.8 通过自己经历收集休闲资源
		3.1.9 能充分利用收集的资源参与活动
		3.1.10 能充分利用收集的资源组织活动
	3.2 明确可供选择的休闲事物	3.2.1 明确多种休闲活动
		3.2.2 明确可供自己选择的多种休闲活动
	3.3 理解各种选择的可能结果	3.3.1 预设自己所选择休闲活动的结果
		3.3.2 辨认各种结果的影响，趋利避害
	3.4 基于自我了解来做决定	3.4.1 决定家内休闲活动
		3.4.2 决定社区休闲活动
		3.4.3 按意愿决定休闲活动
		3.4.4 按能力决定休闲活动
	3.5 评估休闲决定的结果以便修改	3.5.1 体会表达休闲感受
		3.5.2 预拟下次同项休闲活动的改善计划
4. 休闲技能	4.1 运用规划程序来休闲	4.1.1 做适合自己的休闲计划
		4.1.2 按照休闲计划行事
	4.2 从事数种休闲活动的基本技能	4.2.1 手工休闲娱乐技能
		4.2.2 运动休闲娱乐技能
		4.2.3 唱歌跳舞休闲娱乐技能
		4.2.4 独处时选择视、听觉刺激娱乐技能
		4.2.5 音乐休闲娱乐技能
		4.2.6 智力游戏休闲娱乐技能
		4.2.7 电脑或网络游戏休闲娱乐技能

一级指标	二级指标	三级指标
4. 休闲技能	4.2 从事数种休闲活动的基本技能	4.2.8 收集物品休闲娱乐技能
		4.2.9 饲养、种植休闲娱乐技能
		4.2.10 人际交往休闲娱乐技能
	4.3 休闲技能的可持续发展	4.3.1 为自己的休闲兴趣寻求资源
		4.3.2 坚持自己的休闲兴趣
		4.3.3 增加自我选择的休闲活动的难度和要求
		4.3.4 在原有基础上多样化进行休闲活动
5. 人际互动	5.1 休闲语言和非语言沟通技巧	5.1.1 理解休闲活动的相关情况
		5.1.2 清楚有序地表达自己的想法
		5.1.3 用适当的非语言形式作为反馈
	5.2 社会互动休闲	5.2.1 善于单独休闲活动
		5.2.2 善于小组休闲活动
		5.2.3 善于团体休闲活动
6. 休闲伦理	6.1 休闲的可及性	6.1.1 选择友伴
		6.1.2 选择休闲时间事项
		6.1.3 考虑活动资源与经费
	6.2 休闲的正当性	6.2.1 清楚不被允许或禁止的休闲活动
		6.2.2 明确不允许进行活动的原因
		6.2.3 选择健康有益的休闲活动
	6.3 休闲的礼仪	6.3.1 尊重别人的休闲选择
		6.3.2 遵守休闲规则
		6.3.3 遵守休闲礼仪
		6.3.4 优化休闲行为举止

第三章

特殊儿童生涯发展的法律与制度支持

随着时代精神的不断演进，特殊儿童及其生涯发展已经逐渐从慈善事业到强制义务，直到今天已经进入到权利时代。基于和谐社会发展与社会公正的基本理念，特殊儿童的生涯发展与充分就业要得以实现自己的基本理念和独特价值，必须由"适应"向"支持"发生转换，建立一个强大的生态化支持系统。政府、社区、家庭和职业培训机构是这个支持系统的基本构成要素。这些基本构成要素正在逐步走向生态化，在物质、制度和意识层面构筑起一个立体的支持网络，并在与特殊儿童的互动和统整中促使个体生命存在的优化。

第一节　现行法律政策的困境

特殊教育发展过程中的每一次重大突破，都离不开法律与政策的支持，特殊儿童生涯发展也不例外。在生态化支持系统图景中，法律与政策处在社会与家庭学校之间，起承上启下的作用。在特殊儿童生涯发展的实践中，法律与政策既是保障，也是行动指南，同时起到改变社会观念的作用。

一、制度保障的系统化缺位

自新中国成立以来，我国的残疾人事业和特殊教育取得了卓越成效。但在新的形势下，也面临巨大的挑战。就当前特殊儿童发展的相关法律与制度而言，也同样存在着一些困境。

我国在各个层面上出台了促进残疾儿童发展的规定。但是这些规定有三个方面的问题：一是在效力不及法律，因此执行缺乏有效监控；二是就相关内容本身也只是提出了一些指导性的意见，且多为一些原则性规定，对地方制约性不强；

三是这些规定缺乏专业性支持，没有操作性指导。

同时，相关制度体系的整合有待进一步强化。目前我国的残疾人事业和特殊教育已经步入快速发展轨道。在制度层面形成了以全国人民代表大会常务委员会通过颁布的《中华人民共和国教育法》《中华人民共和国义务教育法》《中华人民共和国残疾人保障法》《中华人民共和国职业教育法》为代表的相关法律，以及以国务院颁布的《中华人民共和国残疾人教育条例》《残疾人就业条例》、各部委制定的相关规划和意见为代表的法规，各级政府颁布的相关实施办法为代表的政策。但是，已有的特殊教育和特殊儿童发展制度与规则大多是一些"办法""通知""意见"等，并且多以国务院办公厅、国家教委（教育部）等的名义对外发布，尚未上升到国家法律法规的高度，致使现行的特殊儿童保护法规存在缺憾。①从结构上看，我国对特殊儿童权利保护的立法缺乏系统性，规定特殊儿童权利及保护的法律规范散布在各个不同层级、不同类型的法律文件中，难以形成完整的特殊儿童权利保护法律体系。②从内容上看，现行特殊儿童权利保护法规存在的不足首先是缺乏明确性和可操作性。这些法规涉及内容虽然广泛，但缺乏对特殊儿童权利的明确具体的规定，多是一些原则性的规定，不具操作性，不利于特殊教育的发展。反观比较发达的世界各个国家和地区，都有一部专门的特殊教育法律。③从执行上看，由于我们的相关条款分散、宣誓性的语言过多，法的级别不高，问责不严，因此在执行过程中只能停留在设想、鼓励、倡导等阶段，不能起到应有的作用，难以真正保障残疾人平等受教育的权利。因此，有必要参照世界各国特殊教育制度的发展历程和相关经验，本着补偿弱势的公平原则，在全国人民代表大会或全国人民代表大会常务委员会的层面制定一部具有权威性、可操作性和制约性的"中华人民共和国特殊教育法"，整合相关的法律法规体系，形成合力，将随班就读纳入其中，并予以实质性的政策支持，从而为保证特殊儿童获得公平的早期教育提供强力的法律支持。

二、效率最大化的价值导向

效率与公平都是社会发展的重要主题，追求利益最大化已成为社会生活的普遍性原则，在资源短缺条件下对效率的追求也许是一种自然选择，但并不代表这是一种合道德的选择。效率与公平相互联系、相互包含、相互影响，共同构成社会进步的重要主题，共同成为人类社会发展不懈追求的重要目标。社会主义现代化所追求的是共同富裕，是绝大多数人的民主，是全社会的精神文明，效率与公平作为社会公正的基本问题，其作用与影响涉及社会生活的各个领域、各个层次和各个方面。在计划经济体制下，制度安排长期维持相对低效率的社会公平，造成经济社会发展速度相对滞后。在改革开放过程中，制度安排和政策导向更重视效率，选择了社会主义市场经济体制，从根本上来说，对中国的发展带来了无限的生机和活力，完全符合中国特色社会主义。随着改革开放的不断深入，偏向于效率优先的制度安排也带来了一系列问题，如城乡发展不平衡、经济与社会发展不平衡，效率与公平的矛盾纷纷凸显出来，人们对各种公平的诉求越来越强列，如利益、权利等诉求，如何克服制度和体制带来的不公平，为不同的利益群体提供更加合理的制度安排，就成了迫切需要重视的现实问题。

从目前的实际情况看，我国促进特殊儿童发展的资源分配存在较大的地区差异，特殊儿童的发展权面临许多过去不曾遇到的新情况、新问题，还有许多过去并不熟悉的探索性、创新性的事情需要去做。由于残疾人个体之间差异很大，发展需求不一致，很多特殊儿童不能够普遍地、平等地获得受教育和发展支持的机会，遇到制度和伦理方面的诸多挑战，主要表现在：①在制度设计时，忽视特殊儿童的特殊性，对他们造成了制度性的歧视，致使很多适龄特殊儿童无法获得公正的教育过程，享受相应的教育资源；②受经济影响，有些地区经济不发达，在普通儿童上学都不能普及的情况下，特殊儿童入学更是困难重重，根本无力提供特殊教育和相关康复服务；③社会宣传力度不大，对特殊需要认识不够，尤其是在农村，特殊儿童得不到及时救助，很多人在成长过程中受周围人的蔑视，自尊心受到摧残，家人的压力也很大。

三、伦理精神的引导与整合

制度伦理是社会有序发展的制度保障，要进行制度的建设就需要进行制度伦理的构建，构建一种能够真正地对之予以规范和引导的道德基础，即制度安排的道德性、正当性与合理性。在制度伦理的基本原则中，人道原则是价值基础，正义原则是价值核心，公平原则是价值体现。教育公正是社会公正价值在教育领域的延伸和体现，是实现公正社会的前提和保障，是社会伦理价值的核心内容。以公平正义的价值取向观之，如何保证特殊儿童有质量的生存权利和发展权利，也就成为一个合理制度的基本考虑向度与核心价值追求。在现阶段，儿童生存权和发展权在很大程度上就体现在受教育权的实现程度上。受教育权是指公民享有从国家接受文化教育的机会和获得受教育的物质帮助的权利。要保证人人享有受教育权，就必须公平配置教育资源。因此，要实现特殊教育制度平等，就要保障特殊儿童在教育方面的机会均等，制定一套既能促进特殊教育发展，又符合我国国情的特殊教育政策和法规。

在不同的人类历史与生产力发展阶段，社会总是不断进步，形成不同的社会制度，这些不同的社会制度反映和肯定的社会关系和利益关系是不同的，蕴涵的伦理价值和精神也是有差别的。长期以来，我国在制度设计和安排中更多的是从完成目标出发去设计和安排制度，很少从伦理的角度出发安排和设计制度，即便是现有制度也很少遭到伦理的审视和评判，导致有些制度伦理缺位现象的存在。一些地区的领导者对特殊教育事业在国家整个教育事业发展中的地位和作用缺乏足够的重视，一些地区的教育行政部门在近几年的发展规划中基本不提或根本不提特殊教育，使得这些地区的特殊教育发展缺乏政策和制度的保障。从制度伦理的角度来讲，制度本身蕴含着一定的伦理追求、道德原则和价值判断。制度要具有效用，首先必须植根于一定的伦理精神和价值理念，每一制度的具体安排都应得到一定伦理观念的道义支持。

在这一方面，最基本的问题是残疾人教育还是特殊需要教育。我国特殊需要教育在制度层面尚未突破残疾人教育的思维定势，在很大程度上等同于残疾人教育。《中华人民共和国宪法》第四十五条"国家和社会帮助安排盲、聋、哑和其他有残疾的公民的劳动、生活和教育"的规定是我国一切特殊教育相关制度的法源，也正是这一条规定将特殊教育局限在残疾人领域。因此，《中华人民共和国教育法》《中华人民共和国义务教育法》《中华人民共和国残疾人保障法》《中华人民共和国残疾人教育条例》《关于开展残疾儿童少年随班就读工作的试行办法》，以及教育部等八部委于2009年联合颁发的《关于进一步加快特殊教育事业发展的意见》等系列法律法规将特殊教育界定为残疾人教育。然而一个合理的制度体系应该保证所有处于弱势地位的群体都能够得到相对公平的补偿性待遇。以此观之，我国现行的特殊教育制度体系将学习困难、情绪与行为障碍、自闭症及其他发展性障碍的孩子排除在外，而这些儿童的特殊教育需求通常在普通教育体系无法很好地获得满足。因此，我国特殊教育的制度体系需要从残疾教育转换为特殊需要教育，将接受特殊教育对象从残疾儿童转换到特殊儿童上来。

四、专业支持的制度缺位

特殊教育的发展需要将专业化支持在制度层面上加以体现。对于具有各种适应困难和障碍的特殊儿童而言，早期对于缺陷或者高度危险的可能缺陷的发现，并为其提供特殊的教育方案、医疗照顾与服务措施，来弥补或者预防因为环境、生理或其他因素所形成的缺失，进而满足他们的特殊需求，保证他们自由而健全地发展，就显得尤其重要。世界各个国家和地区的特殊教育法律和相关的制度体系都有自己独特的理念贯穿其中。特殊儿童发展权利和受教育权利的实现成为特殊教育制度建设的根本理念。这就需要特殊教育的专业作为制度的技术保证。可以说，没有专业的保证，便不可能有一个充分满足特殊儿童需求的制度体系。美国从 1975 年通过《PL94-142 法案》到 1997 年《IDEA 修正案》（Individuals with Disabilities Education Act Amendments，PL105-17）及其后来的历次修正案，都遵循零拒绝、最少受限制环境、个别化教育方案、非歧视性评估、家长参与和程序性保护等基本原则，并通过具体的措施加以保证。我国台湾地区将保障特殊儿童接受适性教育的权利，充分发展其身心潜能，培养健全人格，增进服务社会能力作为宗旨，而且通过五个方面的原则安排加以保证：①特殊学校、特教班的设置应力求普及，以小班、小校为原则；②特殊教育设施以及人员设置应符合个别化、社区化、无障碍、融合及现代化原则；③特殊学生的鉴定应以多元评估为原则；④教育安置应以就近入学、最少限制的环境、适性教育、弹性安置、融合安置为原则；⑤特殊教育课程、教材和教法应保持弹性，以适合学生身心特点及需要为原则。但总体上我国特殊教育的制度体系在这方面还显得不足。

特殊教育事业涉及的主体很多，其中任何一个主体责任的缺失，都可能导致特殊教育事业无法健康发展。不健康的残疾人观念与社会政策共同造成了对残疾儿童学前教育的普遍的社会排斥与隔离。使残疾人残疾的是社会条件，而非身体和智力条件。作为残疾人，在社会生活参与方面存在障碍，尤其是生理劣势，他们更渴望获得他人的尊重，社会要积极帮助残疾人自立，这尤其应该成为特殊教育事业发展的重要推动力量。社会因素干扰适龄特殊儿童受教育权，由于环境、经济、资源、认识等各方面的原因，以及道路和建筑物设计上存在的通达障碍，残疾儿童无法独立走出家庭、步入社区，信息沟通上存在的交流障碍使得残疾人无法参与社会生活。家庭对于特殊儿童的教育有着义不容辞的引导责任，是保障特殊儿童受教育权的首要环节，但许多家庭由于种种原因不让适龄特殊儿童接受教育；学校也没有提供辅助资源去满足他们的特殊需要，普通教育机构缺少接纳特殊儿童的师资力量和相应设施，特殊学校又稀缺，当正常儿童入学尚且不能满足时，上学对于特殊儿童来说就更是一个遥远而美丽的梦想了，这样就造成了特殊儿童在他们面临的权益保护问题方面不断地陷入各种类型的伦理困境之中。

某些国家和地方层面有关特殊教育的政策内容显得有些空洞，与实际脱节，操作性不强。例如，随班就读是特殊儿童生涯发展的重要安置形式和有效发展模式，但是从 1994 年国家教委发布的《关于开展残疾儿童少年随班就读工作的试行办法》，到某些地方关于随班就读的政策中使用的语言都是"一般""适当"等，不具有约束性，因为太过笼统，所以操作性也不强。再如，关于随班就读学生数量的规定，国家教委规定在普通学校随班就读的残疾儿童少年每班以 1～2 人为宜，最多不超过 3 人。各地方也以此为依据制定相同的内容，同时有地方也有每增加 1 名随班就读学生减少 3～6 名普通学生的规定（汤盛钦，1998：25）。但是，我国的实际情况是，适龄儿童数量多，普通班级规模大，平均每班有 40～50 名普通学生，有的地区甚至可以达到 60～70 名。在这种条件下再加入 1～2 个特殊儿童，老师根本无法对其照顾，更不要说因材施教，实施个别化教育计划了。即使有地方做出按比例减少普通学生数量的规定，但因基数太大，减少几名根本无济于事。因此，大部分随班就读学生只能做到"随班"，"读"的效果显然不能体现。在目前这种班级规模下，实施随班就读还要求个别化教育计划是不现实的。

因此，国家应提供尽可能多的使特殊儿童接受教育的机会，逐步建设残疾人无障碍公共设施，通过辅助手段帮助残疾人补偿部分缺失机能，消除物质和环境给残疾人造成的各种限制和障碍，促进残疾人参与和融入社会生活，使残疾儿童学前教育普及程度逐步提高，接受科学的学前教育。政府要根据时代的要求，制定出适合时代的新政策，鼓励和支持残疾人自立、自强，参与社会主义现代化建设，扶持残疾人摆脱贫困，共享改革成果。整个社会应特别关注学前特殊教育的发展，为残疾人提供公正的生存环境，建立起公正的社会秩序，帮助残疾人自立，减轻社会的长远负担，通过各种制度安排有效地维护社会的公平、正义与秩序。良好的"人文关怀"环境要求全社会大力宣传人道主义和现代文明，这样做对于促进教育公平和社会平等、提高社会的总体发展水平、建设一个高度和谐的社会都具有十分重大的意义。

五、监督约束机制乏力

制度伦理的道德合理性问题是制度建设的核心问题之一。制度作为社会存在的内容，具有合理性、合法性、规约性的特点。合理性是指制度安排是人们共同生活的内在要求，必须体现公共理性的价值精神，符合人们对社会公正的普遍认同；合法性是指制度的制定是依据一定的合法程序设计并确定下来的，具有被社会认可的形式有效性；规范性是指任何制度安排都有其严格的适用对象和范围，对人们应该如何行为有明确的规定和指示；强制性是指制度的实行都是以某种强制性的力量作后盾，借助对违规者的惩罚来确保非这样不可的执行刚性（李仁武，2009：139）。建立一个优越的、符合人道精神的、没有缺陷的社会制度，就需要通过制度伦理建设来提升制度安排和制度执行的合理性、合法性和公正性，为人们的价值追求和社会交往提供一个和谐稳定的活动空间。在特殊教育制度伦理建设中应将合乎时代要求的具有普遍意义的道德规范尽可能制度化，变成一种可以操作的"制度"，使制度伦理建设落到实处，而不再是一种空洞的"理想"或"应当"。

任何制度都隐含着价值追求和道德理念，每一制度的具体安排都要受一定的伦理观念的支配，以一些强制性的条款明白无误地要求人们应该怎么做和不能怎么做，使制度通过"明示"的方式发生作用，即用制度来调节社会利益关系。结构化和程序化了的制度体系是保证伦理观念得以变为现实的有效措施。在特殊教育中，已有的特殊教育政策、法规缺少强制性的制度保障，缺乏完整、严密的监督制度，制约制度操作性和约束力不够强，有些制约制度间还存在着相互冲突或衔接不够等问题。正是政策、法规制度和监督机制的缺失导致特殊教育事业无法健康发展，特别是当某种行为对特殊教育的主体任意践踏时，不但不会受到社会舆论的谴责，而且也没有相应的制度规定对其进行惩罚。所以就习惯于从精神层面号召、宣传，而忽视从制度规范层面建立符合伦理的运作保障机制，过于强调自律而忽视他律，这就使得对社会成员和其他部门的要求只限于软约束，缺乏硬性的强制力。

六、政策制定的滞后性

特殊教育相关政策的制定存在滞后性。例如，随班就读是中国特色的融合教育，但它与融合教育或者回归主流又有很大的不同。西方国家回归主流运动主要是基于人权的考虑，出发点是要普及义务教育后教育机会均等，实现人权，使残疾儿童平等享受教育资源；而随班就读的出发点则是普及义务教育，使残疾儿童就近入学（朴永馨，2004）。换句话说，随班就读的最初目的，主要是为解决特殊教育学校少与残疾儿童数量多之间的矛盾，即让残疾儿童有学可上，至于上学之后的事不是主要考虑对象。不可否认，从公布的数据来看，随班就读的实施很好地解决了这一矛盾。但是，到现在为止，随班就读已经走了将近30年，在最初目标基本实现的情况下，我们是否应该思考，随班就读接下来该走向何方？《国家中长期教育改革和发展规划纲要（2010—2020年）》（以下简称《纲要》）中对未来国家教育的走向作出规定，其中特殊教育被单列一章，预示了特殊教育未来将有较快发展，但是《纲要》中对特殊教育未来十年的规划内容与之前相比变化不大。例如，在"完善特殊教育体系"中指出"到2020年，基本实现市（地）

和30万人口以上、残疾儿童少年较多的县（市）都有一所特殊教育学校。各级各类学校要积极创造条件接收残疾人入学，不断扩大随班就读和普通学校特教班规模"。这些规定从之前的文件中也都可以查到，除了单列一章之外，基本内容变化不大。这就表明未来十年随班就读仍然停留在保证学生入学上，至于随班就读的质量如何，仍不作为关注的重点，政策的制定显然滞后于现实情况的发展。

随班就读作为中国特色的融合教育的观点得到了大多数学者的认同，但是从政策看，随班就读与国际上的融合教育还相差甚远。政策是保证随班就读顺利开展的前提条件，同时也规定了随班就读的发展方向。随班就读的质量也需要政策的支持才能真正提高，否则随班就读仍然只能作为提高残疾儿童入学率的工具，不能对残疾儿童的发展产生更多有利的方面，甚至还会起反作用，使更多残疾儿童放弃随班就读而选择隔离式的特殊教育学校。

第二节　法律与政策支持的改进策略

当前制度建设工作的重点是在制度创新的过程中融入自由、民主、公平等价值理念。制度构建要注重通过制度安排维护社会的公平与正义。制度建设的价值在于为人的价值的实现提供保障。制度的合理化设计能有效地保证人的行为的合理性。在特殊教育中，制度建设的根据或基础应该是特殊儿童的全面发展，而不仅仅是为了建立对人的行为起规范、导向作用的刚性的规则体系。制度建设的意义在于不断促进特殊教育方面的制度变迁和不断满足特殊儿童走向自由而全面发展的客观要求相适应。

一、效率与公平的兼顾

任何制度都不是一成不变的，作为现实社会实践最基本的道德要求，制度建设始终是一个不断发展和完善的过程。任何制度背后都有一个伦理取向，有什么样的价值观就有什么样的制度建设，更重要的是要建立一个"亲近穷人的制度"（郭之纯，2006）。制度安排不能仅仅考虑社会生产效率的增长，而且要考虑到社会成员权利和义务的对等性，考虑到社会成员之间的平等合作。公正与效率也不总是矛盾，效率是教育公正普遍化的保证，效率低下是不可能保证教育资源分配的普遍化的。也就是说，如果仅仅追求效率，而忽略公正，那么这种教育制度是不合乎道德的。在特殊教育中，效率与公平是制度安排是否具有合理性的两个基本维度，教育公平与否是特殊儿童生存和发展机会平等与否的前提条件，特殊教育必须考虑人的自由存在和自主发展的需要，制度的建设必须考虑人的自由与创造性的发挥空间，必须具有人性化色彩，没有效率的制度安排必然限制人们社会行为积极性、主动性和创造性的充分发挥，直接影响社会生产的发展和社会财富的增长，不能为更好地实现公平分配创造物质条件。没有公平的制度安排会引发各种不可调和的矛盾和冲突，造成社会治理的无序和失控，难以做到人与物两大生产要素的合理化组合，导致效率无法提高。

特殊教育离不开一个公正的制度伦理环境。制度公正是制度的基本价值取向和首要的美德。公正是衡量制度优劣的首要标准，制度的首要德性不是效率而是公正问题（何颖，2007）。合理的制度可以促成教育公平，不合理的制度将会加大教育的不公平。要建立公正的制度环境，必须对现有特殊教育有关法规、制度进行深入改革，特别要注重从道德层面上促进宏观调控机制的建设，努力控制和消除在特殊教育方面存在的伦理缺陷。特殊教育制度本身也是一个不断完善的过程，关键是怎样解决效率与公平的统一，坚持注重效率与维护社会公平相协调，是市场经济下如何化解效率与公平的矛盾，制度伦理建设的重要目标。经济的发展是教育发展的基础，决定着教育发展的规模和速度。教育制度的安排，应有利于人人平等地享受教育发展的成果，使每个人都能依靠教育获得发展的机会（王本陆，2005）。特殊儿童所接受的教育不应是形式上的教育，必须是符合其身心特点的、是残疾儿童所需又是其能接受的教育。随班就读问题背后隐藏着诸多原因，最主要的原因取决于制度设计和制度安排的合理性，即效率优先，还是公平优先，还是效率与公平的统一。如何在效率与公平之间寻求合理的平衡点，消解顾此失彼的两难选择，就成为制度建设始终无法回避的任务。

二、全面发展的制度价值整合

人的全面发展是个人发展和社会发展的统一。任何时代，社会要繁荣昌盛、安宁幸福，必须使个人、集体和国家的利益统一起来，必须承认人人都能享受同等的发展机会及与其能力、贡献成比例的生活。个人总是集体中的一员，集体总是由个人组成的有机集合体。人的全面发展是人的自然性、社会性和思想性的充分发展，制度安排要充分体现这三者的内在统一。制度决不只是一个制度建设问题，同时还是一个人格完善的问题，必须在人与制度互动、在人的道德行为与制度安排的良性契合中来推进与提升制度伦理。制度对人的全面发展具有非常重要的现实意义,通过肯定人的价值、维护人的尊严、保护人的权利,不断为实现人的自由而全面发展提供越来越合理的制度安排。

在我国基本普及九年义务教育之后,特殊教育相继进入国家政策和立法保障的视野。特殊儿童要全面发展,学前教育非常关键,因为学前期是个体的社会行为、情绪、情感、性格和认知等方面发展的最重要和最关键的时期,人体的各种潜能在此阶段可以得到最大程度的开发,他们的许多缺损可通过多种康复教育训练手段得到最大程度的补偿、代偿和矫正,这将对他们一生可持续发展起到极其重要的奠基作用。首先,从人的自然性来看,特殊儿童全面发展意味着自身的体力和智力都得到充分发展。其次,从人的社会性来看,特殊儿童全面发展意味着人与人之间平等与自由关系的充分发展。最后,从人的思想性来看,特殊儿童全面发展意味着自身的思想观念、精神面貌和道德境界的全面提升。符合伦理精神的特殊教育制度可以更有效和更合理地协调各种社会利益关系,减少或消除制度变革中必然出现的利益冲突,特殊教育需要一套制度伦理框架来协调人们的利益冲突,在特殊教育中,某些制度中内涵的伦理精神没有通过具体的制度安排体现出来,制度主体身份的合道德性和其行为的合道德性没有受到相应的伦理质询,要使人人都有良好的伦理素养,唯有将法律规范内化为自身的道德修养。

三、合理性与规范性的要求

对一个社会来说,能否在制度中体现道德精神,在很大程度上反映了这个社会的成熟性和进步性,也直接影响着个人道德的进步和提高。对社会成员来说,制度建设从实践层面对人们的道德自觉提供着直接而有效的伦理支持和指引。正如邓小平同志所指出的:"制度好可以使坏人无法任意横行,制度不好可以使好人无法充分做好事,甚至会走向反面。"(邓小平,1994:333)所以说,制度也有好坏、合理不合理之分,问题的关键还是要诉诸制度伦理。快乐幸福的生活才是我们经济、社会发展的最高目标,尤其是最大多数人的最大快乐应该成为我们立法和道德的基础,为最广大的人民谋幸福应该成为我们最高的宗旨和法则。让每一个适宜教育的残疾人都能接受必要的特殊教育,使其本身潜能得到发展,从而获得融入社会的通行证,获得高质量的生活,是发展特殊教育事业的基本目标。如何使特殊教育的软硬件得到完善,在制度伦理的建设中,制定面向全体残疾学生的普及性政策,不仅要有远景的展望,而且要有近期的目标,不仅要有很高的认识,而且要有切实的举措,制度伦理建设通过制度内涵的价值观念、伦理精神引导人们的行为，整合人们的德行，为实现人的自由而全面发展提供越来越具有道德理性的思想价值体系。

建立规范特殊教育的制度体系，应根据特殊教育发展的需要，紧紧围绕公正合理的伦理要求来安排制度设计的程序、内容和运行的规则。修订原有教育法律制度的不足，制定符合时代需求的特殊教育法律制度，尽量避免对权利界限表达的模糊性，对各种教育权利边界进行清晰的规定，达成合理性与规范性的统一。建立一套规范行政活动的制度化体系，使特殊教育的各种立法和决策充分考虑特殊儿童的特殊性，使不同群体的利益要求在制度上得到表达和维护。从政策和法律法规层面保证特殊儿童与普通儿童一样具有同等的法律地位和享有平等的权利，寻求各方主体利益之间的平衡，充分发挥其制度的潜在优势，需要我们对每一种制度进行具体的科学、合理设计，同时要在遵循一定原则的基础上，以公平、公正、合理为原则加强制度创新。

在制度内容方面，设计出的制度对任何人权利和义务安排必须对等，我国特殊教育在立法和决策时，要保证制度所涉及的社会成员都在制度面前一律平等，不允许一部分人比另一部分人拥有更多的权利。在制度运行规则方面，制度运行程序的设计和安排要有利于所有社会成员，特别是要使社会的弱势群体能够实现自己的权益，从而推动特殊教育的发展，使特殊教育越来越有法可依、有制度可循，就要求政府在制定与实施特殊教育发展规划时为特殊教育事业可持续发展提供根本保证。要保证制度运行程序的设计和安排有利于所有的社会成员，特别是要使特殊儿童能够实现自己的权益。为了防止制度执行者滥用制度或不作为，使违规者侵害他人利益的行为能够得到公正的处罚，目前，我国每年在特殊教育领域颁布的大量法规、政府条例、规章制度，一方面使人们在社会生活过程的道德践行越来越有法可依、有制度可循；另一方面，制度伦理规范发挥作用时，相互之间还缺乏协调性。

第三节　法律和政策的实践改进

应制定特殊儿童生涯发展的专项法律，在法律中对生涯发展的各内容及相关权责的规定，为特殊儿童的生涯发展具体化、操作化提供法律保障。如美国，到1974年，国会已将生涯教育作为全国重点项目，当时已有9个州通过了实施生涯教育的法规，有42个州已采取措施推行生涯教育，这对于后来美国中学职业生涯教育的课程推广和开发具有重要的意义。在20世纪70年代和90年代，美国分别制定了《生计教育法》和《从学校到工作机会法》，这两部法规的制定为各级学校开展生涯教育提供了法律依据。同时，1989年制定的《国家职业生涯发展指导方针》为全国的职业生涯教育提供了规范性蓝图，并制定了各级学校生涯教育所要达到的能力指标。另外，美国于1975年通过了《生涯辅导与咨询法》，在1977年通过了《生涯教育激励法》，美国学校咨询师协会更是进一步为幼儿园到高中的综合性学校咨询方案提出了一个全国标准。可以看出，通过立法保障生涯教育的实施得到了美国政府的高度重视（王志强，2008）。生涯发展专项法律的制定，首先要明确生涯发展的内涵。本书把生涯界定为一生的经验，介于生命成长与职业成长，更多地倾向于与职业相关的一生的经验与活动，其不仅包括职业的选择与发展，而且包括对非职业性的活动或休闲活动的选择与追求，以及参与社交活动所获得的满足感。即生涯是个人一生职业、休闲、社会与人际关系的总称，是一个人的终身发展历程（申仁洪，2007b）。这个界定强调人一生中的自我参与经验获得，重视各种经历对人生涯发展的影响。特殊儿童的生涯发展的内容依此界定并结合其年龄特征，按生活区域规定，则包括家庭、学校、社区、公共区域生活各方面。

特殊儿童生涯发展法律制定的目的是通过法律厘清特殊儿童生涯发展的丰富内容，形成其生涯发展体系；明确在特殊儿童生涯发展中提供支持的各部门的权责，为特殊儿童的发展资源的获取提供切实的法律保障。围绕核心法的纵向法规会涉及生涯发展的实施细则，并对核心法中有必要单独立法的重要内容进行处理。特殊儿童生涯发展的相关法律制定的原则包括：①缺陷补偿。特殊儿童的生理缺陷是限制其发展的重要原因之一，若能减轻或避免其缺陷的程度，将有利于特殊儿童以正常的方式进行生活、学习。此原则对于感官缺陷的儿童至关重要，而发展性障碍儿童，如智力障碍儿童，虽不能根本上解决其生理缺陷，但必须做好康复与教育工作，以确保其不受到生理因素外的社会因素的二次伤害。②早期干预。儿童的心理发展都有关键期，抓住儿童发展的关键期进行教育，可以达到最优效果。特殊儿童的心理发展相对于健全儿童在速度、广度、深度上有一定的制约性，所以能早发现、早干预将对特殊儿童发展的各方面产生积极影响。③全面性。特殊儿童的生涯发展强调其发展机会的获得，因此法律涉及的内容越丰富，就能为儿童提供更多的参与机会，从而丰富儿童的生活经历。④可操作性。内容必须明确规定各方面的具体操作，如规定好各评定标准；权责分明，原则性与操作性结合，使执法力度得到保证。⑤潜能开发。法律内容的制定要注重特殊儿童的优势，条款的用词上要随特殊教育发展趋势，体现出对特殊儿童的尊重与支持。⑥个别化。特殊儿童在群体间存在差异，在群体内亦存在差异，因此有必要制定各类特殊儿童的生涯发展标准。在同类特殊儿童的生涯发展法律中，个别化原则的贯彻也是必不可少的，以使个体拥有自己的生涯发展图式。⑦儿童中心，以特殊儿童的全面发展为目标，内容的制定要有助于特殊儿童在知识、情感、意识上的发展，最终使其与自我、他人、自然、社会相融合，尊重特殊儿童的自我选择，在综合考虑各指标的情况下，确定最适宜个体的生活环境。⑧多元合作，特殊儿童的生涯发展离不开多方面的支持（医疗康复机构、学校、家庭、社区、政府、各种社会组织等），要综合各种资源，使其形成合力，共同打造个体的生涯发展计划。

第四章

特殊儿童生涯发展的家庭支持

家庭教育与学校教育密切配合、相互协调，共同为特殊儿童生涯发展的顺利展开和儿童的健康成长承担着责任。

第一节　家庭与特殊儿童的成长

家庭是社会的基本细胞，特殊儿童从出生以来所接触到的第一所学校是家庭，他们所拥有的第一任教师是家长。家庭成员在与特殊儿童的互动中，对儿童的生理发育、认知发展、人格完善起着全面的促进或阻碍作用。

一、特殊儿童家长面临的基本问题

对于绝大多数有特殊需要孩子的父母来讲，都面临着两个基本的问题需要解决。

（一）心态变化与调整

孩子还没有出生的时候，父母总是充满期待与憧憬，总是希望孩子聪明伶俐、健康活泼，有着良好的发展前途。但是一旦当孩子出生被诊断有这样或那样的残疾或特殊性的时候，家长们就会承受巨大的心理压力，心态会发生系列变化：首先是由于缺乏思想准备而感到震惊，害怕接受客观事实；在经历震惊之后，多数家长开始转入拒绝，不相信专家的鉴定和结论，以一种侥幸心理尝试所能找到的任何方法，企图推翻专家的专断结论；当家长经过多次努力，仍然无法推翻客观事实时，就可能进入一个绝望时期，感到身心疲惫、心力交瘁，对孩子的前途和家庭的发展感到绝望和无能为力，他们痛苦地感到孩子完了，家庭完了；经过绝望，就可能陷入内疚与自责的痛苦之中，特别是那些由于自己的某种过失（如照顾不周、医疗失误、近亲结婚等）而导致孩子残疾的情况更是如此，这种内疚主要是对孩子的，但也可能是对长辈、配偶的。在这种情况下多数家长都会出现严重的忧郁症，而不能冷静考虑孩子的生活和教育问题。随着时间的推移，当家长度过心理难关之后，就会逐渐平静下来，开始接受客观的既成事实，认同孩子的基本状况，听取和采纳专家与教师、特殊教育工作者的合理建议，认真考虑和安排孩子的生活与教育问题。

（二）沉重照顾负担

多数特殊儿童（如智力落后儿童、盲童、肢体残疾儿童、脑瘫儿童、孤独症儿童、聋童等）在衣食住行等生活自理和自立方面总是存在着不同程度的困难与困扰，但是特殊教育，包括随班就读，必须要尽量减轻这些困难和困扰的程度，直至完全消除这些困难与困扰，使他们通过学习和发展达到自理和自立状态，可是，在达成这个目标之前，这种日常照顾却主要是由家长来完成的。日常照顾无论是在精神和心理上还是在时间、物质和金钱上对广大家长都是不小的负担，但是这种日常的照顾和训练却又是随班就读得以顺利展开的基础和先决条件。

二、家长与特殊儿童的交互作用

在一个特殊家庭中，家长和特殊需要孩子的亲子关系时刻都处于互动和交互作用之中。无论是积极的亲子关系，还是消极的亲子关系，都是家长和孩子相互作用的结果。亲子互动与交互作用既体现特殊需要孩子对家庭的影响，更体现在家庭对孩子的作用。

（一）特殊儿童对家庭的影响

一个家庭，一旦有一个特殊孩子，就会给整个家庭关系带来深刻的影响。这种影响既包括物质层面，也包括制度层面和心理层面。在物质层面上，对特殊儿童的医疗、日常生活照顾、康复与教育训练、生活自理和职业自立训练等大大增加了家庭的负担，给多数家庭都可能带来时间、物质和金钱上的短缺与紧张。随时间、物质和金钱的负担与压力而来的就是制度层面和心理层面的变化。在制度层面，特殊儿童的出现可能会导致两种后果，一是积极的，面临困难，同舟共济，重新建设一种和睦共处、民主平等的良性家庭互动关系，共同应对负担和挑战，这种关系非常有利于随班就读的顺利展开和特殊儿童的健康成长与发展；与之相对的是另外一种消极的变化，给家庭关系带来危机，父母关系恶化，于是，特殊需要孩子的单亲家庭出现了。家庭关系的恶化不可避免地对家庭的物质和心理进一步产生负面影响，从而加剧特殊儿童问题和困扰的严重性，形成一种恶性循环，最终使特殊需要孩子错过良好的教育与训练时机。在心理层面上，特殊需要孩子的出现，给家长的心态，包括对孩子的认知、情感和意向产生一系列的影响，导致许多负面心理的出现：焦虑、紧张、内疚、自责。

（二）家庭对特殊儿童的作用

从教育和儿童发展的角度审视，家庭是特殊儿童的成长基地，家庭对儿童的身体发育、心理养护、认知与人格的发展都有非常重要的作用。

1. 家庭作为特殊儿童的生理发育和身心养护的主要场所

儿童生理发育所需要的营养和早期的活动主要由家庭提供。现代医学和病理学研究发现，许多特殊儿童的致病原因都与营养缺乏和不良相关。营养不良或营养过剩都可能带来脑功能发育或细胞代谢紊乱，从而影响智力发展。在视力残疾中，先天性的角膜浑浊、眼底病、白内障、眼睑炎等均可由营养不良所致，因此这些疾病称之为营养性视力障碍。从缺陷的补偿与矫正方面而言，适量的营养摄入和适当的食物可减轻甚至消除儿童的残疾症状，促进身体素质和机能的提升，提高学习能力，为特殊儿童发展提供必要的生理基础。儿童心理学研究发现，儿童早期的活动水平（包括粗大动作和精细动作的锻炼）、接受各种有效刺激的数量和质量在很大的程度上与以后的学习有着密切的关系。特殊儿童学前期的几乎所有活动都是由家长提供并在家长帮助下展开的。

2. 家庭教育与特殊儿童的认知发展

家长为特殊需要孩子提供的早期经验是儿童智力发展的重要源泉。很多研究都表明，导致许多特殊儿童出现的一个重要原因就是由于环境的剥夺而致使儿童早期经验的缺乏，如母爱缺乏、社会性接触不足、缺少益于智力发展的感官刺激等。相反，如果为儿童提供丰富而正向的经验，那么儿童的发展状况则会明显改善。一般而言，有许多特殊儿童家长，当确定孩子具有这样或那样的特殊性，出于内疚或者保护，对孩子过分关注，时刻担心孩子受人欺负、出现各种伤害，而把孩子关在家里，本来该孩子自己处理的衣食住行都让家长一手包办了。这样做虽然本意上是希望孩子好，保护孩子，但是，从发展的角度，却刚好起到相反的作用。它实际是对孩子的不公平，剥夺了本来应该属于他，而且以后发展所必不可少的环境和锻炼机会，使得孩子的感知动作、注意、记忆、知觉、思维、想象和语言等一般的认知能力发展受阻。而这些都是儿童进行融合性学习的基本心理品质。

在学龄阶段，家长和家庭教育对孩子学业成败有着重大影响。一项研究表明：学业成功组的家长大多数对子女的期望较高，而学业失败组的家长大多数对孩子的期望偏低（戴斌荣，1994）。之所以如此，是因为家长的低期望值带来两个后果，一是孩子会以父母期望的方式塑造自己的学习，二是父母的期望的高低往往决定了对孩子学习的态度和行为方式。在同一项研究中还发现，学业成功组 67%的家长采取民主教育方式，76%的家长以精神鼓励为主，而在学业失败组中 64%的家长采取专制和放任教育方式，53%的家长以物质奖励为主或没有奖励。另一项研究表明：家长对孩子的管教和对学业的重视程度是影响孩子学习的主要原因。男生的学业失败倾向于家长管教不严、过分溺爱，女生的学业失败则倾向于家长期望不高、对孩子学习重视不够（申继亮，1994）。

所有这些研究都说明，家长和家庭以自己独特的方式，如亲子关系、提供的环境和刺激的丰富和恰当程度、教育方式、期望高低、对特殊性缺陷的补偿与矫正等影响着特殊儿童的认知发展，进而影响着孩子的学习成效。

3. 家庭环境与特殊儿童的人格成长

现代心理学研究发现"家庭是个体人格制造工厂"，是儿童人格社会化的主要环境。美国心理学家托马斯·A. 哈里森根据大脑生理学和心理学的最新成果指出，个体在童年时期记录在大脑中的"父母意识"，即由父母或相当于父母的人身体力行、言传身教所提供的"外部经验"，将永久地记录在每个人的人格磁迹之中。精神分析临床研究发现，病态人格源于儿童不良"早期经验"、心理冲突。所以在亲子关系中，父母给予孩子的环境（包括物质和心理环境），特别是家庭心理氛围，以及为孩子所提供的刺激的数量和质量，对形成儿童健全的人格尤其重要。对特殊儿童而言，孩子的特殊性会对家庭环境和心理氛围产生微妙的影响，在很多的时候，如果处理不当，则会对孩子的人格造成不利影响。相反，如果父母调整好心态，家庭心理氛围和环境的调整趋向合理，孩子的人格则会得到良好的发展。

（三）家长和孩子关系的交互性

家长和孩子之间存在着复杂的交互作用。特殊家庭中这种交互作用很有可能陷入一个恶性循环中。当一个家庭有了一个特殊需要孩子之后，由于孩子的特殊性，家长就可能出现种种负面心理状态。因为家长具有种种负面心理状态，又极有可能忽略为儿童的发展而进行环境改造的机会，或者导致或加重孩子和周围人群的负面看法，给儿童的发展蒙上一层阴影，从而加重儿童的特殊性。而特殊性的加重又会进一步激化家长的负面心理状态。如此陷入一个恶性循环圈。倘若家长能够很快很好地调整心态，以一种平静的心态把注意的焦点转向如何为儿童的学习和发展设计和塑造良好的环境与条件，采取科学而有针对性的措施，制定恰当的个别教育计划并着力进行康复和教育训练，则可能改变儿童对自己的看法，形成和强化儿童正确的自我认知、自我评价、自我体验和自我控制，而进入一种良性循环之中。

第二节　家庭支持的表现

在一份关于家长对随班就读态度的调查中显示，残疾儿童家长与正常儿童家长相比，对待随班就读的态度更积极。在对待残疾儿童随班就读方面，相当一部分正常儿童家长仍然有拒绝、隔离、排斥、消极态度倾向（刘泽文等，2005）。目前，家长参与特殊教育的决策、实施，维护自己及有特殊需要的子女的各种合法权益已经成为世界特殊教育的重要发展趋势。家庭的支持已经成为特殊儿童发展不可缺少的条件。

在家庭和学校的关系中，通常存在着以下几种基本的情况：第一，家长靠边。家长作局外人，学校对于家长来说是一个封闭而隔绝的世界，学校课程与教学的运行与家长无任何关联。第二，家长"卷入"。家长被动地参加那些由校长和相关学校工作人员预先设计好的，并由他们所发动的有限的课程与教学活动。第三，家校合作。作为学校的伙伴，家长分享或者积极影响学校政策事务的决定，并在学校相关工作领域中扮演积极的决策角色，这些家长参与协作的决策领域包括：学校公共政策、学校教职员工的配置和他们的专业发展、学校财政预算、学校场地和建筑规划、资源的管理、学校课程等。

一、参与教育决策

家长参与首先就表现在家长对自己子女合法权益的维护。从 20 世纪 40—50 年代起，在美国，特殊儿童家长积极组织起来，成立家长团体，如全美智力落后公民协会、脑性瘫痪联合会、特殊障碍儿童协会，唤醒公众对特殊儿童的关注和对特殊教育的重视，推动特殊教育立法，呼吁为特殊儿童提供与正常儿童同等重要的受教育机会，这些家长的努力取得巨大的成功。

二、早期干预和缺陷的补偿与矫正

当特殊儿童有机会与正常儿童一起在正常的学习环境中接受义务教育之后，家长不再需要为孩子的入学机会和在正常环境中接受教育的机会奔走呼号时，家长参与特殊教育的努力方向发生了转变。他们开始成为专业人员和特殊教育教师的合作伙伴，实质性地参与到学校教育中来，为特殊儿童提供强力支持。这种支持首先就表现在对特殊儿童进行早期干预和缺陷的补偿与矫正，尽量减轻或消除影响学习的缺陷与障碍。

在早期干预的过程中，由于家长的特殊性，他们与孩子接触的时间最长，关系最为密切，对孩子的成长和发展最为关心，也最了解孩子的特殊需要和细微变化，家庭作为孩子的主要生活场所，家长作为孩子的第一任老师，理所当然就成为最自然的教育和干预场所。不但在学前阶段，即便是在义务教育阶段，儿童已经进入到普通学校中接受随班就读，对许多特殊儿童而言，他们在正常学习环境中接受教育、获得学习所必不可少的基础性支持，运动能力、语言能力、认知发展、社会行为、生活自理及其他特殊的学习技能（如低视力儿童的定向行走、重听儿童的听话训练、看话训练、语言训练）等也必须得到进一步的发展，家长就可以在其中承担起大部分的职责。

三、提供恰当的家庭环境

特殊儿童的身心健康就是特殊儿童生涯发展的基本构成，而养育子女，促进儿童身体正常发育，维护他们的身心健康发展则是父母的天职。绝大部分特殊儿童在身体和心理发育上都可能存在这样或那样的问题与缺陷，进而严重影响他们在融合性学习环境中的正常学习，家庭与父母在维护儿童身心健康方面可以起到关键性的作用。父母和家庭必须具备一种基本的维持儿童身心健康的意识，定期进行健康检查，跟踪儿童的发展状况，及时发现可能出现的疾病与问题；为儿童提供良好的家庭生活环境，这包括物理和心理环境，提供丰富而恰当的各种有效刺激与经验，使儿童的身心尽可能地处于愉悦状态之中；提供体育锻炼的机会，并进行必要的锻炼指导，及时矫正孩子运动和动作方面的障碍与缺陷，提高儿童的机体功能，增强体质。

四、培养和训练良好的生活习惯与独立的生活自理能力

特殊儿童良好的生活习惯与独立的生活自理能力既是儿童进行融合性学习的条件，更是他们今后健康发展，进入社会获得自我适应、社会适应和职业适应，为周围人们所接纳的必要保证。对学校教育而言，这方面的训练基本上不可能由学校来完成，而只能是家长和家庭的职责。事实上，家庭和家长在这方面训练具有天然的优势，机会良多，效果显著。儿童的衣食住行、个人卫生、安全意识的良好习惯和基本技能作为生活教育的重要组成，在家庭生活之中最能得到锻炼和发展。

五、参与儿童学习与教育训练

（一）参与教育与心理的评估和诊断

特殊儿童的心理与教育评估与诊断不是为了给儿童贴上一个标签，而是为了教育的展开。具体而言，它的基本功能是通过评估和诊断，在把握特殊儿童的身心发展特点和生活环境的基础上了解儿童的特殊教育需要、找到教育教学展开的起点、为个别教育计划提供依据与支持。因此对特殊儿童进行心理和教育评估与诊断实际上是特殊教育的基础性工作。由于家庭和家长与特殊儿童的特殊关系及对特殊儿童的深入了解，家长和家庭参与到评估和诊断中来，就成为特殊儿童心理与教育评估和诊断的重要特点。家庭和家长参与评估和诊断既是为特殊儿童提供恰当教育的必要保证，同时许多国家还通过立法把它确立为家长的基本权利和义务。例如美国《PL94-142法案》对家长如何参加评估鉴定及他们的基本权利和义务都做出了明确的规定（方俊明，1998：196）：学校对儿童进行有关特殊教育方面的评估测量之前，必须书面通知家长，而家长也不能无故不接受通知；家长必须允许孩子参加有关测试以鉴定其是否需要特殊教育；如果家长对学校的评估意见表示怀疑，有权要求进行不依靠学校来组织的独立性评估；家长有权调回有关孩子平时学习档案和评估过程的所有资料；家长如果不接受评估组的结论，可向有关政府机构投诉，家长的投诉在一个半月之内必须给予回答；家长必须提供有关儿童在家庭生活、学习情况方面的真实信息以供评估鉴定小组对儿童各方面情况做出客观的综合评估。

（二）参加个别化教育计划的制订、实施、评估与修改

为特殊儿童提供个别化的教育，以满足特殊教育需要，在特殊教育中被广泛

采纳。特殊儿童要真正在融合性的教育和学习环境中得到最优化的教育对待，得到最大程度的发展，也必须贯彻个别化教育的基本理念。个别教育计划作为个别化教育的核心和实施依据，已经在全世界成为为特殊儿童提供最适合其发展、给予最恰当教育服务的最基础性的教育文件。个别教育计划的制定是集体智慧的结晶。家长作为特殊儿童的法定监护人，无论是在个别教育计划的制定过程，还是在个别教育计划的实施过程，以及个别教育计划的检查与效果评估过程，都要有效参与其中。在特殊教育中，家长是以个别教育计划制定的信息提供者、个别教育计划措施的承诺者、个别教育计划实施的监督与检查者、学校教育的配合者面目而存在的。在个别教育计划的制定修改过程中，家长要提供相应的儿童家庭生活信息，并以自己的角度参与到计划的制定和修改中，提出自己的意见和看法；在计划的实施过程中，家长一方面要配合学校实施计划，承担计划中自己的角色和职责，对儿童的学习进行辅导和训练，另一方面又以监护人的身份为计划的实施提供监督；在计划的效果评价与总结过程中，家长要提供儿童的家庭信息并参与到评估中来，进而修改下一阶段的计划。

第三节　家庭支持的获得

一般而言，随班就读的家庭支持可以通过以下途径获得：

一、立法保障家长的权利和义务

在特殊教育的发展历程中，家长参与立法保障存在着复杂的互动关系。在早期，家长曾试图鼓励教育权威人士提供教育方案以帮助他们的残疾儿童，但是这种努力失败了，于是家长很快就认识到，根本的改变需要各级政府的财力和人力的支持，没有任何临时或偶然的措施会带给他们和自己孩子永久性帮助。家长团体的成立、专业人士的参与及其追求特殊儿童平等受教育权利的成功为特殊教育立法提供了强大的推动力。法案的通过又确保了家长在特殊教育中的权利和义务，使得家长积极参与到儿童发展和特殊教育的政策制定中来。

目前我国有关家长参与儿童发展和特殊教育的权利尚没有明确的规定，但是在有关家长参与儿童发展和特殊教育的义务方面有关的法律和法规已经涉及。在1989年《国务院办公厅转发国家教委等部门关于发展特殊教育若干意见的通知》

（国办发〔1989〕21 号）中指出"有计划、有步骤地发展残疾人教育事业，切实保障残疾人受教育的权利，是国家、社会和残疾人家长的共同责任"。《中华人民共和国残疾人教育条例》第十三条规定"适龄残疾儿童、少年的父母或者其他监护人，应当依法保证其残疾子女或者被监护人入学接受并完成义务教育"。相信不久的将来，我国的法律法规不但规定家长的义务，而且有关家长参与儿童发展和特殊教育的权利也会通过立法予以保障。

从实践层面上讲，家长与专业人员的平等感觉既是家校合作伙伴关系是否成功的一个重要标志，又是成功建立这种伙伴关系的关键点。在家长与学校和专业人员互动关系中，常常暗示着某种专业的权威。家校的分裂与对立在本质上是一种"权力"的对抗。而这种"权力"的对抗更多源于家长与学校和专业人员之间相互信任的缺乏。这种情况尤其对低收入家庭或者与专业人员有着不同文化背景的家庭更是如此。传统的学校课程与教学领域中，家长是被当作局外人和门外汉，因此既没有权利也没有职责。课程与教学成为专业人员和教育管理人员的专利。但是随着教育民主进程的加快，家长的权利与职责也就被凸显出来。我国的《基础教育课程改革纲要》至少在两个地方提到了家长的权利与责任：一是"建立以教师自评为主，校长、教师、学生、家长共同参与的评价制度"，二是"建立教育部门、家长以及社会各界有效参与课程建设和学校管理的制度"。

二、家长学校

除了养护常识之外，家长支持更需要的是专业知识和专业技能。多数特殊儿童的家长缺乏有关特殊儿童及其教育的专业知识。因此要使家长能够真正成为随班就读的支持系统的有效构成要素，就必须进行相应的家长教育，使之掌握与自己孩子的需要有关的专业知识和基本教育教养技能，以便配合学校完成自己的使命和职责。

家长的培训需要通常是通过家长学校来满足的。家长学校的基本任务是进行相应的家长教育，使之掌握与自己孩子的需要有关的专业知识和基本教育教养技能，以及现代课程与教育的基本理念，以有效完成自己在家校合作中的使命和职责。具体而言：第一，形成一种正确的特殊教育和特殊需要的观念，以一种平常的心态对待特殊儿童，既不要歧视，也不要过分同情和特别关注。第二，帮助所有家长了解我国残疾人教育的相关法律法规、有关的方针政策，从而加深对特殊儿童和特殊教育的理解，认识到发展残疾人教育是社会、政府、学校，同时也是自己的权利和责任，特殊教育是促进残疾人平等参与社会生活的根本途径。第三，帮助家长了解当地教育系统和学校运作层级制度的各种层次及相应的权力，校长办公室、地域和具体学校校长的职能。尤其是，家长需要知道校长及其教工在当地学校层次所发起的和维持的各种活动，也需要清楚校长办公室官员使用的约束和调控过程。第四，帮助家长掌握护理、教育、训练、辅导儿童的基础知识和基本技能；帮助家长组织和协调家庭成员的关系，塑造良好的家庭环境，发挥家庭教育的整体功能；帮助建立家长之间的关系，以形成互助性的家长组织，加强家长与专业人员的联系。第五，提升家长参与学校课程与教学的人际和交流技巧，树立积极参与的态度。

家长学校除了针对特殊家长之外，对正常孩子的家长也需要提供相应的教育，使其了解特殊儿童的受教育权利、儿童的基本特点，以及特殊教育需要、我国特殊教育的基本方针政策、特殊教育的融合性发展趋势等。对正常儿童家长提供有关特殊儿童和特殊教育的基本知识在我国展开随班就读具有非常重要的意义。民间特别注重儿童成长的环境，有所谓的"近朱者赤、近墨者黑"，许多正常孩子的家长害怕自己孩子的班级中有特殊儿童的存在。据笔者的调查，对随班就读持反对意见的人群有相当大一部分来自正常孩子的家长。因此，对正常孩子的家长进行家长教育，让他们形成正确的态度，可以为儿童发展提供一种支持性的环境。

三、家校合作

家长参与到学校教育之中，不仅对子女学习有正面积极的效果，而且可以促进家长间联络，彼此分享教育经验。同时站在学校的立场上，则希望通过"家校合作"的形式优化孩子成长的环境，达致"家校合一为孩子"的目标。但是，自提出家长参与的概念之后，便存在着两种基本的意见。

家长参与的支持性意见。在现代课程与教学系统中，支持家长参与的一个主要理由是出于教育上的考虑，通常人们认为"家长越靠近孩子的教育，对孩子发展和教育成效的影响就越大"（Fullan，1991：227）。具体而言：家长的参与通常可以使学生的学习、智力、社会性及情绪得到发展与提升；家长参与会使学校的学习环境变得丰富多样；家长参与可以促进人们对当地学校社区一体化的理解；家长参与能够使家长更加充分地理解教育过程并支持学校教育的目标；大量利益团体卷入学校教育之中，有可能使学生的利益得到充分考虑；在民主的国家中，家长和其他市民都有权利参与学校的决策。

家长参与的反对性意见。与支持性意见相对应，也有许多关于家长不应该积极参与学校决策的反对意见。这些反对的理由包括：许多家长并不具备一个有效参与者所必备的问题解决与交流的技能；许多家长有意识地回避，使得那些表达力强的、受过良好教育的家长控制整个决策；学校教工有时并不愿意或者反对家长参与活动；鼓励家长参与通常只停留在言语上，而没有实际的行动支持和专业化的管理措施；有时，家长的积极参与不利于教师专业发展，可能降低教师的专业职责和专业意识；家长并没有形成具有公共特质的团体，通常是以个体消费者的形式参与。

但是，无论如何，家长参与学校课程与教学已经成为世界潮流。长期以来，大量实践证明，在课程的决策和研制过程中，家长通过家校合作的参与协作不仅促使学校、教师和教育行政当局对学校社区共同体的生活现实保持敏感性，而且有效地改变了家长对于课程与教学的相关信仰、态度和行为。当前，许多家长关心的主要问题是：他们的孩子是否能够在学校里学到社会生活所必需的东西？学校教育的内容、管理和课程是否能使学生对自己的民族、信仰和家庭道德背景产生认同感和自豪感？教师是否真正地接受和分享家长对自己孩子学习的关心？为了促进家长和学校教师的相互了解，形成真正的合作伙伴关系，迄今为止人们开展了大量的实践，并且有许多方法得到了成功的实施。这些方法概括起来主要表现为：家庭与学校的有效沟通；亲职教育；协助子女在学校学习；家长义务参加学校工作；家长积极支持学校教育教学活动；学校与社区建立协作关系。

要发挥家庭和学校对特殊儿童的整体教育功能，就必须有效地展开家校合作。学校主导下的家校合作通常有三种基本的形式：一是请家长到学校参加家长会议，通报儿童的有关教育情况，解决带有普遍性的、全局性的教育问题。家长会议的主题各种各样，可以是通报情况、交流经验、推广成果，也可以是学术讲座、研究问题、寻找解决问题的方法等。二是进行家访。通过家访与家长沟通，了解特殊儿童的家庭生活情况，商讨有关特殊儿童的教育问题，解答家长在教育和训练过程的疑难。也可以通过家访直接对特殊儿童进行辅导与教育，为家长提供直接的示范。三是建立家长联络簿。通过联络簿，教师随时将学生在学校中的表现、学校的教学计划、对学生的基本要求、各科学业的进步情况、需要家长进行配合的辅导与教育训练通报给家长。与此同时，家长也可以将孩子在家的表现、与人交往的情况，对学校教育的要求和建议，以及自己在处理特殊儿童教育训练问题时遇到的困惑与难题告知学校和教师，从而达到家校相互沟通、相互配合、相互帮助，形成合力。

四、巡回指导

我国实行有中国特色的特殊儿童发展和特殊教育体系，除了顺应特殊教育的世界发展趋势，为特殊儿童提供正常的教育环境外，一个基本的考虑就是我国农村人口占多数。广大农村地区，尤其是边远山区人口分布稀散，要集中特殊儿童进行安置不但费时、费力、费财，而且在很大程度上不可能做到。因此，特殊儿童要就近入学，进行随班就读。巡回指导就是针对这个情况，由特殊教育教师或者专业人员为广大农村和边远山区的家长进行专业指导，让他们了解相关的知识和技能，并结合自己的生活实际，有针对性地配合学校有效地为特殊需要孩子提供教育对策。

五、教师研讨

提到教师培训，人们首先想到的主题和焦点就是围绕学习的课程计划和实施的能力的提升，而很少会重视教师在学校共同体中的作用，尤其在与家长有效交流的技能与技巧方面。这种做法的直接后果就是：有些教师有可能会极少利用家长的协助，甚至是主动拒绝与家长交流。对教师进行相关培训的有效方法就是教师交流与研讨。在我国典型的城乡二元结构的主导下，教师交流与研讨程度的城乡差别相当大。农村学校的教师很少有相互交流和研讨的机会，但却能够极其密切地参与当地社团并通过社会、文化和体育运动等途径定期与家长联系。在城市，学校的教师之间有着相对较多的相互作用的机会，但一些教师难以理解和体会家长的考虑重点和社会准则。在教师研讨之中，考虑自身与家长的接近程度、修正自己正在使用或者应该使用的家校合作策略、提高自己与家长之间友好的程度都很重要。同时，在具体的研讨过程中，典型的案例对于说明家校合作的好处、理解家长的利益和动机及家长参与支持学校课程与教学的途径都具有显著的作用。

六、家长委员会

在世界范围内，家长委员会都是保障家长权利的基本组织形式，同时也是家长参与学校课程与教学的基本组织形式。在我国，教育部在《教育部关于加强依法治校工作的若干意见》（教政法〔2003〕3号）也明确规定："中小学要积极推动社区参与学校管理与监督，推进家长委员会的建立，明确家长委员会的职责，学校决策涉及学生权益的重要事项，要充分听取家长委员会的意见，接受家长委员会的监督，为家长、社区支持、参与学校管理提供制度保障。"根据这一规定，在我国基础教育领域中，成立家长委员会是依法治校的重要组成，也是学校推进民主建设，充分发挥家长对学校教育、教学工作的参谋、监督作用，宣传国家的有关教育政策法规的重要措施。同时，家长委员会还是学校全体家长支持教育、参与助学、沟通学校与社会、家庭联系的纽带和桥梁。

目前我国中小学通行的家长委员会的职责虽然各不相同，但概括起来主要有：了解学校办学思路、管理制度及重大决议；察看学校教学设施、安全制度，对学校教师的师德、师风状况做出评价；通过参与学校的重大活动或组织听课等，关心、了解学校工作，对学校的办学方向、教育质量、教师工作、行政管理等方面提出建设性意见，做出适当的评价，实行必要的监督；收集汇总家长意见，归纳家长反映的问题，并将有关意见、建议及时反馈给学校，并协调家长和学校在学生教育过程中可能出现的矛盾；尽力协助学校解决管理工作中有困难的特殊问题。

尽管家长委员会有着重要的积极意义，但是在实践的操作中，家长委员会却存在着一些有待解决的问题。其一是家长委员会与广大家长之间的关系问题。如有的学校家长委员会规定其成员必须懂得一定的教育规律，能为学校工作出主意、提意见；具有比较丰富的家庭教育经验，并有较好的教育效果；能为学校工作和改善办学条件提供一定帮助；具有某方面特长，能为学校开辟课外教育渠道提供帮助。这些条件的设置使得一部分的弱势家长无形之中被阻隔在参与协作范围之外。其二是与学校的关系问题。通常，学校作为教育的专业机构，更多地占据强势地位，这非常容易导致家长委员会成为学校的附属组织，而无法独立展开工作。

除了上述几种主要的家庭支持的获得之外，还可以由各种机构组织专家提供特殊教育和医疗、保健、康复的专业咨询，利用大众传媒普及特殊教育知识，进行社会舆论引导等形式。

第四节　走向伙伴协作的家庭支持

特殊教育是一个跨学科团队协作的事业，在这个团队中家庭扮演着独特的角色，起着不可替代的作用（申仁洪，2006）。在美国特殊教育发展进程中，特殊儿童家庭成立家长团体，借助立法、诉诸诉讼，从最初的机会平等诉求到争取完全参与、独立生活、经济自足（Turnbull et al.，2012：8-9），取得了卓越成效。家庭参与也从最初的压力应对演进到伙伴协作与赋权增能。

一、家庭权利保障的法律进程

20 世纪 70 年代以前，美国社会对特殊儿童的歧视主要表现为两种方式：要么完全排斥或即使接纳但不提供恰当有效的教育；要么将本没有残疾的孩子错误地认定为残疾孩子。美国教育行政机构和公立学校坚持"隔离但平等"的原则，身心障碍儿童不但常常被公立学校所拒绝，而且美国各州法院都支持各州教育行政机构及公立学校的立场，判决身心障碍儿童不得进入公立学校接受教育。1893 年华生对剑桥市诉讼案（Watson v. City of Cambridge）、1919 年比蒂对教育委员会诉讼案（Beattie v. Board of Education）、1934 年俄亥俄州凯霍加河县上诉法院（Cuyahoga County Court of Appeals）判决俄亥俄州的强迫入学条例、1958 年公共福利部与哈斯诉讼案（Department of Public Welfare v. Haas）等案例皆是如此。

为了应对这种压力，家长积极组织起来，成立家长团体，推动特殊教育立法，并取得了卓越成效。在特殊儿童方面，新近父母运动的重要性无论怎样估价都是不会过分的。许多方面的变化——立法、辅助性的就业机会、法院诉讼——都是组织起来的父母运动推动的结果（柯克，加拉赫，1989：11）。

在家长团队的推动下，1965—1975 年美国国会通过四部主要特殊教育相关法案：《1965 年初等与中等教育法案》（Elementary and Secondary Education Act of 1965，ESEA，PL89-10）、《1966 年 ESEA 修正案》（Elementary and Secondary Education Act Amendments of 1966，PL89-750）、《1970 年身心障碍教育法案》（Education of the Handicapped Act of 1970，EHA，PL91-230）、《1974 年 EHA 修正案》（Education of the Handicapped Act Amendments of 1974，PL93-380）。1975 年通过了具有里程碑意义的《PL94-142 法案》，家长参与作为现代特殊教育的基本原则固定下来。1986 年《身心障碍儿童保护法》（Handicapped Children's Protection Act，PL99-372）和《身心障碍婴幼儿法案》（Infants and Toddlers with Disabilities Act，PL99-457），1990 年《身心障碍者教育法案》（Individuals with Disabilities Education Act，IDEAz，PL101-476）都是《PL94-142 法案》重要的修正，最后所有这些法案统一于 1997 年《IDEA 修正案》（Individuals with Disabilities Education Act Amendments，PL105-17），联邦教育部于 1999 年在《联邦公报》

（*Federal Register*）第 64 卷第 48 期中公布《IDEA 修正案》的实施细则。在《IDEA 法案》中家庭参与被重新定义并得到强化，强调不仅仅是儿童个体而且包括整个家庭都是服务接受者。

二、家庭压力及其应对

特殊儿童的出生几乎对所有家庭都带来了强大的亲职压力。面对这一局面，家庭参与首先思考的问题是特殊儿童家庭到底面临什么样的压力？当面临这些压力时，特殊儿童家庭采取什么方式进行有效应对的？家庭参与是从压力应对开始的。

（一）特殊儿童家庭多元化走向

随着社会的演进，特殊儿童家庭面临着多元化的挑战。传统上，家庭通常指基于生育（血缘）或婚姻关系而居住在一起的多人群体。但是近年来，美国对于家庭的定义正在发生悄然的变化，多元文化正在逐步进入人们的观念之中。两个或者两个以上的人，只要他们自己认为存在于同一个家庭，并且实现着家庭典型的功能，就可以被认定为组成了家庭（Poston，et al.，2003）。这就意味着一个家庭的成员并不一定居住在一起，或者也可能突破血缘、婚姻关系的联结。2005 年的一份研究报告显示，在 12 个非洲裔美国特殊儿童家庭中，只有 1 个属于传统的核心家庭范畴，其余 11 个家庭甚至超出了所有传统单亲家庭的范畴，其中 1 个家庭由祖母抚养，2 个由母亲和继父抚养，1 个由叔叔抚养，5 个由单身母亲抚养，2 个由单身父亲抚养（Harry，et al.，2005）。

多元化的特殊儿童家庭带来严重的复杂挑战：失业、频繁的工作变动、家庭成员的亡故、财政困难、身心疾病、物质滥用、儿童虐待、社区暴力、对外来的不确定性等。尤其是低收入和低水平的教育显得更加突出。2003 年，美国特殊儿童家庭大约有 36% 的年收入在 25 000 美元以下，而非特殊儿童家庭的这一比例则只有 24%；2002 年 22% 的特殊儿童的主要抚养人学历在高中以下，而非特殊儿童家庭的这一比例则只有 9%（Turnbull，et al.，2010：102）。因此特殊儿童家庭比普通儿童家庭面临着更高风险和更严重的发展危机，尤其这种风险和危机与种族和文化差异紧密相连（U. S. Department of Education，2007），对于特殊儿童家庭或者可能出现特殊儿童家庭提供整体的支持性干预就显得特别重要。

（二）特殊儿童家庭压力评估

为了弄清楚特殊儿童家庭压力状况，评估就成为一个不能回避和不可或缺的活动。在早期，人们对特殊儿童家庭压力评估通常采用病理学的方法，将特殊儿童家庭作为实验组，将非特殊儿童家庭作为控制组，以控制组作为正常标准，通过标准化的数据，寻求二者之间的统计学差异（Innocenti, et al., 1992）。人们采用这种方法进行了大量的研究，有效评估了特殊儿童家庭压力状况，得出了一些有价值的结论。

布尔（Burr, 1973）在改进已有研究的基础上，测量了特殊儿童家庭压力、可利用的资源和其他变量的关系，这项改进为定量研究奠定了更坚实的基础。Lippman 和 Blumen（1977）区分了特殊儿童家庭压力评估的 8 个维度：①内部因素 vs. 外部因素，家庭对压力的控制在哪里。②压力扩散 vs. 压力约束，家庭能够将压力控制在局部释放还是对其他领域产生影响。③认知 vs. 逐步改进，家庭是否有机会有计划地应对压力。④强烈 vs. 温和，压力强度如何。⑤暂时的 vs. 持续的，压力持续时间的长短。⑥随机 vs. 预料之中，家庭是否能够预期压力。⑦自然 vs. 人为，压力是常规的还是非常规的。⑧可以解决 vs. 不可解决，在人们的认识中这些问题是否可以被解决。另外一些学者（McCubbin, et al., 1980）对整个20 世纪 70 年代的家庭压力研究进行了元分析，发现传统研究的基础是 ABC-X 家庭压力模型（A 为活动事件、B 为可资利用的资源获取压力、C 为家庭认知、X 为家庭经历的压力数量）。Lavee 等（1996）通过对 287 个典型学龄期儿童家庭进行调查，以了解其婚姻压力、经济因素、工作、孩子的数量与居家角色，评估了家庭压力数量及常规压力源（孩子出生、入学、空巢、退休）和非常规压力源（失业、自然灾害和家庭中有残疾人）。

特殊儿童让家庭面临多方面的挑战。例如社会隔离（朋友及家庭成员对孩子特殊需要的不解，无法有效地提供孩子所需要的支持）（Friedrich, et al., 1983）、公众的消极刻板印象（低成就水平、非正常行为的低容忍度、公众场合的负面注意）（Kazak & Wilcox, 1984）、对特殊孩子和其兄弟姐妹关照的关注失衡等。家庭压力与生命周期存在着复杂的相互影响。绝大多数研究都报告特殊儿童家庭在处理儿童消极行为、应对庞大的经济压力、关照孩子未来生活等方面经历了或多或少的负面经验。但并不是所有的家庭都经历了功能失调，非常明确的是，持续增长的压力并不必然导致家庭负面经验增加和家庭功能失调（Beckman, 1991）。

所有这些研究揭示了特殊儿童家庭压力状况，为后来的实践取向研究奠定了坚实基础。但也存在一个重大缺失——"残障等于负面经验"的潜在假设（Byrne & Cunningham, 1985），使得研究者聚焦于对家庭同质性的概括，而不考虑对于压力的持续应对。这一偏见甚至在专业评估中也先验地存在，例如有研究显示，对肢体残疾青少年家庭的专业化研究所发现的家庭沮丧程度要远远高于家庭成员自我报告的结果（Nelson, et al., 1992）。同时，这些研究大多具有这样或那样的方法论缺失：样本容量不足、控制组缺失、因时间变迁和压力动态改变而出现信息缺乏、儿童疾病类型区分不够、没有关于调查或评估工具信度的实证考察（Sabbeth & Leventhal, 1984）。于是家庭压力研究呈现出两大趋势：发展更好的测量系统以测查对不同生命周期中的压力；进一步开发家庭的压力应对方式和支持性资源。

（三）家庭压力应对

家庭压力应对研究的前提是对于家庭压力功能的研究。通常，人们认为在家庭压力作用之下，亲子关系和婚姻关系的满意度可能导致家庭功能的失调。特殊儿童的到来给家庭，特别是父母的婚姻质量带来巨大的负面影响。然而，母亲心理失调和负面经验增加的事实也没有得到相关数据的支持（Breslau & Davis, 1986）。早期，通常人们认为特殊儿童的到来会导致父母离婚率的升高，但是研究显示特殊孩子父母离婚率并不比非特殊孩子父母离婚率显著增高；在这项研究中，只有9%的专业人士相信在父母亲职经验中可以获得正向的力量，但是实际情况是75%父母描述了亲职关系中有获得正向力量的经验（Winkler, 1981）。对许多夫妻而言，特殊儿童的存在不仅不会对婚姻带来负面影响，而且，特殊儿童的到来反而会增进婚姻质量（Kazak & Marvin, 1984）。一项通过标准化测量研究特殊儿童家庭功能、父母婚姻质量、自尊与沮丧的研究显示，82%没有明显沮丧的首要照顾者能够获得较高的自尊；婚姻的稳固性在0.001的水平上明显高于平均水平，冲突在0.001水平上明显低于平均水平；在家庭功能方面，大多数家庭在情感表达、与他人深度交流、对家庭价值观的遵从方面有力量感（Trute & Hauch, 1988）。

特殊儿童家庭的正向功能通常来源于家庭对于压力的积极应对。相对于家庭压力评估聚集于"是什么"，基于实践取向，家庭压力应对研究关注特殊儿童家庭功能变化及如何克服危机。尽管特殊儿童的存在会给家庭带来强大的压力，并且有些特殊儿童家庭压力会持续增加，但也有很多家庭在面对压力时具有巨大的弹性，他们能够有效地搜索资源去应对他们所面临的特殊挑战（Abbott & Meredith, 1986; Bebko, et al., 1987; Trivette, et al., 1990）。贝克曼等学者发现压力并不是一个状态功能，而是一种动力功能；如果需要支持，则家庭可以调动资源；在一个时期内接受的资源越多，则在下一个时期内感受到的压力越小（Beckman, et al., 1986）。巴勒特等学者发现，对于先天性异常或慢性疾病孩子家庭而言，父母对于孩子症状的适应可以预测家庭健康和孩子安全感的获得。而父母适应取决于社会加工过程（影响因素：鼓励、群体支持、婚姻关系、与服务提供者关系）、情感加工过程（影响因素：悲伤、接受与表达、负面情绪）、认知与行为加工过程（影响因素：改变态度、扩展应对、提升亲职关系）（Barnett, et al., 2003）。因此，聚焦于父母对孩子状况的情绪、认知和行为适应的干预有助于对家庭健康的促进。提升父母适应能力可以通过八个步骤实现：了解彼此、确认问题所在、确认梦想与目标、给自己足够时间接受自己对孩子的问题的应对、给足够时间改变负面行为、慢慢重建新的梦想、与他人密切联系、与孩子建立亲密关系。

特殊儿童家庭应对有着不同的价值取向与应对模式。Mink 等（1988）通过研究 97 个智力障碍孩子的家庭环境和行为，发现存在五类家庭：①亲密定向——亲近、较少冲突、家中的家庭活动得到很好安排，但是牺牲了与其他家庭成员的关系；②控制定向——规则、不协调、冲突、关注安全，但情感缺乏；③对孩子回应定向——以首要照料者和孩子之间的亲近为特征；④伦理-宗教定向——低成就、高伦理或宗教价值观、高社区卷入；⑤成就定向——关注竞争与成果、缺少宗教关注、较少情感表达、较高水平的激励。Turnbull 等（1988）分析了 174 封寄往健康与人类服务部的关于残疾新生儿治疗的信，归纳出快乐、从经验中学习、爱、家庭力量四个方面的积极应对之源。对于许多特殊儿童家庭，积极的适应方式和正向力量有助于解决特殊儿童及家庭所遇到的问题，接纳孩子的障碍，成功地处理各种关系。另外一项关于视觉障碍儿童的质性研究提出关于视觉障碍儿童家庭的三个关键性主题：①情绪，包括压力与积极应对；②可资利用的资源，包括母亲内部力量和外部支持网络；③问题与关注，诸如与专业人士和社会公众互动、为孩子的教育所做的鼓动与倡导、所能分配给孩子的时间等（Hancock, et al., 1990）。

相对于压力评估研究模式，压力应对研究以"怎么做"超越了"是什么"，并涉及"积极应对"，这些有价值的研究结论可能会导致专家以一种移情的方式对待特殊儿童及其家庭。但是这些研究依然存在着以家庭对压力的调节机制固化"缺陷中心定向"的不足。很多研究只是折射了社会对特殊儿童负面的和价值丢失的认知侧面，将是否有特殊儿童作为引起负面经验的单一变量，而且认为一个家庭一旦有一个特殊儿童，将会带来持续的痛苦，社会的整体认知是拥有一个特殊儿童是一个永远无法弥补的说不出口的悲剧。相应的，相关的干预策略也就折射出这种价值观。社会对特殊儿童及家庭的责任没有纳入研究视野。事实上，特殊儿童家庭的负面经验并不总是由特殊儿童导致的，社会的负面认知也扮演着不可忽略的角色。于是社会支持理所当然地进入到研究者的视野之中。

三、特殊儿童家庭支持

残疾既是个人的不幸，同时也是社会的责任，道义和伦理上的支持对于特殊儿童家庭不可或缺，同时也是追求社会公正的基本价值取向。特殊儿童家庭支持在强化实践取向的基础上，假定残障并不仅仅是个人和家庭的不幸，更是整个社会运作体系的结果，因此社会责任需要纳入研究范畴。

特殊儿童家庭支持实际上就是一个系统。基于不同的视角，特殊儿童家庭支持有着不同的表现形式。从层级上看，特殊儿童家庭支持包括宏观系统、外系统和中观系统。宏观系统主要为社会的、政治的和文化的相关因素，其中对特殊儿童家庭产生重大影响的因素主要有：贫困的冲击、服务的无障碍、可用服务的文化价值。研究发现美国现有服务主要为中产阶级、非少数民族家庭所设计。外系统主要为家庭服务机构与代理，其事务影响着家庭接受服务的路径。研究发现，许多特殊儿童家庭所获得的服务通常是非常有限的，但是他们需要的却是年复一年的持续支持；如果家庭无法获得特定的儿童照顾服务，父母寻找工作将存在着阻碍；同时家庭接受多样化的专业建议会使之感到不知所措。中观系统指的是家庭成员与服务提供者（或实践干预者）的关系，在中观系统服务中，父母经常感到干预者缺乏倾听、尊重、态度恶劣、不敏感等。在这三大系统中，分别存在着正式和非正式的支持系统（Beckman & Bristol，1991）。

特殊儿童家庭支持无论对于儿童的发展还是家庭生产力的建设都具有重大意义。大量研究表明，对特殊儿童家庭或者高危家庭提供整体性支持可以产生事半功倍的效果。如果给予恰当的支持和资源，智力障碍儿童父母能够有效地应对孩子所带来的挑战（如对特殊孩子的照顾花费太多时间而忽略其他孩子的需要，进而对兄弟姐妹的关照出现失衡），并为其成长提供富有营养的家庭成长环境（Crnic，et al.，1983）。而富有营养的家庭成长环境可以有效预测在学校中的成功及紧随其后的工作训练和职业成功，进而增长其满意度和独立性（Mott，et al.，1986）。特殊儿童家庭支持介入的时间与特殊儿童家庭成效之间存在着显著的相关。早期干预便是一条特殊儿童家庭支持行之有效的途径。致力于强化特殊儿童家庭资源支持的早期干预，能够显著地影响和提升智力障碍儿童功能性水平和家庭满意度（Ziolko，1991）。

另外有研究也发现高社会支持满意度可以预测压力更小和家庭正向功能发挥（Dyson，1997）。该研究选取学龄期发展性障碍儿童父亲和母亲（30 对）与普通学龄期儿童父亲和母亲（32 对）进行家庭功能和社会支持的对比性研究（对两类家庭进行了社会经济地位、家庭结构和孩子年龄进行了匹配）发现：学龄期使发展性障碍儿童家庭特别容易感受压力；两类家庭中父母压力水平都没有显著差异（一般认为母亲对于儿童疾病所感受的压力会明显高于父亲，因为母亲是病孩的主要照顾者）；对社会支持满意度高的家庭同时也显示出感受到更少的压力和获得更好的家庭功能。Dunst 等（1990）对 47 个具有生理障碍或发展性障碍或两者兼具的特殊儿童家庭社会支持、个人健康、家庭健康和孩子行为特征的关系进行了研究，讨论了一个关键性概念——嵌入性（孩子归属其家庭，而家庭单元嵌入一个更大的社会单元，如学校、社区、宗教团体）。研究发现父母亲在扮演亲职角色过程中的行为受到角色需求、压力和来自其他情境中支持的影响。同时，社会支持（信息的、心理的、物质的和身体的资源）对于家庭消极压力具有缓冲作用；父母健康、家庭健康和社会支持与孩子行为特征显示出最为重要的相关性。这一发现有助于理解家庭系统变量与孩子功能行为之间的相互依赖关系。

这些研究有力地促进和支持了美国家庭中心实践政策的出台和实施。特殊儿童学前阶段的个别化家庭服务计划（IFSP）的普遍实践取得了卓越的成效。在儿童发展的早期，随着家庭支持的到位，儿童的潜能得到有效开发，其功能水平、社会适应、生活满意度和生活质量得到显著提升，特殊儿童可以有效地为社会及其成员做出自己独特的贡献。当儿童成长到 3 岁以后，个别化教育计划（IEP）取代了 IFSP。在 IEP 中，特殊儿童家长取得了一系列的教育权利：作为 IEP 团队必然成员，参与教育方案的制订、实施与效果评估，获知有关孩子获得免费恰当教育的学校教育事务，通过面谈、寻求调解和听证乃至诉讼等程序解决与教育当局的相关争议。这样，家长参与就与程序性保护一起构筑起了零拒绝、最少受限制环境、免费的恰当教育（通过个别化教育方案加以体现）、非歧视性评估等现代特殊教育原则得以有效贯彻的两大基石。尽管如此，在 IEP 中，家庭在某种程度上被排除在服务内容之外，许多家长感受到无助。

四、特殊儿童家庭伙伴协作与赋权增能

特殊儿童家庭参与孩子的教育从家庭压力应对演进到家庭支持之后，随着家庭支持研究模式的深入开展，人们发现，如果家庭有力量和能力决定其孩子相关事务，就会感觉到自己是孩子干预和应对的真正参与者。因此特殊儿童家庭通过与专业人士建立专业伙伴协作关系促进特殊儿童家庭能力提升的重要性日益显现。特殊儿童家庭赋权增能成为特殊儿童家庭参与研究的最新发展领域。

（一）特殊儿童家庭伙伴协作

伙伴关系意味着家庭、专业人士和学校对特殊儿童发展共同责任的卷入。伙伴协作在家庭支持上发展而来，指家庭和专业人士通过合作、利用彼此的判断和专业知能以便增进儿童、家庭和专业人士利益。特殊儿童家庭的伙伴协作致力于促进家庭生活领域的健康发展。这包括情绪健康（朋友或其他人提供支持；家庭因接受支持而减轻压力；时常满足自己的兴趣爱好；外部帮助能够便利地照顾所有家庭成员的特殊需求）、亲职关系（知道如何帮助孩子学会独立；知道如何通过学校作业和活动帮助孩子；知道如何教会孩子与他人相处；知道如何安排时间照顾每个孩子的个别化需要）、家庭互动（共享时光；相互自由交谈；共同解决难题；相互体现爱与关怀）、物资/资源丰富（能够迁移到自己需要的地方居住；有途径满足所需花费；在家、工作场所、学校等地感到安全；需要时能得到医疗服务）、特殊的相关支持（学校或工作方面实现目标；在家不断成长；交友；在家庭和服务提供者之间建立良好的关系）等（Hoffman，et al.，2006）。

无论对于特殊儿童、特殊儿童家庭还是对于学校，伙伴协作都具有重要意义。①学校管理者、教职员工、家庭、学生凝聚成专业伙伴能够使孩子获得更高的信任水平（Hoy，2002），而信任水平越高，道德水准越高，学校气氛就越积极，教学、学习和行为方面的问题就越容易解决。②无论是在小学、初中还是在高中，伙伴关系和信任氛围中孩子学业成就水平都比没有形成伙伴关系和信任氛围的学校中的孩子要高。研究发现，在普通教育中，家长参与孩子的学校教育对于儿童不同阶段的发展都具有正向功能。学前阶段，家长参与有助于孩子获得语言、自助、社会、动机、前学术技能；可以有效帮助孩子与同伴和成人建立更加积极的关系；能够使孩子更顺利进入一年级学习；使更少孩子需要特殊教育（Weiss，et al.，2006）。小学阶段，家长的有效参与能够让孩子学术成就增加；使不同文化背景孩子之间的隔阂更少；孩子文明行为增加（Caspe，et al.，2006/2007）。中学阶段（初中和高中）的家长参与能够让孩子学术成就获得提升；促进孩子学术水准的整体提升；更有机会获得转衔成功；后续学习更棒（Kreider，et al.，2007）。③进一步的研究发现，高质量的伙伴协作关系能有效促进家庭生活质量提升，如家庭需求得到更大程度的满足、家庭成员更加乐于共享生活、家庭成员更有机会做对自己来说重要的事情（Summers，et al.，2007）。

家庭、专业人士和学校之间伙伴关系的建立基于特殊儿童家庭参与孩子教育的程度。而特殊儿童家长参与程度取决于以下因素：日常工作和职业限制，家里需要照顾的其他幼儿状况，交通的便利程度，家长（生理的和心理的）健康状况，家长自身的成熟和对孩子需要的理解，对学校、教师和权威人物的态度，与项目文化和语言的一致程度，在班级中的满意度和感知能力等。在特殊儿童家庭充分参与之下，帮助家庭成为专业伙伴需要遵循七大原则：沟通（友好、倾听、清晰、真诚、提供与整合信息），专业（提供优质教育、持续学习、高期望），尊重（尊重文化多样性、肯定力量、使学生和家庭获得尊严），承诺（适用性和无障碍、走向优秀与卓越、对情绪需求的敏感性），平等（分享权力、赋权增能、提供机会），倡导（寻找双赢解决方案、预防问题发生、保持良心的活力、精确定义和整理问题、形成同盟），信任（成为可靠的人、使用准的判断力、保持自信心、信任自己）（Turnbull，et al.，2010），其中信任关系的建立是关键。

（二）特殊儿童家庭赋权增能

伙伴协作在家庭支持上发展而来，与家庭参与密切相关，其基本目标是保障儿童和家庭的权利，但是随着家庭权利的确认和强化，家庭能力得到有效提升。因此伙伴协作是家庭赋权增能的关键。家庭赋权增能以多元文化的价值取向，采用跨学科的方法论，关注通过家庭与专业人士建立伙伴协作关系，以家庭参与作为路径，在自然支持体系中提升特殊儿童家庭的力量和生活质量。这可以从哲学、实践和认知上加以理解。在哲学上，家庭赋权增能被定义为坚信家庭正向功能养成的能力。在实践上，家庭赋权增能被定义为基于力量增进的家庭中心实践干预。在认知上，赋权增能被定义为家庭更好地理解影响家庭正向功能关键性因素和家庭中心实践模式的应用，即对自身力量生成的确信。

特殊儿童家庭赋权增能本质上是提升家庭处理关于特殊儿童生涯发展和家庭整体生活的能力。其中，专业支持占据着重要地位。有研究通过对 60 个轻度、中度和重度智力障碍儿童母亲的调查探索了家庭资源、压力和其他与智力障碍儿童父母调适关联的因素，发现家庭长期功能可能依赖于家庭应对压力的资源和对于压力事件的认知，家庭支持和积极的家庭认知能够有效地调节压力，外部的信息支持对于缓解家庭孤独感具有重要作用。因此家庭所感知到的压力水平与家庭所能够接受的专业支持密切相关（Minnes，1988）。另外一项研究通过对 165 个智力障碍孩子家庭和 52 个所有孩子都正常的家庭进行面谈、调查、对一个 10 分钟的问题解决任务进行录像，探索了典型家庭和智力障碍孩子家庭在问题解决过程中家庭协作及其影响。结果发现两组中的正常兄弟姐妹被相同水平的问题所吸引，两组父母都积极参与问题解决。但是智力障碍孩子父母明显花费更多的时间进行行为管理，而单亲智力障碍儿童父亲或母亲，因为要扮演多重角色，花费在问题解决上的时间明显更少（Costigan，et al.，1997）。这在很大程度上意味着智力障碍儿童家庭需要更多的专业支持以达成应对能力提升之目的。

特殊儿童家庭赋权增能最终要帮助其获得家庭力量感，增进家庭正向功能。家庭力量和正向功能可以表现为：①对每个家庭成员健康和成长的承诺；②对每个家庭成员做得很好的小事的欣赏；③共同的正式和非正式活动的时间的保证；④对理解好时光和坏时光的目的感觉；⑤对目的和需要一致性的感觉；⑥强调积极互动的相互交流沟通的能力；⑦清晰的规则、价值和信仰；⑧不同种类的应对策略；⑨满足需要的问题解决策略；⑩预见所有生活积极面的能力，甚至知道将压力事件当作"成长的机会"；⑪具有弹性的和可适应的角色；⑫家庭内外资源的平衡（Trivette, et al., 1990）。在所有这些力量和正向功能之中，IDEA 所强调的家庭选择是家庭赋权增能的关键性要素。家庭选择、家庭决策、自我决定是早期干预中最好实践努力的一部分，同时也是家长自我效能和赋权增能的关键性因素，基于力量增进的家庭中心早期干预模式可以使父母获得控制感、效能感、能力感和满意感（Trivette, et al., 1996）。

家庭的积极参与是家庭赋权增能的重要路径。许多研究发现鼓励父母在孩子的干预治疗中扮演积极角色的援助与控制感存在着显著相关。一项为智力障碍儿童家庭提供支持、行为管理训练和教学材料的基于居家的父母训练项目研究证明，父母倾向于精确甚至十分精确地持续不断地评估他们的经验；父母感觉到这个项目非常有用，通过这个项目，他们对自己孩子的教学能力感觉到充满自信（Baker, et al., 1991）。因此，在赋权增能中心的家庭实践中，对于父母而言，积极参与比诸如同情和倾听重要得多。进一步的研究将家庭中心的实践与早期干预中的亲子互动关联起来，发现专业人士和家庭的自然伙伴协作关系是家庭赋权增能获得成功的一个关键性变量，父母对孩子关注的自然性、家庭压力水平、社会支持的可利用性、家庭参与的行为、照顾他孩子的优先经验、家庭的教育水平等因素决定着家庭卷入干预的水平（Baird & Peterson, 1997）。这意味着：①家庭是孩子事务的专家；②家庭是关于家庭和孩子事务的最后决定者；③家庭是孩子生活的持续提供者，而服务提供者只是暂时的；④家庭在目标和服务设置上具有优先权；⑤家庭选择其参与的水平；⑥家长和服务提供者之间需要合作与信任关系；⑦服务提供者需要尊重文化差异和应对风格的不同。

从 20 世纪 80 年代中期开始，在发展性障碍领域，家庭中心服务提供模式（family-centered service delivery model）被证明是家庭赋权增能的有效路径（Poston, et al., 2003）。在此基础上特殊儿童家庭赋权增能大量项目得以开发和应用。学者对家庭嵌入性（孩子归属其家庭，而家庭单元嵌入一个更大的社会单元，如学校、社区、宗教团体）导向的赋权增能对特殊儿童家庭社会支持、个人健康、家庭健康和孩子行为特征的关系进行了研究，发现父母健康、家庭健康和社会支持与孩子行为特征显示出最为重要的相关性，父母亲在扮演亲职角色过程中的行为受到角色需求、压力和来自其他情境中支持的影响，社会支持（信息的、心理的、物质的和身体的资源）对于家庭消极压力具有缓冲作用（Dunst, et al., 1990），这意味着家庭中心的干预得到有力的支持。以家庭为核心的弹性实践方案集成伙伴协作、家庭选择、家庭支持（个体、工具和小组支持介入、调整和撤出）、经验分享，研究发现，家长报告对其所接受的支持保持在高水平的满意度。他们感觉到隔离更少，赋权增能感增加，获得更多的关于资源的知识（Beckman, et al., 1993）。父母作为教师项目（Parents as Teachers, PAT）包括家庭训练服务模式和临床训练服务模式，其中家庭训练服务模式父母获得更高的语言功能，父母表达出更高的满意度（Eiserman, et al., 1995）。

（三）指向家庭生活质量

特殊儿童家庭赋权增能最终指向家庭生活质量。20 世纪 80 年代以来，特殊儿童个体生活质量的概念界定和测量方面取得了显著的全球性进步，Schalock 等（2002）提出了残疾人个体生活质量的八大领域：情绪健康、人际关系、物质富足、个人发展、身体健康、自我决定、社会融合和残障权利。但是进入 21 世纪后，特殊儿童家庭生活质量（family quality of life, FQOL）逐渐成为研究重心，成为赋权增能的核心。Park 等（2003）认为家庭生活质量有三个基本主题：家庭需求的满足、家庭成员共享生命时光及家庭成员有机会深度参与重要活动。比奇中心家庭生活质量量表（Beach Center Family Quality of Life Scale）对超过 1500 个残疾人家庭和专业人士进行问卷调查或访谈，得出了残疾人家庭生活质量的五大领域 25 个因子。这五大领域包括：家庭互动、亲职抚育、情绪健康、身体健康/物质富足和残障相关支持（Hoffman, et al., 2006）。家庭生活质量问卷（Family Quality of Life Survey）提出家庭生活质量包括九个领域：健康、金钱、家庭关系、他人支持、残障相关服务支持、精神与文化信仰、职业生涯、休闲和社区/城市参与（Brown, et al., 2006）。

Turnbull 等（2007）通过分析家庭生活质量的相关文献，发现残疾人家庭生活质量研究聚焦在内部家庭特征（如家庭关系）和外部家庭支持（源自组织支持）两个维度上。概括而言，内部因素对家庭生活质量结果的影响表现在儿童行为和家庭资源上，而外部因素则表现在家庭服务的足够性和对于家庭-专业人士伙伴协作水平的满意度上。残疾人家庭报告显示，与诸如家庭关系等内部家庭特征相比，他们在他人或残障相关服务等外部支持方面的满意度最小（Werner, et al., 2009）。一项从家庭互动、亲职抚育、资源和支持四个领域框架综述耳聋对于家庭生活质量的冲击相关研究文献发现，对于家庭生活质量的冲击程度和类型取决于听力损失程度、家庭种族、父母听力水平、父母受教育程度、沟通模式、儿童沟通模式中伙伴关系成熟度、家庭对于社会支持的获取度和亲职抚育模式，同时诸如社会支持、亲职抚育模式、信息和训练的获取等支持可以使家庭受益（Jackson & Turnbull, 2004）。也就是说，对于特殊儿童及其家庭而言，家庭内部所有拥有的力量是其生活质量的核心来源，即赋权增能能够有效增进家庭生活质量。

目前对于特殊儿童家庭参与研究已经出现一个新的趋势：以跨学科的视角，超越特殊儿童及家庭与文化的人为二元分离（Artiles，et al.，2010），消解特殊教育知识建构和干预实践开发之间的鸿沟（Artiles，et al.，2011），构建文化与特殊儿童及家庭残障之间的实质性联系，协调研究与专业实践的关系。因此，作为群体或个体特征而存在的文化有必要被"过程定向"（process-oriented）的文化观和在本土情境中运用特殊教育政策和研究知识所整合。家庭参与、家庭支持、家庭与专业人员之间伙伴协作、家庭赋权增能、家庭生活质量走向深度整合，重构着特殊教育图景。

第五章

特殊儿童生涯发展的学校支持

　　特殊儿童生涯发展的学校支持主要反映在生涯教育之中。生涯教育的出现有其历史必然性。20 世纪 70 年代前后，世界上许多国家对传统教育提出了尖锐的批评。这些批评大致包括三个方面：第一，学校课程学术性太强，纯知识型倾向十分明显，脱离现实生活。第二，从学校毕业的学生既缺乏社会适应能力，也缺乏生活能力，可以说，传统教育基本上是一种学历教育而不是结合实际的教育。第三，由于缺乏职业教育与培训，从传统教育体系毕业的学生大多没有就业准备，既缺乏职业意识，又缺乏必要的就业知识与技能，这些毕业生在就业前仍需要经过较长时间的职前培训，传统教育是一种不适合当代社会发展的浪费人才的教育。显然，此时的教育在训练心智与提升实用技能上失去了平衡，需要外力化解或消减教育价值取向的失衡，而在美国，生涯教育运动就发挥了化解和消减教育价值取向失衡的作用。

第一节　生涯教育的概念及其发展

　　生涯教育这一概念是由美国时任联邦教育总署署长西德尼·马兰于 1971 年正式提出的。马兰将 20 世纪 50 年代以来美国出现的种族歧视、退学和失业人数的增加、工人对职业的不满及学校和社会的骚动现象，都归咎于学校教育的失败——学校没有将教育和劳动（职业训练）相结合。他认为，应当从学校教育的低年级开始，在各个学年阶段采取不同的形式，设置为学生未来的职业生活进行预备教育的课程。其实，早在 20 世纪 60 年代初，西德尼·马兰便在美国中等教育中开始了名为"生涯教育"的教育改革试验。1971 年 2 月 23 日，在美国得克萨斯州的休士顿召开的全美中学校长联席会议上，马兰发表了有关生涯教育的演讲："所有的教育都是或都将是生涯教育。我们教育家所应努力的，便是让青少年在中学毕业后，能成为适当有用的受雇者，或继续接受更进一步的深造教育……适当有效的生涯教育，需要新的教育整合，它必须破除教育系统与社会隔离的障碍。其解决方案是：把我们的课程融入简单有力的中等教育系统中，使学生在生涯课程引导下，作有利的选择，达到人尽其才，以发挥教育的实用性。"（转引自：冯观富，1993：203，209，226-230）同年5月4日在美国华盛顿，马兰对全国州职业教育局长发表了其生涯教育的实施构想，认为生涯教育是对全民而非部分人民的教育，它是从义务教育开始的，延伸至高等及继续教育的整个过程，它教育下一代在心理上、职业上及社会上平衡与成熟地发展，使每个国民成为自我认知、自我实现及自觉有用的人。这种教育同时具备学识与职业功能、升学及就业准备，它强调在传统的普通教育中重视职业的价值，使学生具有谋生能力。因此，其基本目标是培养个人能够创造丰富的、有生产价值的人生，这是发挥教育真实价值的整体构想。美国教育总署有关成人、职业及科技教育机构时任助理署长沃兴登（Worthington）博士认为，生涯教育是改变所有教育系统，以求造福全民的革命，它强调所有教育的经验、课程、教学及咨询辅导，是为个人将来经济独立、自我实现及敬业乐群生涯的预备，它通过改善职业选择的技巧与获得职业技能的方式，提高教育的功能，使每位学生能享受成功及美满的生涯（沈之菲，2000：29）。推广生涯教育的代表人物霍伊特（Hoyt，2005）认为，生涯教育是公立教育和社区教育的共同努力，以便帮助所有个人熟悉以工作为导向的社会价值，把这些价值纳入个人的价值体系中，并应用到生活中去，使工作对每一个人都变得有可能、有意义和感到满意。

此外，美国一些组织机构也对生涯教育进行了界定，美国教育总署从发展的角度对生涯教育进行了描述，认为生涯教育是一种综合性的教育计划，其重点放在人的全部生涯，即从幼儿园到成年，按照生涯认知（career awareness）、生涯探索（career exploration）、生涯定向（career orientation）、生涯准备（career preparation）、生涯熟练（career proficiency）等步骤，逐一实施，使学生获得谋生技能，并建立个人的生活形态。美国职业教育学会（American Vocational Association）认为，生涯教育是针对所有国民，从孩提时代至成年的整个教育过程。它能使学生对学习的目的有清楚的认识，并且对将来所要从事的工作具有热诚，这是整个教育事业的重心与目标。因此，需要运用教育家的智慧及家庭、社会的资源，以使整个生涯教育达到预期的目的。（沈之菲，2000：29）

综观以上不同学者及组织机构的定义不难发现，生涯教育被理解为一个连续不断的过程，而职业生涯是生涯教育的价值核心，生涯教育是为个体职业生涯的发展服务的。生涯教育并不是要创立一种全新的、独立的教育体系，而是通过生涯教育的思想去统帅各级各类教育，改变传统狭隘的职业教育观念，提出充分准备与发展成功的职业生涯应该是所有教育的共同目标（顾明远等，2000：361）。从这个角度来看，职业教育与文化知识教育之间的区分是多余的，由此也可看出，生涯教育所提倡的是一种大的职业教育观，包括课程设置在内的所有教育活动都应该包括职业教育的因素。

20 世纪 70 年代，"生涯教育"轰轰烈烈地展开并取得了相当卓越的成果，相当多的州以立法确认了生涯教育的地位并决定在财政上给予资助。生涯教育的思想已经传播开来，在社会上有所影响（顾明远等，2000：367）。但是进入 20 世纪 80 年代以后，"生涯教育"的发展势头渐渐缓慢下来，生涯教育最后并未作为一种教育制度在美国普遍推行。一些生涯教育家试图通过生涯教育运动来改变美国社会弊端的愿望显然也未能实现（孟旭等，2004）。出现此种状况自然有外部的社会环境的影响，但是生涯教育本身的因素也是值得重视的。前文已提到，"生涯教育"提出的目的是解决当时美国的失业等社会问题，所以不可避免地将其出发点置于满足劳动力市场的需求，"生涯教育"的倡导者们主张：学校和企业必须合作，共同"改革"职业教育，强调根据"工业效率模式"和要求，培养出"有劳动纪律、劳动技能、劳动习惯与劳动态度"的伶俐而恭顺的工人。借用马兰的话说，生计教育就是要为企业家提供"更好的环境、更好的市场、更好的受雇者"（坂元昂等，1979）。生涯教育运动终止了，但是生涯教育的理念并没有终止，它继续影响着美国职业教育的未来发展。

由上述分析不难得出这样的结论，生涯教育是从职业教育入手来对整个教育体系进行改革的。从美国职业教育发展的全程来看，生涯教育也确实是职业教育发展的一个阶段性成果。众所周知，职业教育首先被认定为一种就业导向的教育，因此关注学生从学校到工作的过渡一直以来都是职业教育的首要任务，也是世界各地职业教育努力解决的关键性问题。但是随着终身教育思想的提出，教育从学科、知识本位向人的发展本位回归，职业教育的关注点也发生了位移，从仅仅关注就业、企业需求的满足转向关注个体职业生涯的发展。在美国，这种关注个体职业生涯发展的职业教育跨越了近百年的历史，从 20 世纪初杜威有关职业教育的理论，到 20 世纪 70 年代的"生涯教育"运动，20 世纪 90 年代的"从学校到工作"（school to work，STW）运动，直至当前的"学校到生涯"（school to careers，STC）理念（付雪凌，2005：1）。生涯教育作为以生涯为导向的职业教育的一个发展阶段，它显然处在了职业教育从仅仅关注就业、企业需求的满足转向关注个体职业生涯发展的中间环节，为以后"从学校到工作过渡"运动和"学校到生涯"理念对个体的关注奠定了基础。生涯教育的影响虽然已经被当今指导美国职业教育发展的 STC 理念所淹没，但是在其中我们不难找到生涯教育的影子。STC 影响下的职业教育内涵正逐渐走向终身职业教育、全民职业教育、关注学生个体发展、加强与企业界的合作和课程的整合，同时认为 STC 理念与生涯教育的最大不同在于课程的整合方式上，生涯教育强调将有关职业的内容包含到传统学术科目中去，从而提高职业教育在普通教育中的地位；STC 理念则强调普通教育与职业教育的整合，这种整合不是单方面的，而是试图进行教育系统的综合变革，生涯教育所强调的模式只是其中的一种。

第二节　基础教育课程与生涯发展

根据经济、社会和个人发展的要求，当前很多国家都在重新考虑本国的教育和职业训练计划。其中一个重要趋势是普通学术课程和与职业教育密切相关的生涯发展课程的二元结构被消解，普通课程的生涯化与生涯发展课程的普通化促使基础课程呈现出生涯发展的特性。

一、基础教育课程的双重价值

作为"人的学习生命存在及其优化活动"（黄甫全，2000：80）文化存在的基础教育课程一直以来都被赋予了双重价值：训练心智与提升实用技能。人们的观点通常徘徊在两极之中：一端是滋养理论，认为知识的价值在于知识本身，为知识而掌握知识是值得的，知识是心灵的食粮；另一端为训练理论，认为知识的价值在于成为达到目的的手段，知识实际上是一种工具，我们以某种方式利用知识，改变教育者的本性，知识是教育者手中的工具（瞿葆奎等，1988）。柏拉图虽然强调课程学习帮助学生"迫使灵魂面向真理本身"的训练价值，然而训练价值的实现却要以实用技能的培养——养成国家护卫者所必需的基本品质——为基础，"从而开辟了课程智能主义的价值取向的先河"（申仁洪，2004）。夸美纽斯则通过"把一切事物教给一切人类"（夸美纽斯，1999：1）的百科全书式的课程内容自然而巧妙地将实用功能引入课程之中。洛克教育所提供的是一种照顾青年人种种条件的训练方法，"这种方法是最容易、最简捷、最适当的，能为他们各自的职业准备有德行、有用、能干的人才的方法"（洛克，1999：3），从而确定了广泛的实用性学科课程。卢梭为他的爱弥尔所确定的课程"不在于学到什么样的知识，而在于他所学到的知识要有用处"（卢梭，2001：214），因而从儿童发展的角度确定了课程的实用价值，并据此设计了教育内容。赫尔巴特以多方面兴趣为基础所建立起来的课程体系强化了课程的实用功能（转引自：蒋晓，1984）。斯宾塞基于教育应为"完满生活作准备"作认识，开列了学校教育所应该开设的五类基本的课程：用以直接保全自我的活动、获得生活必需品而间接保全自我、抚养和教育子女、维持正常的社会和政治关系、在生活闲暇时间中用于满足爱好和感情（斯宾塞，1962：43）。杜威认为教育可以解决两大课题：一是使美国学校和美国社会发展的需要合拍，二是使美国学校和美国儿童及青少年的身心发展的规律合拍（杜威，2001：序7）。所有这些都说明基础教育课程的价值并不仅仅局限于学术的价值和心智的训练，而是要兼顾学生的生活和终身的发展与成长，在这个意义上，基础教育课程获得了生涯发展的意义。

在我国，虽说历代教育家所强调的学习是为了"格物、致知、修身、齐家、治国、平天下"，但是进入主流课程之中的价值更多地集中在伦理道德之上，其内容也局限于艺术化课程体系之中，"三字经""百家姓""千家诗""四书五经""二十四史"成为启蒙课程和学术课程的典范。侧重于实用与职业的课程被排斥在课程体系之外，而只能通过师徒形式或者自在的潜移默化与学习来完成。近代实行的新式教育引入了西方的学科课程模式，强化了其实用与促进学生生涯发展与终身幸福的特性。特别是新中国成立之后，德智体美劳等诸方面和谐而全面发展的理念进入了基础教育课程之中，基础教育课程于学生的生涯发展特性与谋生的价值得到前所未有的重视。基础教育课程中渗透了生涯发展的思想，强调了基础教育课程为个体职业生涯提供能力、知识、价值与态度上的准备。

然而，受中国传统教育价值观的影响，学习在一些人的心目中就是为了通过各种考试而改变自己的身份与地位，流动到社会的中上层去。在一些人的意识中，教育系统对于人才的评价标准往往阻碍学术的成功。对于起着成层作用的考试而言，学术无疑占据了中心的地位。即便是在作为实用学科进入到基础教育课程体系中的科学课程与应用性社会学科课程也在这股强大的力量的支配之下被学术化了。至于基础教育课程中的生涯发展，由于与职业定向有非常密切的联系，人们有意或者无意地将生涯发展也就归结于职业发展。而职业课程与学术课程二者之间在基础教育中往往被赋予了不可通约的特性。职业被定义为："个人在社会中所从事的并以其为主要生活来源的工作的种类。"（顾明远，1991：234）与工作对接的职业通常是基础教育之后的事情，因而，当人们提到职业发展和职业课程的时候，立刻在潜意识中联想了专门的职业学校与职业教育，而与普通基础教育无关。所以，在一般人看来，基础教育课程理所当然聚焦于学术而与职业无关，进而与生涯发展无关，学术才是基础教育课程关心的唯一。指向职业训练或者就业的职业教育自产生以来就不登大雅之堂，成为二等教育。

二、基础教育课程与生涯发展的关联

发达国家对生涯发展的关注始于 1850 年，直到 1971 年由时任美国教育署长马兰博士提出了生涯教育概念，并将其作为全民教育的重要组成，使之延伸到义务教育、高等教育及继续教育的整个过程，从而贯穿于个体发展的终身。从基础教育课程的终极价值取向来看，学术课程与生涯发展课程的相互融合是优化学生学习生命，消解当前学习生活与为未来成人生活作准备的二元对立的有效途径。

（一）词源学分析

从词源学的角度，"生涯"与"课程"存在某种内在关联。在汉语中，"生涯"代表"活着的边界"与"毕生经历"。在英语中，career 经过漫长的时间演化，表达 "职业"、"人生发展道路与轨迹"和"人生终身发展进程"。

英语的"课程"一词是 curriculum，源于拉丁文的动词 currere 和名词 cursum race course，指"奔走，跑步""跑步的道路，种族的经验及奔走的过程或进程"，隐喻"一段教育进程"。作为一段教育进程的基础教育课程的价值在于优化学生现实与未来的学习生命存在。于是，在作为人生的经验历程的基点上，课程与生涯走向了同一。因此，从广义上说，学校的整体教育活动都属于生涯教育的范围，基础教育课程也就既服务于作为终身教育和终身学习存在的生涯发展，为其奠定基础，又是生涯发展的重要组成。从狭义上说，生涯发展课程就是在学校内实施的，以达成个人生涯发展为目标的课程。狭义上基础教育生涯发展课程可能蕴藏于各学习领域和学习科目之中，也可能成为独立设计的学习领域或者学习活动。所以无论是从广义上还是狭义上讲，基础教育课程都与学生生涯发展紧密关联。

（二）基础教育课程的理想与实践特性

人是基础教育的出发点，同时也是基础教育的归属（扈中平，1989）。教育全部意义的核心在于"成人"。基础教育课程和学生的学习也就就范于"成人"的需要。基础教育课程所成之人既包括作为自然性存在的人，也包括作为社会性存在的人，同时还包括人的自为与自由存在。作为自然生命、社会生命和精神生命三重存在的基础教育课程与学习的所成之人总是生活在"理想"的世界，总是向着"可能性"行进。基础教育课程及其学习的最终指向或者说课程与学习的预期的结构化结果并不是总是现实的聚焦，而更多地带有理想的色彩。课程就是一种理想，是一种学习的精神趋向。课程的理想结果可能并不完美，但总是预期比过去和现在更加美好。课程的这种理想特性决定了其要负担起"为未来生活作准备"的责任。

然而学生的发展并不是空中楼阁，"教育的真理首先是有关生命成长、形成和改变的真理"（李政涛，2001：182）。生命，无论是人的自然生命、社会生命或精神生命的成长、形成和改变，都要基于现实的根基。离开了学生当下的学习生活方式，离开了学生已有的知识和技能基础，离开了学生原有的价值与态度观念，离开了学生现实的学习需要，学生的发展只能是海市蜃楼。要知道课程所"预备的将来生活，并不是很远的生活，是一步步过去的生活，步步都是生活，步步都是预备"（杜威，1999：121）。所以课程蕴涵的学习生活具有强烈的实践性。课程的实践性将其理想价值特性变为个体发展的现实。正是在这一意义上，基础教育课程必须服务于学生的现实学习生活，满足学生的现实学习需要。

基础教育课程所关心的学习需要不仅是学生需要什么，而且更是对"谁的需要""何种需要""以何种方式满足需要""在多大的程度上满足了需要"等问题进行反思性的追问，并在追问的过程中将外在理想社会中的理想的人的品性与学生身心发展规律和认知学习机制联系在一起。更进一步，基础教育课程不仅要以学生现实的学习需要作为基础，出于教育的目的，还要引导和激发新的需要，不断地创造最近发展区，着眼于儿童发展的空间与潜能，帮助儿童不停地向着"可能性"迈进。这样，基础教育课程就不仅仅关照学生的现实学习生活，也不仅仅关注未来的成人生活，更是基于儿童与学习环境和学习资源的相互作用与交互作用过程，基于现实学习生命的优化与学习生命意义的丰富，指向未来完满的生命存在与成长，通过发育身体、获得知识、养成人格、建构价值，达成现实与未来的整合。

基础教育课程的核心价值是追求现实与未来的整合，所借助的基本中介就是个体毕生和谐发展历程。在人的毕生发展的生命历程中，需要际遇各种生活事件，扮演各种角色，经历各种职业生活。因此，基础教育之基础也就被赋予了为人生发展和职业与生命成长奠基的内涵。这样介于生命成长与职业生长之间的生涯发展也就需要在基础教育课程之中占据一席之地。

（三）基础教育课程学术与生涯的关联

一直以来，在我国，受制于传统教育和课程文化的影响，在基础教育课程中，学术与生涯形成尖锐的二元对立，以学生心智发展为核心的学术成就主导了基础教育课程的研制与实施。然而无论是从个体的发展或者是社会前进出发，以学术成就作为基础教育课程的主导评判标准属于文化霸权（monoculture）的范畴（Ellis，1995）。"学术课程"与"生涯课程"的对立没有任何根据，在基础教育中，所有的学术课程应含有实践的和应用的特征，所有的职业与生涯科目也有学术的成分。因为无论是指向终身可持续发展的个人适应或指向从生物实体转换成为社会人的社会适应，还是指向谋生与自我实现的职业适应都不可能仅仅依靠学术课程来完成。从个体发展来看，单纯的学术成功并不能够给学生带来完满的生活方式。从社会发展来看，信息社会中的生产获得成功的标准取决于三个关键性因素：①信息技术——服务的改善，结果的监控，一致标准的获得；②高效能的组织安排——工作团队的应用、工作网络的建立、目标确立的动力因素、积极交流和主动参与；③具有更高技能与自主性的员工队伍——更高水平的基本技能、适应性技能、人际关系与交流技能、团队工作技能、技术能力（Carnevale，1995）。这三个方面所涉及的基本能力与技能，无一不与基础教育和基础教育课程有关。在信息社会与经济体系中的成功取决于一般能力与特殊技能的相互奥援。学术课程和职业课程关联与互动促使人们对基础教育中儿童生涯发展进行创造性反思。

即便是从职业发展的角度，也要求基础教育课程回归生涯发展本性。职业本身就是一个复合性概念，不仅仅是工作的种类，还包括为了维持生命存在和提升生命质量，基于个体经验与社会需要的平衡，而定向于特定工作的生存状态。这意味着：①职业的目的不仅仅是获得生活的来源，而且着眼于生命质量的提升；②职业不仅相对于社会的工作种类，而且基于个体的经验基础；③职业蕴涵着达成个体经验与社会需要的平衡；④职业作为个体的定向于特定工作的一种生存状态，不仅体现在工作行为上，而且体现在个体内在的相关心理品质，如职业动机、职业态度、职业品质、职业能力、职业发展、职业适应等。所以黄炎培认为职业教育是用教育方法，使人人依其个性，获得生活的供给和乐趣，同时尽其对群之义务。其目的："一为谋个性之发展；二为个人谋生之准备；三为个人服务社会之准备；四为国家及世界增进生产力之准备。"（黄炎培，1992：206）这种关于职业教育的理解也就"不仅仅是为了给经济界提供人才，它不是把人作为经济工具而是作为发展的目的加以对待的"（国际 21 世纪教育委员会，1996：70）。如果对职业进行如此理解，也就与"生涯"概念进行了相互印证。

三、基础教育课程生涯发展要素构成与阶段特性

基础教育课程中的生涯发展特性可以从静态的构成要素和动态的操作进程表现出来。

（一）基础教育课程生涯发展的要素构成

从基础教育课程生涯发展的静态构成要素上，生涯发展是以能力与技能作为核心基础而不是以学科为基础，生涯发展定位与学术定位是有区别的。这些区别通常显示出基础教育课程生涯发展的独特性所在。生涯发展的独特性从构成课程的基本要素上明显地表现出来。

1. 结果

课程是学生预期结构化的学习结果。当前基础教育生涯发展强调广阔的经验学习主题和工作实际，而不是直接指向职业训练或就业。因此基础教育课程中的生涯发展的内容和教学方法以经验为基础，并直接与学生的需要相关，从结果上以核心技能为中心的能力占据显著的位置。所谓核心技能，在美国生涯发展中称为"基本技能"，在德国生涯发展中称为"关键技能"，指的是个体为了适应不同社会角色和职业领域所具备的组织与表达技能、交往与合作技能、学习能力与学习技能、自主性、责任感、承受能力等，以及与信息社会生活密切相关的沟通、信息技术和数字应用等技能。随着能力水平和绩效标准的普遍应用，作为生涯发展结果的核心技能有着自己的独特性表现：必须要清晰地规定，标准明确地表达出来，标准化、统一性和确立最低标准是生涯发展结果的显著特征。明确规定的判断还包括课程应该是明显的和可说明的；明晰的课程目标陈述并鼓励学生在更大程度上对他们自己的学习负责。

2. 内容

与学术课程的内容主要来源于学者专家不同，生涯发展需要从更广阔的资源中选择内容。这些资源中除了学者以外，还包括家长、产业界、政府和社区。概括起来，影响生涯发展课程内容选择的四类因素：①职业实践：根据国家人力资源的需要来判断；②社会角色：根据公民角色和社区的需求而定；③文化的和学术的知识：根据知识的领域来定；④学习者的兴趣和需要。从这四个方面筛选出来的生涯发展内容可能是一些独立的学习单元，甚至是课程门类，也可能融会于其他的学科科目或者学习领域之中。基础教育课程中生涯发展的内容包括相关知识的获得、能力与技能的形成、态度与价值观的建构。生涯发展的知识侧重于获得读、写、算、听、说的相关知识，形成促进思维特别是创造性思维技能，养成善用知识技能、相关资源及价值判断以便适应社会变迁、改善未来生活、解决相关问题及规划个人发展的科技与人文素养。能力包括以核心技能为基础的方法能力、社会能力及与兴趣爱好密切相关的职业定向能力。态度和价值观具有道德与伦理学的意义，包括兴趣爱好与理想、责任感与纪律意识和行为规范、荣誉感与自尊和自主意识、自我意识与自我管理和自我监控意识、生涯与职业的道德伦理规范。

3. 学习经验

外在的课程内容需要通过与学习者的互动转化为主体的学习经验。在基础教育课程生涯发展中，学习经验通常以能力和技能的形成加以界定。学习者的能力与技能可以通过学习成绩、学习过程表现及对实际情境的控制与操作等形式表现出来。作为基础经验阶段的生涯发展的学习经验侧重于：①培养健全发展的适应现代社会的良好公民；②形成以适应社会变迁为目的的终身学习和终身教育的个人发展特质与基本能力；③达到和掌握本阶段生涯发展所必须达到的文化水准与科技和人文素养；④为进行进一步的专业学习与职业发展提供必备的心理定向与知识经验的储备。在所有这些经验中，无论是作为单独的生涯发展课程而存在，还是将生涯发展融入学术课程之中，在特定的场景中，一种学习经验可能会比其他学习经验得到优先考虑，这取决于具体公民与职业素养的要求。

4. 评价

职业课程的评价更多地倾向于终结性的结果评价。而基础教育课程生涯发展的评价则倾向于将诊断性评价、形成性评价和结果性评价关联起来。为了实现学习经验对于学习与生活情境的适切性，生涯发展常常以小单元或模块为基础，将学习经验的不同方面加以分解，以便满足评价和认证的需要。当然也可以作为菜单提供给消费者（学生）选用。诊断性评价就是为了在了解学生现状与发展潜能的基础上开发适应学生需要的课程模块。但是课程的构成模块本身并不能代替生涯发展的整体架构，所以生涯发展关注学生生涯发展技能形成的过程与结果。

5. 证书

在现代职业课程体系中，职业资格证书是有效雇佣体系的基本标志，当然也就成为职业课程的基本评价形式。在职业资格证书制度中，明确而具有可操作性的评价与考核的标准指明了学生学习的内容范围，当然也是评价者评价的范围。基础教育生涯发展与职业相关，但并不完全集中于职业课程，有着自己的独特性。所以一方面证书是现代生涯发展的重要标志，另一方面基础教育生涯发展的证书包括但不以职业资格证书为主，而是聚焦于能力与技能的证明，如外语等级证书、计算机等级证书、各种文体艺术等级证书等。在英国的基础教育中，其国家资格证书包括两类：普通教育证书（General Certificate of Education，GCE）和普通国家职业资格证书（General National Vocational Qualifications，GNVQ）。GCE 分为两种：普通中等教育证书（General Certificate of Secondary Education，GCSE）和普通教育高级证书（General Certificate of Education Advanced Level，GCE-A）。5～16 岁青少年必须在全日制学校读书，至 16 岁取得 GCSE。GCE-A 是一种考试合格证书，它被认定为进入高等教育前学校学业的顶点，是传统的高等教育入口资格标准。GNVQ 的主要对象也是全日制学校的学生。GNVQ 要求较宽范围的职业相关的知识和技能基础。GNVQ 分为三级：初级、中级和高级，涉及 15 个职业领域 40 多种职业。每个国家普通职业资格证书包括一定数目（12～15 个）的单元，50 多个子元素和一系列的绩效评分标准（200～300 个），这些单元分为基本单元、选修单元和附加单元。GNVQ 是一个兼顾学生升学与就业需求的学习课程，因为它们涵盖的课程内容包括了人际沟通、数字应用及信息技术等基本课程；对职业方面的认知及普通技能学习的课程；兼具了评定青年学子在职业知识、能力与技能方面的功能，使学生在通过内部、外部的评鉴之后，能获得具有公信力的单元资格或等级证书。因此，这些资格或等级不仅对于学生将来的就业升学有帮助，同时也为未来的学府或雇主提供参考的标准。在中国的传统基础教育课程体系中，作为学术资格的表现形式的学历证书具有绝对的优势地位，甚至在中等职业教育课程体系中，职业证书也很重要。

（二）基础教育课程生涯发展的阶段表现

生涯发展与职业教育有关，但是基础教育课程中的生涯发展并不追求单纯的职业训练或者培训，而是完整地包括了与自我适应、社会适应与职业适应相关的认知、情感和技能。因此，生涯发展课程应该延伸到特殊儿童智育与人格领域中去开发，在儿童与学习环境、资源交互作用中，养成生涯发展的基本素养。所以基础教育课程生涯发展的实现是一个动态的演进过程。

由于生理成熟、心理发展和社会化进程的年龄特点，学生生涯发展具有阶段性。从心理发展进程的角度，基础教育包括儿童前期、儿童后期、青少年期；从学校教育与课程角度，基础教育包括小学、初中和高中阶段。显然，为了满足社会发展和学生个体发展需要，通过完满的自我适应、社会适应和职业适应，使学生成为合格的社会成员与劳动者，承担相应的社会角色，不同的年龄阶段生涯发展教育与课程辅导的具体实施途径是不同的。而且如何针对不同年龄阶段学生的心理特点和生涯发展要求，研制、发展和实施具有高度适切性的课程与活动是生涯教育与辅导取得成功的关键。新加坡针对社会变迁和个体发展需要，自 1981 年以来分别对不同阶段提出了相应的生涯职业发展计划，在普及初等教育方面以提高劳动者素质为核心，强化外语和数学课程的学习；在中等教育计划中，强化微积分学习，帮助学生接触高科技的基本数学工具；在以岗位和职业能力为主的职业教育计划中，则普及经济学和计算机知识，帮助他们了解世界科学技术发展趋势（马庆发，1997）。可见，学生的生涯发展本身并不是一个终结性的教育，而是一个动态的过程，它贯穿于个体毕生发展历程，一方面适应不断变迁的社会经济、政治和文化的发展；另一方面在不断地满足个体自身的生涯与职业期望的基础上，尽可能地获得完满的幸福生活。

美国生涯指导专家、生涯发展理论的先驱金斯伯格认为儿童在 11 岁之前处于生涯发展的幻想期，儿童的生涯发展受到感情的支配，带有冲动性和盲目性；11～17 岁是生涯发展的尝试期，是生涯发展的重要而关键的阶段，先后分别经历了由兴趣、能力、价值观起主导作用的时期。舒伯认为，在 14 岁之前属于生涯发展的成长阶段，在这一阶段之中，儿童开始发展自我概念，尝试以不同方式表达自己的需要，并且经过对现实世界不断尝试，修饰自己的角色。在这一阶段，儿童的生涯发展依次经历了以"需要""爱好""能力"作为主要考虑因素的时期。15～17 岁则是生涯发展的试探期，通过考虑需要、兴趣、能力及机会等因素，做出暂时的决定，并在幻想、讨论、课业及工作中加以尝试。格林豪斯（Jeffery H. Hans）则从人生的不同年龄阶段生涯发展所面临的主要任务的角度提出，18 岁之前的主要任务是发展职业想象能力，培养职业兴趣和能力，对职业进行评估和选择，接受必要的职业教育和课程训练。由此可见，基础教育课程在强化学术以训练学生的心智与行为规范的同时，必须着眼于学生的个体可持续发展、终身幸福与完满生活，与个人一生职业、休闲、社会与人际关系密切关联的个人适应、社会适应和职业适应也应得到关照，获得地位，即获得学术与生涯的相互关联性。

小学教育阶段，学生需要完成的内容是通过参与正式的社会团体，使自己归属到一定的社会群体中，在此基础上获得基本的读、写、算、听、说技能，并逐渐内化人际交往和社会行为的规范。具体而言：通过自我认识，将能力、价值和兴趣与未来教育和职业生涯相互联系；能够为自己的未来人生绘制蓝图，而后与目标做联结；养成良好的学习品质，包括掌握一定的学习技能，意识到学习对未来发展的重要性，并丰富学习经验；通过参与家庭生活管理、社区服务工作及描述服务他人的各行各业，感性地了解工作与职业的特点，并养成尊重劳动与劳动者的习惯，内化服务的意识；形成由家庭慢慢扩展到学校、社区、城市或农村、地区、国家及全球生活与职业生存方式的知识获得和经验体验。

初中教育阶段，学生需要应对的挑战是解决强烈的自我意识与身心限制的矛盾，促进自我同一性的发展。实质上，初中生涯发展是从小学生涯的认知与幻想逐渐向实际的生涯发展进行转换，并做进一步的关于生涯探索和生涯规划的试探与尝试。具体而言：学生此时已经对自己的兴趣、能力和价值观有了一定的了解，并尝试了解和接触不同行业与职业，反思与感受适合自己的领域；伴随学习技能与策略的进一步提升，有效学习和恰当休闲相互结合，通过对高一级的学校相关信息进行选择来进行自我定位与定向，不断内化生涯发展理念，生涯认知也不断扩展；在生涯探索过程中，学生慢慢习得如何进行恰当的自我技能展示；在家庭与社区中不断扩展经验，感受个体特质与职业的匹配性；责任与道德不断建立。

高中阶段，人生决策的重要性不断凸显，学生在现实中感受到理想向现实的回归，不断调和自我与社会的关系。因此，高中阶段生涯发展的重点是生涯定向不断地清晰与确定，在充分了解相关信息的基础上具有特定的生涯发展目标，并制定确定的生涯发展计划，最终通过持续学习达成这一目标。具体而言：在对自我能力、价值观、兴趣、生涯期望与喜好有了深入了解后，针对自己选择的目标，针对自己的实际和未来选择，恰当分析自己的能力与特质，发展出相应的生涯发展计划并以此监控自己的整个行为；修习课程，充实自我，获得适应未来职业的资格；进一步形成对闲暇时光的利用能力；对未来学习或职业生活进行总体规划；发展替代性的选择方案；进一步发展自我展示与求职面试的技能与技巧。

上述不同学习阶段的生涯发展任务与重点可以通过以下两种模式实现：一是将职业生涯的内容整合到不同的学习领域科目之中；二是开设独立的生涯发展课程，进行生涯发展辅导。基础教育生涯发展的课程设置，实际上体现了两种基本取向：第一种是以学科为中心的课程模式；第二种是以活动为中心的课程模式。综合考虑，无论采取哪种模式，以下问题是需要思考的内容：①以学生为中心的经验获取；②学生个体隐性生涯经验的习得；③强调实用性技能；④评价以真实生活情境为取向；⑤课程与学生密切相关；⑥丰富的选择；⑦不同课程与技术学分的互认许可；⑧生涯发展的多样性与连贯性互补；⑨师资保证；⑩相对于学术发展领域的生涯发展领域地位的确认。

第三节　特殊教育学校的生涯教育建设

特殊教育学校生涯教育的最终目的在于促进特殊儿童的生涯发展，使特殊儿童充分地实现自我价值，从主、客观两个方面来提升特殊儿童的生活质量。

一、现行特殊教育学校生涯教育的缺失

我们从三个方面来分析基础教育阶段特殊教育学校生涯教育的缺失问题，实际上是特殊教育学校学制的两个阶段的三种形式。一是义务教育，二是义务教育阶段后的特殊儿童中等职业教育，三是义务教育阶段后的特殊教育学校普通高中教育。

（一）义务教育阶段的生涯教育缺失

2007 年，教育部基础教育司颁布特殊学校义务教育课程设置实验方案，即《盲校义务教育课程设置实验方案》、《聋校义务教育课程设置实验方案》和《培智学校义务教育课程设置实验方案》。新的课程设置实验方案是在原有的《全日制盲校课程计划（试行）》、《全日制聋校课程计划（试行）》和《全日制弱智学校（班）课程计划（征求意见稿）》基础上修订形成的。虽然三类特殊教育学校为更好地适应新课程根据课程设置试验方案对本校的课程进行试探性的调整，但是原有课程仍然处于特殊学校教学开展的支配性地位。

1. 培养目标

1993 年，国家教委颁布《全日制盲校课程计划（试行）》，规定了盲校的义务教育阶段的培养总目标，即盲校小学和初中要按照国家对义务教育的要求，对视力特殊儿童、少年实施全面的基础教育，补偿视觉缺陷，使他们在德智体诸方面生动、活泼、主动地得到发展，具有良好的思想道德品质、基本的文化知识、健康的体质和一定的生活能力、社会交往能力及初步的劳动技能，为学生适应社会生活、继续获取知识、成为社会主义的建设者和接班人奠定基础（朴永馨，2002：77）。同年，国家教委颁布《全日制聋校课程计划（试行）》。聋校的义务教育阶段的培养总目标与盲校总目标大同小异。除了教育对象存在差异外，聋校的培养总目标在表述"补偿缺陷"时提到了对心理缺陷的关照。《全日制弱智学校（班）课程计划（征求意见稿）》于 1987 年颁布，对义务教育阶段弱智学校培养总目标规定为，认真贯彻德智体美全面发展的方针，从弱智儿童身体和智力特点的实际情况出发，对他们进行相应的教育、教学和训练，有效地补偿其智力和适应行为的缺陷，为使他们成为有理想、有道德、有文化、有纪律的社会主义公民和适应社会生活、自食其力的劳动者打下基础（银春铭，1993：102）。

三类特殊教育学校的总培养目标有很多相似性，都注重学生个体的全面发展，并且把这种发展视作义务教育阶段后继续发展的基础；把教育与社会角色相联系，使教育的目的最终指向了建设者和劳动者；把教育作为能力提升的手段，无论是继续学习的能力还是社会适应能力，最终都服务于个体持续性发展。义务教育的基础性地位是显而易见的，但是却忽视了一个重要的问题，即如何把培养好的有一定基础的个体引入社会？是什么力量或是什么因素把义务教育的基础性知识应用到个体未来的在社会环境下的继续成长？对此问题的回答，需要对现行的特殊教育学校的课程设置和课程内容进行认识和分析。

2. 课程设置

三类特殊教育学校开设课程有很大的差异，但是课程的设置均包括"学科"和"活动"两个方面，同时为各地方开设地方课程和校本课程留有空间。但是三类特殊教育学校分科课程的比重远远大于活动课程。分科课程中，以文化基础教育为主，除弱智学校外，盲校、聋校文化基础课课时远远多于美、音、体、劳等技能类课程的课时，而弱智学校技能类课程占分科课程总课时的 41.6%。劳动技能课程作为分科课程单独设立，三类特殊教育学校劳动课占分科课程总课时的比重分别为 7%、13.3% 和 17.3%，虽然劳动课课时占总课时比重较小，但是随着年级的升高，课时量明显增加。盲校初中劳动技术课课时比小学劳动课课时增加 332 节、聋校增加 702 节，弱智学校初中阶段劳动技能课每周为 8 个课时，是一至四年级劳动技能课时的 4 倍，五、六年级劳动技能课时的 2 倍。

由此可见，特殊教育学校义务教育阶段对以分科形式存在的文化基础知识教育格外重视。文化基础知识教育在义务教育阶段课程设置中的支配性地位决定了活动课程在三类特殊教育学校中处于分科课程的从属地位。三类特殊教育学校活动课程占总课时的比重分别为 9.6%、10.8% 和 10.5%。开展活动课的目的在于结合地区、学校的特点，发挥学生的主动性、独立性和创造性，使学生受到思想和道德教育，丰富精神生活，扩大视野，增长知识和才干，发展兴趣、爱好和特长，促进学生的健康成长。与分科课程相比，学生在活动课中的自主性要大得多，这是学生进行自我认识、社会环境认识及生涯规划的最好形式。但是课程比重相对过小，同时活动课程所涉及的目标又很多，因此仅有的为学生发展个体的自主性及对自我的探索空间是很小的。

3. 课程内容

《全日制盲校课程计划（试行）》、《全日制聋校课程计划（试行）》和《全日制弱智学校（班）课程计划（征求意见稿）》不仅规定了特殊教育学校具体开设哪类课程，并且明确规定了各课程的具体实施内容。课程内容明显表现出了文化基础知识的基础性地位，同时也表明特殊教育学校课程的学科性质明显，课程之间彼此独立，对课程与课程之间的整合没做要求。在课程内容的规定中，课程内容没有明显之处来解释上文提到的两个问题，即如何将具有一定准备基础的个体融入社会？是什么力量或因素促使义务教育的基础知识应用到个体的未来社会适应？

也许义务教育阶段的特殊教育学校没有必要解决上述两个问题，因为它的目的明确，即为未来的社会主义建设者和劳动者打下基础。而解决这两个问题，似乎是抛给了义务教育阶段后的教育活动，因为毕竟义务教育阶段后还有3～7年的教育时间为进入社会打下基础。如果是这样，义务教育阶段后的职业教育不可避免地要承担起这个义务。为了使职业教育很好地承担起这个义务，义务教育需要为义务教育后的职业教育作准备。无可否认的是，义务教育阶段的所有学科的学习都会在职业教育当中发挥着作用，毕竟职业教育的过程还是需要"读、写、算"等基本技能的。但也无可否认，义务教育阶段的劳动技能课程与义务教育阶段后的职业教育关系最为密切，从义务教育阶段的劳动技能课程内容要求可见一斑。以下，对三类特殊教育学校的劳动技能课程进行简单的描述。

盲校劳动技能课程分为小学阶段的劳动课程和初中阶段的劳动技术课程。劳动教育意为劳动、生产、技术和劳动素养方面的教育；劳动技术教育意为对学生实施劳动和生产技术的教育，学者赵树铎认为这两个概念实质上并无大的区别，或者说两个概念在本质上没有区别（转引自：张宁生，2002：86）。但是在课程计划当中两个课程内容却存在差异。小学阶段的劳动课程的具体内容是通过自我服务劳动、家务劳动、社会公益劳动和简单的生产性劳动，使学生初步掌握一些基本的劳动知识和技能，提高生活自理能力。培养学生具有正确的劳动观念和良好的劳动习惯。中学阶段所开设的劳动技术课程规定，在学生可感知和实践的基础上，学会一些家务劳动、服务性劳动和工农业生产的简单知识和技术，并可结合当地情况，学习一两种适合就业的实用技术，培养学生热爱劳动和劳动人民的思想感情和吃苦耐劳的意志品质。在高年级适当地进行职业指导教育，使学生了解就业的有关方针政策及择业范围和要求，树立正确的择业态度（朴永馨，2002：98，101）。

与盲校劳动技能课程一致，聋校劳动技能课程贯穿义务教育始终。1～4年级开设劳动课程，5～9年级开设劳动技术课程。劳动课程要求通过自我服务、家务劳动、公益劳动和简单的生产劳动，使学生掌握一些基本的劳动知识和技能，教育学生热爱劳动、遵守劳动纪律，培养正确的劳动观念和良好的劳动习惯，以及热爱劳动和劳动人民的感情。劳动技术课程要求根据当地经济发展状况，选择社会职业中某些适当的项目进行基本生产知识教育和操作技能训练，使学生掌握某些劳动技能，并具有良好的劳动态度和劳动习惯。在8～9年级适当进行就业指导教育，使学生了解国家有关就业方面的方针、政策；了解适合聋人就业的职业情况、职业特点和素质要求，直到学生根据社会的需要及自身条件正确选择就业的方向（张宁生，2002：242）。

弱智学校的劳动技能课程没有根据学生年龄的不同进行年级的区分。课程规定，通过自我服务劳动、家务劳动、公益劳动、手工制作劳动和简单生产劳动的教学和训练，培养学生具有生活自理能力和劳动习惯，掌握从事家务劳动、简单生产劳动的初步的技能（肖非等，1992：130）。

从上述三类特殊教育学校对劳动技能课程内容的规定不难看出，劳动技能课程是义务教育阶段后职业教育的基础，同时也可以理解为，义务教育阶段后的职业教育是义务教育阶段劳动技能课程的延续。义务教育阶段的劳动技能课程已经开始思考如何把培养好的有一定基础的个体引入社会，如何把义务教育的基础性知识应用到个体未来的在社会环境下的继续成长。对于这两个问题，虽然在课程的总的培养目标下没有阐述，但是却在劳动技能课程的实施内容当中进行了解释。由此我们可以得出这样的结论，特殊教育学校义务教育阶段重视对学生的劳动技能的训练，特别是义务教育的高年级阶段。同时，我们也可以看到在义务教育阶段中生涯教育的一些影子，比如，盲校高年级劳动技术课程中要求学生了解就业的有关方针政策及择业范围和要求，树立正确的择业态度。在聋校高年级劳动技术课程中，要求在8～9年级适当进行就业指导教育，使学生了解国家有关就业方面的方针、政策；了解适合聋人就业的职业情况、职业特点和素质要求，直到学生根据社会的需要及自身条件正确选择就业的方向。但是需要指出，此类探索的范围相对狭窄，职业范围仅仅局限在"生产操作"领域。而对生涯发展及职业选择同样重要的自我探索，并没有出现在劳动技能课程内容中。有关生涯的自我探索有可能发生在活动课程领域中，因为培养学生的兴趣、爱好和特长是活动课程的重要内容之一。有关生涯的自我探索也有可能发生在各个学科课程当中，学生可以在学习的过程中逐渐培养起或发现自己对某一类学科的兴趣和特长。我们无可否认教师在教授某一类学科课程的过程中会潜移默化地对学生的学习兴趣产生影响，但是这种影响并没有反映在三类特殊教育学校的课程计划当中。

总之，在现行的三类特殊教育学校义务教育阶段课程计划当中，有关生涯教育的因素是缺失的。义务教育阶段过于强调课程的学科性，课程内容文化基础知识的根基性，即使在课程计划中强调要因地制宜地加强劳动和劳动技术教育，但是劳动技能课程的发挥空间还是很有限的，它只能满足学生职业教育的需要，而不能满足生涯发展的需要。虽然到了高年级，劳动技术课程的比重有所增加，为生涯探索提供了条件，但是学生探索的范围仅局限于生产操作性职业，使得学生个体的职业生涯发展受到了很大的限制，同时也可能使得学生在义务教育阶段后的正规的职业教育的发展受到限制。

（二）义务教育阶段后的特殊教育学校生涯教育的缺失

义务教育阶段后的特殊教育包括两种形式，一是职业教育，二是普通高中的教育。

特殊儿童在经历了九年义务教育之后，德智体等方面都得到了全面的发展，身心缺陷也得到了相应的补偿，基本上具备了社会主义建设劳动者和接班人的思想和文化等素质。由于现代社会对劳动力的要求提高，需要具有更高的思想和文化水平，具有从事某种生产劳动专门知识和技能的劳动者，所以对残疾青年进行职业教育、高等教育（实质上是高层次的职业培训和转业教育）、成人教育（职业培训是特殊儿童成人教育的重要组成部分），都能使其掌握一种职业的知识和技能，为其更好地适应现代社会生活、实现真正的经济独立和人格独立——就业、自立、自强提供保证（朴永馨，1995：304）。由此，我们可以把义务教育阶段后的仍处在基础教育阶段的职业教育概括为旨在提高个体从事职业劳动的工作质量和效率的一种专门教育。这种职业教育带有明显的"就业"导向，虽然它可以使残疾个体更好地适应现代社会生活、实现真正的经济独立和人格独立，但是它仍然是一种静止的、着眼于当下的思维和行动方式，并没有从个体的整个生涯，抑或从个体内在的自我实现和生命的价值角度来思考这个问题。

特殊教育学校的普通高中虽然继续着个体全面发展的教育目的，但其应试教育的特征明显。在与残疾大学生的交流中了解到，特殊教育学校的普通高中课程开设以学科课程为主，学科课程的学科性质明显。由于现阶段特殊儿童高等教育存在着单考单招的考试形式，因此有的学校为了帮助学生顺利进入高等院校，课程的内容会完全导向某一所或某几所高校的考试要求。似乎特殊教育学校的普通高中建立的唯一目的就是参加高等教育入学考试。而对于职业教育、生涯教育等内容，由于与最高目的没有达成一致性，其没有得到足够的重视而进行整合。虽然特殊教育学校普通高中的应试教育导向与素质教育的教育方针政策相违背，但是此种行为却是对现行的整个教育体制的一种应对方式。

以上从基础教育的义务教育阶段、义务教育阶段后的中等职业教育及义务教育阶段后的普通高中教育三个方面对特殊教育学校的生涯教育进行了考察。虽然出于某种目的，特殊教育学校采取了不同的方式来应对学生的职业生涯发展，但是生涯教育内容的缺失，使得对学生个体的职业生涯发展的关注或片面或不完整，因此，有必要在特殊教育学校中开展生涯教育。

二、特殊教育学校生涯教育建设的空间

特殊教育学校生涯教育的建设必须在一定的空间展开，这个空间既可以理解为特殊教育学校生涯教育建设的基础，也可以理解为特殊教育学校生涯教育的外在条件。

（一）盲校义务教育阶段生涯教育

《盲校义务教育课程设置实验方案》规定了盲校的培养目标，即"使学生具有爱国主义、集体主义精神和民族精神，热爱社会主义，继承和发扬中华民族的优秀传统和革命传统；具有社会主义民主法制意识，遵守国家法律和社会公德，依法维权；逐步形成正确的世界观、人生观、价值观；正确地认识和对待残疾，具有乐观进取、自尊、自信、自强、自立、立志成才的精神、顽强的意志以及平等参与的公民意识；具有社会责任感，努力为人民服务；具有初步的创新精神、实践能力、科学和人文素养以及环境意识；具有适应终身学习的基础知识、基本技能和方法；身体健康、具有良好的心理素质，养成健康的审美情趣和生活方式，学会交流与合作，初步具有独立生活能力、社会适应能力和人生规划意识，成为有理想、有道德、有文化、有纪律的一代新人"。

培养目标的目的明确，即培养全面发展的人，与原有盲校课程计划相比有三个方面值得关注：①"正确地认识和对待残疾"，这算得上是对自我的一次探索，以积极的态度面对自己的生理上的缺陷是每一个特殊儿童必须面对的问题，但是如果在正确地认识和对待残疾的同时，对自我的潜能进行关照，那么对自我的认识才算得上完满。②"具有适应终身学习的基础知识、基本技能和方法"，生涯的终身性决定了学习活动的终身性，而掌握最核心、最基础的知识、技能和方法就是支持生涯持续发展的动力所在。③"初步具有独立生活能力、社会适应能力和人生规划意识"，人生规划与职业生涯发展之间存在交集，从人的生命全程角度理解，职业生涯发展只是人生规划的一个方面；而从生涯发展理论的角度分析，人的职业生涯发展或职业生涯规划是人生规划的核心，人的发展最终落在了职业生涯的发展上。显然，通过解读，我们可以感觉到盲校的培养总目标当中涉及一定的职业生涯教育的因素，为生涯教育开展提供了依据。

《盲校义务教育课程设置实验方案》同时规定了课程的设置，即"低、中年级阶段以综合课程为主，高年级阶段设置分科与综合相结合的课程，开设思想品德（低年级开设品德与生活，中年级开设品德与社会，高年级开设思想品德）、语文、数学、外语（三年级开始）、体育与健康、艺术（或分科选择音乐、美工）、科

学（高年级或分科选择生物、物理、化学）、历史与社会（或分科选择历史、地理）、康复（低年级开设综合康复，低、中年级开设定向行走，中、高年级开设社会适应）、信息技术应用、综合实践活动等课程"。但是《盲校义务教育课程设置实验方案》并未对课程内容进行说明，回到本文所关切的主题，即我们无法确定哪一门或哪几门课程应该承担总目标中对自我的认识、对终身学习能力的培养及人生规划意识的教育任务。这一方面表明要实现总培养目标中的规定，课程设置，尤其是课程内容的选择与安排还有很多工作需要进行和完善；但另一方面也为特殊教育学校生涯教育的建设创造了空间。

与现行的盲校课程计划相比，新的课程设置中取消了九年一贯的劳动技能课程，但是在课程设置说明中又提到"根据学生的学习成绩、特长和志愿，高年级时学校可实行分流教学：对于不准备升学的学生，可安排较多的时间进行社会生活和劳动技术教育；对于准备升学的学生，可安排较多的时间学习文化课。在最后一年，应安排必要的时间对学生进行升学、就业的教育和指导"。这表明，职业教育在高年级（7～9年级）的课程中应被重视起来，它是可以突破课程设置要求，根据学校以及学生的实际情况对课程设置进行调整的，学校在这个过程中被赋予了一定的自主权。

总而言之，盲校课程设置实验方案为生涯教育的建设提供的空间包括：培养总目标中涉及部分生涯教育的因素，为开展特殊教育学校生涯教育提供了依据。课程设置中没有对课程内容进行详细的说明，因此为生涯教育因素渗透到课程内容中创造了条件。职业教育作为生涯教育的重要内容在义务教育高年级阶段被重视起来，借助职业教育发展的契机，把生涯教育渗透进职业教育中也是特殊教育学校生涯教育建设的重要方面。

（二）聋校义务教育阶段生涯教育

《聋校义务教育课程设置实验方案》规定聋校培养目标为"要全面贯彻党的教育方针，体现时代要求，使聋生热爱祖国，热爱人民，热爱中国共产党；要具有社会主义民主法制意识，遵守国家法律和社会公德；具有社会责任感，逐步形成正确的世界观、人生观、价值观，努力为人民服务；具有创新精神、实践能力、科学和人文素养以及环境意识；具有适应终身学习的基础知识、基本技能和方法；具有生活自理能力、社会适应能力和就业能力；具有健壮的体魄、良好的心理素质，养成健康的审美情趣和生活方式，培养自尊、自信、自强、自立的精神，成为有理想、有道德、有文化、有纪律的一代新人"。

与盲校课程设置实验方案相比，聋校课程设置实验方案中缺乏对自我的认识和探索。在聋校课程设置实验方案总培养目标中，在同一位置用"就业能力"取代了"人生规划"。无论是"就业能力"还是"人生规划"，它们描述的都是职业适应问题，而且两者都是个体职业适应所必须掌握的能力。"就业能力"和"人生规划"是与生活自理能力、社会适应能力一并出现的，此种表述方式，很容易让人联想到美国特殊教育学者柯克的关于特殊儿童教育的三维目标体系，即个人适应、社会适应和职业适应，而职业适应是最高的要求。按照柯克的思维逻辑，"就业能力"和"人生规划"理应成为聋校和盲校教育的最高目标，但是，在《盲校义务教育课程设置实验方案》的说明部分，并没有对"就业能力"和"人生规划"的意义进行阐述。

在聋校中，学生的就业能力是由劳动类课程承担的，"一至三年级设生活指导课，四至六年级设劳动技术课，七至九年级设职业技术课，旨在通过生活实践、劳动实践和职业技术训练，帮助聋生逐步形成生活自理能力、劳动能力和就业能力"。对如何开展劳动类课程，《盲校义务教育课程设置实验方案》也有说明，"各校可根据当地的实际情况和需要，选择不同的劳动和职业技术教育的内容，也可以结合校本课程，统筹安排。职业技术课程一般以集中安排为宜"。与盲校的"培养总目标与课程设置之间关系阐述不足"相比，聋校课程设置实验方案对课程应该如何关照"就业能力"进行了较完整的阐述。但是，聋校课程设置实验方案对个体的生涯发展只局限在职业教育的领域，并且这种职业教育是指向专门的职业劳动技能的，是以"就业"为导向的。"就业"的导向使得职业教育的开展必须充分考虑到社会环境的因素，因此在实施劳动类课程过程中，聋校也被赋予了一定的自主权，根据各地聋校所处地域条件开展适合学校本身及学生本身发展的劳动教育、职业技术教育。

聋校课程设置实验方案对学生的职业培养进行了较系统、完善的描述，课程设置和课程内容与课程培养总目标之间保持着连贯性。但是课程设置的"统一性和选择性相结合的原则"又为各地聋校实施职业教育提供了自主发展的空间，同时，在规定性课程的基础上，鼓励各地方学校开设校本课程，建设特殊项目。而这恰恰是生涯教育渗透进聋校课程最好的时机。

（三）培智学校义务教育阶段生涯教育

《培智学校义务教育课程设置实验方案》规定培智学校的培养目标为"全面贯彻党的教育方针，体现社会文明进步要求，使智力残疾学生具有初步的爱国主义、集体主义精神；具有初步的社会公德意识和法制观念；具有乐观向上的生活态度；具有基本的文化科学知识和适应生活、社会以及自我服务的技能；养成健康的行为习惯和生活方式，成为适应社会发展的公民"。培智学校的培养目标并未涉及职业方面的要求，但在学校的课程设置当中却出现了劳动技能课程，由此可以推测，在总目标中有关职业的内容应该是放在了社会适应当中的，虽然职业是属于社会范畴的，但是在一般情况下，是把职业单独作为一个目标呈现的，并且正如前文提到的，职业适应的目标要高于社会适应。

在课程设置方面，实验方案构建了由一般性课程和选择性课程两部分组成的培智学校课程体系。一般性课程包括生活语文、生活数学、生活适应、劳动技能、唱游与律动、绘画与手工、运动与保健。"一般性课程体现对学生素质的最基本要求，着眼于学生适应生活、适应社会的基本需求，约占课程比例的70%～80%"。选择性课程包括信息技术、康复训练、第二语言、艺术休闲和校本课程。"选择性课程着眼于学生个别化发展需要，注重学生潜能开发、缺陷补偿（身心康复），强调给学生提供高质量的相关服务，体现学生发展差异的弹性要求，约占课程比例的30%～20%"。同时规定，两类课程的比例可根据实际情况进行适当调整。这也体现了新的课程设置实验方案的一大特色，即课程设置的规定性与自主性相结合的原则，学校可以根据学生的具体情况对课程设置进行调整。

课程的生活导向为学生了解生涯环境提供了条件。生活适应与潜能开发相结合的课程设置原则为关注学生的潜能、培养学生的个人才能、进行自我探索提供了条件。同时，开设劳动技能课程关照智力落后儿童的职业发展，劳动技能课"以培养学生简单的劳动技能为主，对学生进行职前劳动的知识和技能教育。通过劳动技能的训练，使学生掌握一定的劳动知识与技能，养成良好的劳动习惯，具备一定的社会适应和职业适应能力"。劳动技能课程的课时量随学生年级的增高而增加，到了高年级，劳动技能课的比重占总课程量的8%～9%。

培智学校课程设置的最大特点在于以生活为导向、以生活为中心，充分考虑到了学生社会性发展的需要。并在此基础之上通过职业技能的培训来发展学生的就业能力。如果按柯克的特殊儿童教育的目标体系的三个层次为标准来对照新的培智学校课程设置实验方案，那么新方案基本上还处于目标体系的第二级，即注重智力落后儿童的社会适应发展方面。

对于生涯教育来说，新的课程设置方案为其提供了哪些空间呢？我们需要洞察到，培智学校课程设置在注重个体社会适应的基础上，希望通过职业技能的培训实现个体的职业适应。但是，职业适应并不仅仅意味着就业能力，它的含义要比就业能力广泛得多，而生涯教育可以有效地对职业适应的能力进行补充，帮助培智学校完成实现学生个体职业适应的目的。同时，新课程规定学校在实施课程的过程中可以根据学校和学生的实际情况进行调整，即课程设置的规定性和自主性的统一。这些都为生涯教育的开展创造了条件。

（四）义务教育阶段后特殊教育学校生涯教育

如果说三类特殊教育学校义务教育阶段新的课程设置实验方案是特殊教育学校生涯教育建设的基础，那么本节所探讨的内容，可以称为是义务教育阶段后特殊教育学校生涯教育建设的外在条件。

2007 年 12 月 18 日，全国特殊教育学校职业技术教育工作现场经验交流会在深圳元平特殊教育学校召开，这是教育部基础教育司首次以特殊教育学校职业技术教育工作为专题召开的行政会议；也是在党的十七大把"优先发展教育，建设人力资源强国"作为"以改善民生为重点的社会建设"的重要内容和任务，明确提出"大力发展职业教育""关心特殊教育"等一系列教育重任之后的首次全国性特殊教育工作会议。在会议上，教育部基础教育司李天顺副司长作了《落实十七大精神 关心特殊教育 进一步推进特教学校职业教育发展》的大会主题报告。他在总结特教学校职业教育的成功经验，分析特教学校职业教育发展所面临的困难和任务之后指出："我国特殊教育的发展迎来了一个前所未有的大好机遇。针对残疾孩子的特点，进一步加强职业技能培训，是有益于残疾孩子一生发展的一件大事……我们一定要认真贯彻落实党的十七大精神，以科学发展观为指导……积极探索针对残疾孩子特点的职业教育发展之路……增强他们的社会竞争力，为实现教育公平，促进和谐社会的构建做出我们的贡献。"（李黎红，2008）

"以人为本"是 21 世纪我党提出的重要执政理念。特教学校的职业教育对残疾学生具有非同一般的重要意义，关系到社会的和谐稳定，关系到残疾学生家庭幸福和个人健康成长。过去教育行政部门从未就特教学校的职业教育专门发过红头文件，特教学校的职业教育基本处于自发状态……从这次会议起，教育行政部门一定要把这项工作纳入本地特殊教育发展的整体规划中，要把自发的民间行为变为自觉的行政行为。要采取措施，加强对本地特教学校职业教育的指导与帮助，切实开展好特教学校的职业技术教育工作。

从自发走向自觉，意味着特殊教育学校职业教育即将开始新的征程。走向哪里，以及如何走将是各个地方教育行政机构和特殊教育学校首先要面临的实践问题。从总体水平分析，我国的特殊教育职业教育还处于起步阶段，解决"就业"问题仍是其首要任务，这是现阶段"以人为本"理念的最好体现。但是"就业"并不是"以人为本"的全部内容，同时，我们也不应该静止地看待"以人为本"的执政理念。职业教育归根到底是为特殊儿童的发展服务的，而就业不是特殊儿童发展内容的全部，因此职业教育的未来发展必须把特殊儿童个体的生涯发展纳入到自己的体系中，职业教育最终应导向个体的生涯发展，这才是未来的职业教育发展之路，同时也体现出了我们用发展的眼光来看待"以人为本"的执政理念。

因此，在现有的职业教育基础之上，有所渗透地加入生涯教育的内容，是符合时代及发展要求的。

三、特殊教育学校生涯教育的建设

以学校为本位是开展生涯教育最理想的方式，它需要动员全校的力量来进行，即开展全校性的生涯教育模式。它需要在校长的带领下，以全校教师参与的方式，共同识别学生整体的需要，并据此定出共同的目标及工作要点，通过全校性的教育与辅导活动，促进学生的生涯认知、生涯探索、生涯准备，促使学生生涯成熟。

（一）生涯教育的目标体系

生涯教育指向个体的生涯发展，特殊教育学校基础教育阶段的特殊儿童不仅要实现此年龄阶段的生涯发展任务，即发展自我概念，促进身体、心理成长；透过经验了解周围环境，尤其是工作世界，以此作为试探选择的依据；考虑自己的需求、兴趣、能力、价值与机会，并透过幻想、讨论、课程、工作等尝试，做试探性的选择，而且要根据现有特殊教育发展的现实状况，进行初步的职业技能培训。这应该成为我们制定生涯教育目标体系的依据。

目标体系应体现全面性、广泛性，覆盖生涯教育的全部，因此其来源应该是多维的，它应来源于对学习者本身的研究、对学校外生活的研究及生涯教育研究者对目标体系的建议。本书的生涯教育目标体系的建构，以参考已有生涯教育研究为主，对其进行筛选和整理，并与特殊教育学校特殊儿童生涯发展任务的特殊性相结合。采取此种方式的原因在于，生涯教育服务于生涯发展，而依据生涯发展理论，生涯发展本身即是自我概念与社会概念的整合，因此任何生涯教育目标都不可避免地涉及个体及社会因素，因此，生涯教育研究者对目标体系的建议是本书构建特殊教育学校生涯教育目标体系的主要参考依据。

美国生涯教育的内容广泛，具体内容包括四个方面：①自我状况的了解及个人价值观的澄清。生涯规划与决策需要个人对自我的观念及价值观有清晰的认识，并且对有关职业和生涯发展方面的资料有深入的了解，才能做适当的选择，所以生涯教育要协助个体了解自我，不仅需要了解个体的能力倾向、兴趣、个性等情况，还要辨析和澄清个人的职业价值、个体生涯发展的状况，不仅要知道职业的事实状况、有关信息，还应结合个人的期望和价值倾向。②生涯规划与生涯决策能力的培养。生涯发展包括一连串的生涯规划与决策的过程，因此生涯教育必须协助学生在对自我及价值观清醒认识的基础上，学习如何规划人生，在面对各种抉择情境时，界定问题，收集并运用资料，以提高生涯规划和决策的能力。③合理选择的做出。升学与择业是每个人生涯发展所要面对的任务，生涯教育不仅要协助学生选择教育系统中某些特定课程，同时也要帮助学生了解生活中各种可能的选择。知道这些选择是否适当，取决于个人特定的标准，离不开个人追求的生涯目标，还需要结合社会的发展和职业的需求，比较各种选择之间的利弊，才能最后做出适当而合理的选择。④自身潜能的开发。每个人的才能是不同的，生涯教育承认每个人的才能是有差别的，但更重要的是在生涯教育的过程中发现并发掘个人的潜能，给予个人充分的机会，以独特的方式去发展及表现他的才能。而且生涯教育还协助个人适应快速变迁的社会与职业环境，考虑比较灵活和弹性的方式，以达到个体的生涯发展目标（荆桂英，2004）。

吉布森和米切尔（1986）提出了跨越幼儿园到普通高中的学校生涯教育八项目标，即自我认定、教育认定、生涯认定、经济了解、生涯决定、就业技巧、生涯安置及自我与社会满足。同时，针对这些目标，提出了具体的教育内容，即自我认知、教育认知、生涯认知、经济认知、作决定、起始的能力、就业技巧及态度与价值（转引自：黄德祥，1991：420-423）。阿特和海德（1978）提出生涯发展课程的目标应包括四个方面，即学生能评估自己的价值、兴趣、技能、自我概念和自我挫折的行为；学生能多方面了解职业信息、认知职业世界；学生具有多种解决一般性问题的技术；学生能将生涯计划的过程类化应用于其生活中的各个方面（转引自：冯观富，1993：231-232）。

我国台湾教育主管部门于 1999 年 9 月 30 日公布《"国民"教育阶段九年一贯课程总纲纲要》，确定"生涯规划与终身学习"为十大基本能力之一。1999 年 10 月 17 日，台湾教育主管部门召开"九年一贯课程分科纲要小组召集人联席会"，在资讯、环保、两性和人权四个重要议题外，增加生涯发展议题。生涯发展议题确认自我觉察、生涯觉察与生涯发展教育为三大重点。其课程目标包括：了解自己，培养积极、乐观的态度及良好的品质、价值观；认识工作世界，并学习如何增进生涯发展基本能力；认识工作世界所需的一般知能，培养独立思考及自我反省，以扩展生涯发展信心；了解教育、社会及工作间的关系，学习各种开展生涯教育的方法与途径；运用社会资源与个人潜能，培养组织、规划生涯发展的能力，以适应社会环境的变迁（梁淑琴，2007）。

何晓丽（2005）基于对青少年生涯发展的认识，把生涯教育归结为三个维度共 11 项内容。自我认识维度包括了解自我概念及生涯自我概念，探索自我的兴趣、性向、价值观及人格特质，了解工作与个人的关系；生涯探索维度包括了解工作世界的类别与工作角色，了解教育、训练机会与工作间的关系，了解社会发展、国家经济、科技进步与工作的关系，以及养成正确的工作态度；生涯规划维度包括形成生涯信念、建立正确的生涯态度、培养生涯决策的能力及发展生涯的途径与策略。

涂坤（2006）以普通高中艺术特长班学生为研究对象，提出针对此类群体的生涯教育目标，具体包括五个方面：了解自己，培养积极、乐观的态度及良好的品德、价值观；认识艺术工作世界，并学习如何增进生涯发展的基本能力；认识艺术工作世界所需一般专业知识和技能，培养独立思考及自我反省的能力，以扩展生涯发展的信心；了解教育、社会及工作间的关系，学习各种拓展生涯的方法与途径；运用社会资源与个人潜能，培养组织、规划生涯发展的能力，以适应社会环境的变迁；生涯教育的个人目标实施的重点应该是培养学生自我觉察能力、生涯觉察能力和生涯抉择与规划能力。

与上述生涯内容的表述方式不同，学者沈之菲在其专著《生涯心理辅导》一书中从发展的角度为小学、初中和高中三个阶段的学生设置了不同的、带有发展连续性的生涯教育与辅导目标（沈之菲，2000：123-124，130，139）。虽然三个阶段的目标不尽相同，但基本上是围绕三个方面展开，即对自我的认识和探索、生涯环境的认识与探索，以及生涯规划和决策能力的培养。

纵观以上生涯教育目标，虽然阐述的具体内容有很大的区别，有的生涯教育仅仅局限于某一类群体，但是基本上都是围绕着三个方面对生涯教育的目标进行描述的，即生涯教育的自我方面、生涯教育的生涯环境方面及自我与生涯的关系方面。

第一，生涯教育的自我方面。此方面的重点在于形成积极的自我概念，具体包括如下几个方面：能正确对待自身缺陷；积极探索自己的兴趣、爱好、人格特征；发掘自身潜能；形成正确的世界观与价值观，等等。

第二，生涯教育的生涯环境方面。此方面的重点在于对工作环境的认识，具体应包括了解社会经济、政治发展状况；了解特殊儿童就业方针、政策及现有的就业整体状况；了解工作世界的类型与工作角色，等等。

第三，自我与生涯的关系方面。此方面是生涯教育目标体系的核心，是促使特殊儿童自我概念与生涯概念统整的关键。具体包括：了解个人与工作的关系；了解教育、训练与工作之间的关系；生涯定向；培养自我生涯规划意识及自我生涯决策能力；职业技能培训；终身学习的能力与技能；良好的工作态度，等等。

（二）生涯教育的实施模式

开展全校性的生涯教育需要教育活动的各个方面都渗透着生涯教育的内容，

但是，各类各级特殊教育学校的具体情况不同，对"规定性"和"灵活性"的课程设置原则的理解与把握也会有差别，因此生涯教育的实施应该是多方面、多渠道的。

1. 生涯教育渗透进学科课程中

学科课程本身包含着生涯教育的因素。首先，思考学科设立的一个重要方面源于社会发展的需要，而某些社会职业的很多要素均包含在学科内容之中，因此对学科的学习即是对社会某些职业的准备。因此，从某种意义上说，对学科的学习就是对工作世界的探索。其次，学生对自己兴趣与爱好的认识，也可以从学科学习的过程中培养，而这种兴趣与爱好的建立是非常具有生涯发展的意义的，因为它可能直接指向个体的职业生涯发展。最后，生涯教育对学科课程的建设也是有帮助的，新的课程设置实验方案规定了学科课程与综合课程的统一，综合课程实际上反映的是学科课程之间的整合，而生涯教育完全可以作为学科课程整合的工具，通过生涯发展问题把学科课程整合在一起，将起到的效果是，知识有了可以应用的空间，学科课程内容可以有效地转化为学生的学习经验。

生涯教育的目标渗透进学科课程体系应该是特殊教育学校生涯教育最理想的实施方式，这种做法是需要全校教职员工目标一致且共同努力的，而欲达到此种效果的最佳途径在于利用新的课程设置试验方案中对校本课程的建议与说明。三类学校都有关于校本课程建设的说明，并且在课程设置中为校本课程的实施专门留有空间，盲校与聋校的课程设置中，每周为校本课程单独设立1～2个课时，占总课程比重的3%～7%；而培智学校的校本课程占总课程比例的4%～6%。与此同时，"规定性与灵活性"的课程设置原则也为各地方特殊教育学校特色项目的建设提供了权力上的保障。因此，生涯教育目标渗透进学科课程体系是有可能实现的，关键在于学校的办学方针和政策，以及对生涯教育的理解。

2. 生涯教育渗透进职业教育课程中

正如前文所言，在新的课程实验方案的总培养目标中，通过解读，我们可以看到生涯教育的一些因素渗透进了新的课程试验方案中。比如，注重对个体缺陷的认识，对终身学习的看法及人生规划等。但与此同时，当我们考虑到我国特殊教育的实际，即职业教育发展还处于起步阶段时，我们不得不承认，新的课程设置方案中的生涯教育因素更多地应该指向职业教育。因此，职业教育在承担生涯教育任务中，将扮演重要的角色。而课程设置和设置说明中关于职业教育的论述，也使得生涯教育不得不重视职业教育的地位。虽然在义务教育低段，与职业教育相关的劳动类课程的比重很小，但是到了义务教育高段，职业教育的比重明显加大，而且课程实验方案为特殊教育学校职业教育的开展提供了自主的空间。

生涯教育与职业教育是有"合作"的历史的。从上文可以了解到，从职业教育发展本身来看，生涯教育就是作为职业教育的渗透因素之一而存在于职业教育的发展过程中的。生涯教育是美国职业教育由"就业"导向向"以个体职业生涯发展"为导向过渡的中间环节。而从实际效果分析，在职业教育中渗透生涯教育也是最实用的方式，因为学生在接受职业教育的过程中就可以感受到生涯教育对个体职业生涯发展的意义。同时，生涯教育与职业教育之间有太多的共性，而生涯教育的特性又会为职业教育带来更大的生机，使职业教育更加符合个人及社会的需要。

3. 生涯教育作为单独设立的学科

生涯教育课程的实施除了借助于渗透进学科课程体系外，还可以作为一类学科单独开展生涯教育。而在课堂上，生涯教育具体实施方法要随着学生的年龄及残疾种类的不同而有所变化。具体实施原则包括：低年级学生的教学应该借助活动的形式开展，而高年级学生的教学应适当地包含讨论、辩论等方法帮助残疾学生加深对问题的认识和培养学生独立思考的能力。培智学校的教学应注重操作和实践，在充分感知的基础上获得学习经验；在聋校，由于存在沟通方面的障碍，生涯教育也应注重具体感知的方式，以此为认识的基础，并在此基础之上适当地增加讨论、辩论等方法，使学生在更高的思维层次上获得学习经验；盲校学生虽然不存在沟通的障碍，但是受到视力障碍的局限，其对学习经验的感知片面、不深刻，因此注重操作、实践等活动类教学方式是生涯教育开展的首选。

4. 特殊职业教育

职业教育的生涯化使职业教育呈现动态性发展的历程，它以不同的形式贯穿于特殊儿童受教育的各个阶段：小学教育阶段的具体表现是：在对自我认识与了解的基础上，将自我特质中的能力、价值、兴趣与未来教育和职业生涯相联系；掌握计划与监控的技能，尝试以未来目标为导向与衔接；在家庭与社会交往中获得对行业职业的印象，感受工作与职业的神圣性，对劳动行为与劳动者产生尊重的意识；而后尽可能从不同的环境与空间获得对职业的经验与感受。初中教育阶段的具体表现是：学生进一步了解自己的个人特质，包括兴趣、能力、价值观，并有机会接触不同行业与职业领域，不断探索与反思适合自己的职业生涯领域；进行职业的锚定；对自己和职业进行匹配；建立良好的责任心、自主性、创造性与职业道德观念。高中教育阶段的具体表现是：在对自身和职业内容不断明确的过程中，综合而深入地了解自己的能力倾向、价值观念、兴趣、生涯期望、职业喜好及其相互关联性；通过实际的学习行为充实自我，以取得相应的职业准入资格；对未来学习或职业生活进行总体规划；进一步发展自我展示与求职面试的技能与技巧（申仁洪，2007b）。职业教育与各教育阶段的融合要求在课程设置方案中对职业教育的课程设置或实施方式应有专门规定，若设置专门的课程，则将考虑教材开发、使用、师资的要求等具体规定；而教育评估中，对职业教育也应有相应的指标呈现。如美国教育部和劳动部共同发起了"从学校到工作"（STW）项目，建立了从职业认识到职业选择的完整的职业指导体系。让学生在学期间感受不同的职业，探索自己的发展方向。《国家职业生涯发展指导方针》为学前儿童到成人提供所应具备的生涯规划能力指导。为每个层次的学习者制定了相应的能力指标，通过学校、社区、家庭的合作，使个人通过各种方式的学习达到这些能力指标，并逐步形成相应的生涯规划意识。日本将职业指导课程化，1927 年 11 月，日本政府正式发布了"关于尊重学生个性及进行职业指导"的训令，把职业指导作为学校教育的重要一环正式引入学校，强调职业的个人发展，并设立了专门的职业指导咨询机构——职业指导调查协议会，聘请了 15 名专家担任委员。1958 年和 1960 年，日本政府分别对初中和高中的学习指导大纲进行了全面修订。20 世纪 70 年代以后，日本政府曾多次提出加强、改善和充实学校"进路指导"的意见，强调要有计划、有组织地进行指导，要着重培养学生的职业观、价值观及自主选择、决定未来方向的能力（刘常庆，2008）。

5. 教育转衔

转衔指从一种形式、状态或活动转变成另一种形式、状态或活动的历程，其过程是动态且持续改变的。特殊儿童的教育阶段依次为学前教育、小学教育、中等教育、中等以上教育，每个教育阶段有不同的目标，但特殊儿童的发展应以整体发展为目的。因此，教育转衔即特殊儿童从一个教育阶段到另一个阶段时，必须注重其衔接性，在特殊儿童教育转衔上，国家应考虑为儿童强制制定相关计划，如美国为障碍者制定的从学前到成人的各阶段计划，从个别化家庭服务计划到个别化教育计划到个别化转衔计划（主要是学校后教育），使其成为特殊儿童受教育的重要依据。必须加强对各计划拟定的培训，要有特殊教育管理的专门部门对其计划进行评估，使特殊儿童的适宜教育权利得到保障。

第四节 融合教育背景下特殊教育学校的转型发展

融合教育已经成为一个世界潮流，并迅速地改变着我国特殊教育的图景，重构着整个基础教育体系。在此背景下，定位于融合教育专业伙伴的特殊教育学校转型发展成为必然选择。

一、融合教育的发展与特殊教育学校的挑战

融合教育作为一种理念和实践模式，在世界范围内意味着对隔离的特殊学校教育安置形式的否定（申仁洪，2014b）。但我国本土化的随班就读与特殊教育学校一开始就共生存在，相互支持。随着我国融合教育优先原则的确立，中国特殊教育学校的发展面临着严峻挑战。

（一）历史：融合教育对特殊教育学校的超越

近代世界特殊教育在聋校、盲校、智力障碍学校的建立和发展推动之下得以成为一个独立的研究和实践领域。第二次世界大战以前，基于"隔离但平等"的原则，西方特殊教育学校成为特殊儿童接受隔离教育的场所。第二次世界大战以后，人们逐渐认知到只要是隔离的，便不可能平等。正常化（normalization）、回归主流（mainstreaming）和一体化（integration）等运动相继兴起。1970年前后，Dunn（1968）对隔离式特殊教育学校和机构的效果提出质疑，主张更多特殊儿童应该被安置在普通教育学校中学习。Deno（1970）提出重构公立学校体系，构建瀑布型特殊教育服务结构模式；Gallagher（1972）主张通过契约的方式废除终身不变的安置形式，保证儿童在合适安置形式中接受恰当教育。三位学者的研究开启了特殊教育融合发展之路。1975年美国通过《PL94-142法案》，确立了最少受限制的环境（least restrictive environment，LRE）的安置原则。1994年世界特殊教育大会提出了"融合教育"，认为以全纳为导向的普通学校是反对歧视态度，创造受人欢迎的社区，建立全纳性社会及实现全民教育的最有效途径（联合国教科文组织，1994）。2006年，联合国《残疾人权利公约》第二十四条要求各缔约国"应当确保在各级教育实行包容性教育制度和终生学习，以便：（一）充分开发人的潜力，培养自尊自重精神，加强对人权、基本自由和人的多样性的尊重；（二）最充分地发展残疾人的个性、才华和创造力以及智能和体能；（三）使所有残疾

人能切实参与一个自由的社会"，由此确认融合教育与残疾人受教育权之间的联系，特殊教育学校作为特殊儿童接受教育的主要场所被解构。

在中国，1986年《中华人民共和国义务教育法》的颁布实施为特殊教育发展提供了强力的法律保障和前所未有的发展机遇，同时也对整个特殊教育体系提出了强大的挑战。直到1989年"全国盲、聋学龄儿童入学率还不足6%"（国务院，1989），适龄智力障碍儿童进入学校接受教育的适龄残疾儿童比率更低。残疾少年儿童教育是普及义务教育最薄弱的环节。要解决数以百万计的残疾人的义务教育问题，仅仅依靠1988年的577所特殊教育学校和六百个左右辅读班是无法实现的。1983年教育部在《关于普及初等教育基本要求的暂行规定》中就肯定了在普及教育的实施过程中自发利用普通教育资源满足特殊儿童学习需要的做法。1986年9月国务院办公厅转发的《关于实施〈义务教育法〉若干问题的意见》提出"除设特殊教育学校外，还可以在普通小学或初中附设特殊教学班。应该把那些虽有残疾，但不妨碍正常学习的儿童吸收到普通中小学上学"。这实际上是将普及残疾儿童义务教育的希望寄托在普通学校和普通教育之上。1987年《国家教育委员会关于印发〈全日制弱智学校（班）教学计划〉（征求意见稿）的通知》中首次提出"随班就读"。1988年第一次全国特殊教育工作会议明确了我国特殊教育的发展方针是"以一定数量的特殊教育学校为骨干，以大量特殊班和随班就读为主体的残疾少年儿童教育的格局"（何东昌，1988），随班就读正式成为我国特殊教育发展的一项政策。随后我国开展了大规模的随班就读试验，并在2006年修订的《中华人民共和国义务教育法》和2008年修订的《中华人民共和国残疾人保障法》中将普通学校的特殊班和随班就读作为主要的安置形式加以确定。此发展历程显示，中国的随班就读并不是对特殊教育学校的批判、反思和超越。随班就读从产生之时起，就与特殊教育学校形成了一种伙伴关系。它们有着共同的目标：保证特殊儿童平等受教育权的实现。

（二）现实：本土特殊教育实践的演进趋势

与世界特殊教育学校的萎缩不同，我国近15年，尤其是2008年以来特殊教育学校极速发展（表5-1）。2008年以来，在中西部特殊教育学校建设项目的带动下，通过新建和改建特殊教育学校，保证30万人口以上的区县都至少有一所特殊教育学校。特殊教育学校数量从2002年的1540所发展到2015年的2053所，增长了33.3%，同时每一所学校从场地设施到教育教学设备都进行了标准化配置，特殊教育学校的硬件条件得到了极大的强化。大规模的特殊教育学校建设带来了：①中央政府和各地高度重视特殊教育的发展。《国家中长期教育改革和发展规划纲要（2010—2020 年）》将特殊教育单列一章；教育部出台并实施了《特殊教育提升计划（2014—2016 年）》，各地也纷纷将特殊教育列入本地教育发展规划之中，出台地方特殊教育提升计划。②特殊教育学校的校均学生数总体上呈增长趋势。③在校残疾学生总体规模基本稳定，特殊教育学校残疾学生占比持续上升，而普通学校随班就读和特殊班残疾学生占比相对下降。在普通学校中接受教育的残疾学生占比最高为 68.29%，2013 年下降到 51.83%，2016 年小幅上升到 55.06%（图 5-1）。

表 5-1　残疾儿童接受基础特殊教育状况

年份	特殊学校数/所	在校残疾学生数/万人	普通学校残疾学生		特殊学校学生数		特殊学校校均学生数/万人
			人数/万人	占比/%	人数/万人	占比/%	
2002	1540	37.45	25.57	68.29	11.88	31.71	77.14
2003	1551	36.47	24.15	66.23	12.32	33.77	79.43
2004	1560	37.18	24.30	65.35	12.88	34.65	82.57
2005	1593	36.44	23.01	63.13	13.33	36.87	83.68
2006	1605	36.29	22.18	61.12	14.11	38.88	87.91
2007	1618	41.93	27.20	64.88	14.73	35.12	91.04
2008	1640	41.74	26.41	63.27	15.33	36.73	93.48
2009	1672	42.81	26.92	62.87	15.89	37.13	95.04
2010	1706	42.56	25.96	60.99	16.60	39.01	97.30
2011	1767	39.87	22.52	56.49	17.35	43.51	98.19
2012	1853	37.88	19.98	52.74	17.90	47.26	96.60
2013	1933	36.81	19.08	51.83	17.73	48.17	91.72
2014	2000	39.49	20.91	52.95	18.58	47.05	92.90
2015	2053	44.22	23.96	54.18	20.26	45.82	98.68
2016	2080	49.17	27.08	55.06	22.09	44.94	130.07

资料来源：教育部公布历年全国教育事业发展统计公报. http://www.moe.gov.cn/srcsite/A03/s180/moe_633 [2017-02-16].

　　而在美国，2010 年有 94.8% 的 6～21 岁特殊儿童在普通班级中接受教育，其中超过 80% 的时间在普通班级学习的学生比例为 60.5%，40%～79% 的时间在普通班级学习的学生比例为 20.1%，少于 40% 的时间在普通班级学习的学生比例为 14.2%，只有 5.2% 的学生完全在其他环境（包括隔离学校、社区机构、家庭和医疗机构、私立学校等）中学习。这种安置比例结构基本保持稳定。2014 年有 94.7% 的 6～21 岁特殊儿童在普通班级中接受教育，其中超过 80% 的时间在普通班级学习的学生比例达到 62.6%，40%～79% 的时间在普通班级学习的学生比例为 18.6%，少于 40% 的时间在普通班级学习的学生比例仅为 13.5%，还有 5.3% 的学生在其他

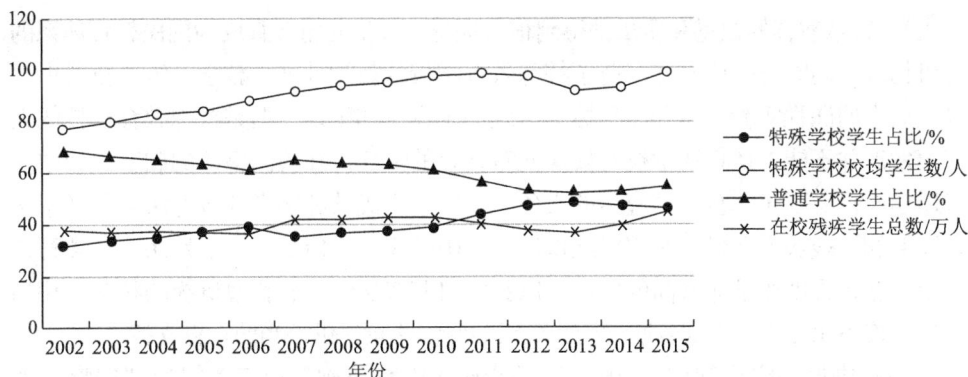

図中图例：
- 特殊学校学生占比/%
- 特殊学校校均学生数/人
- 普通学校学生占比/%
- 在校残疾学生总数/万人

图 5-1　2002—2015 年残疾儿童接受基础教育发展趋势图

环境中安置（Office of Special Education and Rehabilitative Services & U.S. Department of Education，2016）。融合教育和弹性安置已经成为美国特殊教育的基本特征，尽可能将特殊儿童安置在最少受限制的环境中学习也是教育公平的直接体现。

正是由于这种差别的存在，国际上对我国特殊教育存在着极大误解，认为中国特殊教育的发展模式与融合教育发展趋势背道而驰。这种误解在本质上是没有真正理解中国特殊教育学校和融合教育的关系。我国在《中华人民共和国义务教育法》颁布之后，在顶层设计中就将特殊教育学校和随班就读看成是相互补充、相互支持的安置和教育形式。特殊教育学校在区域特殊教育发展中是骨干，而普通学校中的特殊教育（随班就读和特殊班）则是区域特殊教育发展的主体。现在的问题是，近年来，阶段性的特殊教育学校发展战略掩盖了特殊教育学校骨干地位和融合教育主体地位的落实。在特殊教育学校体系已经完善的新形势下，特殊教育学校的战略定位和发展模式需要进行重新设计，以真正发挥其在区域特殊教育中的骨干作用。

（三）逻辑：法律政策对特殊教育学校定位的实现

《中华人民共和国义务教育法》第十九条规定"县级以上地方人民政府根据需要设置相应的实施特殊教育的学校（班），对视力残疾、听力语言残疾和智力残疾的适龄儿童、少年实施义务教育"，从而将特殊教育学校定位为直接对残疾儿童实施教育。客观地讲，特殊教育学校的安置模式与教育形式极大地促进了我国特殊教育的发展，1966 年我国的特殊教育学校数为 226 所，学生为 22 800 多人（朴永馨，1995：42）；1978 年特殊教育学校数为 292 所，学生为 30 934 人（陈云英，1997：5）；1998 年特殊教育学校数为 1535 所，辅读班为 9287 个，学生为 358 372 人（陈云英，2004：56）；到 2015 年，全国特殊教育学校已经发展到 2053 所，在校残疾儿童 44.22

万人①。特殊教育的数量和质量都得到很大提升，残疾儿童教育成为国民教育体系的有机构成，同时统一研制并规范了特殊教育学校的教学计划、教学大纲、教科书，以及后来的课程实验方案和课程标准，统一了盲文和手语。但是特殊教育学校的大规模发展并不能否认普通学校对残疾儿童教育的责任。在我国整体的制度框架中，普通学校接受残疾儿童是其应尽的义务。《中华人民共和国义务教育法》和《中华人民共和国残疾人保障法》都对此做出了明确的规定。但是，由于残疾儿童教育是一个专业化程度要求非常高的领域，以我国目前普通学校和普通班级的状况，相当多的学校还无法为进入到普通学校和班级的残疾儿童提供恰当的教育支持。

为解决这一突出问题，2017 年《残疾人教育条例》第三条提出"残疾人教育应当提高教育质量，积极推进融合教育，根据残疾人的残疾类别和接受能力，采取普通教育方式或者特殊教育方式，优先采取普通教育方式"；第二十六条规定"县级以上地方人民政府教育行政部门应当统筹安排支持特殊教育学校建立特殊教育资源中心，在一定区域内提供特殊教育指导和支持服务。特殊教育资源中心可以受教育行政部门的委托承担以下工作：（一）指导、评价区域内的随班就读工作；（二）为区域内承担随班就读教育教学任务的教师提供培训；（三）派出教师和相关专业服务人员支持随班就读，为接受送教上门和远程教育的残疾儿童、少年提供辅导和支持；（四）为残疾学生父母或者其他监护人提供咨询；（五）其他特殊教育相关工作"。这实际上是从法制基础上确立了融合教育优先的基本原则。特殊教育学校建立资源中心实际上是通过对特殊教育学校定位和功能的扩展，建立起特殊教育学校和区域融合教育的内在联系。这意味着我国已经在制度层面建立起了具有中国特色的特殊教育发展体系，构建起了特殊教育学校和融合教育的共生发展的特殊教育图景。特殊教育学校从单一残疾人教育机构向具有复合功能的支撑本地特殊教育发展的区域资源中心转变，从而真正实现其骨干作用。正是这种具有鲜明本土特色的特殊教育架构，使得我们可以形成本土化的融合教育发展经验，从而架构起与世界特殊教育对话的平台。特殊教育学校转型发展可以从两个方面展开：特殊儿童教学机构的转型和融合教育专业伙伴作用的发挥。

二、直接针对特殊儿童教学的转型

作为学校，首要定位当然是直接对特殊儿童实施教育教学，但最少受限制环

---

① 中华人民共和国教育部. 2016. 特殊教育基本情况. http://www.moe.gov.cn/s78/A03/moe_560/jytjsj_2015/2015_gd/201610/t20161011_284397.html[2018-10-10].

境的安置原则与本土化特殊教育体系的建构意味着特殊教育学校服务对象的急剧变迁，从而导致整个教育教学体系的重构。

（一）满足多元教育需求的义务教育跨学科整合教学中心

1. 满足多元教育需求的跨学科整合

从残疾程度来看，所有轻度残疾儿童和大部分的中度残疾儿童都进入到普通学校和普通班级里学习，使得特殊教育学校所招收的学生通常是重度和复合型残疾儿童。与此同时，随着人们科学素养的提升、对残障的认识和观念的演进、弱势群体支持制度的完善、现代科技和医疗条件水平的改进、早期干预的普及、社会无障碍环境的优化，感官和肢体残疾对学习和生活的限制正在逐步被消解，传统聋校和盲校所服务的听力障碍和视力障碍生源急剧减少；反之如自闭症等发展性障碍儿童发生率却在增加（曾树兰等，2017）。许多聋校和盲校纷纷转向招收中重度的发展性障碍儿童进行教学。所有这些直接导致了教育教学中的多学科协作成为必然要求。特殊教育学校的教学运作模式就从单纯的教育教学走向基于学生缺陷补偿和潜能开发的以立德树人为根本的、以个别化教育为载体的跨学科整合运作模式。于是，人才培养目标定位、课程与教学体系、学习资源的集成开发与利用、教师素养结构保障、学校与教学绩效的评估、学校实践运作机制等都要发生相应的变化。

2. 送教上门的组织和直接实践

随着零拒绝原则推行，那些由于残障限制程度和复合型特殊教育需求等原因无法进入学校接受教育的儿童，也需要接受教育。于是送教上门的服务模式得以出现，并以一种正式安置形式进入到特殊教育服务体系之中（国务院办公厅，2014）。在实际执行过程中，由于接受送教上门服务的孩子具有多样化的教育需求和专业化的教育康复相关服务，普通学校基本没有实现目标的专业支撑，也就没有承担相应任务的可能。全国各地真正能够依赖的对象也就是本地的特殊教育学校。但是，作为一种新型的安置形式，给谁送、送什么、如何送、怎样评估效果等核心问题的解决没有现成的可以借鉴的经验。这就需要特殊教育学校采取问题导向的行动研究与循证实践方式，创新体制机制和实践模式，与特殊儿童及其家庭共生成长。

（二）基于特殊儿童生涯发展的早期干预与职业教育

着眼于特殊儿童终身生涯发展与生活幸福是特殊教育的基本要求。终身生涯发展要求各学段、各阶段、各场域、各机构的相互衔接与统筹。向义务教育前和义务教育后延展的早期干预和职业教育也为特殊教育学校的转型发展提供了新的可能。

1. 早期干预服务

以早预防、早发现、早诊断、早干预、早康复、早教育为核心的早期干预符合成本-效益原则，对促进特殊儿童发展具有事半功倍的效果，在特殊儿童教育康复组织和负责资助残障服务的组织中受到广泛欢迎（Jones，2006）。2005—2014 年，美国 0～2 岁接受《IDEA 法案》C 部分服务的婴幼儿比率从 2.5%增长到 2.9%，达到 350 581 人；3～5 岁接受《IDEA 法案》B 部分早期干预服务的儿童比率从 5.9%增长到 6.1%，绝对人数从 704 087 人增长到 753 697 人；但是 6～21 岁接受《IDEA 法案》B 部分特殊教育及相关服务的比率从 9.0%降到 8.7%，绝对人数从 6 109 569 人降到 5 944 241 人（Office of Special Education and Rehabilitative Services & U.S. Department of Education，2016）。出生和接受早期干预人数的增加与接受 IEP 人数减少的原因就是早期干预的成功。欧洲各国近年大大扩展特殊教育需求的定义，修订法律使特殊儿童诊断标准化（Lebeer, et al.，2012），被诊断为需要接受特殊教育的儿童比率大大增长（如芬兰达到 18%，而比利时为 5%），同时早期干预迅速发展（European Agency for the Development in Special Needs Education，2003）。2009 年，爱尔兰有 1100 个儿童参加早期干预服务，到了 2013 年，这一数字接近 6400 人（Noelle, et al.，2015）。

2013—2015 年，我国每年新诊断 0～6 岁残疾儿童分别为 5.0 万人、4.8 万人、4.8 万人[①]。以此推算，我国需要接受早期干预的 0～6 岁残疾儿童有 30 万人左右。这还不涵盖在特殊教育领域占比最大的学习障碍、情绪与行为障碍、自闭症等发展性障碍儿童。如果为这些残疾儿童提供专门的早期干预机构和学前教育机构，按照每个机构 100 人的标准计算，则需要 3000 所早期干预机构。事实上，由于早期干预的复杂性和特殊性，机构所能够接受的特殊儿童人数和规模要远远小于义务教育阶段的特殊教育学校。这就意味着如果要实现早期干预的全员覆盖，则需要新建超过 3000 所机构，这显然是不现实的。解决这一问题的出路有两条：充分运用现有的普通幼儿园和现有的特殊教育学校体系。但问题是我国现阶段普通幼儿园尤其是优质幼儿园在数量上本来就短缺，在早期干预的专业准备上基本处于空白。因此有质量的早期干预责任只能由特殊教育学校来承担。特殊教育学校向早期干预服务功能的扩展既可以克服融合教育发展对自身发展所带来的挑战，同

---

① 中国残疾人联合会. 2013 年中国残疾人事业发展统计公报[残联发(2014)29 号]、2014 年中国残疾人事业发展统计公报[残联发(2015)12 号]、2015 年中国残疾人事业发展统计公报[残联发(2016)14 号]. http://www.cdpf.org.cn/zcwj/zxwj/201604/t20160401_548009.shtml[2016-11-16].

时又可以解决我国早期干预资源不足的难题, 还能够有效地促进残疾儿童及其家庭平等发展和教育权利的有效实现。

2. 职业教育服务

在全面推进残疾人小康进程中, 随着残疾儿童义务教育基本问题的解决, 义务后的职业教育无疑将成为制约残疾人实现发展权利平等的瓶颈。如果说优质早期干预能够高效地应对特殊儿童及其家长需要, 最大程度避免残障的发生和减轻残障对儿童、家庭和社会的负面效应的话, 那么处于义务教育后的优质职业生涯教育, 通过庇护性或支持性职业康复与职业教育, 不仅可以为残疾儿童带来直接的经济收益、获得独立自主的生活, 而且可以有效促进他们自尊发展、社区利用和社会关系改进。2008—2015 年, 我国特殊教育学生逐年增加, 从 2008 年的 6.24 万人增加到 2015 年的 8.33 万人, 而且历年招生人数都高于毕业人数 (图 5-2)。尤其是 2008 年及其以后招收的学生, 意味着从 2017 年及其以后若干年需要接受义务后教育。其中大部分的孩子都需要接受职业康复与职业教育, 从而通过就业实现社会融合、独立生活。

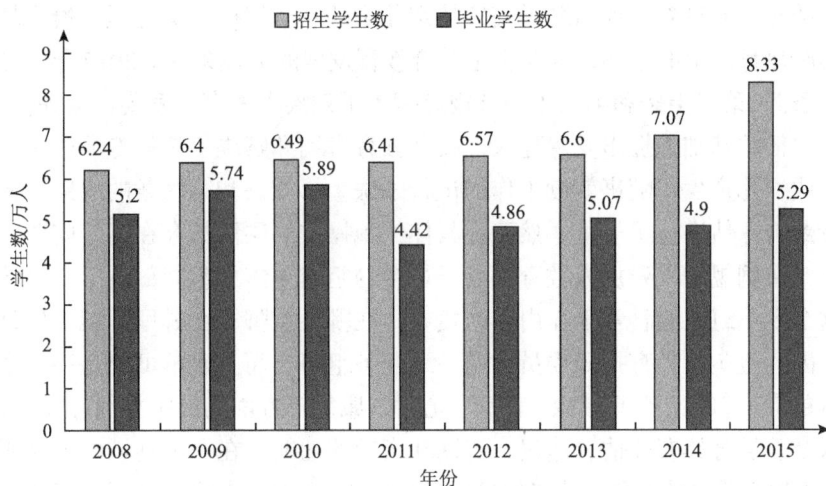

图 5-2　2008—2015 年我国特殊教育招生与毕业学生数

资料来源: 教育部. (2008—2015) 全国教育事业发展统计公报.

http://www.moe.gov.cn/srcsite/ A03/s180/moe_633[2017-02-16].

从世界各国的特殊教育发展趋势来看, 特殊儿童的职业康复和职业教育正在从传统的庇护性就业模式走向支持性就业模式 (申仁洪, 2016a)。支持性就业致力于发展整合性的职业康复与职业教育模式, 追求康复体系、教育体系和就业体系一体化, 职业康复、职业教育、就业支持和工作进程一体化, 职业培训、就业安置和社区生活一体化，直接催生了人本中心（person-centered）、人本导向（person-directed）的就业计划。因此，支持性就业需要相应的专业机构在评估残疾儿童需求、环境和资源的基础上，开发职业康复和职业教育方案，集成与整合相关资源，运行和监控康复与教育的过程，评估康复与教育效果，安置并持续支持职业生活。所有这些工作都是建立在高度专业化的基础上的，需要由专业机构来承担。特殊儿童职业教育功能的拓展无疑为特殊儿童和特殊教育学校的发展提供了又一个发展的机会。

三、以区域资源中心为载体的融合教育专业伙伴

随着融合教育原则在我国特殊教育中的确立，特殊教育学校作为教学机构转型之外，在区域特殊教育发展领域被称为融合教育的专业伙伴，并为之提供专业支持，是其转型发展的重要方向。

（一）学习本位的特殊儿童诊断评估

特殊儿童的诊断与评估既是安置特殊儿童的基本依据，又是提供恰当教育方案和实施教育教学的基础，因此它是融合教育发展的前提条件。2017 年，《残疾人教育条例》第二十条和第二十一条规定赋予了残疾人教育专家委员会评估职能，以及在评估的基础上提出安置建议、接受教育咨询和解决争议的专业建议。《关于开展残疾儿童少年随班就读工作的试行办法》第五条和第六条的规定对特殊儿童的诊断与评估进行了规范。然而在具体实施操作的层面却存在几个问题：①残疾人教育条例规定了残疾人教育指导委员会的组建主体和参与部门、专家结构。但是这个专业组织的日常工作由谁来负责、在哪里落脚、在哪里开展工作是一个问题，因为残疾人教育指导委员会是一个业务组织，而且也不可能是一个全日制的实体单位。②在一个县域内，教育、心理、康复等方面的专家如何才能在地化。由于这个委员会具有评估、建议、咨询和指导的功能，在一个县域内要对所有特殊儿童提供高质量的服务，其工作量还是很大的，因此在地化是必然的要求。③残疾人教育指导委员会在工作规范制约下，按照一定工作流程进行工作是十分必要的。对日常工作的组织，对相关资料和数据的准备、整理、使用、存档等，显然需要一个类秘书处的依托单位。如果没有类似的机构，那么就很难使残疾人教育指导委员会的工作规范、有序和有效。在我国今天的教育体系之中，只有当地特殊教育学校具备这样的场地、资源和专业能力。依托特殊教育学校的区域特殊教育资源中心可以承担起本地残疾人教育指导委员会秘书处的工作，当地教育行政部门牵头成立了指导委员会之后就可以委托这个中心按照相应的规范组织开展相关工作。

（二）生涯整合导向的转衔服务

融合教育的深度发展必然导致儿童转衔，高质量的转衔服务又为优质的融合教育提供了强力支持。为了有效帮助残疾儿童从一个阶段到另外一个阶段、从一个机构到另外一个机构、从一个场所到另外一个场所学习、工作和生活流畅衔接，个别化转衔服务计划（ITSP）与个别化家庭服务计划（IFSP）和个别化教育计划（IEP）同等重要。这包括：三岁从家庭到幼儿园（早期教育机构或康复机构）的转衔；14岁义务教育向义务后教育或社会生活转衔；16岁（义务后教育）开始强调转向成人生活所必需的职业和独立生活技能；18岁～22岁（高中以后大学教育或进入社会）向成人过渡。其内容涉及计划与信息、法律与财政、责任与独立、教育教学、生活安排、工作意愿、交通支持等方面。转衔服务提供者包括服务协调人、学区、家庭资源中心、早期服务提供者。在我国，这些服务提供者大多可能是由特殊教育学校及其附设的区域特殊教育资源中心来完成的。

（三）基于通用学习设计的课程发展

融合教育目标需要借助课程载体才可能有效实现。《残疾人教育条例》第二十三条规定通过对普通义务教育课程调整来满足残疾儿童学习需要。美国应用特殊技术中心（Center for Applied Special Technology，CAST）从教学内容呈现、学生反应方式、时间、难度、支持程度、数量、参与程度、替代目标、替代课程等九个方面提供了融合教育课程调整的建议（孙美丽等，2011）。课程调整可以在融合学校和融合班级内部解决特殊儿童的学习需求问题，但不能应对弹性安置与课程转衔的需求。在融合教育的实践场域中，真正有效的融合教育通常伴随着弹性安置方式与课程转衔服务的跟进。所谓的弹性安置意味着：①不同活动性质与不同时间里可能在不同的机构中学习；②不同阶段在特殊教育机构和普通学校之间基于学习需要的适时转换。弹性安置方式和课程转衔服务的需求意味着特殊教育学校课程与普通学校课程之间壁垒的消解。随着人们对融合教育认识的深化，课程调整正向通用学习设计（Universal Design for Learning，UDL）迈进。世界各国融合教育发展的经验证明，通用学习设计是处理融合教育课程的有效手段。通用学习设计试图基于多样化的呈现方式、多样化的卷入方式、多样化的行动与表达方式、多样化的评估方式，运用综合性的教学方式、方法、工具箱，来满足所有学习者的学习需要（Brand, et al., 2012）。

通用学习设计发展需要来自不同背景和相关利益代表构成的课程发展共同体来完成，特殊教育学校是这个共同体中的天然成员。①通用学习设计实际上是要在特殊教育学校教育和普通学校教育之间建立起内在的逻辑联系，从目标设定、内容与经验的选择和呈现方式、学习的吸引力路径、学与教的行动与表达方式、对学习的评价方法等方面贯通特殊教育学校课程和普通学校课程，从而为特殊儿童在不同机构中适时转衔提供灵活的恰当的学习支持。②融合教育环境中，特殊教育学校可以提供有效的支持性服务，满足特殊课程需求（这些需求可能是普通学校和普通教师无法有效满足的），如为普通学校资源教室课程发展提供专业支持，为没有资源教室和资源教师的普通学校提供教师的专业支持和儿童特殊学习支持服务。

（四）相关服务资源的整合

融合教育真诚认可并倡导异质性的学习者共生存在于同一空间与时间范围，构成一个学习共同体。于是身体、动机、智力、认知、人格、行为、环境、资源的多元化不可避免。多元化的个体存在意味着跨学科服务与支持成为必然。例如，在我国残疾儿童的评估中需要教育、心理、康复、社会工作者等所组成的残疾人教育指导专家委员会来进行；安置意见需要由这个委员会提出；个别化教育方案要由相关专家和利益代表组成的个别化教育方案团队来制订，这个团队由普通教育教师、特殊教育教师、康复专家、家长、当地教育机构代表、能够解释评估报告的专家等组成；在教育教学过程可能需要跨学科的相关服务提供者的支持，这些相关服务可能包括：听力学、咨询服务、早期鉴定、家庭咨询与服务、健康服务、医疗服务、护理、营养、职业康复与治疗、定向与运动训练、物理治疗、心理治疗、娱乐与治疗性娱乐、职业咨询、学校健康服务、校内社工、语言病理与言语-语言病理、交通和相关服务、辅助技术和服务、服务协调等。

所有这些相关服务的提供要依赖于儿童的身心发展状况、教育发展需要、生活的典型环境、儿童及其家庭所拥有的资源、国家和地方的法律法规与政策等。相关服务致力于整合儿童现有状况、发展目标、教育和康复方案、环境和资源。但是每个儿童所需要的相关服务在多数情况基于不同的法律法规和政策，来自不同的机构和部门。同时相关服务的充分性在相当大程度上取决于家庭和家长的意识与增能：对于自身权利的主张、对于法律法规和政策的准确理解与把握、对于相关信息的了解与捕捉、将这些资源与自己和孩子的需要进行恰当的匹配等。接受特殊儿童进行融合教育的普通学校、普通班级和普通教师也面临着与家庭和家长类似的境遇。这意味着需要有相应机构集成相关服务信息、提供相应支持。在美国，法律赋予家长中心接受政府拨款整合社会资源、更新社会观念、普及法律政策、提供信息咨询，从而解决政府、社会和家庭信息不对称的问题（任春雷等，2016）。我国事实上没有这样的中介组织，在短时间内新建既不可行，也不必要。

而现有特殊教育学校在融合教育全力推进的进程中恰恰通过转型发展可以承担起整合相关服务的资源的责任，为家长和普通学校提供相关服务支持。

（五）标准导向的教师专业发展支持

融合教育任务的直接承担者是教师。融合教育发展对教师队伍建设带来了强大挑战：所有教师都要有特殊教育和融合教育的理念、知识与方法。因为每一个教师每天都必然面临学生的个别差异、特殊学习需求满足问题。这意味着在融合教育背景下，任何一个区县的教师专业发展任务都相当繁重。我国教育部已经在国家层面上相继出台了幼儿园教师专业标准、小学教师专业标准、中学教师专业标准、特殊教育学校教师专业标准。这在专业化水平上对各类基础教育教师都建立了国家标准。我国直接承担融合教育任务的是幼儿园、小学、中学的教师，现阶段尤其是幼儿园和小学教师。这些普通教育的教师除了具有一般专业标准之外，还应具备一定的特殊教育专业伦理、知识和能力。于是，如何解决普通中小学、幼儿园教师应对和处理特殊儿童的特殊学习需求就成为每一个区县都不得不面对的问题。此外，班主任与科任教师的合作、普通教师与特殊教育教师的合作与良好的可持续发展的伙伴关系也是融合教育教师发展需要解决的问题（申仁洪，2014）。

在普通教师之中，教师专业发展主要由各区县的教师进修学校（学院）来承担，但是我国大多数教师进修学校并没有特殊教育和特殊儿童相关服务的课程框架和知识体系，而当地的特殊教育学校恰恰又具有这方面的专业知识和专业能力。同时，《残疾人教育条例》又赋予依托特殊教育学校的区域特殊教育资源中心承担区域随班就读教师相关培训的责任。其实，特殊教育学校承担区域融合教育教师专业发展任务的过程就是建立特殊教育教师与普通教育教师伙伴关系的过程，也可以是区域融合教育教学实践问题的研究过程。以具体问题解决为导向的行动研究是一种非常有效的教师专业发展路径。

（六）基于融合性文化建构的特殊儿童家庭增能

现代特殊教育和融合教育中，家长和家庭作为团队协作的核心力量，扮演着独特的角色，起着不可替代的作用，并逐渐成为学校和教师的专业伙伴。家长和家庭的参与也从最初的压力应对逐渐发展到赋权增能。特殊儿童家庭增能在最初基于外在资源的家庭支持基础上，聚焦家庭内生能力的发展，而成为特殊教育发展的核心原则与世界趋势。家庭增能强调超越家庭作为"问题的一部分"而成为"解决方案的一部分"。家庭作为儿童生活和发展的主要和最自然的场所，为其提供了满足资源、金钱、情感、认知等全方位的支持；承担了沟通和整合儿童及其家庭的需求和社区、政策、社会价值观的角色；特殊儿童家庭功能的充分实现，特殊儿童家庭生活质量的提升与特殊儿童家庭对早期干预、特殊教育和相关服务的有效参与依赖于特殊儿童家庭权利的充分实现和能力的表达。所有这些构成了家庭增能的基本面貌。

联合国《残疾人权利公约》深信"家庭是自然和基本的社会组合单元，有权获得社会和国家的保护，残疾人及其家庭成员应获得必要的保护和援助，使家庭能够为残疾人充分和平等地享有其权利作出贡献"，缔约国"应当承诺及早向残疾儿童及其家属提供全面的信息、服务和支助"。美国联邦政府在《IDEA 法案》中要求联邦教育部为非营利的家长组织提供资助，在各州建立家长训练与信息中心（Parent Training and Information Centers，PTIC）和社区家长资源中心（Community Parent Resource Centers，CPRC），为特殊儿童家长和家庭，特别是那些因较少接受资源、信息和其他相关服务较少而处于危险境地的家长和家庭，提供支持与服务，达成特殊儿童和家长发展目标。我国虽然在法律上没有相关规定，但是基于家长和家庭的重要性，以及儿童及其家庭权利的有效实现，积极培育本土化的家庭中心，以此整合相关资源、保障家庭权益、增进家庭能力、发展专业伙伴关系，从而建立强大的自然支持体系至为重要。环顾我们现有的社区资源，特殊教育学校最有可能承担这个重要责任。特殊教育学校对于特殊儿童家庭赋权增能可以基于自身的专业能力，通过倡导协助、信息提供、资源支持、家庭咨询、专业训练、评估参与、方案共制、课程发展、教学协作、及时反馈等技术路径得以实现。

四、基于功能扩展的行动路线

国内外大量的有效实践经验为我国特殊教育学校的转型发展提供了可能的行动路线图。概括而言我国特殊教育学校转型有两条理路：整体转型与功能扩展。在我国，特殊教育学校休克式的整体转型否定了我国特殊教育发展的历史积淀，与本土的特殊教育文化、特殊教育体系和实际的特殊教育实践需要不容。因此即便是整体转型，也只能通过功能扩展的模式最终成为区域内整个特殊教育体系的骨干支撑。

（一）去障碍类别化和 K-12 教育一体化的综合性发展路径

1. 去障碍类别化路径

我国传统的特殊教育学校是以儿童的残疾分类为基础的单一类别特殊教育学

校，主要为培智学校、聋人学校（早期的聋哑学校）、盲人学校。后来随着医疗、技术、观念、意识、早期干预及随班就读的发展，聋人学校和盲人学校的生源急剧减少，而发展性障碍儿童的教育需求持续增加，传统上各区县早期建立聋校基本上都已经突破专注聋人教育，扩展到发展性障碍儿童教育，甚至以发展性障碍儿童教育为主。2008 年以后新建的特殊教育学校则从一开始就定位为综合性特殊教育学校。特殊教育学校面向多障碍类别实际上也是融合教育的中国化表达，是不同障碍类别之间的融合形式，在某种意义上是基于中国本土化实践的去类别、去标签化的表现。

2. K-12 教育一体化路径

1986 年，以随班就读为表现形态的融合教育大规模发展并逐渐成为我国残疾儿童义务教育主体，在这一过程中，特殊教育学校也获得了历史性发展机遇，承担起了残疾儿童义务教育的骨干重任。九年制义务教育是大多数特殊教育学校的基本任务。然而随着融合教育的推进和义务教育基本普及，进入特殊教育学校接受义务教育残疾儿童数量的相对减少和残疾程度的增加，义务教育阶段之前的早期干预和早期教育、义务教育阶段之后高中教育和职业教育的重要性进一步得到凸显。于是许多特殊教育学校在承担义务教育任务的基础上，向残疾儿童早期干预和早期教育、高中教育和职业教育扩展，构成了 K-12 教育一体化的教育格局。当然，在这个过程中需要打通特殊教育学校和普通学校之间的转衔安置路径。K-12教育一体化发展路径大大拓展了特殊教育学校的发展空间，对整个区域特殊教育质量的提升奠定了坚实的基础。

（二）基于专业支持的功能拓展路径

特殊教育学校作为融合教育的专业伙伴，通过成为区域特殊教育资源中心，为融合教育提供专业支持，构成了特殊教育学校转型发展的另外一条路径。这条路径有两种基本模式：附设特殊教育资源中心的功能扩展路径和整体转为区域特殊教育资源中心的功能变革路径。但是，由于残疾儿童早期干预和早期教育、职业教育的发展，以及重度和多重残疾儿童的存在，特殊教育学校的教育功能在相当长的时间内还无法取代，因此功能扩展路径比功能变革路径更具有可行性。基于融合教育专业支持的功能拓展路径，融合教育的主体责任是普通学校。特殊教育专业支持责任归于特殊教育资源中心。

特殊教育学校转型的功能扩展路径的基本范式是地方教育行政部门依托本地特殊教育学校成立相应的区域特殊教育资源中心，为区域内随班就读的开展提供专业支持，进行标准化的硬件建设或改造，按照科学标准核定相应的资源教师编制和运行经费预算，开展相应的专业指导工作，对工作绩效进行考核。区域特殊教育资源中心可以为当地随班就读工作提供残疾儿童的康复服务、特殊教育服务、教师培训、教学问题研究、巡回指导、绩效评估、相关服务咨询、相关服务集成，以及承担当地残疾人教育专家指导委会的秘书工作等。

对于区域特殊教育资源中心而言，有一项特殊的教育工作——送教上门服务。送教上门服务的对象一般都是残疾程度特别严重的孩子，无法在学校接受教育。这些孩子的特殊学习和康复需求一定具有高度的专业化特征。对他们送什么、如何送是不可回避的两大问题。要解决这两个问题，需要集成相关领域的专家在评估的基础上，制订恰当的教育和康复方案，并在实施过程中动态调整。这其中必然涉及多领域、多学科、多部门的专家、教师、康复师、社会工作者，对于资源的集成和相关服务的协调对送教上门取得成功就显得异常重要，区域资源中心的设定就使得资源的集成和相关服务的协调成为可能。具体的方法可以是，地方教育行政部门根据当地残疾人教育专家指导委员会的评估、安置和教育建议（通常可以委托资源中心来组织相关专家开展工作），将必要服务资源与工作经费划拨资源中心，由资源中心根据个体的个别化教育方案，集成相关资源（物和人），开展送教上门服务工作。这些资源可能是资源中心本身就有的，更有可能是资源中心没有的，如设备的租赁、专业人员的聘请、志愿者的延揽等，由资源中心负责集成。

（三）基于实体功能延伸的连锁发展路径

根据我国融合教育发展实际，如果一所普通学校随班就读学生较多，可以附设特殊教育班级对这些孩子进行教育。而对于没有特殊班的随班就读学校，为了提升随班就读质量，需要按照相应标准设立资源教室，安排资源教师，提供相应的特殊教育需要服务。多数情况下，特殊教育班级和资源教室在管理、运作和绩效评价方面是普通学校的有机构成，特殊教育班级教师和资源教师也是普通学校的教师编制。但是，特殊教育班级的设立是在普通教育大环境中集中安置残疾儿童，为其提供特殊教育服务，在本质上是普通教育学校中运作特殊教育学校模式。而资源教室为应对残疾儿童的特殊教育需求，需要高度专业化的资源与工作。这样，就有另外一种模式可以探讨了：将普通学校的特殊教育班级和资源教室作为特殊教育学校的实体功能延伸，变成特殊教育学校连锁发展路径。

基于实体功能延伸的连锁发展路径是将普通教育学校的特殊班级作为当地特殊教育学校的办学点，但是在日常教学运行中遵循普通学校的规范。浙江省湖州市的特殊教育卫星班模式就是一个典型的实践案例。该模式由普通学校提供场地，特殊教育学校投入功能设施设备（当然最终是政府买单），集中残疾儿童接受教育。班级由特殊教育学校和普通学校共同管理，并根据学生的身心发展规律和障碍程度等制订个别化教育方案，采用集体教学、个别教学和部分时间走班进入普通班级融合教学等方式展开教学（屠红良，2016）。普通学校资源教室同样也可以作为附设在特殊教育学校的资源中心的分支而存在。资源中心的场地由普通学校提供，设施设备由资源中心建设，资源教师由资源中心聘请和派出，工作的专业保障由资源中心提供，资源教室的日常运作规范由资源中心和普通学校协调制订，日常运作接受普通学校管理。普通学校特殊教育班级和资源教室作为特殊教育学校及其附设的资源中心的实体功能延伸，其有效运行的关键是特殊教育学校和普通学校之间基于相对分工的共同担责。在实践运作中的多赢策略需要有效地兼顾特殊儿童及其家庭成长、普通孩子发展、普通学校和特殊学校的专业能力提升，并在整个社会传递融合性文化。这可以保证该路径的可持续发展。

第六章

特殊儿童生涯发展的社会支持

社会支持理论产生于 20 世纪 70 年代，它基于支持需要是从人类基因中衍生出来的一种本能的福利的观点，以社会病原学理论说明互动、社会网络和社会环境对社会成员的心理受挫感和剥夺感所产生的影响，着重对社会生活有困难者进行减轻心理应激反应、缓解精神紧张状态、提供社会适应能力的研究。社会支持大致可分为两类：一是客观的、实际的、可见的支持，如从家庭、婚姻、朋友、同事或组织、团体中获得金钱、实物等有形帮助，它既涉及家庭内外的供养与维系关系，也涉及各种正式与非正式的支援和帮助。二是主观的、体验到的或情绪上的支持，如个体受到社会的尊重、支持、理解所产生的情绪体验和满意感觉，以及人际间亲密的互动，接受指导，对他人的行为、思想和感受给予反馈等。这些支持形式有些是有形的，有些是无形的（张敏杰，2003：290-291）。综合上述社会支持的界定，针对特殊儿童生涯发展的社会支持确定了社会支持的对象——特殊儿童，内容——生涯发展，目标——让特殊儿童的身心健康发展，把发展所遇的限制降到最小，支持的方式是物质与精神支持并存，支持者是特殊儿童生涯发展过程中能为其解决问题的相关者或部门机构。

第一节　特殊儿童生涯发展社会支持的特点

开展特殊儿童生涯发展应坚持以"人"为本。以"人"为本中的人指特殊儿童，对他们生涯发展的社会支持着眼点首先在于特殊儿童是人，肯定特殊儿童与他人的共性，他们享有基本人权，且残疾不是特殊儿童的全部，他们有发展的潜能；其次是着眼于特殊儿童的特殊需要，为其需要提供必要的资源，把其生涯发展中会遇到的限制减到最小；最后是对特殊儿童生涯发展的社会支持会影响健残双向互动，其中的"人"将自然惠及所有的人。

1. 内发性

对特殊儿童的生涯发展支持从理念生发到实践，重视培养公民的特殊儿童意识，加强公民对特殊儿童生涯发展支持的内发性，使支持深入人心，让所有人体会到对特殊儿童的支持是一种公民责任。支持的内发性不一定是一蹴而就，由外到内发展的过程性很自然。支持的内发性为社会支持特殊儿童生涯发展创造一个和谐可持续发展的环境，且内发性激发支持者对特殊儿童生涯发展支持的主动性，使双方情感交流自然化，资源扩展最大化。

2. 多元化

特殊儿童的残疾源于生理，但在其成长过程中由于社会、自我、家庭的原因会带来个体的心理障碍及遭遇社会障碍，多重障碍的设置将阻碍个体的经验成长，不利于其生涯发展的正常化、丰富化，障碍的解决呼唤社会支持的多元化。社会支持考虑到特殊儿童的身体发展、教育、社会生活经历、心理健康成长，在支持者方面，重视政府、特殊儿童联合会、福利机构、社会企业、家庭、医院、康复机构、大众传媒、社区等多方合作；在支持内容上，从特殊儿童意识、无障碍环境建设、社会宣传、康复治疗、生涯发展专门系统建设等多方面建设特殊儿童的生涯发展物理、心理、信息等优良环境。

3. 时代性

随着时代的发展，世界特殊教育在行动：从封闭式的机构到去机构化、回归主流、正常化、全纳教育；人权深入人心，特殊儿童生涯发展环境的适宜性追求不再是人道主义，而是受法律保障的权利；对特殊儿童支持上，政府宏观调控，趋向福利多元化取向。所有这些趋势给特殊儿童生涯发展的社会支持提出了时代性要求。在追求时代性，借鉴他国经验并与我国发展相结合的同时，社会支持的内容出发点应为特殊儿童的社会融合、为特殊儿童的人生经验获得清除限制，最终成果是支持其生活质量的提高。

第二节　社会支持力量

可以参与特殊儿童生涯发展支持的机构与人员主要有专业机构和专业人员、社区基层组织、自助机构和志愿者、社会教育机构、社会工作者、学校课程与教学的利益相关者，以及其他社会力量。

一、专业机构和专业人员

（一）专业机构和专业人员

专业机构和专业人员主要包括社区医院、大学和科研机构，社区内各种性质的残疾儿童康复中心，儿童福利院等，由于这些机构拥有丰富的专业知识和专业人员，各种机构都可以从自己的专业角度参与到随班就读中来，为特殊儿童的成长提供相应的支持和服务，如医学治疗服务、教育康复服务、心理咨询与治疗服务、职业治疗服务、物理治疗服务、营养和养育咨询服务、社会学服务等，以形成强大的合力。

（二）心理工作者

他们所面对的对象主要有教师、学生，同时如果需要也要为学生家长提供服务。他们的主要任务是进行心理干预和咨询、诊断性评估、行为矫正、学习指导和职业指导等工作。鉴于随班就读的范围主要在中小学，因此他们的工作也集中在前四项。与普通儿童相比，特殊儿童的心理更加敏感，由于教师或同学的态度、学业上的失败等引起的"孤独感""挫败感"很常见。因此，社区或学校都应该配备心理工作者，为学生解决心理问题，及时了解学生的心理状况，为学生做出准确的评估与诊断。所得到的结果将为学生的个别化计划所用，通过与团队其他成员的沟通合作，制定准确的教育教学计划。

（三）医务工作者

特殊学生在入校之前都要进行必要的筛查，以确定学生的残疾程度，这部分工作目前主要由医生承担。他们为学生提供专业的智力和能力测试，其结果将作为入学条件和个别化教育计划制定的依据之一。同时，针对身体残疾的学生还要为其制定康复方案，使学生在学习知识的同时肢体得到矫正。

二、社区基层组织

在我国，目前成型的社区基层组织主要包括三级：区（县）、街道（乡镇）、居（村）委会。这三个层次的关系是以区（县）为主导，以街道（乡镇）为核心，以居（村）委会为基础。以这三个层次为主轴，以卫生、民政、教育、残联、财政、城建为纽带，构筑起我国的基层社区网络。这个社区网络恰恰是随班就读所赖以生存的基本空间。基本特点是组织化程度比较高，较正式，工作有计划、有系统，带有官方或半官方色彩，容易形成支持网络。

三、自助机构和志愿者

除了上述机构和人员之外，可以对随班就读提供支持的还有一些自发性的组织机构和民间团体等自助机构，如家长联合会、私立康复机构和特殊幼儿园，以及志愿者（义工）。

四、社会教育机构

社会教育机构包括图书馆、博物馆、纪念馆、动物园、科学馆、文化宫、少年宫、爱国教育基地、国防教育基地、植物馆、动物馆、公园、旅游胜地、体育馆（场）等。

五、社会工作者

特殊教育中的社会工作支持服务是指，为满足特殊儿童的个体及社会性需求，遵循社会工作的基本理念，利用社会工作的专业方法，帮助特殊儿童及其相关他人和机构发挥自身潜能，解决社会问题，并达成特殊儿童与社会环境良性互动的过程，其具体内容有评量支持、教学支持和行政支持三大层面。表现为三种形式：学校社会工作、残疾人社会康复工作、儿童青少年社会工作。社会工作者在特殊教育领域主要扮演五种角色，与之对应有五种任务。第一，作为前期预防者与评估者，参与特殊儿童的发现筛选与评估；第二，作为专业咨询者与参与者，为家长教师及服务团队提供专业意见及参与相关服务计划；第三，作为直接服务者，为特殊儿童安置提供建议，并提供个案管理服务；第四，作为协调者和沟通者，为特教专业团队提供管理和资源支持；第五，作为增能者和倡导者，保护特殊儿童合法权益，促进特教政策完善（刘斌志，2010）。社会工作者在支持随班就读的团队中发挥重要的作用，属于备用力量，如果哪里需要支持，他们就出现在哪里。因此，社会工作者必须知识丰富，充分了解特殊教育和特殊儿童，同时要有较强的工作能力和人际交往能力，保证团队的正常运转。

六、学校课程与教学的利益相关者

国外课程与教学的参与协作非常广泛。决策者、利益主体和影响因素纷纷以各自的渠道参与学校课程与教学活动，发挥自己的作用，直接或间接地实现自己的利益。

（一）政治人物

在传统上属于教育集权的国家，教育最高长官（如教育部部长）对课程负有主要责任。而属于教育分权的国家，在 20 世纪 80 年代以来，一些政治人物，如地方教育主管或教育秘书对课程的影响越来越大。他们利用其职位和权利及公众影响力发动教育改革，甚至发动主修课程变革。例如：多肯斯（Dawkins）在 20 世纪 80 年代作为澳大利亚教育部部长时，通过自己的努力和雄辩的口才，以驱动经济成长，阻止教育质量滑坡作为理由，使各州长们都加入到设计了八大学习领域的国家声明和文件夹的协作团体中来（Marsh, 1994： 44）。在美国，20 世纪 80 年代以来，学校改革运动已经开始把一些课程责任转移到州的层面，并且严肃地讨论将之转移到国家的层面。

教育督导与教育行政官员是学校课程与教学的利益相关者。在美国、英国和澳大利亚，主管教育系统的许多高级官员时常对课程表现出较多的兴趣，他们的个性、处理公共关系的方式和优先权的确立对教育系统的成效都十分重要，并以此为基础推动了课程改革实践的认可。例如，20 世纪 80 年代加利福尼亚州的霍宁（Bill Honing）通过引进新的课程框架，并把由州所采用的教科书与州考试纳入框架之中，从而改变该州"教-学"特性（Ball, 1994）。

（二）教育部门

在美国，教育部对学校的影响大大增强了。里根的中央政府发起的课程改革浪潮，包括对学生和教师的严厉标准的命令，学校重组和 K-12 课程的重新系统设计。美国的许多州正在使教育政策集权化。教育政策的调控从地方管理转向州教育部的授权。20 世纪 80 年代中期的"卓越"运动趋向于对课程管理、州考试计划、毕业标准以及教师资格条件施行中央集权（Madson, 1994：2）。在英国，国家课程的实施致使地方教育局的权力和责任减少。在澳大利亚，州教育系统在宪法的保护下对教育传递负有完全的责任，但预算问题迫使他们参与到与中央政府联手的合作计划中来，如 1980—1993 年的国家合作课程计划。

（三）课程工作者

课程工作者是由许多不同头衔的人所组成的一个课程团队。课程工作者多定位在学校或学区层面的课程参与协作者，而大多数学区主要依靠学校的工作人员，家长则被包含在学校课程委员会之中。在美国，课程工作者主要包括作为课程监管人员的校长或校长助理，作为课程领导者的校长或者主任、课程负责人，作为专业技术顾问的课程专家，作为课程协调人的课程规划项目与计划负责人，作为课程团队的重要成员的教师。

（四）评价委员会

有着悠久传统的英国和澳大利亚高中（12 年级）考试委员会负责大学入学考试的研制，从而极大地影响了高中学校所教的课程。在澳大利亚，学科委员会（Board of Studies）控制着所有 K-12 水平的课程，但主要是对 11 和 12 年级有影响。在英国，像剑桥考试委员会这样的考试委员会为 GCSE 和 GCE（A 级）各学科制定了教学大纲和考试。传统上考试委员会为大学学术团体独占，但最近几十年，高中教师、职业/继续教育人员也逐渐取得了相应的职位。最近的发展趋势表明，考试委员会正在和诸如大学、研究院及产业界等团体形成联盟，以寻求课程研制方案的招标。

（五）家长和学校课程委员会

家长对课程问题的影响通常通过参与学校课程委员会而发挥。家长也能够通过他们的参与对教科书选择委员会、各种社会和商业组织产生影响。

（六）学生

在学习环境中，学生是一个重要的因素并且是根本的消费者。学生通过传播课程政策来施加影响——他们带着不同的背景来到课堂，以各种方式对所学的课程进行传承与传播。学生会产生一些想象，并且只要教师和管理者能够提供信任和支持的环境，他们会是课程计划的积极的参与者（Holdsworth，1993）。

（七）课程与学科专家

20 世纪 50 年代末，美国基础教育的课程改革规划由各学科主要的专家和心理学家来领导。20 世纪 60 年代，英国一些课程专家如斯腾豪斯（L. Stenhouse）和布里斯（A. Blyth）对国家课程规划产生了极其重要的影响。除了直接参与课程与教学的改革与规划、编制，学科专家还通过自己的批评与反思和在大学入学考试委员会中的职位对课程与教学产生影响。但他们的影响已经从主角削弱为与技术方面的教导长官、学校举办者及资深教师共享协商者的角色。

七、其他社会力量

（一）专业协会

专业协会的活动包括游说支持或反对行政的举动；出版课程指引和制作地域和关系图表；建立网络、工作室和协商会。在美国，各式各样的专业团体正在国家课程标准研制中扮演着主要的角色，例如数学教师国家委员会和社会科学国家委员会。20 世纪 70 年代，在英国，如英语教学国家委员会的专业协会对国家课程实施的影响非常大。在澳大利亚，强烈的游说使得国家协会在课程与教学材料的研制中发挥重要作用。

（二）教材编者与出版商

教科书是许多学生的主要学习资源。好的教科书通常都受到教师的欢迎。畅销教科书的编者对课程与教学有极大的影响。课程集权的国家中，经挑选的少数教科书会主导整个市场。在美国的几个州，如得克萨斯州和加利福尼亚州，州的教科书选用对学校教育发挥着重要作用。在加利福尼亚州，教材的合作政策要求出版商保证他们的出版物与州的课程框架和考试保持一致。

（三）大众传媒

大众传媒通过报纸和电视等逐渐变得具有不可低估的影响，因为教育的话题具有很大的新闻价值。有些日报提供定期的教育增刊；而且有时候，所有的报纸会就特定问题撰写大量文章；报纸编辑和电视记者似乎特意寻求某些具有争议性的话题或某一话题具有争议性的因素。

（四）游说团体

游说团体通常存在于社会上，但当政治上或某一特定话题出现论争时，他们就会变得很活跃和引人注目。传媒经常渴望报道游说团体的行动，因为他们很有新闻价值。游说团体承担着两种类型的政策制定过程，常规政策的制定和紧急情况政策的制定。在紧急情况下游说团体会对学校课程事务产生重要影响。

（五）法庭

在很多国家，特别是美国，涉及教师、学生和家长的法律案件非常普遍。美国的法官需要做出类似特定考试的命令、学校必须使用的方法和材料这类课程决策。澳大利亚关于宗教教学、教师疏忽和体罚案件的数量也在增加。

（六）研究和试验组织

涉及开发和负责主要教育试验的大型研究和试验组织对课程有极大的影响。美国教育考试服务中心主要研制国家课程，其大学入学标准考试对高中阶段教师向学生教授什么有着极大的影响。国家标准阅读和数学考试也极大地影响着基础学校课程的内容。

（七）其他机构和人员

其他机构和人员对随班就读的支持也很重要，如妇联、宗教团体、街道（乡镇）、企事业单位等。

第三节　社区支持的基本职能

社区参与支持特殊儿童发展的表现多种多样，可以从不同角度为特殊儿童提供帮助，概括起来主要表现在以下方面：

1. 改变群众观念，形成接纳态度，创设良好社会环境

社区参与的首要职能就表现在改变人们的传统观念，形成接纳的态度，创设良好社会环境。在我国，尽管邻里之间有着互助互爱的优良传统，但是在对待残疾人的问题上，却存在着一些偏差，有同情，也有歧视，把残疾人和残疾人的家庭看成是另类。在对待残疾人的教育上问题更多。在许多农村地区，就连正常儿童为什么要上学也存在着疑问，更不用说特殊需要孩子了。什么是特殊教育，什么是随班就读，为什么要开展这些教育对于广大的普通民众是一个问题，甚至在许多落后地区，对基层的政府和教育行政官员也是一个问题。当民众和官员不明白是什么和为什么的时候，要得到他们的支持就无异于缘木求鱼、舍本逐末。因此，在社区支持中要通过广泛的宣传使广大群众了解义务教育，理解特殊儿童和家长的基本权利，了解对残疾儿童实施义务教育是政府、家庭和社会的共同责任，是履行法律义务的表现，也是儿童本身成长的必要保证。从而在全社会都形成接纳、关心、关怀残疾人和残疾人家庭的社会环境，形成一种以平常心态对待特殊儿童的教育，理解并在道义上支持特殊儿童的发展。

改变社区大众的认识和态度的一个有效途径就是通过各种途径进行广泛宣传。宣传一般有两种基本方式：一是自上而下的政府宣传，利用正式的传媒网络，向社区大众宣传国家有关的政策、法规及与特殊儿童和特殊教育有关的各种知识；二是基层社区组织的自发和自助性的宣传，即基层社区组织和各种人员参与到随班就读的宣传中来，共同营造全社会、多方位共同关心和支持随班就读的良好社会环境。研究发现，基层社区组织和相关人员参与到各种宣传活动中来，使得他们本身也会受到深刻的教育，对特殊儿童和随班就读从不了解到了解，从不认识到认识，从不支持到支持，从不拥护到拥护，从而加深了理解，提高了认识，改变了态度。

2. 进行社区康复，补偿儿童缺陷，保证儿童的社区身心健康

特殊儿童要进入学校，需要很多额外的支持性训练，对残疾和缺陷的康复训练就是其中支持性训练的表现之一。特殊儿童的康复训练有许多形式，其中有一个最新的趋势就是社区康复的兴起。所谓的康复既包括生理康复、也包括心理康复。生理康复是为了补偿生理缺陷，维护身体健康；心理康复是为了接触心理困扰，维护心理健康。无论是生理或者是心理健康，在今天，有一个相当重要的标准就是要能够适应社区和社会生活，否则，当一个人在适应社区生活方面存在着适应性的缺陷或问题时，是不能够被认为是健康的。因此在康复理论和实践中，运用社区的综合措施满足特殊儿童的康复需要，改进他们的现状表现，已经成为一个世界性趋势。在我国，早在 1986 年就进行了社区康复的试点工作。目前，我国政府和有关部门已经认识到，为解决我国残疾人的康复需求，改变落后的康复工作现状，推行社区康复势在必行。因此，《中华人民共和国残疾人保障法》第二章提出，社区康复是使残疾人获得康复的基础性组织。对随班就读来说，大力推广社区康复可以获得必要的支持，如减轻特殊儿童在正常环境中的障碍程度，社区康复的推广有利于普及特殊儿童和特殊教育知识，改变人们的观念。

3. 开展社会教育，配合普通学校，参与学校工作

任何教育仅仅依靠学校都是无法实现预期目标的，因为任何人的成长和发展都是在社会、学校和家庭的综合作用之下，并由这些因素和儿童产生复杂互动的结果。所以社区参与支持随班就读就可以从社会教育的角度，为特殊儿童开辟另一个教育的天地。由于社区教育资源非常丰富，人员构成和专业知识背景各不相同。这就使得社区可以在不同的时候，针对不同的需要，由不同的主体和机构以及相关专业和义务人员开展丰富多彩的活动，使特殊儿童了解社区，了解社会，学会使用社区为自己服务，从而掌握社区生活技能。更进一步，社区机构还可以从自己专业优势的角度设计出良好而恰当的社会教育活动，开阔儿童的眼界，拓宽他们的视野，增加他们的知识面，这就可以一方面为普通学校的随班就读提供补救性的教育和教学；另一方面还可以为学校教育提供补充，使儿童学到他们在学校教育中所无法学到的知识。

4. 提供技术支持，满足学校和儿童的特殊需要

在许多时候，尽管我们为普通教师提供了相关培训，使他们了解和掌握了一定的专业知识与技能，但是在实际操作的时候，还是无法解决许多疑难问题。比如残疾的预防和医疗应对策略、特殊儿童的筛选鉴定和诊断、特殊儿童身心状况的评估与健康的维护、特殊儿童和学校的各种法律援助、突发问题的应对与处理等，在这些方面各种社区机构可以主动参与进来，承担起相应的工作，从而减轻普通教师和家长的压力，解除他们的后顾之忧，为特殊儿童的成长和发展创造一个最优化的社区环境和支持性服务体系。

5. 提供精神和物质援助，解决学校的实际困难

在广大农村地区和边远山区，特殊儿童的发展客观上存在着许多实际困难。但是，这一部分地区的问题恰恰又是我国所面临和需要解决的主要问题。要解决这些问题，单单依靠政府，不仅办不到，而且效果也会大打折扣。社区的支持可以在相当大的程度办到政府想办而又无法办到的事，达到意想不到的效果，获得意想不到的收获。通常，社区对随班就读的实际支持，解决实际困难主要表现在：①协助政府和学校解决办学经费困难问题；②协助学校维修设施；③捐赠教育教学设备和设施；④为学生随班就读提供技术支持；等等。各社区组织可以充分利用自身的技术优势为残疾儿童提供各种专业服务（陈云英等，1998：83-84）。

6. 开展社区支持性就业服务

职业技术教育和劳动技能与就业教育是特殊儿童可持续生涯发展需要考虑的重要问题。对特殊儿童的职业技术教育和劳动技能与就业而言，过去人们进行的是一种适应性的就业服务，即训练特殊儿童掌握社会成型的职业技能，进入社会后与正常人一起参与竞争就业。现在，考虑到特殊儿童的特殊性，以及社会对这种特殊性所产生的重要影响和应该承担的责任，一种新型的就业服务方式——支持性就业服务被提出来并在实践中得到应用。现代研究发现，整个社会环境，包括职业分工和职业的基本技能要求完全是按照正常人的标准给定的，按照正常人

的标准要求特殊人群，这显然是不公正的，而且在今天看来，特殊人群的特殊性并不仅仅是、甚至也主要不是源自特殊人群的自身原因，社会环境在造就这种特殊性的过程中负有不可推卸的责任。基于这种基本认识，传统的适应性就业服务模式是不利于儿童回归社会和社区生活的。所谓支持性就业服务，主要指的是社区和社会各个部门主动调整就业环境，创造适应特殊人群的就业岗位，主动与特殊职业训练机构联合，共同进行职业技术和就业培训，从而为特殊人群提供支持性和保护性的就业服务。因为社区之中既有政府组织，又有民间团体，还有企事业单位和其他机构与组织。支持性就业服务离不开社区组织和相关人员的支持。社区在支持性就业服务中占据主要的角色，不论是从创造就业机会，还是进行支持性就业培训都是如此。

第四节　特殊儿童生涯发展社会支持的主要内容

一、社会观念：树立适宜的特殊儿童意识

（一）特殊儿童是构建和谐社会的重要组成部分

党的十六届四中全会通过的《中共中央关于加强党的执政能力建设的决定》提出了构建社会主义"和谐社会"的新概念，党的十七大提出"关心特殊教育"，党的十八大提出"支持特殊教育"，党的十九大提出"办好特殊教育"。而建构在"以人为本"的科学发展观上的和谐社会必须包括所有人。特殊儿童是社会存在的一部分，据第二次全国残疾人抽样调查，特殊儿童人口的年龄构成中，仅 0～14 岁的特殊儿童人口就有 387 万人，他们的发展和福利对社会的文明发展有重要影响，因此特殊儿童是构建和谐社会的重要组成部分。特殊儿童的发展也建立在社会政治、经济、文化基础上，在和谐社会建构的同时，社会的发展必然要考虑特殊儿童的生活存在，使和谐社会面向所有人。面对特殊儿童，我们首先关注的是人，他们享有作为人的基本权利，其次才看到残疾，且残疾不等于特殊儿童的全部。全社会应意识到特殊儿童的健康发展是社会和政府应尽的义务。

（二）去刻板印象

刻板印象是人们对某事物或某人所持有的一种持久、固定、呆板的印象。如

在视障者就业上，雇主、社会大众、政府等往往认为盲人只能从事按摩；美国的复健咨询人员也认为雇主畏惧盲人，不知盲人能做何种工作（Crudden, et al., 2005）。而一提起智力障碍者，很多人认为他们不会有什么作为，不用学多少东西，生活自理都成问题，关注得更多的是其缺陷补偿。而这种刻板印象的结果是：其将对学校的教育教学产生导向作用，影响家长、教师、社会对特殊儿童的社会期望，影响特殊儿童参与社会、发展自我的机会，从而阻碍特殊儿童发展的多样化。社会应转变对特殊儿童的刻板印象，认为其是我们中的一部分，而不是我们之外的另类；从生理-医学模式转换到社会-心理模式及实行以人为本，认为每个人都是独特的个体；在看到其缺陷的同时，不能忽略其发展的潜能，相信只要给予特殊儿童适当的支持，他们也能多方面发展，公众的特殊儿童意识应该动态发展。

（三）特殊儿童拥有追求生活质量的权利

生活品质的本质是多向度的，最终由身体健康、物质满足、权利行使、社会融合、人际关系、自我决策、个人发展、心理情绪安适等八个核心领域组成（吴冠颖，2004：17-18.）。许家成（2003）认为生活质量的本质是一种主观体验，它是指一个人对于一生遭遇的满意程度、内在的知足感，以及在社会中自我实现的体会；"生活质量"的内涵由独立性、生产力、社区参与和融合、满意度四个维度构成。由上可以看出，生活质量的评量倾向特殊儿童主观幸福感的体会，它的标准存在极大的个体差异，它强调个人的自我实现，个体内在价值的追求，及强调社会各层次、各领域的支持。特殊儿童与正常儿童一样，都拥有追求生活质量的权利，如公园游乐场服务在考虑为正常儿童提供相关游乐器械的同时，应承担起为特殊儿童规划设计适宜其的游乐设施，让所有儿童享受同一片蓝天。20世纪50年代以来，去机构化、回归主流、一体化、正常化、融合、全纳教育等特殊教育的核心概念得到发展；在重视身心障碍者观点的思潮发展中，今日特殊教育及职业复健的思潮视身心障碍者为消费者，其与专业人员是伙伴关系（Rhoades, et al., 1995），且身心障碍者是自己利益的最佳判断者，应勇于说明自己需要何种服务。事实也说明，应以特殊儿童的自我决策、利益为中心，扩大其生活圈，各方为其提供所需要的适宜服务，保障特殊儿童充分利用多元的服务资源追求生活质量的权利。

（四）理解并支持对特殊儿童实施的补偿机制

罗尔斯从人性的基本假设出发，对于正义和公平的追求，从原初状态到其所推导的任一历史社会形态，都应该遵守两个基本的并且相当不同的原则：第一个原则要求平等地分配基本权利和义务；第二个原则认为社会和经济的不平等（例如财富和权力的不平等）只要其结果能给每一个人，尤其是那些最少受惠的社会成员带来补偿利益，它们就是正义的。罗尔斯的正义原则意味着某些平等、正义的目标指向公平，而公平的指向是社会的基本结构及分配权利与义务的机制和制度。罗尔斯原则是普惠原则与差异原则的融合（陈潭等，2008）。因此，社会应理解并支持对特殊儿童实施的补偿机制，其是实现和谐社会的正义和公平的基石。且补偿机制的有效性有利于实现残健双赢：社会为特殊儿童提供支持，可从某些支持的结果中获得便利，且能从与特殊儿童的相互交往中，获得一些思考与体验；特殊儿童作为社会的潜在人力资源，在获得支持后能更好地成长，为社会贡献自己的生产力。

二、社会行动

（一）无障碍环境的建设

无障碍环境的建设是人们对问题进行双向考虑的努力，过去人们认为障碍来源于人单方面不能适应环境，而忽略构建的环境是否为人的发展提供了可能。在障碍面前，从单方面考虑人的失能转移到积极的环境建设，其很好地保障了特殊儿童的基本人权，增进每个儿童参与社会的机会，创造属于文明社会的多元化。无障碍环境建设涉及心理、信息和物理环境。

1. 无障碍心理环境建设

无障碍心理环境是社会（障碍或非障碍者）对于障碍的态度和应对措施。对于非障碍者而言，要了解、接纳和尊重障碍，包括了解障碍者对于无障碍环境的要求，障碍者公平参与社会之基本权利，并且体认社会对于共创无障碍心理环境的责任。因此，社会健全人应消除对特殊儿童的歧视，积极采取互相了解与有效支援差异的措施。社会健全人对特殊儿童的困难与需求应有基本的了解，不以标签式的言语嘲笑特殊儿童；不过度关怀特殊儿童，改变残疾就是天生弱者的观念，因为每个人都一样，拥有自尊，要自立、自强，且根据加德纳多元智力理论，每个儿童都有可开发的潜能，应首先看到人的共性和个体的优势；教育、社会传媒等应充分发挥他们的文化传播作用，让所有人认识到社会的多元化，要激发人们主动接纳特殊儿童；意识到对特殊儿童的支持也是对自己生活环境的优化，意识到特殊儿童的生活与我们社会文明的发展的相关性；对于特殊儿童心理障碍的消除，健全者可以采取主动适应的方式，如主动学习手语与聋童交流，融入彼此的文化，且手语的社会推广，有利于年老时听力衰退者的人际沟通，在一定程度上缓解老年时可能出现的无用感。而在学校无障碍心理环境建构的具体措施的建设上，"正向行为支持"（positive behavioral support）可以融入其中。正向行为支持强调以人为本，把行为问题的出现与处理的矛头，从个人的身上转移到与个人相关的环境建设上，把对行为问题的干预与消除转移到正向行为的替代，重视个体的感受，让个体在愉快的情境中逐步远离行为问题，提高其生活品质。因此，无障碍心理环境的建设在社会层面的支持上，需要公众在意识上树立适宜的特殊儿童观，在行动上体现对特殊儿童的理解和支持，使特殊儿童生活的各个环境充满友好、人际平等的氛围，以支持其积极心理环境的塑造。

2. 无障碍信息环境建设

依据中国互联网协会的定义，信息无障碍是指任何人（无论是健全人还是特殊儿童，无论是年轻人还是老年人）在任何情况下都能平等地、方便地、无障碍地获取信息、利用信息。信息无障碍包括两个主要范畴：一是电子和信息技术无障碍；二是网络无障碍（孙祯祥等，2007）。从定义看出，信息无障碍环境的建设主要在改良信息传递设备、调整技术以适合特定人群，主要解决的是人与机器间的障碍。当今是一个信息化社会，掌握和合理运用信息将有助于个人增值和做出最佳的决策，特殊儿童由于身心的特殊需求，在搜集与整理信息时，不可避免会遇到一般信息获得与利用渠道无法解决的问题，因此需要适合各类特殊儿童的无障碍信息环境的建设，使其平等享有信息资源。信息无障碍环境建设，在服务对象上，必须把被排斥的特殊儿童这个群体纳入，这同时就要求相关环境建设人才在设计产品时，对所服务的对象有全面的了解，在设计理念上有相应的改变；在建设内容上，应依据一定的外部动力（如信息产业服务面的扩大、所获收益的长远性）和内在需求（特殊儿童的存在、平等信息权益获得的必然性），以标准、伦理道德、法律为保障，在技术与理论基础上进行建设内容设计。在技术产品的开发上，如网络易访问性上，为不同特殊儿童提供可方便操作的软件环境，为特殊儿童创造环境，使其享有个性化的网络学习时代。在通信工具上，如让聋童使用可视手机，通过视频以读唇或看手势的方式了解对方的信息。在第四届中国信息无障碍会议上为盲童专门提供的电话收音机，除利于盲童操作外，在频道搜索上也比一般的收音机更为丰富，为他们获取外界信息、自我学习等创造了条件；在公共传媒领域，应有适宜聋童获得信息的字幕转换设置和电视手语，适合盲童的有声读物等。我国的信息无障碍虽起步晚，但其快速的发展是必然的。因此，在各类信息无障碍会议、论坛的交流上，应不断发展理论，并与实践结合，多方合作致力于开发适合不同特殊儿童的信息传递技术、辅助技术产品。

3. 无障碍物理环境建设

无障碍物理环境的核心是各类建筑和公共设施的建设要秉持"以人为本"的原则，体现对每个人的关怀和服务。在 20 世纪 80 年代之前，我国的建筑设计中还没有真正融入无障碍理念。1989 年，由我国建设部、民政部和中国特殊儿童联合会公布的《方便特殊儿童使用的城市道路和建筑物设计规范》宣布实施。该规范是针对下肢残疾者和视力残疾者的需要而制订的，从而为建筑环境无障碍设计提供了相应的依据，为我国残疾人构建无障碍的物理环境提供了有力的保障。无障碍物理环境的建设在设计原则上，在考虑各类特殊儿童的需求基础上应实现科学性、人文性、先进性，使各类特殊儿童扩大参与社会的范围，平等享受社会文明；在对费用投入的理解上，应明白无障碍环境的建设并不需要太多的经费投入，但却有效降低社会服务费，带来长远的经济效益；在建设的覆盖范围上，应考虑到特殊儿童生活所涉及的各个层面，家庭、社区、学校、公共场所的每一个细节处；在针对特殊儿童特殊需求的建设上，如应考虑城市规划中的盲道规范设置、盲人过街音响信号装置、电梯按钮的相应盲文匹配，考虑社区、公园游乐设施的安全性设计，满足聋人的视觉提示系统，注重城市规划与建筑设计的无障碍设计衔接等。

（二）大众传媒宣传报道的利用

人们接纳任何事物都是从认识、了解开始的，特殊儿童的命运史从被抛弃到被救济，从被同情到被接纳、被支持，是社会文明进步的表现，现阶段我们更应抓住国家和谐社会发展的有利时期及国家领导人对特殊儿童生活各方面的关注，让社会对特殊儿童有更深入的认识，这需要大众传媒的大力宣传报道，这也是媒体应尽的社会义务。大众传媒是连接社会的重要纽带，它向社会传递信息、传承文化，所覆盖的接收对象广泛，有文化导向作用，有利于社会大众对特殊儿童生活文化的了解，更好地支持特殊儿童融入社会。2007 年在上海举办的世界特殊奥林匹克运动会及 2008 年北京残奥会举办之际，对特殊儿童的正向积极报道使社会大众特别是当地的民众对特殊儿童有了基本或更深入的了解。事实说明大众传媒的积极真实报道带来了特殊儿童生活环境的优化，且这影响在时间和内容上体现出持续性和丰富性。

大众传媒多种多样，成为特殊儿童与社会沟通的媒介之一：①新闻报道。新闻报道的内容具真实性、公正性、社会导向性。因此借助新闻报道对特殊儿童参与社会的困难、特殊儿童获得的成就、特殊儿童的整体状况（如学习机会与条件、家庭条件）等进行报道，能够产生积极的社会影响力，使大众看到国家对特殊儿童生活品质的重视，了解特殊儿童所需要的各方面支持，激发大众的社会公德心与正义感。②影视作品。关于特殊儿童的纪录片（如一日生活、关于某一主题的生活片等）和影视作品（如《黑眼睛》描述的是盲人自立自强的品质、《12秒58》描述的是一个重听并伴随痉挛的特殊儿童坚持不懈，最后成为专业运动员并打破世界纪录的真实故事）有利于大众更完整、形象地了解特殊儿童的具体生活，看到特殊儿童自立自强、发愤努力的一面，他们也追求各方面的权利，需要在各方的支持下，享有幸福的生活。③杂志、报刊、书籍。应依事实增加残疾者在各种出版物中的比重；鼓励有成就的特殊儿童出版自传；搜集特殊儿童的作品，编成作品集，对特殊儿童是种鼓励，也可以让社会更多地了解他们的真实生活。④互联网。现在是信息时代，互联网把全球联系起来，通过网络，可以最大范围地让不同大众了解特殊儿童的生活状况，其内容可以通过特殊儿童相关网页的制作、特殊儿童博客的撰写（可以是亲自写，也可以是代写）等实现。

（三）相关机构职能的发挥

社会福利机构为特殊儿童提供养护、康复、托管等服务，养护与康复是特殊儿童身心发展的基础，应为特殊儿童提供个别化的养护、康复支持，并做到早发现、早干预，治疗与保健相结合，避免对特殊儿童的二次伤害，并给予特殊儿童适当的关怀和爱，创造机会使他们尽量参与社会生活。

残联是特殊儿童事业团体，有为特殊儿童提供服务的职能，开展特殊儿童康复、教育是其任务之一，残联是联系特殊儿童与社会资源的桥梁，聚集专业的康复治疗师，为特殊儿童的语言、动作、心理、职能康复提供有效的治疗，为特殊儿童的适宜教育提供资讯，使特殊儿童的发展最少受限制，充分享受社会的物质、精神文明。

特殊教育资源中心集服务与研究功能于一体，应划片区进行设置。由于中心在发展中成长，积聚了大量的特殊教育资源，有经验性的资料，有深入的主题研究，有特殊儿童全面的横向或纵向生涯发展相关资料，有专业资源，如动作、语言治疗师。特殊教育资源中心的专业性能为特殊儿童的康复、教育提供资讯及直接的干预，使特殊儿童的发展最优化。

中华人民共和国民政部官方网站对其主要职责、机构设置与职能的记述如下：民政部具有建立和实施城乡居民最低生活保障制度；组织和指导扶贫济困等社会互助活动，审批全国性社会福利募捐义演；指导地方社会救济工作；指导特殊儿童的权益保障工作，拟定有关方针、政策、法规、规章；拟定社会福利事业发展规划和各类福利设施标准；研究提出社会福利企业认定标准和扶持保护政策；研究提出福利彩票（中国社会福利有奖募捐券）发展规划、发行额度和管理办法，管理本级福利资金的职能。以上职能要求其对达到一定困难程度的特殊儿童家庭提供支持以保障其基本生活；并且在募捐款项或福利金的使用上可以用于特殊儿童康复、教育、医疗养护、生活需求等各个方面。

政府管理与评估：在市场经济下，教育仍然是公益事业，政府对特殊儿童的教育应有宏观的调控管理，应积极打造特殊儿童从学前教育、义务教育、职业教育到成人发展的终身全生涯教育体系，按特殊儿童的发展状况规划好区域特殊学校的建设与管理；对特殊儿童发展所需的物力、财力、人力要专项支持，相关部门应积极鼓励和实际支持与特殊儿童发展相关的科研活动；适时组织与特殊儿童相关的活动，为社会重视特殊儿童做出示范与导向；对参与特殊儿童发展的各部门、团体、单位应有统筹管理，规范其相关活动；做好与特殊儿童发展相关的评估工作，如制定评估标准评量学校教育效果、督促教育经费投入、评估社区无障碍建设等，使评估具有监督和促进发展的功能。

（四）法律援助体系的建设

法律援助能帮助特殊儿童及其家庭争取自己的合法权益。法律援助制度是我国贯彻"公民在法律面前一律平等"的宪法原则、保障公民享受平等公正的法律保护、完善社会保障制度、健全人权保障机制的一项新的重要法律制度。《中华人民共和国刑事诉讼法》《中华人民共和国律师法》等有关法律都对法律援助制度作了明确规定，为这一制度的建立和实施奠定了法律基础。法律援助是由政府设立的法律援助机构组织法律援助人员，依法为经济困难或特殊案件的当事人减免收费、提供法律帮助的制度。法律援助的一般条件是：有充分理由证明其为了维护自身的合法权益需要法律帮助；符合当地政府规定的经济困难标准。中国法律援助制度充分体现了公民基本人权重点保障及对社会弱势群体的特殊保障，在有关法律援助法律法规的规定中对特殊儿童给予了特殊保护，在刑事法律援助中规定，对盲、聋、哑作为刑事被告人，没有聘请辩护人的，人民法院应指定有法律援助义务的律师为其辩护，而不考虑经济困难条件。在民事法律援助中，特别将盲、聋、哑迫索侵权赔偿的法律事项列为援助范围。法律援助的具体形式包括解答咨询、刑事辩护、诉讼代理及办理公证等（张敏杰，2003：306-307）。根据第二次全国残疾人抽样调查，全国特殊儿童口中，城镇特殊儿童为2071万人，占24.96%；农村特殊儿童口为6225万人，占75.04%。按此比例推算，农村的特殊儿童占了较大比例，而农村的教育状况整体水平不高，且大多数家庭比较贫困，只求生存而不是生活，因此特殊儿童家庭在维权意识上难免有缺失，法律援助可以向有特殊儿童的家庭宣传相关法律法规，调查特殊儿童的现实困难，帮助他们了解、维护自己的合法权益，使特殊儿童最大限度地获取资源。

（五）社会企业的参与

每一个社会人都应具备一定的社会生产力，体现自身社会价值，而一份职业是人们贡献社会生产力的一般形式，所以对于特殊儿童而言，要自立自强，成为具生成力的人，过幸福的生活，拥有一份职业是具重要意义的，特殊儿童拥有一份自己喜爱又能胜任的职业可以助其把实现自我和贡献社会生产力相统合。

每份职业与一定的工作空间相联系，而职业生涯发展理论的演进，使社会企业在为特殊儿童职业生涯发展支持中扮演重要角色。职业生涯发展理论以生涯发展思想为界总体上经历了前后两个阶段，前阶段发展经历了弗兰克·帕森斯的特质-因素理论、霍兰德的人格职业类型匹配及人本主义在人职匹配的基础上重视个人职业满足的发展阶段；后阶段在生涯发展思想的指导下，金斯伯格等人于 1953 年正式提出了职业生涯发展理论，将职业生涯分为成长、探索、建立、维持和衰退五个时期（汪航等，2008）。职业生涯发展的历程，让人们看到职业生涯发展由某一时期的静态、被动安排发展为动态、个人主动争取，重视个人早期经验及人生从出生开始的所有发展阶段对个人职业决策的影响。特殊儿童的职业生涯发展同样具备连续性、系统性和支持性。特殊儿童的职业生涯发展与社会企业紧密联系，让特殊儿童了解多样的职业门类，创造机会让特殊儿童感受各种职业，以增加其相关职业经验，在成长中探索自己的兴趣、能力、性格、气质、价值观，做出适合自己的职业选择。社会企业应尽社会义务，为特殊儿童的职业生涯发展提供支持，如 20 世纪 70 年代，美国政府在洛杉矶城建立了社区生计教育联盟，作为 85 个企业和公司的一个联合组织，对所有学生提供综合性生涯教育，为学生走出课堂、接触社会提供了有力支持（栾锦红，2008）。社会企业在特殊儿童的职业生涯发展中可以为其提供：①职业相关知识、技能、咨询；②提供场所，为其提供参观、亲身体验的经历；③企业中有残疾员工的可以鼓励他们为特殊儿童介绍自己工作的相关情况，如自己在职业中的成长经历，所获得的技术、人力支持等；④企业与教育结合，以课程的形式，营造有趣、开放的氛围对儿童的职业生涯进行指导，如企业联合组织模拟招聘会等；⑤在服务再设计的理念下，为特殊儿童的职业生涯发展扫清限制，为其提供实习或培训上岗的机会。

（六）生涯发展服务系统建构

政府、教育主管部门或营利、非营利机构为特殊儿童建构多样化、完善的生涯发展服务系统，并大力建设生涯发展服务的宣传系统，给生涯发展不利的特殊儿童提供一个寻求支持的便利窗口，让他们能依据自己的需求，发展自己的支持网络，得到适宜窗口的支持，或能很好地自服务，解决自己生涯发展中遇到的问题。

1. 公共生涯发展服务系统

由政府、教育主管部门为公民生涯发展提供的公共服务，可以专门打造一个特殊儿童的公共生涯发展服务系统，为特殊儿童的养护、康复、早期干预、回归主流、教育、就业、社区服务、家庭服务相关的法律法规、可寻求资源、资源寻求方式、消费标准等提供完善、系统的介绍。服务系统的建构形式可以是书本或宣传手册的发放、网站的建设、电台的生涯发展服务专设频道等。如英国为其国民提供公共生涯发展服务的机构及服务内容，可以为特殊儿童公共生涯发展服务系统的建构提供一些借鉴：苏格兰职业协会（Careers Scotland）为苏格兰地区的人民提供免费的就业资讯、生涯咨询与辅导，不限年龄、家庭背景或是就业状况；威尔士职业协会（Careers Wales）是提供所有年龄层全方位的就业咨询、生涯咨询与辅导，由威尔士国民议会资助，结合威尔士 6 家生涯顾问公司最好的优势和人才，为 11 岁以上的青少年和成年人提供就业咨询、生涯咨询与辅导；英格兰联合会（Connexions）由英格兰政府资助，为 13～19 岁青少年提供生涯服务，它协助青少年，咨询与支持他们完成所需求的成就与目标，为不超过25 岁、有学习障碍和身心障碍的青年提供服务；这项服务提供建议、指导和支持，在教育训练、工作、金钱和生活形态上，帮助他们在成长至成人的过程中平顺转换；其策略目标包括：高品质生涯咨询、建议引导，促进终身生活学习，增进参与感和成就感，透过学校与大学提升生涯教育，透过地方的教育训练机构提供就业；其也提供生涯活动、生涯与劳动市场资讯、个别升学教育指导、指导户外教育服务、为年轻的单亲父母提供教育或就业机会。综合上述服务，可以看到英国公共服务内容的完整性和实用性、信息的高信度、资源的整合性、社会机构间的合作性，以及消费的合理使服务对象可充分享有服务的可行性。

2. 民间自发的生涯服务系统

民间自发的生涯服务系统的建设主体可以是营利机构，为服务收取一定的费用，给特殊儿童提供的都是比较优质的信息；也可以是非营利机构，如特殊儿童自己、慈善机构、特殊儿童的亲友、社会友好人士。特殊儿童自己建设的生涯服务系统能充分考虑到特殊儿童的需求，用自己的经历更好地丰富自己的生涯服务系统。特殊儿童生涯服务系统的建设形式可以是开发特殊儿童生涯服务的网站，也可以成立一个生涯发展全方位的服务机构，机构内有充分的、利于特殊儿童生涯发展的资源、资讯可供参考。而非营利机构更有利于特殊儿童的生涯服务范围的广泛性，因为残疾人抽样调查的结果显示，大部分残疾家庭的收入层次较低，不能负担额外的服务费用。

（七）其他力量

1. 医学补偿

特殊儿童的生涯发展不利与其生理障碍有直接的关系，而医学补偿能在一定程度上改善或彻底解决特殊儿童用一般方式进行生活、学习的困境，提升特殊儿童的生活便利性。如对于听力特殊儿童，在早发现、早干预的前提下，为其植入人工耳蜗就能使其接收、理解、反馈信息的困难早期得到缓解，改善自己的生活品质；而对于视力特殊儿童而言，导致视力问题的原因有很多，其中的一些原因可以通过医学手术得到解决，如白内障、青光眼的消除，还给特殊儿童一个明亮的彩色世界，为以后学习、生活等扫清障碍。而对于特殊儿童而言，医学的费用不是每人都能轻松面对的，对于医学补偿，政府专项拨款、慈善基金、社会福利金、医疗机构、红十字会对特殊儿童医学治疗的经济支持将有利于解决对特殊儿童生涯发展不利的基础——生理问题。

2. 社会工作

社会工作是适应 19 世纪以来西方国家工业化和城市化的需要而发展起来的以助人为宗旨，以发现和解决社会问题为目的的新学科和新职业。社会工作是一种专业性的助人活动，是一种受过专门训练的、以科学的知识为基础、用科学的方法助人，最后实现个人自助的服务活动。我国培养专业社会工作人才的高校已有 200 多所。张昱（2008）认为社会工作是促进个体和谐发展的社会技术专业。那么社会工作者可以依据特殊儿童的需求，利用预防、治疗、康复、补救等专业技术为特殊儿童清理障碍，联系社会资源，帮助个体自主积极发展，而从中发展出的特殊儿童的自我决定能力对其生涯发展、生活质量的提高将是非常重要的。

3. 慈善捐赠

社会各慈善基金会、社会组织等通过各种合法形式筹集慈善捐赠，然后对其做再分配，把他们用于困难特殊儿童家庭，为其提供生活补助；或用于帮助特殊儿童实现梦想；或用于治疗贫困特殊儿童的生理障碍；或为贫困特殊儿童提供他们所需要的物品；为特殊儿童所在学校提供其需要的硬件资源、引进高素质的师资；为家长提供免费培训等。

4. 志愿者服务

志愿者团体能通过培养社会关系、建立情感交流、形成共同规范、建立伙伴关系，以及相互的政治和经济支持及文化共生性而起作用。志愿者参与特殊儿童的生活有利于社会对特殊儿童真实生活的进一步了解，特殊儿童也因此扩充了自己的社会人际网络，在各种特定生活场景中找到自己的归属，生活可以变得更丰富，如多样的休闲活动。

（八）社区融合

社区是以区域为划分标准把人们聚集在一起，但社区的内涵不仅在于它是一个地域单位，更重要的是一个人与人、事、物相协调的小型社会，一个优质的社区会重视人际沟通、情感交流、社区文化建设。根据马斯洛的需要层次理论，爱和尊重的需要是人的基本需要，特殊儿童是社区中的一员，会寻求自己的归属感，在社区中获得应有的尊重；而社区融合是特殊儿童参与社区、发展自我的重要途径。社区环境比寄宿制福利机构或医院、小型服务环境比大型服务设置更能提高特殊儿童独立生活、工作能力和自我抉择、社会交往、休闲活动等与生活质量相关的能力（邓猛，2005）。社区管理人员是社区文化建设的核心力量，社区成员应成为积极的参与者。特殊儿童的社区融合建立在社区中所有成员共同努力的基础之上。在社区支持的实例中，匡智粉岭综合复康中心从 2003 年开始为那些还没有接受任何形式康复服务的智力障碍人士及其家庭提供以社区为基础的综合性家庭支持与服务网络。这个网络的社区支持服务模块内容包括：社区志愿服务、商业公司网络、健康服务中心、社区图书馆、家长教育与资源中心、便利店，主要功能是培训健全人支持特殊儿童适应的所需信息、技能；为特殊儿童提供咨询及康复训练。

社区融合从宣传到实际行动应有一个完整的历程：①社区管理人员应了解社区内特殊儿童的个人及家庭情况，清楚特殊儿童身心发展的需求；做好特殊儿童家庭的思想工作，解除特殊儿童家长在积极参与社区中的顾虑（如担心孩子受到伤害或担心给自己制造麻烦等），建立良好的家庭-社区互动合作关系。②了解与特殊儿童相关的法律法规及如何帮助特殊儿童的相关资讯，社区服务站应有为特殊儿童发展设立的专门负责人，做好社区宣传的准备，共创和谐社区。宣传可以通过社区新闻、社区广播、社区手册等形式进行。③社区环境的建设。社区的物理环境必须达到无障碍的标准；社区文化场所的建设要考虑不同特殊儿童的特殊需要，为其信息获取创造条件，如播放社区电影时，要考虑到为盲生提供解说员，为聋生配备字幕；在社区图书馆，应考虑为盲生准备盲文书籍、有声读物等。④社区活动的组织。社区活动是特殊儿童参与社区的主要途径，促进社区成员的相互了解。活动的组织需秉持多方合作、健残同参与、健残互动互助、健残共受益的理念。⑤社区关怀。社区管理者应考虑困难的特殊儿童家庭，组织社区成员以不同的形式送上关怀，创建温馨家园。⑥建立或完善社区康复工作站，为特殊儿童利用可用资源进行身心发展提供支持。

第七章

以计算机为核心的现代技术支持

以计算机技术为核心的现代科技为特殊儿童的发展带来光辉前景，但同时也存在需要注意的问题。

第一节　以计算机技术为核心的现代科技特殊支持功能

自 20 世纪 70 年代以来，争取教育权利的平等和使每个儿童的特殊教育需要都获得满足成为特殊教育发展的主流。在此潮流中，计算机在特殊教育中的应用给人们带来了新的希望。人们把它当作实现特殊教育目的的重要手段。正如柯克与加拉赫（1989：61）所说："在接受和使用教育技术上，特殊教育居于领先地位。由于他们对儿童进行教育时遇到特殊困难，所以他们向来对凡是能给他们帮助的新技术都愿意试一试……在各种技术设备中，最新的也许最有意义的要算微型电子计算机……因为微型计算机对特殊儿童显示出独特的优越性，所以它在特殊教育中显得特别重要。"特殊教育对象的特殊性使得特殊教育有着自己的独特性，因而计算机技术在特殊教育领域内应用与普通教育相比，有着更为广泛的潜力空间，计算机技术的教育价值在特殊教育中显现得更加充分。

一、促进特殊儿童的康复

计算机技术在特殊教育中应用最激动人心的莫过于技术的发展为特殊儿童的康复即缺陷的补偿或代偿提供了强有力的手段，使之较以前任何时候都更为可能。

"用技术支持残疾人行动"在美国已经成为一个全国性的大行动。对特殊教育而言，根据有关的康复理论及特殊儿童的需要，利用计算机技术补偿或代偿特殊儿童缺陷的基本方式有两个。

（一）改进特殊儿童信息的传输与处理通道

由于计算机技术的进步，计算机强大的信息处理功能及其输入与输出装置的多样性和环境适应性都得到了飞速的发展与进步，使其更能适合特殊儿童的需要，再加上大量适合特殊儿童的软件的开发与利用，所有这些正好能够或至少部分能够弥补特殊儿童信息传输与处理方面的障碍。专家们通常将辅助的计算机器材分为三类：辅助输入器材、辅助处理器材、辅助输出器材。每一部分都包含了许多产品，而这些产品常常能满足各种残疾人的需要。

（二）提高特殊儿童的环境控制力

现代计算机的智能化能驱使一些小机械、小工具，从而使有严重生理缺陷的人、没有足够力量和精力的人或智力落后者控制其生存的环境。随着人工智能的发展，残疾人可以利用机器人来满足个人需要，达到目的，控制环境。

二、辅助特殊儿童学习和教师教学

人们根据计算机技术在教育中应用的目的和教育内容，提出了许多应用的模式。其中最具代表性的莫过于泰勒的 3T 模式[①]。以计算机为基础的教育（computer-based education，CBE）也被用于特殊教育领域，由两个主要方面组成：计算机辅助教学（computer aided instruction，CAI）和计算机管理教学（computer managed instruction，CMI）。

（一）计算机辅助教学

按照教师教学的参与程度，计算机辅助教学（CAI）有以下六种：信息 CAI

---

① 所谓 3T 是指 Tutor、Tool、Tutee。泰勒根据计算机技术在教育中所扮演的角色，提出计算机技术教育应用可以有三种类型：指导者（Tutor）、工具（Tool）和学习者（Tutee）。指导者是指计算机在教育中充当教师的角色，指导学生日常的学习，如 CAI、CAL（computer assisted learning，计算机辅助学习）等，具体模式有操作与练习、指导、模拟、游戏、问题解决等；工具是指计算机在教育中作为教师和学生的工具，如同铅笔一样，如利用计算机进行计算、文字处理、编辑、打印、绘图以及 CMI 等；学习者是指学生让计算机学会做事，解决问题，即学生利用计算机能够理解的语言与计算机交流，指令计算机去完成特定的任务，其实质就是学生学会如何编程。

（informational CAI）、操练与练习（drill and practice）、指导（tutorial）、教育游戏（educational games）、模拟（simulation）、问题解决（problem-solving）。上述六种 CAI 方式的排列是有一定的逻辑顺序的，它们遵循一定原则——教学参与的程度。排列位置越靠前，教师的参与度越高，其指导性越强，学生的依赖性相对较高；排列位置越靠后，教师的参与度越低，其指导性越弱，学生的独立性相对较高。同时，这六种 CAI 方式可以大致归为两大类：用于指导学生学习的 CAI，信息 CAI、操练与练习、指导、教育游戏便属于此类；用于学生探索的 CAI，模拟和问题解决属于此类。

（二）计算机管理教学

CMI 与 CAI 一样关注的是特殊教育的教学领域，但是它们的侧重点不一样。CAI 侧重于用计算机程序辅助教学过程，关注的是教学信息的组织与传递；而 CMI 则侧重于用计算机程序组织和管理与教学有关的数据。一般而言，特殊教育 CMI 应具有以下的功能并完成相应的任务：根据大量的数据制定 IEP；生成有关学生的相关报告（卡片报告、季度报告、半年报告、年度报告及学生学习过程状况报告等）；进行成绩测试与记录、分析、报告与评估；评价学生所适合的恰当的活动；描述诊断性材料、确定学习材料；储存学生健康档案信息；根据有关法律规定的程序进行补偿评估；生成与储存有关筛选、评价、安置、监控学生流程的数据；复核安置与监控流程；发送邮件给相关人员（家长、专家及有关的服务者）；在学生报告中提供未尽信息的清单。

三、传递特殊教育服务

在现代特殊教育实践中，如何为有特殊教育需求的群体建立所需的服务传递系统，已经成为现代特殊教育发展必须解决的重大问题。以我国特殊教育现状来看，一方面是特殊教育专业资源严重不足（特别是我国西部地区）；另一方面又显露出越来越强烈的社会需求，且需求的个案又分布在广阔的地域空间中。利用现代信息技术可以将有限的专业资源方便、快速、经济地传递到广泛分布的特殊教育需求的人群，以满足其特别需求。与传统特殊教育相比，特殊教育服务传递系统的优势体现在，它既能在很大程度上满足特殊儿童的需求，顺应特殊教育的发展趋势，又适应了信息社会的要求，把新技术引入特殊教育中为特殊儿童服务，通过新技术利用相关科研成果，促进其最大限度的发展。

第二节　现代科技支持的关键问题

一、两对关系

（一）人与机器

在计算机特殊教育应用的一段时期里，无论是肯定还是否定计算机的功能与作用，无一例外地都存在着一个极大的误区，即把机器与人分离，见物不见人。毫无疑问，计算机在特殊教育中决不会自动地促进学生的学习和教师的教学，因为计算机作为一种物质形态存在，本身是中立的，并无好坏优劣之分。使用计算机的方法在很大程度上决定了学与教的效果。传递什么，如何运用远比用什么传递更为重要。计算机的功能仅仅意味着潜在的多种应用与特质，他们本身并不能自动产生良好的教与学。但是教师却可以利用他们进行良好、有效的教学，学生可以利用他们进行有效的学习。显然，不是机器而是人才是教与学的关键，是人在利用机器进行教与学的活动。技术的进步不是削弱了人的作用，而是加强了人的作用，转变了人发挥作用的方式和途径。这样我们一方面认识到了计算机作为一种全新的媒体资源的存在是必要的，它与传统的学习媒体资源相比极具优势，显示出无尽的潜能，蕴藏着无限的生机。[①]另一方面又强调人在计算机特殊教育应用中的支配作用，当技术与机器的配置达到一定水平时，人的因素将决定教与学的效果。如果人能用适当的方法在适当的时间把计算机运用到适当的地方，就能使计算机在特殊教育中显露出耀眼的光芒。

（二）技术与教育

在特殊教育实践中，技术与教育孰轻孰重的定位常常出现偏差，人们往往很难把二者很好地统一在一起。计算机作为一种技术，它运用于特殊教育中，必须遵循特殊教育的发展规律，技术的应用是为了特殊教育的进步，为了儿童的发展。作为教师的教学工具和学生的认知工具，技术在特殊教育活动中并不直接改变学

---

① 在处理传统学习与教学媒体资源与计算机的关系问题上，我们强调计算机的优越性，并不意味着我们赞同计算机完全可以取代传统学习与教学媒体资源。事实上，每一种新的媒体的发展都是在旧有媒体基础之上进行的，而且每一种媒体都有自己独特的优势与长处和独特的教学效果，同时也存在着局限与不足，他们的积极性的发挥依赖于一定的条件。只有在一定的教学情境中，对特定的教学目的下的特定的教学内容才具有优势。

生的思想和身体状态，而是通过信息（语言、文字、生动的画面等）的传递来影响学生的思想和情感，改变学生的内在知识结构，并通过这些心理结构促进和影响学生身心和社会实践活动的发展。这个过程离开教育是无法实现的。只有教育才能使计算机对儿童的价值得以充分实现，因为是教育使得技术被组织起来，是教育使得信息源和儿童以及相关人员这些用户连接在一起，是教育使得信息的使用价值在教育中实现。

因此当我们把大量资金和人力投入以计算机为基础的特殊教育时，必须回答这样一些问题：特殊教育的目标和预期的结果时什么？强化教与学的技术有什么影响？利用技术促进特殊教育质量最大程度的提高有什么问题？我们如何弥补现有特殊教育与培训的实践和现代教育技术之间的差距？用技术促进特殊教育需要的满足要求什么样的条件？我们如何评估计算机及新的教育技术方法对教育和培训的影响？我们如何促进最佳实践案例？我们如何保证所有的学生和教师都能平等地获得相关的技术支持？

二、"三件"建设

随着义务教育的实施，我国特殊儿童入学率的提高，特殊教育逐渐普及，如何提高特殊教育质量就逐渐演变成特殊教育的中心问题。在提高随班就读质量的过程中，计算机具有极大的潜力，理应发挥更加积极的作用。然而多年的实践却证明：尽管计算机对于特殊儿童缺陷的补偿和代偿有极其显著的作用，但在其他方面（如课堂教学）却与人们的预期相去甚远。这主要是因为计算机要在特殊教育中充分发挥其潜力，取决于硬件、软件和潜件的建设。

（一）硬件建设

对随班就读而言，硬件建设具有一个极其重要的关键问题：那就是残疾人的残疾与计算机界面的相互适应性。要在随班就读中使用计算机，就必须开发出不同的计算机界面来满足特殊儿童的需要，使他们能够轻松自如地使用计算机。国外特别是一些发达国家在这方面作了许多事情。但是我们在这方面却做得相当不够，虽然我国政府在政策上鼓励和奖励这些产品的开发，但是我们却很少有专门的研究机构、公司进行这些产品的开发。其原因一是我们重视不够，如果我们意识到并懂得特殊儿童的需要是什么，他们怎样才能真正接纳并方便地使用计算机，那么我们的特殊儿童就会从中受益。二是政府的实际财政支持不足，特别是针对特殊儿童高度个性化需求的定向支持精准度不够。

（二）软件开发

在早期，计算机在特殊教育中应用的主要目的在于增强教师的教学能力，集中表现在改进教学过程的手段与方法上，其学习理论为行为主义。后来，随着硬件技术的解决，人们对计算机在特殊教育中的作用有了新的认识，不再仅仅把它当成教师的辅助手段，而是要其成为提高学生学习能力和提高学生生活质量的工具。因此软件问题变得至关重要了。相关的研究和理论已将计算机应用的侧重点放在了直接促进特殊儿童的学习与生活而非改善教学的变量与条件，计算机在改善学习与生活方面的潜在作用问题也成为关注的焦点。

要使计算机在特殊教育中发挥最佳效益就必须从特殊儿童的需要出发，从特殊教育现代化的目标与功能出发，开发出在现实与未来情况下，适应特殊儿童需要的软件。这就是为什么在成功的应用实例中，硬件、软件和教师培训的花费大致相当，各占 1/3。然而，令人遗憾的是，我国特殊教育在软件的开发与应用方面是相当缺乏的。就我们的调查而言，特殊教育软件存在着两大主要问题：一是数量太少，二是质量不高，特别是后者更直接影响着应用的质量与效果。为解决这个问题，我们有几条思路可以考虑。

一是借用普通教育方面合适的软件，特别是有关学生的智力活动、学业能力培养和知识获取等方面的软件。但是在借用的时候我们务必记住一点，那就是我们的特殊儿童与普通儿童是有差异性的，他们有着自己的特点，因而有着自己独特的需要。所以在使用普通教育软件之时，我们一定要考虑以下一些方面的内容：该软件的内容对特殊儿童是否太困难、是否太复杂，以至于使用它们效果极差甚至根本就无法使用；这些软件是否与特殊儿童的课程具有足够的匹配度；这些软件的设计是否具有足够的人性化特点，使特殊儿童从中获得情感的体验与满足；我们在借用这些软件之前，对它们的质量和其他的相关信息是否有足够的了解。

二是开发出适合特殊儿童需要的特殊教育软件。这些软件的开发单单依靠特殊教育教师是无法完成的，它必须依赖专业教育软件开发公司和研究机构与特殊教育教师合作来完成。而专业的教育软件开发公司和研究机构的介入必然要考虑到市场和效益的问题，这就遇到了与特殊教育硬件设施开发相类似的情况。为了解决这一问题，除了调动各方面的积极性以外，政府依然要负担起自己所应该负担的责任，从而保证特殊儿童能够从中得益，与主流社会保持一致而不被时代所抛弃。

在特殊教育中使用计算机，教师为特殊儿童选择合适的软件大致可以考虑以下三条原则：①选择帮助儿童解决与他们的残疾紧密相连的特殊问题的软件，如帮助儿童处理书写困难的文字处理软件（无论这些困难是运动性的还是表达性的），因为那些只有有限的或根本没有书写能力的残疾人能够把这些特殊的文字处理软件当成补偿的工具；②选择与学校的计算机和硬件设备兼容的软件，以便最大限度地发挥现有资源的功能，从而减轻费用负担；③选择那些能够帮助儿童利用计算机进行学习和理解的软件，而不是那些仅仅要求简单回应的软件。

（三）潜件建设

所谓潜件是指除硬件、软件因素以外的影响计算机在特殊教育中使用效果的其他因素，如教师的接纳态度、知识状况，使用的环境因素及学生因素等。随着硬件技术这一瓶颈被突破，在软件问题逐步得到相对解决的同时，人们在评估及讨论使用效果时发现计算机在特殊教育中的应用是一项综合的系统工程，除了有相应的硬件、合适的软件外，潜件因素异常重要。这一发现使人们认识到计算机应用于特殊教育不仅仅是一种新的教学手段的介入，更重要的是它要求教师首先要有对计算机的接纳态度，其次要有一种全新的学生观、学习理论、教学理论。教师在使用计算机的计划中的影响越大，那么他们在教学中应用计算机就越具有多样性。对随班就读教师而言，计算机素养对他们使用计算机非常重要，但是懂得如何利用计算机资源来发展儿童的学习却是他们在教学中使用计算机的中心。这不仅意味着知道如何在课堂中对计算机进行组织和安排，而且意味着懂得使用什么软件才能满足和发展特殊儿童的需要。那些比较有经验和能力较强的教师更有可能用新的技术来获取最大的教学效果。而经验只有在他们使用计算机的过程中才能获得。教师在实践中使用计算机的机会越多，他们获得的技能就越丰富，那他们操作计算机的能力和信心也就越强。

学校相关的组织与管理也显得异常重要，它决定了教师是否有使用计算机的机会，决定了这种使用对教师来讲是容易的还是困难的，决定了教师在整个使用过程中的地位如何，决定了教师怎样组织和安排计算机，决定了他们在教学中使用什么样的软件来满足儿童的特殊教育需要，也就决定了教师获得经验的机会，从而最终决定了教师对计算机的接纳度。

三、建构新型的教学模式

每次技术的革新都带来了教育方式的变革。也正是新型的、合适的教育方式，才使得新的技术充分展示了其魅力，促进教育一步一步地向前发展。在这一点上，特殊教育与普通教育是一致的。从某种意义上讲在特殊教育中，这种趋势比普通教育更加明显，因为特殊儿童对技术的依赖比普通儿童更大。计算机要在特殊教育中发挥其应有的功能，客观上要求具备相应的教学环境，构建新的教学模式。在特殊教育中引进计算机作为学习媒体，只有在教师和学生的作用、地位、角色及内容的组织都发生变化，才有可能利用计算机所拥有的加强学习过程的潜力。这种变化的过程实质就是新的教学模式的构建过程。基于信息技术的新型教学模式应该以系统方法为指导，以学习理论为依据，以教学设计为手段。在对计算机特殊教育应用进行教学设计时，我们特别强调以下几点：一是整体性，二是强调以特殊儿童的需求为核心，三是强调利用计算机给新的教学模式和学生的学习提供的环境的支持。

◇

第八章

基于支持性就业的职业康复

从 1986 年《中华人民共和国义务教育法》颁布开始，经过 30 多年的发展，我国残疾儿童义务教育取得了卓越的成效。在全面推进残疾人小康进程中，义务后的职业教育、重度残疾人教育无疑将成为制约残疾人实现发展权利平等的瓶颈。支持性就业模式为这瓶颈的突破提供了有益的参考。

第一节　支持性就业的兴起

就业对于特殊儿童而言，具有重要的意义和价值。就业为特殊儿童创造经济收益并以此获得独立生活的能力，这不仅提高了其自尊水平，也为人际交往奠定基础，并推进社会改造（Glassel，et al.，2012）。20 世纪 70 年代以前，在欧美等发达国家职业康复领域中，占主导地位的是庇护工场和成人日间照护模式之下的庇护性就业（sheltered employment）。1973 年美国《康复法案》的颁布使得庇护性就业成为残疾人的主要就业方式。

一、庇护性就业的弊

庇护性就业导向的职业康复模式具有一定的隔离取向。庇护性就业要求职业康复咨询者对个体在就业前给予评估与咨询服务，根据障碍者的实际能力水平对其进行工作安置。评估采用可行性决定原则，采取"工作准备"实践模式，并采用隔离取向的就业安置方式。总体上，庇护性就业的初衷是促进发展性障碍者的就业安置，获得立足社会的一技之长，取得就业机会，但这实际上在整体上割裂了职业能力评估、职业教育培训和工作安置。虽然结果带来的可能是促进了少数残疾程度不重或障疾特征不明显者就业，但更多的却是以失败为结局既不能为发展性障碍者提供常态化的真实工作情境，也不能有效促进已经就业的残疾人重新融入社区（Andy, et al., 2015）。因为大量发展性障碍者在比较性评估和职业评价方面未有最佳的表现，所以很大程度上被拒绝在就业市场之外；从事庇护性工作的残疾人的训练在某程度上是低效的，不能达到竞争性市场所需要的技能标准；最终带来的是发展性障碍者机会的丧失，或者即便被雇用也很快因为不断发生的问题而丢失工作，而一旦失业便很难在开放的市场体系中重新就业（Michon, et al., 1998）。

因此，人们试图寻找庇护性就业的替代性职业康复模式。20世纪70年代，"小组就业"模式为重度障碍者的就业带来很大的帮助，使得那些总在传统上被认为不能就业的重度残疾人获得了新的就业可能性与新的就业机会。在小组就业模式中，残疾人在一个小团队中工作，但需要服务提供者的监护。20世纪80年代，在小组就业模式的基础上，逐渐发展出支持性就业服务（supported employment, SE）模式（Wehman 1981: 270）。支持性就业服务模式为解决传统庇护性就业弊端提供了有效的解决方案。

二、支持性就业的兴起

1986年，美国国会对1973年美国《康复法案》进行了修正，正式加入支持性就业，并建立给薪工作教练（paid job coach）专门负责支持性就业服务。1988年，人们将自然支持的理念引进到支持性就业服务领域。联邦政府巨额的转向资金改进州立职业康复系统，大力推广支持性就业服务。1990年，美国总统布什在数百名残疾人的见证下，签署了《美国残疾人法案》，支持性就业的合法地位得到正式的确认。在实践领域，到20世纪90年代初，美国教育部为40多个州提供了足额的联邦预算推广支持性就业。那些一直以来被认为很难参与竞争性就业的残疾人，大量出现在竞争性工作领域。支持发生在工作中而不是工作之前，因此也就更能促进残疾人转变为有竞争力的就业者。支持性就业实践获得巨大成功。1992年，美国国会再次确认了《雷哈比法案》的权威性，职业康复专家的咨询与认可原则代替了可行性决定原则，同时此法案还增加了自然支持作为持续支持之源，并极大扩展支持性就业选择权。

随着支持性就业在法律和实践层面的发展，相关学术研究也广泛展开。1988年，支持性就业者协会（Association of People Supporting Employment, APSE）成立，并扮演起全国性的领导角色，切实推进支持性就业计划。APSE坚持就业假设、人本控制、取得报酬、提供支持、独立性、在社区中建立社会联系等基本范畴（Wehman, 2013）。APSE提供了一个全国性的倡导平台，定期出版和寄发简讯，致力于在国际上推广支持性就业。到 20 世纪 90 年代末，基于设备的支持性项目、小组就业模式、支持性就业模式的哲学基础（Bates-Harris，2011）、成本与费用（Cimera，2011）、效果与问题（Bond，et al.，2012）等方面的探索也获得进展，从而使其优越性更加突显。从而 20 世纪 80 年代末，融合价值迅速普及，从而极大地促进了支持性就业的发展，被广泛应用于重度智力障碍、情绪与行为障碍、自闭症、心理障碍等发展性障碍者的职业康复领域，并取得了卓越成效（Wehman，2006），实现了障碍者、雇主和社会等利益相关者的共同发展和共赢局面。在此基础上，经过调整和改造，逐渐应用于服务聋和重听者、盲和低视力者等其他残疾人。支持性就业在美国的成功迅速使其获得世界性声誉，并在全球推广。

从 20 世纪 90 年代开始，欧洲成立了支持性就业国家联盟网络，这成为支持性就业在欧洲得到发展的显著性标志之一。欧洲支持性就业联合会（European Union of Supported Employment，EUSE）于 1992 年诞生，有力推动了欧盟成员国出台支持性就业的相关政策、加大相关资助的投入，保障残疾人支持性就业的实践，鼓励隔离的庇护工场转变为基于社区的就业模式。2004 年，在欧盟有 83%的相关组织提供了支持性就业服务，并且许多组织提供了多元化的补充性服务，如职业训练和庇护性工作（Stephen，et al.，2010），但是欧盟成员国之间却并不平衡。22%的支持基金依赖于短期欧洲基金，碎片化的资助也致使支持性就业的效果大大降低；在芬兰和西班牙，作为最大群体的智力障碍却是支持性就业的最少数群体；由于欧盟各国缺少相关福利法律的协调性，多数的支持性就业者每周工作超过 24 小时，但缺乏合同保障。同时，芬兰(Timo & Raija,2007)和挪威(Oystein，2012）等北欧国家、阿根廷（Maria，2014）和智利（Sandra，2014）等南美国家、澳大利亚（Geoff，et al.，2007）等国家支持性就业也获得迅速发展并取得显著效果。发展性障碍者支持性就业成为一个全球化潮流。

第二节　权利与融合的价值取向

支持性就业得到迅速发展，为残疾人、雇主和其他利益相关者及整个社会带来收益，乃是因为其作为整个融合社会、融合性教育发展的部分具有自己独立的价值取向。

一、从谋生到权利

传统上，就业是残疾人谋生的工具。对于重度残疾人而言，庇护性就业运作模式很难保障所有人的生活。于是，庇护性就业成为仁慈和福利的代名词，仁慈的行政当局通常将之安置在主流经济生活之外的机构中对其缺陷进行补偿（Commission of the European Communities，1996）。谋生导向的职业康复模式在很大程度上无法带来真正的生涯发展与高质量的生活。因此，《残疾人权利公约》确立了残疾人"在与其他人平等的基础上享有工作权，包括有机会在开放和对残疾人不构成障碍的劳动力市场和工作环境中，为谋生自由选择或接受工作的权利"，要求各国政府采取适当步骤，包括通过立法及其他措施实现禁止歧视、机会均等、同工同酬、就业服务、开放市场、合理便利、工作经验、康复服务、可持续发展等目标。欧盟要求各成员国的全国性就业行动计划中，必须提出聘用残疾人的具体策略，并成立欧盟地平线基金，引导欧盟瞄准为残疾人或其他处境不利人士提供更高水准的职业发展和社会整合。《中华人民共和国残疾人保障法》也明确提出："国家保障残疾人劳动的权利。各级人民政府应当对残疾人劳动就业统筹规划，为残疾人创造劳动就业条件。……政府有关部门设立的公共就业服务机构，应当为残疾人免费提供就业服务。残疾人联合会举办的残疾人就业服务机构，应当组织开展免费的职业指导、职业介绍和职业培训，为残疾人就业和用人单位招用残疾人提供服务和帮助。"就业不仅是谋生工具，更是基本人权。人们期望就业机会均等，赢得公正的经济收入，促进生活质量的提升、个体尊严的获得等。就业权利至高无上。

二、从隔离到融合

在支持性就业出现以前，各国在对发展性障碍者提供就业政策时更多考虑的是机构化的设施设备建设和庇护性职业准备训练，这实际上是将设施设备与真实情境、就业与社区、康复训练与工作过程分割。随着社会融合和公民权利理念的推动，支持性就业迅速取代庇护性就业而成为发展性障碍者的主要职业康复模式。社会融合保证所有公民有平等权利充分参与社会生活的每一个方面，这是世界各国社会政策的一个关键性标志。只要能够成功关照长期失业或残疾人等边缘化群体，政府干预就被认为是有效的，于是"就业第一"理念普及并被广泛接纳。残疾人不再作为终身照护和福利代名词而存在，因此将之安置在主流经济生活之外的机构中对其缺陷进行补偿的做法越来越不被认可。与"就业第一"并驾齐驱的是"所有人就业"。就业第一和所有人就业根植于基于社区融合的就业和支持性就业服务的持续增长。对许多支持性就业领袖和研究人员而言，即便不考虑价值冲突，在财政上同时组织建立社区融合就业和设施设备两大体系是不稳定的。设施设备的应用应该建立在服务持续增长和整合性就业对于资源的需求基础上。就业第一最初由美国州就业领袖网络组织领导，由马萨诸塞州大学社区融合研究所资助。到 2011 年，全美有 21 个州要么已经出台了要么正在制定将整合性就业作为资助残疾人就业服务的首要政策，即就业第一政策。在这 21 个州中，在整合性就业中的残疾人达到 32%，而其他没有发展就业第一政策的州则为 20%（Kiernan，et al.，2011）。

三、从庇护到竞争

市场上的任何工作可以被任何人申请，不是由服务机构所控制的。超越庇护性就业的保护与隔离，支持性就业雇员在竞争性的情景中获得工作，并从事与非残疾员工相同的工作（Zito，et al.，2007）。因此，有竞争力的就业就是支持性就业的一个关键性特征。有竞争力的就业涉及两个重要的指标：就业时间数量和工资水平。1986 年美国《康复法案修正案》将有竞争力的就业定义为残疾人进入每周 20 小时或更长时间的就业。但是在实际就业情境中，就业时间的约定并没有给残疾人的就业质量带来好处。每周 5 小时的工作比每周 40 小时的工作职位更容易实现，同时，发展个别化计划也没有达成逐渐延长总体工作时间的效果。于是在 20 世纪 90 年代早期的立法修正案中，人们放弃了对于工作时间的界定。有竞争力的就业还以最低工资水平界定报酬的等值。由于支持性就业坚信需要而且能够有效将个人的兴趣、偏好和支持需求与社会商务活动的劳动力需求匹配起来，因此低于最低工资水平的薪水对任何残疾人都是不可接受的（Oldman，et al.，2005）。如果一个人长时间不能履行工作职责，更好的选择是更换一个更加合适的工作而不是考虑给予低于最低工资水平的薪水。如此有竞争力的就业被修正为三个要件构成：①就业在所有时间或部分时间里与个人选择一致；②等值的薪水——不低于法定最低工资水平；③与处于相同工作情境中的工友获得同等的收益。

四、从准备到整合

庇护性就业遵循"工作准备"模式，职业康复的典型策略是通过比较性职业评估决定就业的可能性。人们期望根据工作岗位能力要求和残疾人自身的能力水平，在职前阶段，在职业能力评估的基础上，通过职业康复和职业教育训练，使其具备相关的能力与技能水准，然后再进行就业安置。在这种模式的实践层面上，人们自觉不自觉地局限在谁能够工作这样的问题之中，不相信具有明显残疾人的职业能力；他们聚焦于残疾人的缺陷与不足而没有意识到他们本身对支持性就业的结果负有不可推卸的责任（Gowdy, et al., 2004）；许多进入就业阶段的残疾人被鉴定为不可能就业而被拒绝。因此，支持性就业致力于发展整合性的职业康复模式。整合性的职业康复模式追求康复体系和就业体系一体化，职业康复、就业支持和工作进程一体化，职业培训、就业安置和社区生活一体化。整合性的支持性就业直接催生了人本中心（person-centered）、人本导向（person-directed）的就业计划。

五、从适应到支持

庇护性就业在实质上是通过提升残疾人的工作能力以使其适应相应的工作岗位，从而赢得工作机会。隔离式的安置模式、庇护性的工作场域、准备性的康复训练无不是适应的体现。对于支持性就业而言，持续的支持服务是发展性障碍者获得有竞争力的就业能力和就业结果的天然保障。成熟的支持性就业要求为残疾人在整个工作期间提供至少每月两次的特定服务。一旦残疾人在工作中稳定下来，就业专家则要提供至少一月两次的联系，以满足其个别化的需要。服务的场所比较开放，提供服务的方式与内容则由雇员决定，以保证就业专家尊重个体关注和意愿。随着支持性就业理论和实践的演进，自然支持和同伴支持已经成为两种有效的支持模式。

为了缓解发展性障碍支持性就业过度依赖资金支持和专业人力服务，发展支持的自然资源（Nisbet & Hagner, 1988），美国1992年《雷哈比法案》将自然支持作为持续支持之源。自然支持指的是"那些在社区情境中自然获得并能用于资金和支持性服务的资源"（West, et al., 1997），即"自然"不是那些在特定情景中的人为支持源，而是相对容易取得的支持策略。这些创新性的支持策略将工作教练的角色最小化，主张在工作场所中接受来自不同角色的支持，如职业顾问、维权者、父母、大学生志愿者或其他岗位工作人员等非传统支持者。

同伴支持就是一群人自愿结合在一起，分享面临的共同问题（Marrone, et al., 1995）。在支持性就业中，来自同伴的支持主要有团队讨论、工作俱乐部或自助团队（Johnson, et al., 2009）等形式。当然，同伴支持也可以来自同伴支持专家。研究表明，同伴支持专家对于处于困境中的支持性服务接受者非常重要，例如可以帮助他们鉴别作为一个概念性的工作和作为实际进行的工作之间的区别（Mowbray, et al., 1995）。同伴支持能够有效提升就业成功率和应对各种工作问题。在发现就业和保持寻找工作动机的过程中，同伴支持能够使人减少孤独，增加应对工作压力的有效性。团队就业主题讨论中，成功就业经验的分享能够有效增强支持性就业服务接受者体验到的效能感和价值感；使其获得一定的反馈，进行目标设定和过程监控，提升就业动机和问题解决能力；在结构化的团队组织形式中，参与者会明白如果他们在工作中表现较差就会遇到问题；他们能够在团队中相互支持，并目睹其他同伴也会接受相同的批评，这可以让批评性反馈威胁更少和更易于接受（Bell, et al., 2003）；看见其他同类人士成功实现就业可以鼓励支持性就业服务接受者；看到同伴在就业过程中的努力，即使没有成功找到工作，也可以帮助支持性就业服务接受者还有与自己类似的人努力应对各种社会问题（Liu, et al., 2007）。研究发现，通过支持性就业成功就业的人士中，有非常大的比例报告他们参加并得益于支持性团队（Blitz & Mechanic, 2006），并且这种团队支持对维持就业状态也非常重要（Auerbach & Richardson, 2005）。

第三节　基于循证实践的运作模式

支持性就业是建立在坚实研究基础上的多样化循证实践。接受支持性就业的具有明显残障的人士：需要持续的支持；没有工作经历或者只有中断的工作历史；具有不连贯的工作记录。因此，支持性就业服务的过程没有可能也没有必要统一，人们对其关键性阶段描述存在着一定程度的差异。通常可以从以下六个领域进行概括：职业描述、工作找寻、工作分析和安置、工作训练、跟踪服务、效果评估。

一、职业描述

职业描述要求收集到足够而详细的关于残疾人的相关信息，以便建立他们的工作行为方式和发展其技能，并且搜寻与之匹配的工作。高质量的工作测试员允许人们获得关于工作场所的知识，以便他们可以在理解工作所需的基础上做出工作选择。早期职业描述的典型策略是"可能性决定"，即通过比较性职业评估（工作所需要的能力与发展性障碍实际能力进行对比）决定就业的可能性。结果许多进入就业阶段的残疾人被鉴定为不可能就业而被拒绝。因此，从 20 世纪 90 年代初开始，各国在立法、政策和实践层面开始改变"可能性决定"，引导咨询专家和职业康复专家将可能性作为康复结果的通用假设，除非有清晰的和准确无误的证据显示出例外。但是另一个基本问题出现：如果个体在职业评估中表现很糟糕，我们如何做才能导向职业目标？答案是：发现（discovery），而非测试。发现是一种质性研究而不是一种量化研究。发现致力鉴别已经存在的信息，而不是单纯开发信息以达成评估和诊断的目的；鉴定就业趋势是基于为获得就业可能性对个体生活中典型活动的解释，而不是与他人或标准和常模的比较；发现的过程更多聚焦生态效度（ecological validity，就业趋势与个体生命关联）而不是预测效度（predictive validity，根据行为测试试图预测成功）；发现的信息仅仅用于引导匹配和定制，而不是将人从就业中排斥；应用发现是为了鉴别个体所面临的真实的复杂性，并试图谈判协商和进行合适的就业匹配，而不是单纯由个体负担复杂性的解决；发现的策略是致力于增加申请者及其家庭和朋友的能力和卷入而不是排斥他们。

二、工作找寻

利用当地劳动力市场的知识，定位与每个个体工作行为方式和能力相适应的工作，接近潜在雇主以便获得相关工作，包括两个方面的内容：刻画工作以便明确满足个体需求的不同工作任务；为适合个体通过协商调整工作方向。在工作找寻过程中，协商无疑对雇佣关系的形成具有突出的优势。基于兴趣的协商不仅要强调通过自然调节，使个体适应工作文化和完成工作任务，而且也要求个体能够对工作业务有贡献。偷工减料对工作开发可能并不是最明智的方法，但是雇用新员工的花费从来不可能超过他们所创造的价值。毕竟工资是利润之外的剩余价值，员工所创造工资之外的收入是公司生存下来的关键所在。毫无疑问，即便是最小的公司，也必须保证那些能够尽职履责、贡献能力、创造价值的员工受益。支持性就业强调通过协商，在员工和公司之间达成"文化-技能"和"任务-工作"的高度匹配。

三、工作分析与安置

工作分析与安置要求在职业描述中对能够找到的关于工作和工作场所的信息进行加工，从而实现有效的工作匹配。支持性就业能够并且已经在大公司里推行。但是在日常实践中，它更适合小公司的需要。今天，小公司已经是机会和工作岗位增长之源，无处不在的小公司贡献了社会上绝大多数的工作岗位，而大公司几乎没有产生新的岗位（Schramm，2010）。小商业之所以是工作开发的理想之地，是因为：①多数小商业投资小，这意味着思想和天赋创造财富；②多数小商业没有大公司那样的人力资源经理或者成文工作描述——这些描述在支持性就业中不得不调整和改变；③小公司更容易决策；④小商业主和经理更容易被应聘者相似的兴趣所吸引，个性化色彩的员工聘用更加明显。兴趣相同的人更容易相互学习、相互分享，增强自然支持。毕竟这个世界上多数的公司依靠的是技术工人而不是商学院的毕业生。技术工作拥有并分享技能，这能够帮助残疾雇员学到新的技能，导向未来更好的工作状态（Griffin & Hammis，2011）。那些远离消费者和参观者的生产车间、工作场所和设备使用后台，如没有霓虹灯标识的车库、个体户或父母店，只有数十工人而没有人力资源经理，没有需要调整的工作描述，没有接受应聘申请书的机房的企业，它们需要的是普通的人群，熟练的技术工人，生产产品、传递服务、养活家庭、获取报酬的劳动力。支持性就业工作创造者采取行动的地方是公司经常发生奇迹的地方。为了开发这些工作机会，家庭和邻居需要重新关联，投入社会资本，建立联系；康复职员必须与新人会面，抛开那些招募式语言和电梯话语，而使用小生意、提供小额投资和邻居帮助邻居式的普通的、充满尊重的交流方式。支持性就业有一种潜在的力量去重新整合人、项目和商业，消解我们宏大系统中根深蒂固的隔离。

四、工作训练

在普通工作的安置中，工作训练是成功学习工作的第一步而不是支持性就业的终点，它让被支持的员工在具体的工场所，学习特定的工作。工作训练一般由熟练的工作训练师或者提供自然支持的同事完成。对于身心障碍者的工作训练任务通常由训练师将任务分解为若干小的步骤，使用及时的分级教学，在不制造依赖的情况下，给予被支持者刚刚够用的信息。与此同时，工作训练还发展定制就业，通过改变雇主和雇员之间的雇佣关系来拓展支持性就业空间。美国劳工部下属的残疾人就业政策办公室（Office of Disability Employment Policy，ODEP）将"定制就业"定义为：通过满足雇员和雇主双方需求的方式，对其雇佣进行个别化处理。它既要基于残疾人力量、需要和兴趣的个别化决定，同时也要为满足雇主的特定需求而设计。它可能包括通过工作经历、自我就业或创业的主动性而开发出来的就业，或者通过其他工作开发或工作重构策略——以为适应残疾人需求而定制的和通过个别化协商获得的工作责任为结果——而开发出来的就业。定制就业主张为残疾人提供必要的合理便利与支持，以他们能够履行通过个别协商和开发出来的工作之职能。（Federal Register，U.S. Department of Labor，2002）定制就业的创新在于，雇主和雇员的自愿的关系超越了传统的工作塑造与重构，并为就业关系建立了一个基础性的新概念，是残疾人获得工作的开门器。

五、跟踪服务

跟踪服务为残疾人提供必要的持续服务，帮助他们有效应对工作场景的改变，如工作路径、工作流程和人际改变，并为其职业生涯发展提供支持。支持性就业服务的成功一定是团队力量协作的产物。这些力量包括残疾人及家庭愿意走出家庭，赢得机会，进入工作领域；相关人士，如就业专家、就业咨询师、工作教练、康复心理学家持续而卓有成效的专业工作，一日复一日的支持与帮助；雇主信任残疾人，坚信雇佣残疾人就业是一件好事，并在行动中雇佣残疾人。因此，推进支持性就业的关键性策略必须通过循证实践兼顾各利益相关者的协同（Deborah，et al.，2007）。美国约翰逊和约翰逊-达特茅斯社区心理健康项目提供了非常成功的私人—公众服务—学术机构密切协作的支持性就业实践模式，包含了支持性就业服务的最好实践方式。作为项目的一部分，参与项目的九个州和哥伦比亚特区可以获得小额补助，但前提是同意以一种可持续的方式建立公共心理健康和职业康复之间的伙伴关系，以此开展支持性就业的训证实践。达特茅斯支持性就业团队提供训练、定点访问、持续的技术帮助。每项目单位从三个点开始，逐步扩大实践范围。该项目采取了不同策略扩大支持性就业服务的使用范围：①建立州层面的推进管理程序，重构在地化的支持服务团队，以强化心理健康和职业康复之间的合作；②通过媒体、在线训练和早期抚育者开展的培训促进支持性就业服务；③雇佣支薪专家；④教授结果定向的监控；⑤建构真实的支持性就业能力标准。这其中包括马里兰州的系统整合、南卡罗来纳州本地服务协作、哥伦比亚特区支持性就业阶梯性职业服务改变、俄勒冈州媒体、支持性就业训练和就业结果、佛蒙特州利益咨询、堪萨斯州基于结果的监管、康涅狄格州支持性就业真实性审查。尽管各参与单位所采取的策略和路径不一，但都取得了巨大成功（Drake，et al.，2006）。

六、效果评估

评估支持性就业的收益是一个多向度的工作。对于其成效的评估通常有两种模式：外部标准驱动和内在质量提升。外部标准驱动模式具有三大特征：①在服务过程之外定义质量维度和建立被接收的服务质量标准。②这种评估更接近一次性或偶然事件。③倾向于依赖外部评估者给出一个关于服务可接受的解释。根据美国的实践经验，外部标准驱动关注与其他职业康复模式相比较，支持性就业在工资水平增长、自尊水平的提升、工作满意度的获得、对有意义活动的进入、自我决定的发展、生活质量的提高、工作保持时间的增加、服务投入花费和成本收益，以及对非残疾人同事社会互动具有积极意义（Cimera，2011）。

以持续质量提升（continuous quality improvement，CQI）为代表的内部质量提升评估模式在欧洲得以发展。CQI 主张：不倾向于对什么是好什么是坏作出判断；质量的提升和评估并不是一次性的事情，而是一个持续的进程；不是一个对伙伴所做的评估，而是一个团队进行的不间断的改进；不打算提供一个外部或随意的质量定义；不鼓励为收集数据而收集数据；质量及评估并不仅仅是评估团队的任务；质量提升不仅仅是机构的工作；分享所有；持续改进；质量的在地化定义；帮助收集与组织信息；利用数据决策；审视整个状态以发现改进领域；建立人际网络以相互学习；如果需要，对辅助资源进行本地化处理。针对传统评估方法的弊端，CQI 被定义为通过与每个方案无缝对接，运用本土化术语界定质量，设计切合每个方案的社会、经济和文化环境（尤其是当这种环境影响到雇主和工友的时候）的质量提升方法。CQI 的原则与价值：坚持质量可以被持续提升、消费者定义质量、团队工作提升质量所需、目标导向改进、改进基于准确而及时的信息。CQI 的组织目标包括工作发展、生涯发展、训练与支持、被支持雇员的融合、组织环境、生活质量等方面。CQI 的方法：聚焦顾客（雇员和雇主）；数据驱动（雇用人数、工作时数、支持水平、雇员薪资、工作种类、达成的融合程度）；依靠团队工作（由支持性就业服务提供者、被支持的就业者和他们的家庭、雇主、工友和社区中的其他参与者共同构成的质量评估项目团队，对支持性就业项目进行效果评估）（Patricia，et al.，1999）。

第九章

特殊儿童生涯发展支持的整合性

2006年，我国第二次全国残疾人抽样调查显示，各类残疾人总数为8296万人，占全国总人口的比例为6.34%，其中，60岁以下的残疾人约有3880万人。也就是说在我国，约有3880万残疾人需要解决就业问题或需要为就业做准备，涉及约十分之一的家庭。残疾人对社会生活的参与和生活质量的提升是和谐社会的重要标志与不可或缺的推动力量，而残疾人的就业则是其参与社会生活、提升生活质量的重要保证。因此，深入探讨残疾人就业支持系统十分必要。

特殊儿童生涯发展是一个系统的工程，法律政策、家庭、学校、社会、现代技术及就业支持各自承担自己角色的责任与义务。同时这些支持相互作用、交互影响共同构成了一个有机整体。

第一节　特殊儿童生涯发展支持的生态化走向

传统上，人们对待特殊儿童的生涯发展采取的是一种医学模式。传统的医学模式把特殊儿童的特殊性看成是他们自身内部的种种缺陷和不足的自然结果，因此其生涯发展主要从他们内部的角度进行考虑。于是"适应"就成为关键词。所有教育和就业准备都着眼于如何利用各种手段减轻或者消除特殊儿童内部的缺陷或不足所导致的种种障碍，帮助他们适应自我、适应职业、适应生活、适应社会。因此，特殊儿童或其家长本身应该对他们的特殊性负责，社会、学校、国家只是在尽道义上的责任，帮助他们学习和发展。

但是，特殊儿童生涯发展走到今天，生态化模式的思维架构逐渐超越传统医学模式的思维架构。人们对特殊儿童的特殊性有了一个全新的认识。特殊儿童的特殊性被看成是其自身与社会环境的复杂互动关系的结果。如此，特殊儿童的特殊性一方面固然有他们自身内部的原因，但内部原因并不是唯一的。特殊儿童自身的特殊性可能带来不利的文化环境，而社会文化环境对他们的特殊性也应该承担主要责任。社会物理环境、社会制度环境和社会心理意识环境都是按照所谓正常人的标准进行建构的，以此环境去要求特殊儿童，理所当然就会使其表现出这样或那样的不适应，这是造成特殊儿童特殊性的主要原因所在。社会文化环境原因与特殊儿童自身内部的问题复合叠加并交互作用，就造成了种种问题与障碍。如果我们改进社会文化环境，照顾特殊儿童的需要，其处境就会得到大大改善，障碍程度就会减轻直至障碍完全消除。而特殊儿童境况的改善又会带来一个适切的环境支持。因此，社会"支持"就成为特殊儿童生涯发展的另外一个关键词。这样，特殊儿童生涯发展就要从两个角度同时展开，一方面改善特殊儿童内部状况；另一方面则主要从社会环境入手，营造起适合特殊儿童需要的社会文化环境。

特殊儿童生涯充分发展和充分就业实质就是社会正义的基本体现。罗尔斯的《正义论》中关于正义的原则是："第一原则，每个人对与所有人所拥有的最广泛平等的基本自由体系相容的类似自由体系都应有一种平等的权利。第二原则，社会和经济的不平等应这样安排，使他们在与正义的储存原则一致的情况下，适合于最少受惠者的最大利益；并且，公共职位在机会的公正、平等下对所有的人开放。"（Rawls，1971：302）因此正义的精神实质，一是每个人在最广泛程度上获得与他人相同的自主的平等权利；二是职位及其待遇和相应的福利等机会应该对所有人开放；三是若起始状况（收入和财富分配）不同，应用补偿的办法来保证处于不利者的利益。按照这种精神实质，特殊儿童就业应该表现在是否获得必要的支持与补偿。具体表现为如下三个方面：第一，是否有同等的就业机会；第二，是否在就业过程得到公平的资源支持；第三，是否获得一个相对公平的就业结果。所谓相对公平的就业结果，并不是说每个特殊儿童都能够达到一个绝对一致的水平，而是指在自身遗传素质所给定的范围内，特殊儿童的潜能最大限度地释放，从而获得最大限度的成长与进步，获得最大限度的成功并达成自我实现。这三个方面的公平发展实质是平等、差异和补偿的动态均衡的过程。在这一过程中，从公益性的前提出发的补救与补偿教学是有效的保证。这样，以政府为主导，社会广泛参与的立体交叉的特殊儿童生涯发展和就业的生态化支持系统就成为特殊儿童就业之必需。

第二节　特殊儿童生涯发展整合性支持系统要素

具有生态化特征的所谓特殊儿童生涯发展整合性支持系统就是作为共时态的

国家和政府、社区、家庭、职业培训等基本要素，通过物质、制度、意识三个不同层面展开的关于特殊儿童生涯发展的动态化的立体支持网络体系。

一、国家和政府：特殊儿童生涯发展支持的主体

《中华人民共和国宪法》第四十五条规定："国家和社会帮助安排盲、聋、哑和其他有残疾的公民的劳动、生活和教育。"《中华人民共和国残疾人保障法》第三十条规定："国家保障残疾人劳动的权利。"《残疾人就业条例》第二条规定："国家对残疾人就业实行集中就业与分散就业相结合的方针，促进残疾人就业。县级以上人民政府应当将残疾人就业纳入国民经济和社会发展规划，并制定优惠政策和具体扶持保护措施，为残疾人就业创造条件。"这些规定都集中说明了国家对残疾人的生涯发展负有主要的责任，是特殊儿童生涯发展支持的主体。

在市场经济条件下，随着经济全球化进程的加速和社会主义市场经济体制的建立，加上近些年来全国的就业形势严峻，在竞争激烈的劳动力市场中，特殊儿童生涯发展面临着新的考验与困难。由于种种社会偏见与社会排斥的存在，即使在同等的条件下，甚至在特殊儿童的人力资本存量更高的情况下，残疾劳动力也会受到不公正的待遇（周林刚，2003）。因此，完全依赖市场的力量对待特殊儿童生涯发展和就业问题，本身并不符合社会公平与正义的基本原则。

维持社会公平与正义的主体力量就是国家和政府。尽管中国政府和中国特殊儿童联合会研究制定了一系列促进特殊儿童生涯发展和就业的政策措施，如要求各机关团体、企事业单位和其他经济组织按单位职工总数的 1.5%安排残疾人就业，未达到规定比例的缴纳残疾人就业保障金，但是目前中国残疾人就业仍然存在着严重的问题。只有国家和政府相关部门承担起执行相关法律法规的责任，反对就业雇佣歧视，要求雇主、就业咨询服务机构采取积极的行动步骤，实行残疾人保护行动计划，才有可能消除社会对于残疾人的各种社会排斥，让每一个残疾人都有机会发挥人的自身潜力和实现人的全面发展，以平等的身份参与到社会活动中。国家和政府在特殊儿童生涯发展中的支持作用主要表现在以下方面。

（一）修订完善特殊儿童就业的法规

修订完善特殊儿童就业的法规，为按比例安置特殊儿童就业提供有力的法律保障，是政府的首要责任。特殊儿童要健康地成长，平等地进行生涯发展，离不开一个完整、统一的法律和制度框架。一方面，各地人民代表大会应尽快出台分

散按比例安排残疾人就业办法，以切实保障残疾人的劳动就业权利、推进残疾人生涯发展和就业。另一方面，社会单位（包括个人、团体）对法律功能的认知程度也不足，因此依法按比例安排残疾人就业，对机关、团体、企业、事业单位来说更为重要的是执法问题。

（二）完善特殊儿童劳动就业政策

通过税收、财政补贴等经济手段，刺激用人单位安排残疾人就业，增加对残疾人就业环节的支持。

1. 奖励政策

对超额安排残疾人就业的用人单位，对创造工作业绩的残疾人，对为残疾人就业服务的机构和个人给予奖励。

2. 补偿政策

对用残疾职工而影响效率、增加成本投入的用人单位给予补偿，对残疾人因能力原因造成效率低、收入少的情况，给予一定的收入补偿。

3. 惩罚政策

对假冒安置残疾人或不提供必要的帮助，不公正对待残疾职工的用人单位给以行政处罚。

（三）完善有关管理规定

完善相关管理规定，明确实施各环节各执法主体及其权能，强化部门协调与合作。各级残联是按比例安排残疾人就业的具体实施者，但由于残疾人就业是一项综合性、社会性很强的事业，在安排就业、收缴保障金的过程中，如果没有相关部门的配合与协调、分工与合作，执行难度将很大。国家和政府无疑是这种协调的主体力量（王雪梅，2006）。

（四）完善有关的管理配套措施

完善相关配套措施，明确各责任主体及其相应的权能。比如，残疾人劳动就业服务机构需做好基础统计工作，全面掌握残疾人的就业率，包括残疾人已就业和未就业的情况，认真审核各单位安置的残疾人比例、已安置人员的在岗情况、被辞退情况等。同时需了解本地区社会各单位的用人需求情况，对于安置工作的监督检查则分别由工商、劳动部门负责，工商部门对安排残疾人就业不达标的单位不予通过年检，劳动行政部门加强残疾人就业监察。残疾人工作协调委员会将发挥对有关各部门的总的综合协调作用。

（五）加强职业培训和教育

将公立普通中等教育和职业中等教育逐步纳入义务教育范畴，对于普通高等教育的残疾学生，应该给予学费减免。对于招收特殊儿童的民办职业培训机构，国家也应给予一定扶持。

（六）加强无障碍环境建设

无障碍环境包括设施的无障碍和信息交流的无障碍，它是特殊儿童参与社会生活的前提条件，方便特殊儿童参与社会生活，关系到特殊儿童的切身利益。

二、社区：特殊儿童生涯发展支持的基础

社会和社区活动不仅是维系人类社会的基本纽带，而且也是人类社会的基本生活方式之一。对于特殊儿童就业而言，社区不仅是一个社会空间概念，而且更是一个人与人之间相互影响、相互作用的互动的文化群体概念。特殊儿童的成长、社会化及其就业与社会文化有着密切联系。今天，鼓励家长、社区和特殊儿童组织参与特殊儿童生涯发展的实施规划和决策过程，并把创造反对歧视、受人欢迎的社区看成是建立融合社会及实现公民社会的最有效的途径。社区的支持是特殊儿童生涯支持向生态化方向发展的重要体现，是综合运用家庭、学校和社会力量共同促进特殊儿童劳动、生活的重要一环。

社会支持的目标在于帮助特殊儿童减轻来自经济、社会和心理等方面的压力，使他们摆脱贫困、提高生活质量、增强承受力，以维护社会稳定、促进社会发展。社区参与服务特殊儿童生涯发展支持主要表现为：①改变群众观念，形成接纳态度，创设特殊儿童生涯发展的良好社会环境。营造文明进步的社会环境，在健全人与特殊儿童之间倡导建立和谐、友爱、互助的新型人际关系。②进行社区康复，补偿特殊儿童缺陷，通过维护特殊儿童的社区身心健康，为其回归社会，参与社会工作和社会生活奠定重要基础。③开展社会教育，配合普通职业学校和用人单位，参与特殊儿童职业教育和实践与实习工作。④提供技术支持，建立无障碍环境，满足特殊儿童的特殊劳动和生活需要。⑤提供精神和物质援助，解决用人单位的实际困难。⑥开展社区支持性就业服务。⑦建立多功能特殊儿童生涯发展信息系统，加强和完善残联系统网络建设与服务，构建覆盖各地区残联系统的电子

政务网络平台。加强特殊儿童事业信息化建设是实现特殊儿童事业现代化管理和可持续发展的重要措施。⑧充分利用广播、电视、报刊、网络等媒体开展特殊儿童生涯发展和就业宣传工作。

三、家庭：特殊儿童生涯发展支持的基地

家庭对儿童的生理发育、认知发展、人格完善起着全面的促进或阻碍作用。然而，绝大多数特殊儿童的家庭都面临着两个基本问题：心态的变化与调整和沉重的经济与心理负担。这两大问题的解决是特殊儿童生涯发展得以顺利展开的基础和先决条件。

家庭对残疾儿童生涯发展提供就业支持，主要表现在：①参与决策，争取平等的发展权利和就业权利，今天，家庭参与就业决策、决定职业教育与培训计划、制定就业政策已经成为世界特殊儿童事业发展潮流的强大推动力量。②当特殊儿童进入正常的社会工作环境之后，家庭努力的方向发生了转变。他们开始成为专业人员的合作伙伴，对特殊儿童进行缺陷的补偿与矫正，尽量减轻或消除影响特殊儿童就业的缺陷与障碍。③提供恰当的家庭环境，促进身体和心理的健康发展，为特殊儿童充分生涯发展的顺利开展奠定必要的身心基础。④培养和训练特殊儿童良好的生活习惯与独立的生活自理能力，为其自立于社会奠定良好的基础，从而为生涯发展提供必要的行为支持。⑤介入职业训练，配合职业咨询与规划师、职业教育工作者对特殊儿童进行职业培训。

四、职业培训：特殊儿童生涯发展的技能支持

特殊儿童生涯发展需要有相应的技能作为支撑。而职业技能通常需要专门的培训才能形成。因此有必要坚持以市场为导向，有针对性地做好特殊儿童职业技术培训。按照不同岗位与需要的要求，有计划、有组织地开展旨在提高特殊儿童的智力水准、业务素质，转变价值观念的训练活动，其目的是通过教育与培训，不断提高特殊儿童的政治思想水平、专业知识水平和管理水平；不断提高其实际工作能力和素质，以适应管理科学化、现代化、高效化的需求。强化人的教育与培训是开发人的智力和技能的基本途径，是提高特殊儿童素质的有效措施，是实现其知识更新、迎接新科学技术革命挑战的重要措施。坚持培训与就业相结合的方针，提高职业培训的质量和针对性，因人因岗分类实施培训。鼓励采取有效措施支持、鼓励特殊儿童参加职业培训，大力促进特殊儿童职业技能的提高。根据

劳动力市场的发展需要和特殊儿童技能状况，逐步提高特殊儿童职业培训的层次，鼓励用人单位对残疾职业就业人员开展在岗培训和转岗培训。

第三节　特殊儿童生涯发展支持系统的层次化发展

家庭、社区、政府、职业培训团体对特殊儿童生涯发展的支持并不是在一个平面上展开，而是从物质、制度和意识等不同层次上构成了一个三维立体的支持网络，形成特殊儿童生涯发展的生态化环境。

一、物质层面：特殊儿童生涯发展支持的自然生存基础

人的存在是一种文化的存在，而"文化的使命在于对人的生命存在本身的优化"（李鹏程，1994：155）。作为文化存在的人，其"生活世界的根本特征就在于他总是生活在'理想'的世界，总是向着'可能性'行进"（卡西尔，1985：78）。生命永不停止，优化没有终点。人只有在与环境的互动过程中才得以确定自己的生命存在及其优化的历程，离开了环境，人也就失去了自己。因此所谓人的成长与生活过程从本质上讲，就是他在与环境互动过程中"向文而化"的过程，环境及物质世界乃是人类得以存在的最基本条件。特殊儿童生涯发展就是他们自己学习生命存在的基本方式，是他们"向文而化"的成长与生活历程，故获得相应的资源支持乃是他们最起码的权利。当职业成为一个最基本的社会现象之时，当职业成为一个公民的最基本的生活方式和生命存在之时，为每个弱势公民提供最适宜的生涯发展资源也就成为一个社会和一个政府最起码的义务。这里的生涯发展资源不仅指物质、设备和经费，而且包括合格的培训力量、相应的社会资源。

二、制度层面：特殊儿童生涯发展支持的活动行为规则

物质层面的支持需要制度的保障，制度是实现物质支持的必要手段和途径。特殊儿童生涯发展和就业制度以正义为怀，它关注的是特殊儿童生涯发展的制度化保障问题，满足的是公民对社会公正的追求。这里的生涯发展制度包括国家有关特殊儿童就业的法律法规、政府的特殊儿童就业政策与就业行政调整和管理的

规章制度、职业培训的制度化的管理措施和培训教学活动等。这些制度为特殊儿童生涯发展提供了行为规范系统的支持。因此，所谓制度支持就包括国家通过法律法规的制订确保给每个公民带来同等的生涯发展和就业权利和义务；政府通过政策的制定和调整及生涯发展和就业资源（特别是优质资源）的公正的分配制度而给每个公民提供相对均等的发展机会和条件；职业学校则通过客观公正的制度化的管理措施和教师科学有效的以学生学习为核心的教育教学活动保证每个学生都获得最大程度的发展与进步。这三个方面的核心应该是特殊儿童，其目的是要在制度层面上构建一个使每个个体都能获得成功生涯发展的基本框架和运作平台。

三、意识层面：特殊儿童生涯发展支持的主体自为意向

所谓意识支持问题涉及每个个体对人性的理解、对人的发展的认识和对职业公正的看法。其核心是全体社会成员树立起这样一个基本观念：尊重每个个体作为人的生命存在，每个人的人性是第一位的，没有高低贵贱之分，而是具有同等重要的意义，因此，所有的生涯发展措施都应该公正地对待每个个体。这种公正的生涯发展意识关注的是人们是否为每个个体的发展及其生命活动提供了最适宜的可能的空间和环境及条件的支持，每个个体的潜能是否得到最大程度的发展，即在他原有的基础上获得尽可能的成功及其生命存在的体验。

特殊儿童生涯发展支持的三个层面相互依存、相互关联、相互作用，共同构成一个整体。意识为生涯发展支持提供理念性的保障，是特殊儿童生涯发展走向主体自为的基本表象；优质职业资源的均衡配置为特殊儿童获得相对平等的生涯发展机会和条件提供物质支撑，使其在职业生涯过程中得到同等的对待与支持；制度则保证每个特殊儿童都能获得公正的生涯发展和生涯发展机会，并使特殊儿童生涯发展理念的可能变为现实。

阿德勒. 2007. 理解人性. 陈太胜译. 北京: 国际文化出版公司.

坂元昂. 1979. 教育工艺学简述. 钟启泉译. 北京: 人民教育出版社.

薄晓丽. 2012. 从英国职业指导计划论及我国儿童职业启蒙教育. 职业教育研究, 11: 79-80.

陈帼眉. 2007. 学前儿童发展心理学. 北京: 北京师范大学出版社.

陈莲俊. 2011. 自闭症诊断与服务的发展趋向: 美国《精神疾病诊断与统计手册》第五版草案评介与预测. 中国特殊教育, 8: 59-65.

陈琦, 刘儒德. 1997. 当代教育心理学. 北京: 北京师范大学出版社.

陈潭, 胡晓. 2008. 罗尔斯原则与高等教育公平的制度逻辑. 现代大学教育, 4: 1-6.

陈云英. 1997. 中国一体化教育的改革与实践. 北京: 新华出版社.

陈云英. 2004. 中国特殊教育学基础. 北京: 华夏出版社.

陈云英, 华国栋. 1998. 特殊儿童的随班就读试验. 北京: 教育科学出版社.

戴斌荣. 1994. 家庭环境中主观变量对学业成败的影响. 教育理论与实践, 4: 48-50.

邓猛. 2005. 社区融合理念下的残疾儿童康复服务模式探析. 中国特殊教育, 8: 24.

邓小平. 1994. 邓小平文选(第二卷). 北京: 人民出版社.

丁启文. 2001. 建构新文明——人道原则与新残疾儿童观. 北京: 华夏出版社.

杜启明. 2013. 小学职业启蒙教育实施的若干思考. 合肥学院学报, 30(4): 119-122.

杜威. 1999. 杜威五大演讲. 胡适译. 合肥: 安徽教育出版社.

杜威. 2001. 民主主义与教育. 王承绪译. 北京: 人民教育出版社.

方俊明. 1998. 当代特殊教育导论. 西安: 陕西人民出版社.

方俊明. 2005. 特殊教育学. 北京: 人民教育出版社.

冯观富. 1993. 教育、心理辅导精解(上册). 台北: 心理出版社.

冯友兰. 2004. 中国哲学简史. 赵复三译. 北京: 新世界出版社.

付雪凌. 2005. STC: 进入21世纪后美国职业技术教育走向. 上海: 华东师范大学.

高山川, 孙时进. 2005. 社会认知职业理论: 研究进展及应用. 心理科学, 5: 1263-1264.

高申春. 2000. 人性辉煌之路——班杜拉的社会学习理论. 武汉: 湖北教育出版社.

顾明远. 1991. 教育大词典(第三卷). 上海: 上海教育出版社.

顾明远, 梁忠义. 2000. 世界教育大系·职业教育. 长春: 吉林教育出版社.

郭本禹, 姜飞月. 2003. 职业自我效能理论及其应用. 东北师范大学学报(哲学社会科学版), 5: 126-133.

郭之纯. 2006. "亲近穷人"是教育的核心伦理. 教师博览, 4: 5.

国际 21 世纪教育委员会. 1996. 教育: 财富蕴藏其中. 北京: 教育科学出版社.

国务院. 1989. 国务院办公厅转发国家教委等部门关于发展特殊教育的若干意见的通知. 国办发〔1989〕21 号.

国务院办公厅. 2014. 国务院办公厅关于转发教育部等部门特殊教育提升计划(2014—2016 年)的通知. 国办发〔2014〕1 号.

何东昌. 1988. 国家教育委员会副主任何东昌在全国特殊教育工作会议上的讲话//郭建模. 1996. 中国残疾人事业年鉴（1949—1993）. 北京: 华夏出版社: 71-75.

何晓丽. 2005. 青少年生涯教育构建的理论与实践研究. 福州: 福建师范大学.

何颖. 2007. 制度伦理及其价值诉求. 社会科学战线, 4: 37-41.

贺荟中, 左娟娟. 2012. 近十年来我国特殊儿童同伴关系特点研究. 中国特殊教育, 2: 8-11.

洪文卿. 2002. 身心障碍学生参与休闲活动之研究——以南投县"国民"中小学为例. 朝阳科技大学.

扈中平. 1989. 人是教育的出发点. 教育研究, 3: 33-39.

黄德祥. 1991. 青少年发展与辅导. 台北: 五南图书出版公司.

黄甫全. 2000. 文化哲学视野里的新世纪课程改革远景. 台湾中华比较教育学会. 超越与创新——比较教育的理论与实践. 台北: 台湾书店.

黄晟扬, 王玉龙. 2014. 美国儿童的职业启蒙教育探究. 成人教育, 1: 110-112.

黄希庭. 2007. 心理学导论. 北京: 人民教育出版社.

黄翔. 2006. 论基础教育和谐发展: 基于课程的视角. 教育研究, 4: 20.

黄炎培. 1992. 我之人生观与吾人从事职业教育之基本理论//陶行知, 黄炎培, 徐特立. 陈鹤琴教育文选. 合肥: 安徽教育出版社.

江光荣, 胡博. 2006. 《青少年心理健康素质调查表》自我分量表的编制. 心理与行为研究, (2): 95-100.

江琴娣. 2004. 轻度智力落后学生心理健康水平与父母教育方式的关系. 中国特殊教育, 7: 38-41.

蒋晓. 1984. 赫尔巴特学派教学理论评述. 华东师范大学学报(教育科学版), (1): 70-77.

荆桂英. 2004. 大学生生涯辅导及实施途径. 东北电力学院学报, 5: 87-90.

卡西尔. 1985. 人论. 甘阳译. 上海: 上海译文出版社.

柯克, 加拉赫. 1989. 特殊儿童的心理与教育. 汤盛钦, 银春铭编译. 天津: 天津教育出版社.

夸美纽斯. 1999. 大教学论. 北京: 教育科学出版社.

李果, 申仁洪. 2009. 一个低视力孩子随班就读的叙事研究. 重庆师范大学学报, 1: 124-128.

李环. 2009. 沈阳市聋生同伴关系研究. 辽宁师范大学.

李瑾瑜. 1996. 论师生关系及其对教学活动的影响. 西北师大学报(社会科学版), 3: 57-61.

李黎红. 2008. 探寻特殊教育学校职业教育发展之路——全国特殊教育学校职业技术教育工作现场经验交流会侧记. 现代特殊教育, 1: 4-8.

李鹏程. 1994. 文化哲学沉思. 北京: 人民出版社.

李强, 李海涛. 2004. 听障大学生人际关系调查及分析. 中国特殊教育, 10: 46-50.

李仁武. 2009. 制度伦理研究. 北京: 人民出版社.

李小英. 2002. 学生: 多元智慧的存在——多元智力理论与教育变革. 班主任之友, (7): 8-10.

李莹. 2008. 主观幸福感的研究综述. 辽宁行政学院学报, 9: 235.

李政涛. 2001. 教育学科与相关学科的对话. 上海: 上海教育出版社.

联合国教科文组织. 1994. 萨拉曼卡宣言——关于特殊需要教育的原则、政策和实践. http://www.cdpf.org.cn/zcwj1/gjwx/200711/t20071130_25337.shtml[2015-12-15].

梁淑琴. 2007. 我国普通高中生涯教育实施研究. 山西大学.

林宏炽, 丘思平, 江佩珊, 等. 2003. 高职轻度智能障碍学生自我决策状况分析. 东台湾特殊教育学报, 5: 26-46.

林卡, 苏柯. 2007. 论北欧社区工作发展的动力及其制度环境. 浙江社会科学, 1: 118-123.

林清山. 1985. 休闲活动的理论与实务. 台北: 辅仁大学出版社.

林怡杏. 2007. 台北市高中职肢体障碍、脑性麻痹、身体病弱学生自我概念与学校适应之相关研究. 台湾师范大学.

林裕山. 2007. 台湾地区生涯发展政策设计之研究. 台北大学.

刘斌志. 2010. 论特殊教育中社会支持服务工作的拓展. 中国特殊教育, 6: 13-17.

刘常庆. 2008. 各国为学生生涯发展早作准备. 上海教育, 1: 38-39.

刘全礼. 1999. 试论我国残疾儿童的职业教育. 现代特殊教育, 7: 42-43.

刘全礼. 2003. 特殊教育导论. 北京: 教育科学出版社.

刘颂, 钱红. 2013. 北京市学前融合班级中普通幼儿对残疾的认识与接纳态度. 中国特殊教育, 10: 3-8.

刘扬. 2004. 1-6 年级聋生与普通学生学校社会行为的比较研究. 中国特殊教育, 11: 42-46.

刘泽文, 牛玉柏. 2005. 家长对残疾儿童随班就读的态度调查. 中国心理卫生杂志, 2: 139.

卢梭. 2001. 爱弥尔(上卷). 李平沤译. 北京: 人民教育出版社.

陆桂芝. 1997. 论智力落后儿童的职业教育. 教育管理, 15: 37-38.

栾锦红. 2008. 以学生生涯发展为导向的美国职业教育. 辽宁教育研究, 6: 100-102.

罗帅. 2009. 中度智障学生同伴交往、心理理论及其关系的研究. 华东师范大学.

罗歇·苏. 1996. 休闲. 姜依群译. 北京: 商务印书馆.

洛克. 1999. 教育漫话. 徐大建译. 北京: 教育科学出版社.

马克思, 恩格斯. 1975. 马克思恩格斯全集(第26卷, 第3分册). 北京: 人民出版社.

马庆发. 1997. 以培养职业素质为核心构建职业教育课程新模式. 外国教育资料, 3: 68-75.

马斯洛. 2013. 动机与人格. 许金声等译. 北京: 中国人民大学出版社.

孟旭, 杜智萍. 2004. 美国的生计教育运动. 中国职业技术教育, 3: 29-30.

尼·彼·杜比宁. 2000. 人究竟是什么. 李雅卿译. 北京: 东方出版社.

钮文英. 2008. 拥抱个别差异的新典范: 融合教育. 台北: 心理出版社.

朴永馨. 1995. 特殊教育学. 福州: 福建教育出版社.

朴永馨. 2002. 特殊教育课程与教学. 大连: 辽宁师范大学出版社.

朴永馨. 2004. 融合与随班就读. 教育研究与实验, 4: 37-40.

朴永馨. 2005. 特殊教育课程与教学. 辽宁: 辽宁师范大学出版社.

戚欣. 2007. 我国社会工作人才的特点及培养. 社会科学战线, 6: 202-205.

钱志亮. 1999. 中国特殊儿童教育的现状报告. 现代特殊教育, 1: 3-8.

邱惠姿, 李建承. 2000. 身心障碍者自我决策与转衔实务之探究. 特教论坛, 7: 34-41.

邱美华, 董华欣. 1997. 生涯发展与辅导. 台北: 心理出版社.

瞿葆奎, 施良方. 1988. "形式教育"与"实质教育". 华东师范大学学报(教育科学版), 1: 9.

任春雷, 申仁洪. 2016. 美国家长中心: 基于家庭赋权增能的资源整合. 现代特殊教育, 24: 18-24.

任海滨, 周秭毓. 2014. 特殊教育教师与特殊儿童交往的伦理学思考. 黑龙江高等教研, 6: 93-94.

申继亮. 1994. 关于小学差生学习不良原因的研究. 教育理论与实践, 3: 50-54.

申克. 2003. 学习理论: 教育的视角. 南京: 江苏教育出版社.

申仁洪. 2000. 计算机技术: 特殊儿童康复的重要手段. 现代特殊教育(残障版), 9: 3-4.

申仁洪. 2001a. 对我国计算机特殊教育应用的反思. 中国特殊教育, 1: 34-38.

申仁洪. 2001b. 计算机技术在特殊教育中的应用. 现代特殊教育, 5: 9-10.

申仁洪. 2002a. 建构新型教学模式: 计算机特殊应用的必由之路. 中国特殊教育, 2: 70-74.

申仁洪. 2002b. 教师观念的改变: 计算机特殊教育应用的关键. 中国特殊教育, 3: 5-9.

申仁洪. 2004. 论柏拉图的课程理念. 教育史研究, 4: 48-51.

申仁洪. 2006. 论随班就读的家庭支持. 中国特殊教育, 2: 3-7.

申仁洪. 2007. 学习习惯: 概念、构成与生成. 重庆师范大学学报(哲学社会科学版), 2: 112-118.

申仁洪. 2007b. 论基础教育课程的生涯发展特性. 教育理论与实践, 4: 49-52.

申仁洪. 2014a. 美国聋人文化与聋人教育的发展. 比较教育研究, 3: 55-61.

申仁洪. 2014b. 融合与创生: 随班就读的效能实现. 中国特殊教育, 2: 24-28.

申仁洪. 2014c. 特殊教育学校效能: 来自美国的反思及其应对. 重庆师范大学学报(哲学社会科学版), 1: 71-78.

申仁洪. 2016a. 发展性障碍者支持性就业: 融合发展视角的职业康复模式. 现代特殊教育, 18: 9-16.

申仁洪. 2016b. 走向伙伴协作的残障儿童家庭参与——基于美国研究的考察. 比较教育研究, 4: 100-106.

申仁洪, 许家成. 2002. 基于信息技术的特殊教育服务传递系统. 中国特殊教育, 1: 73-77.

沈之菲. 2000. 生涯心理辅导. 上海: 上海教育出版社.

盛建荣, 刘通. 2008. 无障碍环境研究. 科协论坛, 7: 100.

斯宾塞. 1962. 教育论. 胡毅, 王承绪译. 北京: 人民教育出版社.

孙海植, 安永冕, 曹明焕, 等. 2005. 休闲学. 大连: 东北财经大学出版社.

孙宏艳. 2013. 我国职业生涯规划教育应端口前移——基于中美日韩高中生职业生涯规划教育的研究. 教育科学研究, 28: 52-57.

孙美丽, 申仁洪. 2011. 美国特殊教育课程融合取向的设计模式及启示. 青海民族大学学报(教育科学版), 2: 89-94.

孙祯祥, 张家年, 王静生. 2007. 我国信息无障碍运动研究综述. 图书情报工作, 11: 71-75.

索尔蒂斯. 1993. 教育的定义//瞿葆奎. 教育与教育学. 北京: 人民教育出版社.

谭雪莲. 2009. 幼儿园智力落后儿童与普通儿童同伴关系研究. 重庆师范大学.

汤盛钦. 1998. 特殊教育概论. 上海: 上海教育出版社.

涂坤. 2006. 关于普通高中开展艺术特长班学生生涯教育的研究. 北京: 北京师范大学.

屠红良. 2016. 浙江湖州: 特殊教育"卫星班"推动融合教育. 中国教育报, 2016-11-01. B7.

万玉凤. 2013. 北京市将职业认知、职业适应等引入高中校本课——职业启蒙助高中生感知真实世界. 中国教育报, 2013-11-11. B2.

汪航, 任秀华. 2008. 生涯发展思想对我国职业生涯教育的影响. 山西大学学报(哲学社会科学版, 4: 123-125.

王本陆. 2005. 教育公正: 教育制度伦理的核心原则. 华南师范大学学报(社会科学版), 4: 97-103.

王本贤. 2006. 西方职业生涯理论的发展脉络. 中国职业技术教育, 9: 43.

王双桥. 2003. 人的精神存在论. 邵阳学院学报(社会科学), 3: 1-6.

王雪梅. 2006. 残疾儿童就业问题与就业保障政策思考. 北京行政学院学报, 2: 67-70.

王亚栋. 2005. 中国残疾儿童就业: 现状·问题·对策. 社会福利, 11: 41-43.

王志强. 2008. 美国生涯教育的实施及对我国的启示. 世界教育信息, 3: 43-45.

吴冠颖. 2004. 他们是社会人吗?——两名启智学校毕业青年的生活样貌. 台北: 台湾师范大学.

吴佳倩. 2006. 大学全盲毕业生就业转衔需求之研究. 台湾师范大学.

吴支奎. 2003. 普小学生对随班就读弱智生接纳态度的研究. 中国特殊教育, 2: 16-22.

吴志功, 乔志宏. 2006. 美国大学生生涯发展与就业指导理论评述. 比较教育研究, 4: 54.

夏洛特·布勒, 埃伦·麦琳. 1990. 人本主义心理学导论. 陈宝铠译. 北京: 华夏出版社.

肖非, 刘全礼. 1992. 智力落后教育的理论与实践. 北京: 华夏出版社.

谢康. 2011. CIO 职业生涯转型: 一定要改变吗?. IT 经理世界, 09: 84.

徐礼平, 田宗远, 邝宏达. 2013. 农村留守儿童社会适应状况及其与心理韧性相关性. 中国儿童保健杂志, 7: 701-703.

许家成. 1998. 残疾人职业教育的准备式和支持式模式. 中国特殊教育, 2: 32.

许家成. 2003. "智力障碍"定义的新演化——以"功能"、"支持"与"生活质量"为导向的新趋势. 中国特殊教育, 4: 19-23.

杨朝祥. 1989. 生机辅导——终生的辅导历程. 台北: "行政院"青年辅导委员会.

杨晓, 冯维. 2008. 国外主要职业心理理论述评及启示. 四川文理学院学报, 9: 66.

叶小红. 2015. 融合教育背景下自闭症幼儿之同伴关系. 现代特殊教育, 2: 73-75.

叶亚玲. 2006. 职业教育应从儿童起步——由"新失业群体"现象引发的思考. 职业与教育, 15: 52-53.

银春铭. 1993. 弱智儿童的心理与教育. 北京: 华夏出版社.

俞国良, 辛自强, 罗晓路. 2000. 学习不良儿童孤独感、同伴接受性的特点及其与家庭功能的关系. 心理学报, 2000(1): 59-64.

袁曦. 1997. 试论智力落后学校的职业教育. 中国职业技术教育, 8: 37-38.

曾守锤, 李其维. 2003. 儿童心理弹性发展的研究综述. 心理科学, 6: 1091-1095.

曾守锤, 李其维. 2008. 学前儿童的现实性监测对易受暗示性的预测. 心理科学, 31(06): 1313-1316.

曾树兰, 申仁洪, 顾俊朴. 2017. 2015 年我国自闭症教育研究与实践进展. 绥化学院学报, 1: 83-87.

詹姆士. 1963. 心理学原理. 北京: 商务印书馆.

詹文宏. 2005. 高中职学习障碍学生自我概念、应因策略、学校适应及其因果模式之研究. 彰化师范大学.

张春兴. 1983. 工作、休闲、娱乐——提升生活品质的心理探索. 中国论坛, 9: 47-52.

张德生. 2012. 智障学生多元化职业教育课程模式探讨. 现代特殊教育, 9: 30-32.

张敏杰. 2003. 中国弱势群体研究. 长春: 长春出版社.

张明平. 2012. 关于我国特殊青少年职业教育的文献综述. 教育科学研究, 32: 166-167.

张明平. 2014. 智力障碍学生学校人际适应特点研究. 西南大学.

张宁生. 2002. 听力特殊儿童心理与教育. 大连: 辽宁师范大学出版社.

张添州. 1994. 生涯发展与规划. 台北: 五南图书出版公司.

张文京. 2002. 弱智儿童适应性功能教育课程与实践. 重庆: 重庆出版社.

张晓峰. 2009. 儿童同伴关系的研究综述. 辽宁教育行政学院学报, 11: 143-144.

张宜彬. 2008. 我国初中学生自我认知——自我评价的现状及其相关研究. 北京: 清华大学.

张英秦, 赵俊萍. 2010. 关注特殊需要儿童的早期亲子关系干预. 太原大学教育学院学报, 3:

39-41.

张昱. 2008. 社会工作: 促进个体和谐发展的社会技术. 西北师大学报(社会科学版), 1: 26-28.

章志光. 2004. 社会心理学. 北京: 人民教育出版社.

赵树铎. 2000. 三类残疾儿童劳动技术与职业教育问题研究. 天津市教科院学报, 5: 61-63.

赵小红. 2009. 近 20 年中国智力残疾学生职业教育研究进展. 中国特殊教育, 8: 27-33.

赵小红, 潘雷, 姚洁. 2006. 大龄智障学生职业教育康复的理念与实践. 中国特殊教育, 2: 41-45.

郑照顺. 2000. 高力青少年所知觉的家庭、社会支持及其因应效能之研究. 政治大学.

周林刚. 2003. 社会排斥理论与残疾儿童问题研究. 青年研究, 5: 32-38.

朱玲玲, 吴素红. 2011. 自我控制研究述评. 绍兴文理学院学报, 6: 106-111.

朱智贤. 1989. 心理学大词典. 北京: 北京师范大学出版社.

Peterson N, Gonzalez R C. 2007. 职业咨询心理学. 时勘译. 北京: 中国轻工业出版社.

Abbott D, Meredith W. 1986. Strengths of parents with retarded children. Family Relations, 35: 371-373.

Abeson A, Bolick N, Hass J. 1976. Due Proces of Law: Background and Intent. In Weintraub F J, Abeson A, Ballard J, et al. Public Policy and the Education of Exceptional Children. Reston, Virginia: The Council for Exceptional Children: 23-32.

Adler A. 1938. Social Interest: A Challenge to Mankind. Linton J, Vaughan R (Trans.). London: Faber and Faber Ltd.

Allen K E, Schwartz I S . 2001. The Exceptional Child: Inclusion in Early Childhood Settings (4th edition). Albany, NY: Delmar Publishing.

Altman R, Kanagawa L. 1994. Academic and social engagement of young children with developmental disabilities in integrated and reintegrated settings. Education and Training in Mental Retardation and Developmental Disabilities, 29: 184-193.

Andy S K C, Frank P F C, Manfred S M F, et al. 2015. A review of supported employment services for people with mental disabilities in Hong Kong. Journal of Vocational Rehabilitation, 42: 75-83.

Ansbacher H L, Ansbacher R R. 1956. The Individual Psychology of Alfred Adler. New York: Harper Torchbooks.

Artiles A J, Kozleski E, Trent S, et al. 2010. Justifying and explaining disproportionality, 1968—2008: A critique of underlying views of culture. Exceptional Children, 76: 279-299.

Artiles A J, Thorius K K, Bal A, et al. 2011. Beyond culture as group traits: Future learning disabilities ontology, epistemology, and inquiry on research knowledge use. Learning Disability Quarterly, 34(3): 167-179.

Atkinson J W. 1957. Motivational determinants of risk-taking behavior. Psychological Review, 64: 359-372.

Atkinson J W, Raunor J O. 1978. Personality, Motivation and Achievement. Washington D C: Hemisphere.

Auerbach S, Richardson P. 2005. The long-term work experiences of persons with severe and persistent mental illness. Psychiatric Rehabilitation Journal, 28(3): 267-273.

Baird S, Peterson J. 1997. Seeking a comfortable fit between family-centered philosophy and infant-parent interaction in early intervention: Time for a paradigm shift? Topics in Early Childhood Special

Education, 17(2): 139-164.

Baker B, Landen S, Kashima K. 1991. Effects of parent training on families of children with mental retardation: Increased burden or generalized benefit? American Journal on Mental Retardation, 96(2): 127-136.

Ball D L. 1994. Understanding state efforts to reform teaching and learning: Learning from teachers about learning to teach. Paper presented at the Annual Conference of the American Educational Research Association, New Orleans.

Barnett D, Clements M, Kaplan-Estrin M, et al. 2003. Building new dreams: Supporting parents' adaptation to their child with special needs. Infants and Young Children, 16(3): 184-200.

Bates-Harris C. 2011. The impact of agency organization and natural support of supported employment. Journal of Vocational Rehabilitation, 36(2): 109-120.

Bebko J, Konstantareas M, Springer J. 1987. Parent and professional evaluations of family stress associated with characteristics of autism. Journal of Autism and Developmental Disorders, 17: 565-576.

Beckman P. 1991. Comparison of mothers' and fathers' perceptions of the effects of young children with and without disabilities. American Journal on Mental Retardation, 95: 585-595.

Beckman P, Bristol M. 1991. Issues in developing the IFSP: A framework for establishing family outcomes. Topics in Early Childhood Special Education, 11: 19-31.

Beckman P, Newcomb S, Frank N, et al. 1993. Innovative practices: Providing support to families of infants with disabilities. Journal of Early Intervention, 17: 445-454.

Beckman P, Pokorni J, Maza E, et al. 1986. A longitudinal study of stress and supports in families of pre-term and full-term infants. Journal of the Division for Early Childhood, 11: 2-9, 154.

Bell M, Lysaker P, Bryson G. 2003. A behavioral intervention to improve work performance in schizophrenia: Work behavior inventory feedback. Journal of Vocational Rehabilitation, 18(1): 43.

Beyer S, Kilsby M, Willson C. 1995. Interaction and engagement of workers in supported employment: A British comparison between workers with and without learning disabilities. Mental Handicap Research, 8: 137-155.

Blitz L, Mechanic D. 2006. Facilitators and barriers to employment among individuals with psychiatric disabilities: A job coach perspective. Work: A Journal of Prevention, Assessment and Rehabilitation, 26(4): 407-419.

Bond G R, Drake R E, Becker D R. 2012. Generalizability of the Individual Placement and Support (IPS) model of supported employment outside the US. World Psychiatry, 11(1): 32-39.

Bordin E S. 1984. Psychodynamic model of career choice and satisfaction//Brown D, Brooks L, Associates. Career Choice and Development (pp. 94-137). San Francisco: Jossey-Bass.

Bordin E S. 1990. Psychodynamic model of career choice and satisfaction//Brown D, Brooks L, Associates. Career Choice and Development (2nd ed., pp. 102-144). San Francisco: Jossey-Bass.

Bordin E S, Nachmann B, Segal S J. 1963. An articulated framework for vocational development. Journal of Counseling Psychology, 10: 107-116.

Brand S T, Favazza A E, Dalton E M. 2012. Universal design for learning: A blueprint for success for all learners. Kappa Delta Pi Record, 48(3): 134-139.

Breslau N, Davis G C. 1986. Chronic stress and major depression. Archives of General Psychiatry,

43 (4): 309-314.

Bronfenbrenner U. 1979. The Ecology of Human Development: Experiences by Nature and Design. Cambridge, MA: Harvard University Press.

Brown R I, MacAdam-Crisp J, Wang M, et al. 2006. Family quality of life when there is a child with a developmental disability. Journal of Policy and Practice in Intellectual Disabilities, 3 (4): 238-246.

Bryson S E. 1996. Epidemiology of autism. Journal of Autism and Developmental Disorders, 26: 165-167.

Bullock C C, Mahon M J. 1997. Introduction to Recreation Services for People with Disabilities: A Person-centered Approach. Champaign, IL: Sagamore.

Burr W. 1973. Theory Construction and the Sociology of the Family. New York: Wiley and Sons.

Byrne E, Cunningham C. 1985. The effects of mentally handicapped children on families: A conceptual review. Journal of Child Psychiatry, 26: 847-864.

Callahan M, Shumpert N, Condon E. 2009. Discovery, Charting the Course to Employment. Marc Gold & Associates, Gautier, MS.

Carnevale A P. 1995. "Education, training and the economy, keynote", Paper presented at the Victorian Association of Directors of TAFE Colleges, Melbourne.

Carter A S, Volkmar F R, Sparrow S S, et al. 1998. The vineland adaptive behavior scales: Supplementary norms for individuals with autism. Journal of Autism and Developmental Disorders, 28: 287-302.

Caspe M, Margaret, Lopez M E, et al. 2006/2007. Family involvement in elementary school children's education. Family Involvement Makes a Difference, 2: 1-11.

Chavez D J. 2000. Invite, Include, and Involve! Racial Groups, Ithnic Groups, and Leisure// Allison M T, Schneider I E. Diversity and the Recreation Profession: Organizational Perspectives. State College, PA: Venturn Publishing: 179-191.

Cimera R E. 2011. Supported versus sheltered employment: Cumulative costs, hours worked and wages earned. Journal of Vocational Rehabilitation, 35 (2): 85-92.

Collins J L. 1982. Self-efficacy and ability in achievement behavior. Paper presented at the meeting of the American Educational Research Association, New York.

Commission of the European Communities. 1996. A New European Community Disability Strategy, Brussels, 30-07-1996. Document No 96/0216.

Costigan C, Floyd F, Harter K, et al. 1997. Family process and adaptation to children with mental retardation: Disruption and resilience in family problem-solving interactions. Journal of Family Psychology, 11: 515-529.

Crnic C A, Friedrich W N, Greenberg M T. 1983. Adaptation of families with mentally retarded children: A model of stress, coping and family ecology. American Journal of Mental Deficiency, 88: 125-138.

Crudden A, Sansing W, Butler S. 2005. Overcoming barriers to employment:Strategies of rehabilitation providers. Journal of Visual Impairment & Blindness, 99 (6): 325-335.

Cummins R A. 2001. Living with support in the community: Predictors of satisfaction with life. Mental Retardation and Developmental Disabilities Research Reviews, 7: 99-104.

Darrell A L. 2000. Career counseling of college students: An empirical guide to strategies that work. The American Psychological Association (APA).

Deborah R B, Stephen R B, Linda C, et al. 2007. Critical strategies for implementing supported employment. Journal of Vocational Rehabilitation, 27: 13-20.

Deno E. 1970. Special education as developmental capital. Exceptional Children, 37: 229-237.

Deno E. 1994. Special education as developmental capital revisited: A quarter century appraisal of means versus ends. The Journal of Special Education, 27: 375-392.

Drake R E, Becker D R, Goldman H H, et al. 2006. Best practices: The Johnson & Johnson—Dartmouth community mental health program: Disseminating evidence-based practice. Psychiatric Service, 42: 315-318.

Dunn L M. 1968. Special education for the mildly retarded—Is much of it justifiable? Exceptional children, 527-535.

Dunst C, Trivette C, Hamby D, et al. 1990. Family systems correlates of the behavior of young children with handicaps. Journal of Early Intervention, 14: 204-218.

Dyson L. 1997. Fathers and mothers of school-age children with developmental disabilities: Parental stress, family functioning, and social support. American Journal on Mental Retardation, 102: 267-279.

Eccles J. 1983. Expectancies, values and academic behaviors//Spence J T. Achievement and Achievement Motives: Psychological and Sociological Approaches (pp. 75-146). San Francisco, CA: Freeman.

Eiserman W D, Weber C, McCoun M. 1995. Parent and professional roles in early intervention: A longitudinal comparison of the effects of two intervention configurations. The Journal of Special Education, 29: 20-44.

Ellis P. 1995. Standards and the Outcomes Approach//Burke J. Outcomes, Learning and the Curriculum. London: Falmer Press.

Erikson E H. 1998. The Life Cycle Completed. Extended Version with New Chapters on the Ninth Stage by Joan M. Erikson. New York: Norton.

European Agency for the Development in Special Needs Education (EADSNE). 2003. Special Education across Europe in 2003: Trends in provision in 18 European countries. Middlefart, Denmark: Author.

Fallen N H, Umansky W. 1985. Young children with special needs. Ohio: Charles E. Merrill Publishing Company.

Falvey M A, Coots J. 1989. Recreation skills//Falvey M A. Community Based Curriculum-instructional Strategies for Students with Severe Handicaps. Baltimore, MD: Paul H. Books.

Federal Register. U. S. Department of Education. 1992. 34 CFR 363, 57(122), 28432-28442. Washington, DC.

Federal Register. U. S. Department of Labor. 2002. 67(123), pp. 43154-43149. Washington, DC.

Field S, Martin J, Miller R, et al. 1998. A practical guide for teaching self-determination. Reston, VA: Council for Exceptional Children: 61-641.

Fitzgerald N, Ryan P, Fitzgerald A. 2015. Team-based approaches in early intervention services for children with disabilities: Irish parents' experiences. Journal of Policy and Practice in Intellectual

Disabilities, 12 (3): 199-209.

Ford D H, Lerner R M. 1992. Developmental Systems Theory: An Integrative Approach. Newbury Park, CA: Sage Publications.

Ford M E. 1992. Motivating Humans: Goals, Emotions, and Personal Agency Beliefs. Newbury Park, CA: Sage Publications.

Ford M E. 1995. Motivation and competence development in special and remedial education. Intervention in School and Clinic, 31 (2): 70-82.

Ford M E, Ford D H. 1987. Humans as Self-constructing Living Systems: Putting the Framework to Work. Hillsdale, NJ: Erlbaum Associates.

Friedrich W N, Greenberg M T, Crnic K. 1983. A short form of the Questionnaire on Resources and Stress. American Journal of Mental Deficiency, 88: 41-48.

Fullan M G. 1991. The New Meaning of Educational Change. London: Cassell.

Gallagher J J. 1972. The special education contract for mildly handicapped children. Exceptional Children, March: 527-535.

Galotti K M, Kozberg S F. 1996. Adolescents' experience of life-framing decision. Journal of Youth and Adolescence, 25 (1): 3-16.

Gati I, Asher I. 2001. The PIC model for career decision making: Prescreening, in-depth exploration, and choice//Leong F T L, Barak A. Contemporary Models in Vocational Psychology: A Vol. in honor of Samuel H. Osipow (pp. 7-54). Mahwah, NJ, US: Lawrence Erlbaum Associates Publishers.

Gati I, Krausz M, Osipow S H. 1996. A taxonomy of difficulties in career decision making. Journal of Counseling Psychology, 43 (4): 510-526.

Gelatt H B. 1989a. Identifying the complexities within clients' thinking and decision making: Response to Heppner. Journal of Counseling Psychology, 36 (2): 260.

Gelatt H B. 1989b. Positive uncertainty: A new decision-making framework for counseling. Journal of Counseling Psychology, 36: 252-256.

Geoff W, Laura C, Eoin K, et al. 2007. Challenges to implementing evidence-based supported employment in Australia. Journal of Vocational Rehabilitation, 27: 29-37.

Ginzberg E, Ginsburg S, Axelrad S, et al. 1951. Occupational Choice: An Approach to a General Theory. New York: Columbia University.

Glassel A, Rauch A, Selb M, et al. 2012. A case study on the application of International Classification of Functioning, Disability and Health (ICF) — based tools for vocational rehabilitation in spinal cord injury. Work, 41 (4): 465-474.

Gowdy E, Carlson L, Rapp C. 2004. Organizational factors differentiating high performing from low performing supported employment programs. Psychiatric Rehabilitation Journal, 28 (2): 150.

Griffin C C, Hammis D. 2011. The three vocational themes: Exploring where careers make sense, APSE Connection.

Griffin D K, Rosenberg H, Cheyney W. 1996. A comparison of self-esteem and job satisfaction of adults with mild mental retardation in sheltered workshops and supported employment. Education and Training in Mental Retardation and Developmental Disabilities, 31: 142-150.

Hall D T. 1976. Careers in Organizations. Glenview, IL: Scott, Foresman.

参考文献

Hancock K, Wilgosh C, McDonald L. 1990. Parenting a visually impaired child: The mother's perspective. Journal of Visual Impairment and Blindness, 10: 411-413.

Hansen L S. 1988. Integrative life planning: Work, family, and community. Paper presented at National Conference on Transformation of Family, Work and Workers, National Career Development Association, Orlando, FL.

Hargreaves D. 1984. Improving Secondary Schools. London: ILEA.

Haring N G, McCormick L. 1990. Exceptional Children and Youth. Columbus, OH: Merrill.

Harry B, Klingner J K, Hart J. 2005. African American families under fire: Ethnographic views of family strengths. Remedial and Special Education, 26: 101-112.

Harter S. 1981. A model of mastery motivation in children: Individual differences and developmental change//Collins W. A. (Eds.). Aspects on the development of competence: The Minnesota symposia on child psychology, 14: 215-255. Hillsdale, NJ: Lawrence Erlbaum Associates.

Heward W L. 2006. Exceptional Children: An Introduction to Special Education (8th ed.). Upper Saddle River, NJ: Pearson Prentice Hall.

Hoffman L, Marquis J G, Poston D J, et al. 2006. Assessing family outcomes: Psychometric evaluation of the family quality of life scale. Journal of Marriage and Family, 68: 1069-1083.

Holdsworth R. 1993. Student participation: A decade of unfinished business//Smith D. Australian Curriculum Reform: Action and Reaction. Canberra: ACSA.

Holland J L. 1966. The psychology of vocational choice: A theory of personality type and model environments. Waltham, MA: Blaisdell.

Holland J L. 1997. Making Vocational Choices: A theory of Vocational Personalities and Work Environment. 3rd ed. Odessa FL: Psychological Assessment Resources.

Hood J, Banathy L V. 1972. Career Process. New York: Macmillan.

Hoy W K. 2002. Family trust: A key to student achievement. Journal of School Public Relations, 23: 88-103.

Hoyt K B. 2005. Career educaiton: history and future. Tulsa, OK: National Career Development Association.

Innocenti M, Huh K, Boyce G. 1992. Families of children with disabilities: Normative data and other considerations on parenting stress. Topics in Early Childhood Special Education, 12: 403-427.

Jackson C W, Turnbull A P. 2004. Impact of deafness on family life: A review of the literature. Topics in Early Childhood Special Education, 24(1): 15-29.

Johnson D W, Johnson R T. 1985. Motivational Processes in Cooperative, Competitive and Individualistic Learning Situations//Ames C, Ames R. Research on Motivation in Education Volume 2: the Classroom Milieu. Orlando, FL: Academic Press.

Johnson R, Floyd M, Pilling D, et al. 2009. Service users' perceptions of the effective ingredients in supported employment. Journal of Mental Health, 18(2): 121.

Jones G. 2006. Department for Education and Skills/Department of Health Good Practice guidance on the education of children with autistic spectrum disorder. Child: Care, Health and Development, 32: 543-552.

Judge T A, Erez A, Bono J E, et al. 2002. Are measures of self-esteem, neuroticism, locus of control, and generalized self-efficacy indicators of a common core construct? Journal of Personality and

Social Psychology, 83: 693-710.

Kazak A E, Marvin R. 1984. Differences, difficulties and adaptation: Stress and social networks in families with a handicapped child. Family Relations, 33: 67-77.

Kazak A E, Wilcox B L. 1984. The structure and function of social support networks in families with handicapped children. American Journal of Community Psychology, 12: 645-661.

Kelly J R. 1987. Later-life satisfaction: Does leisure contribute. Leisure Sciences, 9: 189-200.

Kiernan W, Hoff D, Freeze S, et al. 2011. Employment First: A beginning not an end. Intellectual and Developmental Disabilities, 49: 300-304.

Kilsby M, Beyer S. 1996. Engagement and interaction: A comparison between supported employment and day service provision. Journal of Intellectual Disability Research, 40: 348-357.

Kopp C B. 1982. Antecedents of self-regulation: a developmental perspective. Development Psychology, 6: 199-214.

Kopp C B, Krakow J B, Johnson K L. 1983. Strategy production by young Down syndrome children. American Journal of Mental Deficiency, 88: 164-169.

Kraijer D. 2000. Review of adaptive behavior studies in mentally retarded persons with autism/pervasive developmental disorder. Journal of Autism and Developmental Disorders, 30: 39-47.

Kreider H, Caspe M, Kennedy S, et al. 2007. Family involvement in middle and high school students' education. Family Involvement Makes a Difference, Spring, 3: 1-11.

Krumboltz J D. 1979. A social learning theory of career decision making//Mitchell A M, Jame G G, Krumboltz J D. Social Learning and Career Decision Making. Cranston, RI: Carrole Press.

Lavee Y, Sharlin S, Katz R. 1996. The effect of parenting stress on marital quality. Journal of Family Issues, 17: 114-135.

Lebeer J, Birta-Székely N, Demeter K, et al. 2012. Re-assessing the current assessment practice of children with special education needs in Europe. School Psychology International, 33: 69-92.

Lent R W, Brown S D, Hackett G. 1994. Toward a unifying social cognitive theory of career and academic self-interest, career choice, and performance. Journal of Vocational Behaviour Monograph, 45: 79-122.

Levine E L, Wexler E M. 1981. PL 94-142: An Act of Congress. New York, NY: Macmillan Publishing Co., Inc.

Lily M S. 1998. The regular education initiative: A force for change in general and special education. Education and Training in Mental Retardation, 12: 253-260.

Lippman L, Blumen P. 1977. "Normalization" and related concepts: Words and ambiguities. Child Welfare, 56: 301-310.

Liu K, Hollis V, Warren S, et al. 2007. Supported employment program processes and outcomes: Experiences of people with schizophrenia. The American Journal of Occupational Therapy, 61 (5): 543.

Loveland K A, Kelley M L. 1988. Development of adaptive behavior in adolescents and young adults with autism and Down syndrome. Journal on Mental Retardation, 1: 84-92.

Luckasson R, Reeve A. 2001. Naming, defining, and classifying in mental retardation. Mental Retardation, 39 (1): 47-52.

Luthar S, Ciicchetti D, Becher B. 2000. The construct of resilience: A critical evaluation and guidelines for future work. Child Development, 3: 543-562.

Madson J. 1994. Education Reform at the State Level. London: Falmer Press.

Maria P V. 2014. Supported employment in Argentina. Journal of Vocational Rehabilitation, 41: 77-81.

Marrone J, Balzell A, Gold M. 1995. Employment supports for people with mental illness. Psychiatric Services, 46(7): 707-711.

Marsh C J. 1994. Producing a National Curriculum: Plans and Paranoia. Sydney: Allen and Unwin.

Marzano R J. 1998. A Theory-based Meta-analysis of Research on Instruction, Chapter 3: Self, Metacognition, Cognition and Knowledge. Aurora, CO: Midcontinent Regional Educational Laboratory.

Masten A S. 2001. Ordinary magic: Resilience processes in development. American Psychologist, 56: 227-238.

Matson J L, Dempsey T, Fodstad J C. 2009. The effect of Autism Spectrum Disorders on adaptive independent living skills in adults with severe intellectual disability. Research in Developmental Disabilities, 30: 1203-1211.

Matson J L, Neal D. 2009. Diagnosing high incidence autism spectrum disorders in adults. Research in Autism Spectrum Disorders, 3: 581-589.

McCaughrin W B, Ellis W K, Rusch F R, et al. 1993. Cost-effectiveness of supported employment. Mental Retardation, 31: 41-48.

McCubbin H I, Joy C B, Cauble A. E, et al. 1980. Family stress and coping: A decade review. Journal of Marriage and the Family, 43: 855-868.

McDonnell J, Mathot-Buckner C, Ferguson B. 1996. Transition Programs for Students with Moderate/Severe Disabilities. Pacific Grove, CA: Brooks/ Cole Publishing.

Michon H, Ketklaars D, Weeghel J V, et al. 1998. Accessibility of government-run sheltered workshops to people with psychiatric histories. Social Psychiatry and Psychiatric Epidemiology, 3: 254-257.

Mink I T, Blacher J, Nihira K. 1988. Taxonomy of family life styles: III. Replication with families with severely mentally retarded children. Am erican Journal on Mental Retardation, 93: 250-264.

Minnes P M. 1988. Family and stress associated with having a mentally retarded child. American Journal of Mental Retardation, 93: 184-192.

Mitchell A M, Krumboltz J D. 1996. Krumboltz's Learning Theory of Career Choice and Counseling//Brown D, Brooks C. Career Choice and Development: Applying Contemporary Approaches to Pratice. (3rd ed.). San Francisico: Jossey-Bass: 233-280.

Mott S E, Fewell R R, Lewis M, et al. 1986. Methods for assessing child and family outcomes in early childhood special education programs: Some views from the field. Journal of Early Childhood Special Education, 6: 1-15.

Mowbray C, McCrohan N, Bybee D. 1995. Integrating vocational services into case management: Implementation analysis of project WINS. Journal of Vocational Rehabilitation, 5(2): 89-101.

Mundy J, Odum L. 1979. Leisure education: Theory and practice. New York: John Wiley.

Nelson M, Ruch S, Jackson Z, et al. 1992. Towards an understanding of families with physically disabled adolescents. Social Work in Health Care, 17: 1-25.

Nirje B. 1972. The right to self-determination//Wolfensberger W. Normalization: The principle of normalizations. Toronto: National Institute on Mental Retardation: 176-200.

Nisbet J, Hagner D. 1988. Natural supports in the workplace: A reexamination of supported employment. Journal of the Association for Persons with Severe Handicaps, 13: 260-267.

Noble J H, Conley R W, Banerjee S, et al. 1991. Supported employment in New York State: A comparison of benefits and costs. Journal of Disability Policy Studies, 2: 39-73.

Noelle F, Patrick R, Amanda F. 2015. Team-based approaches in early intervention services for children with disabilities: Irish parents' experiences. Journal of Policy and Practice in Intellectual Disabilities, 12 (3): 199-209.

Office of Special Education and Rehabilitative Services, U.S. Department of Education. 2016. 38th Annual Report to Congress on the Implementation of the "Individuals with Disabilities Education Act". http://eric.ed.gov/?id=ED572027[2018-11-23].

Oldman J, Thomson L, Calsaferri K, et al. 2005. A case report of the conversion of sheltered employment to evidence-based supported employment in Canada. Psychiatric Services, 56 (11): 1436-1440.

Oystein S. 2012. Supported employment in Norway and in the other Nordic countries. Journal of Vocational Rehabilitation, 37: 163-172.

Park J, Hoffman L, Marquis J, et al. 2003. Toward assessing family outcomes of service delivery: Validation of a family quality of life survey. Journal of Intellectual Disability Research, 47 (4/5): 367-384.

Parsons F. 1909. Choosing a Vocation. Garrett Park, MD: Garrett Park Press.

Patricia N W, David M, Stephen B, et al. 1999. Continuous quality improvement in supported employment: A European perspective. Journal of Vocational Rehabilitation, 12: 165-174.

Peterson G W, Sampson J P, Reardom R C. 1991. Career Development and Service: A Cognitive Proach. Pacific Grove, CA: Brooks/Cole.

Pieper J. 1999. Leisure, the Basis of Culture. Indianapolis: Liberty Fund.

Poston D, Turnbull A, Park J, et al. 2003. Family quality of Life: A qualitative inquiry. Mental Retardation, 41 (5): 313-328.

Rawls J. 1971. A Theory of Justice. Cambridge, Massachusetts: Harvard University Press.

Reardon R C, Lenz J G, Sampson J P, et al. 2000. Career Development and Planning: A Comprehensive Approach. Belmont, CA: Wadsworth.

Rhoades D R, McFarland K F, Knight P G. 1995. Evolution of consumerism in rehabilitation counseling: A theoretical perspective. Journal of Rehabilitation, Apr/May/Jun, 61 (2): 26-29.

Rockwell T. 1987. The social construction of careers: Career development and career counseling viewed from a sociometric perspective. Journal of Group Psychotherapy, Psychodrama & Sociometry, 40 (3): 93-107.

Rodrigue J R, Morgan S B, Geffken G R. 1991. Comparative evaluation of adaptive behavior in children and adolescents with autism, down syndrome and normal development. Journal of Autism and Developmental Disorders, 2: 187-196.

Roe A, Lunneborg P. 1990. Personality Development and Career Choice//Brown D, Brooks L. Career

Choice and development. (2nd ed.) San Francisco: Jossey-Bass: 68-101.

Rogers C R. 1957. The necessary and sufficient conditions of therapeutic personality change. Journal of Consulting and Clinical Psychology, 21: 95-103.

Rogers C R. 1961. On Becoming a Person: A Therapist's View of Psychotherapy. London: Constable.

Sabbeth B F, Leventhal J M 1984. Marital adjustment to chronic childhood illness: Critique of the literature. Pediatrics, 73: 762-768.

Samdahl D A. 1988. Symbolic interactionist Model of Leisure Theory and Empirical Support. Leisure Science, 10(1): 27-39.

Sandra O V. 2014. Supported employment: Results after eight years applying a Chilean approach. Journal of Vocational Rehabilitation, 41: 53-57.

Sapon-Shevin M. 1999. Because we can change world: A practical guide to building cooperative, inclusive classroom communities. Needham Heights, MA: Allyn and Bacon.

Savickas M L. 1989. Career style assessment and counseling//Sweeney T. Adlerian counseling: A practical approach for a new decade (3rd ed., pp. 289-320). Muncie, IN: Accelerated Development.

Savickas M L. 1993. Vocational psychology in the postmodern era: Comment on Richardson. Journal of Counseling Psychology, 41: 105-107.

Schalock R L, Brown I, Brown R, et al. 2002. Conceptualization, measurement, and application of quality of life for persons with intellectual disabilities: Report of an international panel of experts. Mental Retardation, 40(6): 457-470.

Schleien S J, Ray M T. 1988. Community Recreation and Persons with Disabilities: Strategies for Integration. Baltimore, MD: Paul H. Bookes.

Schleien S J, Meyer L, Heyne L, et al. 1995. Lifelong Leisure Skills and Lifestyles for Persons with Developmental Disabilities. Baltimore: Paul H. Brookes.

Schramm C. 2010. Interview with President/CEO of the Marion Kaufmann Foundation, Charlie Rose. Public Broadcasting.

Sears S. 1982. A definition of career guidance terns: A National Vocational Guidance Association perspective. Vocational Guidance Quarterly, 31: 137-143.

Self-Determination Technical Assistance Center. 2015. Technical Assistance Advisory SPED 2016-2: Promoting Student Self-Determination to Improve Student Outcomes. http: //www. doe. mass. edu/sped/advisories/2016-2ta. pdf[2016-02-14].

Shalock R L. 2000. Three decades of quality of life: Mental retardation in the 21st century// Wehmeyer M L, Patton J R. Mental Retardation in the Year 2000. Austin, TX: Pro-Ed.

Shavelson R J, Hubner J J, Stanton G C. 1976. Self-Concept: Validation of construct interpretations. Review of Educational Research, 46(3): 407-441.

Sheridan S G, Springfield H L. 1987. Age appropriate games in the teaching of leisure skills to person with mental retardation. Presented at the annual meeting of the American Association on Mental Retardation(ERIC Document Reproduction Servic No. ED 324876).

Sparrow S S, Cicchetti D V, Balla D A. 2005. Vineland Adaptive Behavior Scales, (2nd ed.). Circle Pines, MN: American Guidance Service.

Stephen B, Francisco B, Jordán U, et al. 2010. A comparative study of the situation of supported employment in Europe. Journal of Policy and Practice in Intellectual Disabilities, 7 (2): 130-136.

Summers J, Marquis J, Mannanb H, et al. 2007. Relationship of perceived adequacy of services, family-professional partnerships, and family quality of life in early childhood. International Journal of Disability, Development and Education, 54 (3): 319-338.

Super D E. 1976. Vocational guidance: Emergent decision making in a changing society. Proceedings of the 8th World Seminar on Educational and Vocational Guidance. Lisbon, Portugal: Portuguese Psychological Society: 123-153.

Super D E. 1980. A life-span, life-space approach to career development. Journal of Vocational Behavior, 16 (3): 282-298.

Super D E. 1990. A Life-span, Life-space Approach to Career Development//Brown D, Brooks L, Associates. Career Choice &Development: Applying Contemporary Theories to Practice. San Francisco, CA: Jossey-Bass.

Super D E. 1995. Models of Career Development//Ferreira Marques J, Rafael M. AIOSP International conference proceedings: Career guidance services for the 90s. Lisbon: Portugal: 47-66.

Super D E, Crites J, Hummel R, et al. 1957. Vocation/development: A framework for research. New York: Bureau of Research, Teachers College, Columbia University.

Test D W, Hinson K B, Solow J, et al. 1993. Job satisfaction of persons in supported employment. Education and Training in Mental Retardation and Developmental Disabilities, 28: 38-46.

Timo S, Raija P. 2007. Surveying supported employment in Finland: A follow-up. Journal of Policy and Practice in Intellectual Disabilities, 4 (4): 229-234.

Tinsley E A, Tinsley D J. 1981. An analysis of leisure counseling models. The Counseling Psychologist, 9 (3): 45-54.

Trivette C, Dunst C, Deal A, et al. 1990. Assessing family strengths and family functioning style. Topics in Early Childhood Special Education, 10: 16-35.

Trivette C, Dunst C, Hamby D. 1996. Factors associated with perceived control: Appraisals in a family-centered early intervention program. Journal of Early Intervention, 20: 165-177.

Trute B, Hauch C. 1988. Building on family strength: A study of families with positive adjustment to the birth of a developmentally disabled child. Journal of Marital and Family Therapy, 14: 185-193.

Turnbull A A, Turnbull H R, Erwin E J, et al. 2014. Families, Professionals, and Exceptionality: Positive Outcomes Through Partnerships and Trust (7th Ed.). Upper Saddle River, NJ: Pearson.

Turnbull A P, Summers J A, Lee S, et al. 2007. Conceptualization and measurement of family outcomes associated with families of individuals with intellectual disabilities. Mental Retardation and Developmental Disabilities, 13: 346-356.

Turnbull A A, Turnbull H R, Wehmeyer M. 2010. Exceptional Lives: Special Education in Today's Schools (6th ed.). Upper Saddle River, NJ: Merrill/Prentice Hall.

Turnbull A A, Turnbull H R, Wehmeyer M L, et al. 2012. Exceptional Lives: Special Education in Today's Schools (7th Edition). Upper Saddle River. NJ: Pearson.

Turnbull H R, Guess D, Turnbull A P. 1988. Vox populi and baby Doe. Mental Retardation, 26: 127-132.

U. S. Department of Education. 2007. 27th Annual Report to Congress on the Implementation of the

Individuals with Disabilities Education Act. Washington, DC.

Volkmar F R, Sparrow S S, Goudreau D, et al. 1987. Social deficits in autism: An operational approach using the Vineland adaptive behavior scales . Journal of the American Academy of Child &Adolescent Psychiatry, 3: 156-161.

Webber J. 1997. Responsible inclusion: Key components for success//Zionts P. Inclusion Strategies for Students with Learning and Behavior Problems: Perspectives, Experiences, and Best Practices. Austin, TX: Pro-ed: 27-55.

Wehman P. 1981. Competitive Employment: New Horizons for Severely Disabled Individuals. Baltimore: Paul H. Brookes Publishing.

Wehman P. 2006. Integrated employment: If not now, when? If not us, who? Research and Practice for Persons with Severe Disabilities, 31 (2): 122-126.

Wehman P. 2013. Twenty-five years of APSE: The association of people supporting employment first. Journal of Vocational Rehabilitation, 38: 157-162.

Wehmeyer M L. 1994. Employment status and perceptions of control of adults with cognitive and developmental disabilities. Research in Developmental Disabilities, 15: 119-131.

Wehmeyer M L. 1996. Self-determination as an educational outcome: Why is it important to children, youth and adults with disabilities?//Sands D J, Wehmeyer M L. Self-determination Across the Life Span: Independence and Choice for People with Disabilities. Baltimore, MD: Paul H. Brookes: 17-36.

Wehmeyer M L, Agran M, Hughes C. 1998. Teaching Self-determination to Students with Disabilities. Baltimore: Paul H. Brookes.

Weiss H, Caspe M, Lopez M E. 2006. Family involvement in early childhood education. Family Involvement Makes a Difference, Spring, 1: 1-8.

Werner S, Edwards M, Baum N T. 2009. Family quality of life before and after out-of-home placement of a family member with an intellectual disability. Journal of Policy and Practice in Intellectual Disabilities, 6: 32-39.

West M, Kregel J, Hernandez A, et al. 1997. Everybody's doing it: A national study of the use of natural supports in supported employment. Focus on Autism and Other Developmental Disabilities, 12 (3): 175-181.

WhiteMan T L. 1990. Self-regulation and mental retardation. American Journal of Mental Retardation, 94: 347-362.

Williamson E G. 1939. How to Counsel Students: A Manual of Techniques for Clinical Counselors. New York, NY, US: McGraw-Hill Book Company: 124-145.

Winkler L. 1981. Chronic stresses of families of mentally retarded children. Family Relations, 30: 281-288.

Yell M L. 1998. The Law and Special Education. Upper Saddle River, NJ: Prentice-Hall, Inc.

Zimmerman M A. 1990. Toward a theory of learned hopefulness: A structural model analysis of participation and empowerment. Journal of Research in Personality, 24: 71-86.

Ziolko M E. 1991. Counseling parents of children with dis abilities: A review of the literature and implications for practice. Journal of Rehabilitation, 57 (2): 29-34.

Zito W, Greig T, Wexler B, et al. 2007. Predictors of on site vocational support for people with schizophrenia in supported employment. Schizophrenia Research, 94 (1-3) : 81.

Zunker V G. 1990. Career Counseling: Applied Concepts of Life Planning (3rd ed.). California: Brooks/Cole Publishing Company.

Zunker V G. 2002. Career Counseling: Applied Concepts of Life Planning. (6th ed.). Pacific Grove, CA: Brooks/ Cole.

后　记 —————

　　本书是在国内外特殊教育改革发展和特殊教育理论发展的背景中，基于个人学习、工作和学术生涯发展的特殊经历，同时伴随着自己的研究和反思逐步成型的。

　　2012 年，《特殊儿童生涯发展：问题与对策》在科学出版社正式出版。在此之后的五年时间里，本人持续对特殊儿童生涯发展进行研究，承担了重庆市社会科学规划项目"西部农村残疾儿童生涯发展及其与生活质量的关系研究"（项目编号：2014YBJY072），并公开发表了系列学术论文。本书就是这些研究的集中体现，也是课题成果的具体体现。

　　本书的基本观点在很大程度上源于多年以来我和指导的研究生之间的教学相长。王志强、李果、范秀辉、杜文海、焦雅思、王文娟、叶羽佳、顾俊朴等同学为之提供了很多原始素材与思想火花。同时本书也得到了重庆市人文社会科学研究基地"重庆市课程与教学研究基地"、重庆市高校"特殊儿童心理诊断与教育技术重点实验室"和重庆市重点学科"教育学（一级学科）"的强力支持。

　　在书中，我尽可能按照学术规范，对于所有直接或间接引用到的学术观点给予一一注明，但是难免挂一漏万。在此对于所有我引用或者没有引用到但给予我启示的相关专家和学者致以衷心的感谢和崇高的敬意，谢谢你们的智慧成就了本书！

申仁洪于重庆缙云山麓

2018 年 1 月 6 日

作 者 简 介 ————————

申仁洪，男，博士，教授，重庆市政府督学。重庆市重点学科"教育学"学术带头人，重庆市人文社会科学重点研究基地"重庆市课程与教学研究基地"主任。全国优秀教师，重庆市名师，重庆市高层次人才特殊支持计划人选，全国教育专业学位研究生教育指导委员会教育硕士（特殊教育）专家工作小组成员，重庆市学术技术带头人后备人选，重庆市"322 重点人才工程"第二层次人选，重庆市宣传文化系统理论人才"巴渝新秀"，重庆市高校优秀中青年骨干教师。兼任中国心理卫生协会特殊教育专业委员会副主任委员、重庆高等教育学会常务理事兼学术委员、重庆教育学会家庭教育分会常务副理事长兼秘书长、重庆市教育学会教育管理专业委员会常务理事兼学术委员。

主要研究领域为特殊儿童心理与教育、多元文化课程与教学。主持国家社会科学基金项目"伙伴协作与特殊儿童家庭赋权增能研究""西南少数民族特殊儿童社会适应性的跨文化研究"等省部级以上科研课题 10 项，主持国家级卓越教师培养计划项目"复合型卓越特殊教育教师培养改革与实践"等省部级以上教学改革与教学工程项目 8 项。在核心期刊上公开发表学术论文 90 篇，出版《西南少数民族特殊儿童社会适应性的跨文化研究》《论教育科学：基于文化哲学的批判与建构》《从隔离到融合：随班就读效能化的理论与实践》《面向信息时代的技术与认知：远程多媒体教学策略》《特殊儿童生涯发展：问题与对策》等学术专著5 部。获省部级教学成果奖一等奖 5 项；省部级优秀社会科学成果奖 6 项。